■ 国家社会科学基金项目（批准号：13XJL003）
■ 重庆邮电大学网络发展研究基地支持项目

增强中国创新驱动发展的动力机制研究

罗晓梅 陈纯柱 等著

中国社会科学出版社

图书在版编目（CIP）数据

增强中国创新驱动发展的动力机制研究／罗晓梅等著．
—北京：中国社会科学出版社，2017.9
ISBN 978－7－5203－1114－4

Ⅰ.①增…　Ⅱ.①罗…　Ⅲ.国家创新系统—研究—中国
Ⅳ.①F204

中国版本图书馆CIP数据核字(2017)第236564号

出 版 人　赵剑英
责任编辑　孔继萍
责任校对　李　莉
责任印制　李寡寡

出　　版　中国社会科学出版社
社　　址　北京鼓楼西大街甲158号
邮　　编　100720
网　　址　http://www.csspw.cn
发 行 部　010－84083685
门 市 部　010－84029450
经　　销　新华书店及其他书店

印刷装订　北京君升印刷有限公司
版　　次　2017年9月第1版
印　　次　2017年9月第1次印刷

开　　本　710×1000　1/16
印　　张　24.75
插　　页　2
字　　数　381千字
定　　价　98.00元

目　录

第一编

第二编

导　论

创新驱动发展战略的重大意义、理论基础、内涵特征及基本要求

党的十八届五中全会通过的《中共中央关于制定国民经济和社会发展第十三个五年规划的建议》（以下简称《十三五发展规划建议》）中明确提出，“创新是引领发展的第一动力”①。2016 年 5 月 30 日上午全国科技创新大会在人民大会堂隆重召开，习近平总书记出席大会并发表重要讲话。他强调，“纵观人类发展历史，创新始终是一个国家、一个民族发展的重要力量，也始终是推动人类社会进步的重要力量”②。“实现‘两个一百年’奋斗目标，实现中华民族伟大复兴的中国梦，必须坚持走中国特色自主创新道路。”③“实施创新驱动发展战略，是应对发展环境变化、把握发展自主权、提高核心竞争力的必然选择，是加快转变经济发展方式、破解经济发展深层次矛盾和问题的必然选择，是更好引领我国经济发展新常态、保持我国经济持续健康发展的必然选择。”④习近平总书记这一重要讲话和党的十八届五中全会精神，清楚地阐述了我国实施创新驱动发展战略的重大意义，揭示了创新驱动发展战略的科学内涵及基本要求。

---

① 习近平：《关于〈中共中央关于制定国民经济和社会发展第十三个五年规划的建议〉的说明》，《理论学习》2015 年第 12 期。

② 习近平：《为建设世界科技强国而奋斗——在全国科技创新大会、两院院士大会、中国科协第九次全国代表大会上的讲话》，《人民日报》2016 年 6 月 1 日。

③ 同上。

④ 同上。

第一节 我国实施创新驱动发展战略的重要紧迫性

党的十八大提出的创新驱动发展战略，是立足我国发展现实又面向全球发展趋势，既聚焦关键又带动整体的国家战略。因此，搞清楚“创新驱动发展战略”的科学内涵，是深入理解创新驱动发展战略重大意义的前提。

创新是发展的内在要求和根本动力，是解决发展问题的根本途径。虽然熊彼特在1912年就提出了创新的概念，但是其内涵已经被科学家、工程师、经济学家、企业家和政治家极大地丰富和拓展了。应该说学界至今还没有形成公认的“创新”概念。但是可以肯定，创新是一个复杂的系统性概念，涵盖科技创新、管理创新、制度创新、文化创新等多个方面。其中，科技创新是最核心的创新，是提高社会生产力和综合国力的战略支撑。中国科学院创新发展研究中心主任穆荣平博士认为，创新是一个复杂多元的价值创造过程，包括科学价值、技术价值、工程价值、经济价值、社会价值和文化价值创造，涉及科学发现、技术开发、工程化、商业化、规模市场化和技术扩散以及社会推广应用活动。当然，科学家通常认为创新是创造新的知识，技术专家通常强调创新的技术功能实现，企业家强调创新的经济属性，政治家强调创新的精神文化属性。①

“创新驱动”回答了“什么是创新的源动力”这一问题。实践表明，科技革命、新兴产业、工业革命都是新增长的动力。党的十八大明确提出实施创新驱动发展战略，主要是相对于生产要素驱动发展而言的。用创新驱动来代替生产要素驱动，其意义是十分明显的，主要含义可以理解为：首先，创新是各个生产要素的整合，从而避免了单一生产要素的消耗，实现了各生产要素的可持续发展；其次，创新本身是可再生资源，创新一旦成为发展的原动力，就会源源不断地发展壮大；最后，创新可以产生高附加值，由创新转化的生产力呈现级数效应，相对于生产要素的加数效应和

① 参见穆荣平《创新驱动发展与人才政策的思考》，《科技导报》2014年12月26日。

乘数效应，具备超乎预测的放大功能。简言之，“创新驱动发展”的基本含义就是：充分发挥科技对经济社会的支撑和引领作用，大幅度提高科技进步对经济的贡献率，增强经济发展的内生动力，使创新成为一个经济体发展的主要驱动力。

实施创新驱动战略的目的，就是要改变我国长期以来依靠要素或者投资作为发展主要驱动力的现状，真正把创新驱动作为经济发展的新动力。即中国未来的发展要由物质资源投入驱动型转向创新驱动内生增长型发展。我们的目标是成为创新型国家，即创新成为发展主要驱动力的国家。创新驱动，内生增长，显然科技创新是关系发展全局的核心。正如习近平总书记所强调的：“要着力实施创新驱动发展战略。……抓住了创新，就抓住了牵动经济社会发展全局的‘牛鼻子’。……抓创新就是抓发展，谋创新就是谋未来。我们必须把发展基点放在创新上，通过创新培育发展新动力、塑造更多发挥先发优势的引领型发展。……做到人有我有、人有我强、人强我优。增强我国经济整体素质和国际竞争力。”[①] 创新驱动战略的科学内涵表明：创新驱动发展，既是一种发展状态，即创新成为发展的主要驱动力，也是一种发展方式，即当技术创新和制度机制等创新协同推进经济社会发展时，才能说我们真正实现了科学的发展方式。

实施创新驱动发展战略之所以有重要的紧迫性，是因为构建国家发展的战略支点，提高社会生产力和综合国力的战略支撑，必须依靠创新驱动。世界发达国家或地区，之所以被称为“发达”，实际上无不依托创新驱动、控制和垄断科技产业制高点，通过科技优化升级支撑高端制造，保持全球战略竞争优势。我们党对此的认识是清醒和自觉的，从十七大提出“提高自主创新能力，建设创新型国家”[②] 的战略思路和要求，到十八大明确作出“实施创新驱动发展战略”的重大部署，到《十三五发展规划建议》中把“创新发展”作为五大发展理念之首，再到 2016 年 5 月，中

---

① 习近平：《在省部级主要领导干部学习贯彻党的十八届五中全会精神专题研讨班上的讲话》，《中国应急管理》2016 年第 1 期。

② 胡锦涛：《高举中国特色社会主义伟大旗帜 为夺取全面建设小康社会新胜利而奋斗——在中国共产党第十七次全国代表大会上的报告》，《求是》2007 年第 21 期。

共中央、国务院印发《国家创新驱动发展战略纲要》，提出分三步走建设世界科技创新强国的战略目标和强调要实现的“六大转变”，表明我们对创新驱动发展的认识越来越深入，举措越来越有力。实施创新驱动发展战略，是国际竞争的大势所趋，是我国发展的形势所迫，也是我国科技创新的必然选择。综合目前主要观点，我们对实施创新驱动的战略意义作以下概括。

一 实施创新驱动发展战略，是我国形成国际竞争新优势的迫切需要

恩格斯指出：“在马克思看来，科学是一种在历史上起推动作用的、革命的力量。”[①] 邓小平也指出科学技术是第一生产力。其中，科技力不断革新与创新是其显著特征，而近现代以来不断变化革新的科技革命已经证实了马克思主义这一科学论断。在科技变革创新日新月异的今天，具有世界性的新的科技创新及随之带来的科技产业革命也正在不断酝酿之中，网络信息技术、生物遗传基因技术及其新材料新能源等科技创新技术已经全面渗透社会经济生活的各个方面和各个领域，以绿色智能泛在性为特征的新一轮的科技创新革命可以说已经是蓄势待发了。科技领域的这些重大变化，必将对全球政治、经济、文化、军事、外交及其防务安全产生深远的影响，必将改变当今世界国际力量的对比，必将不断打破和创新国际力量平衡，必将重构当今世界新的政治经济格局，成为当今国际综合国力竞争的关键核心。同时也为后发国家实现赶超打开了“机会窗口”。这就为我国走创新驱动的发展道路、形成国际竞争新优势提供了重大机遇。

总结人类历史发展轨迹和大国崛起的过程会发现，核心战略是推进大国崛起的重要动力。历史与现实表明，创新驱动发展就是核心战略。今天，全球化的背景进一步加速了人才、信息、技术、资本等创新要素的国际流动，新兴市场和新兴产业成为未来国际竞争的焦点，世界进入依靠创新繁荣实体经济的深度调整期。美国尽管创新能力是世界第一，仍然强调“对科技创新的支持是经济竞争力的关键”。2011 年 2 月 4 日发表的《美

---

① 《马克思恩格斯文集》第 3 卷，人民出版社 2009 年版，第 602 页。

国创新战略》中明确提出，“为了赢得未来，美国必须在创新、教育和建设上超越世界其他国家”。其核心内容就是，充分发挥创新潜力，促进新就业、新企业和新产业，确保美国的经济增长与繁荣。欧盟提出建立创新型新欧洲，力图掌握未来发展主动权，为欧洲寻找复兴之路。《欧洲 2020 战略》要求，欧盟研发（研发）投入占 GDP 的比例应该提高到 3%。德国提出工业 4.0 战略。OECD 国家的一些企业，投资于研发、软件、数据库和技能等无形资产的比重，已经接近或超过实体资产的投资。2013 年，日本提出科技创新立国的目标，建设世界上最适宜创新的国家。2009 年韩国政府发布并实施《新增长动力规划及发展战略》，目标是实现外向型制造业和内需性知识服务业共同发展，在创造就业的同时，达到“优质经济增长”。面对发达国家和新兴经济体围绕创新所进行的激烈竞争，我国要形成国际竞争新优势，只有加快实施创新驱动发展战略，大力提高自主创新能力，加快关键领域核心技术的突破，才能形成发展新优势，形成发展新格局。

二 实施创新驱动发展战略，是培育经济增长新动力的迫切需要

创新是引领发展的第一动力。所谓的“中等收入陷阱”表明，当一个国家的人均收入达到中等水平后，由于没有实现经济发展方式的转变，必然导致经济增长动力的不足。相比于欧美发达国家，在过去 30 多年的快速增长过程中，中国的发展主要是通过“高投入、高出口、高消耗”促进数量和规模扩张的高增长。中国城市化持续快速推进，农村劳动力大规模向城镇转移，全社会劳动生产率的快速提高，全社会财富创造能力的整体增强，刺激了国内消费和固定资产投资的增长，国际贸易带动中国产品输出，国外投资为中国经济注入动力，等等，使中国经济得以快速增长。今天，当我国经济总量跃居世界第二大经济体，人均 GDP 接近 8000 美元的同时，我们看到“中等收入陷阱”横在面前：产业层次低，人口红利减少，投资驱动力下降，产能过剩严重，外需动力减弱，发展不平衡和资源环境刚性约束增强等矛盾愈加凸显，使得近年来拉动经济增长的各种传统动力都在减弱，急需找到经济增长的新动力。因此，为了避免落入

中等收入陷阱，实现可持续发展，对当前和未来的中国而言，就必须摆脱对物质生产要素过度依赖的驱动方式，转入创新驱动发展的轨道。为此，在新常态下，我国的经济增长方式需要做出相应的调整：从高速转向中高速，从规模速度型粗放增长转向质量效率型集约增长，从增量扩能为主转向调整存量、做优增量并重。在这种速度变化、结构优化和动力转换过程中，动力转换最为关键。强化创新这个引领发展的第一动力，我们是如此的迫切需要。

习近平总书记指出："我国经济发展要突破瓶颈、解决深层次矛盾和问题，根本出路在于创新，关键是要靠科技力量。"① 实践表明，实施创新驱动发展战略，可以打造发展新引擎，有力推动经济发展方式的转变，为我国持续发展提供更加广阔的空间和更加强大的动力。

三　实施创新驱动发展战略，是坚持绿色发展，实现中华民族伟大复兴中国梦的迫切需要

我们党在探索建设中国特色社会主义的实践中逐步高度重视和深化着"人口、资源、环境"等生态文明建设问题。从发展中国特色社会主义的总体布局看，把建设生态文明作为总布局的一个重要方面，已经超越了污染控制和生态修复等传统理念，走上了修正工业文明弊端、探索"资源节约型、环境友好型"的新型文明发展之路。十八大报告提出，"努力建设美丽中国，实现中华民族永续发展"②。党的十八届五中全会进一步明确提出，创新是实现绿色发展的根本保障。也就是说，实施创新驱动发展战略是有效破解我国资源环境和发展面临的难题，形成人与自然和谐发展格局的必然路径选择。

要实现绿色发展就必须走创新发展之路，因为创新驱动发展战略的实质就是科技创新，就是经济发展方式的转变，从而一定是国土空间开发格

① 习近平：《习近平总书记系列重要讲话读本》，人民出版社 2014 年版，第 66 页。

② 胡锦涛：《坚定不移沿着中国特色社会主义道路前进　为全面建成小康社会而奋斗——在中国共产党第十八次全国代表大会上的报告》，《求是》2012 年第 22 期。

局的优化。国土空间是宝贵资源，保护好这个资源，需要采取促进产业结构优化升级，培育和发展生态经济，控制空间开发强度等举措，加快生产方式转变，实现经济、社会、生态三者效益的统一。创新驱动发展战略要求并能实现节能降耗保护资源。珍惜和节约资源，是实现经济社会永续发展的内在要求。通过加强科技创新和管理创新，发展绿色低碳循环经济，加快推动生产方式绿色化，加快产业技术创新，用高新技术和先进适用技术改造提升传统产业，大力发展节能环保产业，全面提高资源利用效率；推进能源革命，加快发展现代能源体系。创新驱动发展战略要求并能实现以防治污染加大环境保护力度。水污染、大气污染、土壤污染是威胁人类生存安全的三大污染，也是十八届五中全会要求必须打好的“三大战役”。减少污染需要加强科技创新和管理创新，健全环境监测评价标准，加大对水、大气、土壤等污染的防治，科学促进资源环境的保护和生态的自然修复。创新驱动发展战略要求并能实现以创新制度来保护生态。保护生态的根本是要靠制度及其制度的创新。通过制度来引导、规范和约束各类开发、利用、保护自然资源的行为。

第二节　创新驱动发展战略的理论基础

高度重视科技进步和创新，是重视与实行创新驱动发展战略的基础和前提。如何把创新驱动发展战略很好地加以贯彻落实？这不仅要有来自现实迫切需要的认识，还要有理论的指导和理性的自觉。因此，弄清其理论基础是正确认识与行动的前提。没有革命的理论认识，就没有自觉的行动。这是列宁在《怎么办?》中反对自发性、提倡自觉性的重要观点之一。要把创新驱动发展战略真正变成全社会自觉的行动，就必须要探讨创新驱动发展的理论基础。我们认为，实施创新驱动型发展战略，其主要理论基础可以重点从以下几个方面探讨。

一　马克思主义的科技创新理论

从马克思的“科技—社会”综合创新论的提出，到列宁为代表的苏联共产党人和以毛泽东、邓小平、江泽民、胡锦涛、习近平同志为代表的中国共产党人在实践中的探索和理论上的创新，在理论渊源、实践基础、思想内涵和价值追求上既具内在的一致性，更具发展的创新性，为我国实施创新驱动发展战略提供了坚实的理论基础和实践经验。

（1）马克思的“科技—社会”综合创新论。

马克思在其著作《机器、自然力和科学的应用》中提出了“科技—社会”综合创新论的观点。[①] 我们认为，马克思的综合创新论，可以看作是实行创新驱动发展战略的第一依据。

马克思为了写作《资本论》，在 1861 年至 1863 年写下了 240 页的著作《机器》一书。在书中，马克思运用经济发展史与经济发展现实相结合的研究方法，阐述了资本主义生产力发展的历史逻辑与现实动力，找到了资本主义能够如在《共产党宣言》中所讲的，创造了超越过去人类历史一切时代总和还要多的生产力的深刻原因，这就是以科技进步为中心的综合创新。马克思所阐述的综合创新思想主要包括以下五个观点。

第一，从依靠工具进行生产活动、到现代社会的机器生产，是从传统社会走向现代社会的重大创新。马克思在《机器》一书中指出：资本主义的发展，是与传统社会向现代社会的转型相联系的。西欧为什么能够率先从传统社会走向现代社会？根据唯物史观关于“社会发展归根到底是由生产与再生产因素决定的”这一基本原则，马克思揭示了从手工工具到机器生产基础上社会变革的规律，从经济因素、社会生产与再生产的视野角度，说明了生产力是如何作为从传统社会到现代社会的“内生力量”而存在和发生作用的。

第二，从工具时代到机器时代是以技术进步为直接动力的。生产力是如何发生作用的呢？马克思研究了从古代到 19 世纪中叶大量技术进步的资料，在《机器》一书中指出：如果没有技术的进步，人类社会就不可能从手工工具时代发展到机器时代。马克思还以作为生产动力的磨的技术变迁史为重点来证明这一观点。人力、畜力、水力、风车、

① 参见《马克思恩格斯全集》第 47 卷，人民出版社 1979 年版。

马、蒸汽，这些动力构成了动力磨技术进步的年轮。马克思指出："在磨中，已经具备或多或少独立的和发展的、相互并存的机器要素；动力；动力作用于其上的原动机；处于原动机和工作机之间的传动机构——轮传动装置、杠杆、齿等。"① 这就是以技术进步为直接动力的生产工具的巨大创新作用。

第三，科学在创新中显示出了特殊的力量。马克思在《机器》一书中指出，正是在资本主义生产条件下，人类才第一次认识到了科学解决实际问题的巨大作用。科学原本是一种理论形态的东西，但是，由于生产过程需要占有、应用它，从而使它转变成了实实在在的创新力量。马克思指出，现代化的特定阶段，必定有一种学科充当着创新的龙头。比如，在工场手工业阶段，支撑与引领创新的科学是力学；在大工业机器生产阶段，支撑与引领创新的科学是化学。马克思还指出，科学成为支撑、引领创新是有条件的，这就是：科学与直接劳动分离，成为一个与个别工人的知识、经验、技能相区别的独立的因素。历史与实践证明了马克思的观点：当科学与直接劳动过程、与个别工人相分离后，科学成了致富的手段，科学也成为一种职业。以美国硅谷电子技术为代表的科学及其在社会生产、生活中的应用，就充分证明了马克思一百多年前关于科学是致富手段、是一种职业的论述是创新发展的真理。

第四，科学技术创新推进制度创新。马克思对科学技术创新如何推进制度创新作了微观、宏观两个角度的全面分析。马克思指出，科学技术创新推进下的微观方面的制度创新，主要表现为以工厂制度为载体的劳动组织创新。工厂制度是与机器体系生产力相适应的劳动组织形式，工厂制度是社会微观制度的载体或平台，它承载着机器体系生产力的生产过程要求，也包含着资本家与工人对立性的经济利益实现机制。在资本主义制度下，工厂组织的经济利益实现机制存在对工人不利的先天制度设计缺陷。主要是：机器人为地充当了工人专业化及其技能价值贬值的工具，工人成了机器的附属物；工人受制于机器的人的地位的人为下降，带来的结果是

① 《马克思恩格斯全集》第 47 卷，人民出版社 1979 年版，第 427 页。

劳动力价值的贬值，工人阶级是资本家阶级剩余价值生产的工具。马克思还多角度揭示了资本主义通过使用机器技术创新带来剩余价值的具体途径。同时，马克思认为科学技术创新引领的宏观制度创新，主要表现为以城市为载体的社团组织的发展。这些社团组织具体表现为行会、行业公会、联合会等。①

第五，“综合创新”是科学技术、生产方式、生产关系、社会关系、生活方式“五位一体”的创新。马克思认为，科学技术的创新，必然引发生产方式的变革，从工场到工厂组织是历史上生产方式变革的典型例证。在工厂组织中，工人与资本家之间的利益关系与工场时代有重大变化。这些变化，必然使整个社会的关系、人们的生活方式较过去发生根本性变化。从资本主义历史看，引发的社会关系、生活方式的变化，主要表现为工人阶级与资本家阶级代替传统社会的贵族与农奴，城市市民生活方式代替传统社会的乡村生活。马克思强调，“只有科学技术制度等全方面统一的综合创新，而不是单项创新，才能实现一系列的重大创新”②。

（2）以列宁为代表的苏联共产党人以“文化水平”为基础的科技创新思想。

列宁领导十月革命胜利后，在国外武装干涉、国内叛乱基本战胜后，就及时提出了党的工作重点从阶级斗争向经济建设转移的问题，并创新性地提出了用“新经济政策”名义的商品交换即市场经济办法发展生产力的道路。同时，列宁把马克思关于科技进步为中心的综合创新理论运用于俄国实践，创造性地提出了以“文化水平”为基础的科技创新思想，有力地指导了苏联经济社会发展。

第一，列宁的科技创新思想——要以“文化水平”为基础。以“文化水平”为基础这一思想是基于社会主义制度需要建立在与西欧比较是相对发达的“文化水平”，即生产力基础之上。这是列宁在《伟大的创举》《论我国革命》中反复强调的重要观点。列宁把落后国家社会主义制

---

① 参见《马克思恩格斯全集》第47卷，人民出版社1979年版。

② 吴敏燕：《马克思近代科学技术制度综合创新论》，《哲学动态》2008年第11期。

度需要的生产力基础称为“文化水平”，是有马克思“综合创新论”意蕴的理论创新。因为广义的文化是一个可以覆盖社会生活方方面面的概念，可见，在列宁眼里，落后国家的生产力发展不仅是一个经济问题，更是牵涉全社会的文化水平问题。列宁还根据俄国这样的落后国家因文化水平低、科学的职业化发展不足、专家缺乏等问题，强调要重视专家在经济建设中的作用，甚至亲自批准专家的高薪待遇。列宁认为，无产阶级要学习资产阶级的办法，善于吸收、掌握、利用先前阶级的知识和素养，为自己的最终胜利服务。因此，他强调，我们必须尽量利用所有资产阶级专家，“依靠他们的帮助去战胜我们必须战胜的一切”①。列宁还认为，资产阶级管理专家代表着“最大限度的管理效率”②。建设社会主义是一场新的革命，不要害怕让共产党员去向资产阶级管理专家学习。

第二，斯大林的创新思想——要建立宏大的技术干部队伍。在领导苏联共产党执政中斯大林固然在理论上、政治上有重大失误，但是他领导的经济建设实际成绩是不能否认的。在斯大林领导下，俄国从一个欧洲落后国家变成工业化强国，经济实力支撑其在第二次世界大战中充当中流砥柱的作用，其中自然包括经济发展与科学技术创新的结合。斯大林对马克思主义综合创新理论的应用，对列宁以“文化水平”为基础的科技创新思想的继承，突出体现在把创新建立在宏大的技术干部队伍的自觉培养基础上。1925 年，苏联国民经济恢复时期宣告结束。同年 12 月，联共（布）十四大确立了社会主义工业化的战略方针，要求党和人民把注意力集中在工业上。但当时苏联的现状是严重缺乏技术和干部，为此必须加速从工人阶级中培养新的技术干部和专家，以改变日益发展的工业对熟练专家的需求同培养专家之间极其不相适应的状况。为此斯大林于 1931 年和 1935 年先后提出了“技术决定一切”“干部决定一切”的口号。同时苏联还颁布了新的发明创造奖励条例，鼓励技术革新，奖励发明创造。为了激励知识分子献身于社会主义建设，苏联设立了学位、学衔，制定了关于著作权、

---

① 《列宁全集》第 38 卷，人民出版社 1986 年版，第 210 页。

② 同上书，第 239 页。

发明权以及稿酬等条例，以保障他们的各种利益来激发其创新活力。所有这些，为制定和实施国民经济第一个五年计划准备了必要的条件。

（3）中国共产党人的科技创新思想——科学技术是推动发展的重要生产力。

中国共产党执政后，总体实践轨迹仍然是遵循着马克思的综合创新理论。尤其是党的十一届三中全会以后，坚持科学技术是推动发展的重要生产力，无论理论还是实践都取得了巨大的成果。

第一，以毛泽东为代表的中国共产党人关于依靠“科学—技术”创新发展生产力的思想。基于改变“一穷二白”的生产力落后状况，毛泽东提出了依靠“科学—技术”创新发展生产力的重要思想，其主要内容可以概括为以下三个方面的观点。

一是发展我国的科学技术，必须实行赶超战略。毛泽东强调，资本主义各国，苏联，都是靠采用最先进的技术，来赶上最先进的国家，我国也要这样。我们不能走世界各国技术发展的老路，跟在别人后面一步一步地爬行。我们要善于发挥我们的优势，要按照自己的宏伟目标的要求，打破常规，尽量采用先进技术，在一个不太长的历史时期内，把我国建设成为一个社会主义的现代化强国。

二是要加强基础理论研究，提高我国科学水平。李四光依据大地构造理论和油气形成的移聚条件理论，不仅反驳了“中国贫油论”的错误观点，还对重新部署石油战线工作发挥了建言献策作用。对此，毛泽东非常赞赏，强调要加强基础理论研究。他指出，提高科学水平是要有专人来搞的，要培养一批懂得理论的人才，这就是科技队伍建设问题。为此，在新中国成立初期，我们一方面感召了一大批卓有成就的科学家回来报效祖国，另一方面积极发展科学研究机构，大力培养科技人员，初步形成了一支在政治上和专业上都具有较高素质的科学技术研究工作队伍，为新中国的科学技术事业奠定了坚实的基础。

三是用科技规划使创新有序、有力、持续地推进。在毛泽东的指示下，我国制定了两个科技规划纲要：《1956—1967 年科学技术发展远景规划纲要》和《1963—1972 年科技发展纲要》。规划的执行，大大缩短了我国科技与世界先进科技水平的差距，使我国科技整体水平大体赶上了20世纪40年代的世界科技水平。毛泽东还提出了“技术革命”概念，并尝试用“鞍钢宪法”路径，使创新推动发展的直接技术成果具有实践性与群众性的双重特征。

第二，十一届三中全会以后，党的几代领导集体对科技创新思想的发展。

邓小平同志提出了“科学技术是第一生产力”的著名观点，创造性地将“科学技术”提升到“第一生产力”的历史地位，并引发了一系列支持创新的科技政策的出台及“863计划”战略性科技创新项目的实施；以江泽民同志为核心的党中央提出了“创新是一个民族进步的灵魂、是国家兴旺发达的不竭动力”[①] 的观点，并组织实施了“科教兴国”战略，建立了国家创新体系的框架；以胡锦涛同志为总书记的党中央提出坚持走中国特色自主创新道路，强调要切实把科学技术摆在优先发展的战略地位，把增强自主创新能力作为战略基点，实现结构调整、增长方式的转变。同时，在全国推进以企业为主体、市场需求为导向的科技创新实践，取得了以电子产品芯片、装备制造业的自主知识产权为代表的重大创新成果。

第三，十八大以来，党中央深化拓展了“创新驱动发展战略”的科技创新思想。

2012年党的十八大提出实施创新驱动发展战略。十八大以来，以习近平总书记为核心的党中央不仅在理论上深化了科技创新思想，而且把对科技创新的深刻认识具体化为“决定”“纲要”和“规划”等重大战略部署，成为在实践上可操作的指导思想、奋斗目标、总体要求、战略任务和改革举措，充分彰显了理论转化为实践的巨大张力，为我国实施创新驱动发展战略提供了坚实的理论基础和实践经验，对于全面落实好创新驱动发展战略，激发全社会创造活力，具有重大而深远的指导意义。

一是对科技创新思想的系统深化。十八大以来，习近平总书记围绕科

① 《江泽民文选》第3卷，人民出版社2006年版，第537页。

技创新发表了一系列重要讲话。他强调，中华民族是富有创新精神的民族。我国科技发展的方向就是创新、创新、再创新，加快创新型国家建设步伐。① 他强调，创新驱动发展是大势所趋。纵观世界现代化的发展历程，谁抓住了科技革命的机遇，谁就将发展的主动权掌握在自己手里。他强调，创新是引领发展的第一动力，必须把创新摆在国家发展全局的核心位置，把创新贯穿于党和国家的一切工作，抓住科技创新这个牛鼻子，推动以科技创新为核心的全面创新。② 他强调，推动经济社会发展更多依靠创新驱动。加快实施创新驱动发展战略，改造传统引擎，打造“双引擎”，增添、培育和催生中国经济发展的新动力。他还强调，实施创新驱动发展战略，最根本的是要增强自主创新能力，最紧迫的是要破除体制机制障碍，最大限度解放和激发科技作为第一生产力所蕴藏的巨大潜能。③ 尤其是在 2016 年 5 月 30 日召开的全国科技创新大会上，习近平总书记再次强调，科技兴则民族兴，科技强则国家强。要求“科技创新、制度创新要协同发挥作用，两个轮子一起转”，并明确提出了我国科技事业发展的目标：到 2020 年我国要进入创新型国家行列，到 2030 年我国要进入创新型国家前列，到新中国成立 100 年时我国要成为世界科技强国。④ 正是在这一系列新理念、新思想、新论断的指导下，才有新战略、新部署和新的实践成效。

二是对科技创新实践的战略部署。党的十八届三中全会通过的《中共中央关于全面深化改革的若干重大问题的决定》指出，正确处理好市场与政府的关系，是全面深化改革的核心问题。这就意味着中国在实施创新驱动发展战略、建立有利于创新的制度时，其制度框架应该是“充分

---

① 参见习近平《坚定不移创新创新再创新 加快创新型国家建设步伐》，《人民日报》2014 年 6 月 10 日。

② 参见习近平《在省部级主要领导干部学习贯彻党的十八届五中全会精神专题研讨班上的讲话》，《中国应急管理》2016 年第 1 期。

③ 参见中共中国科学院党组《决定中华民族前途命运的重大战略——学习习近平总书记关于创新驱动发展战略的重要论述》，《求是》2014 年第 3 期。

④ 参见习近平《为建设世界科技强国而奋斗——在全国科技创新大会、两院院士大会、中国科协第九次全国代表大会上的讲话》，《人民日报》2016 年 6 月 1 日。

发挥市场在配置资源中的决定作用，更好地发挥政府的作用”，将市场和政府的作用结合起来。这既是全面深化改革的战略选择，也是实现创新驱动发展战略的理论基础，更是实现路径。党的十八届五中全会通过的《中共中央关于制定国民经济和社会发展第十三个五年规划的建议》将创新发展确立为“十三五”必须坚持的五大发展理念之首，明确提出，创新是引领发展的第一动力。“让创新贯穿党和国家一切工作”，这是对创新在国家经济社会发展中重要地位和作用的崭新概括。《建议》对实施创新驱动发展战略进行了全面深入的部署，强调要“发挥科技创新在全面创新中的引领作用”。这充分体现了新一届中央领导集体以新理念、新路径开拓发展新境界的决心。2016 年 8 月，国务院印发了《“十三五”国家科技创新规划》（以下简称《规划》）。令人关注的是，这个首次以“科技创新”命名的《规划》，确立了迈进创新型国家行列、为建成世界科技强国奠定坚实基础的总目标。《规划》以“十三五”是全面建成小康社会和进入创新型国家行列的决胜阶段为背景，描绘了我国未来五年科技创新发展的蓝图；提出了要发挥科技创新在新常态下推动产业迈向中高端、增添发展新动能、拓展发展新空间、提高发展质量和效益中的核心引领作用；强调了要确保如期进入创新型国家行列，为建成世界科技强国奠定坚实的基础。①

总之，以习近平总书记为核心的党中央在十八大提出“创新驱动发展战略”的基础上，形成了科学的“创新”发展理念，得出了“创新是引领发展第一动力”的重要论断，制定印发了《国家创新驱动发展战略纲要》和《“十三五”国家科技创新规划》，召开了全国科技创新大会，提出了建设世界科技强国的目标……应该说，通过创新培育发展新动力，通过实施创新驱动发展战略，使我国由制造大国走向制造强国，进而走向世界科技强国，这既是今天中国上下的共识，更是今天中国可喜的创新实践。事实证明，今天中国创新发展实践进程之快，体制机制改革力度之大，改革创新成效之显著，是过去时代难以比拟的。

---

① 参见国务院《“十三五”国家科技创新规划》，人民出版社 2016 年版。

二 市场决定作用、更好发挥政府作用的观点

党的十八届三中全会通过的《中共中央关于全面深化改革的若干重大问题的决定》指出，正确处理好市场与政府的关系，是全面深化改革的核心问题。正确的做法或者说我们的选择是：既要使市场在资源配置中起决定作用，又要更好地发挥政府作用。这既是全面深化改革的战略选择，也是实现创新驱动发展战略的理论基础，更是实现路径。

科学发展、科学推动技术进步并转化为经济社会发展的现代化实践都反复证明，政府与市场作用不能偏废任何一方，必须实现结合与互补。否则，科学与技术进步及其转化为经济社会发展的现代化实践都会受到阻碍。在科学发展、科学推动技术进步中，既要充分使市场在资源配置中起决定作用，又要更好地发挥政府作用，其理论依据主要有两个。

第一，无论是政府失灵还是市场失灵，都不利于实现科学发展、技术进步。无论是政府还是市场，都是科学与技术发展不可缺少的力量，同时，它们又都存在不可避免的“失灵”缺陷，也都会给科学发展与技术进步带来阻碍。科学研究如果有政府的政策、投入及社会环境营造等方面的支持，就可以大规模、持续性地进行下去，使本来风险极大的科学创新机会大大提高。但是，一项科学创新的突破向技术形态转化，政府的作用与市场的力量又是不能相提并论的。在关系全局的一些问题上，如果没有政府的有效领导，企业虽然是发展的主体、是自主技术创新的主体、是转变发展方式的主体，但是单靠其自身的力量是无法进行有效的创新的。我国的轨道交通产业、高铁产业之所以有今天这样的大好局面，根本原因在于20世纪90年代国家主导的国产化、自主化工作。在电信设备领域，以第三代移动通讯国际标准（TD-SCDMA）的推进为契机，中国的电信设备产业上了一个大台阶，因而到第四代移动通讯（TD-LTE）以中移动为首的本土企业就真正掌握了发展的主动权，这也是国家主导的结果。同时，指望以追求“实证或实际利益”的市场法人主体去长期、大规模地投资支持失败概率极高的科学研究，特别是基础性与原创性科学研究也是不现实的。尤其是在生产力还不发达、市场体系尚不完善的发展中国家发展科

学技术就不得不由政府主办，国有经济居主导地位。还必须指出，即使在西方发达国家，政府也对高新技术产业的核心部分保持一定程度的控制或垄断。

总之，理想状况应该是：发挥政府作用，支持进行基础性与原创性科学研究；发挥市场作用，使科学创新迅速、大规模地从理论形态转化为社会技术应用与扩散成果，推动社会经济及人们生活的提升。

第二，科学创造价值与市场创造效益存在重大区别，只有充分使市场在资源配置中起决定作用，同时更好地发挥政府作用，才能有区别地实现科技进步。虽然马克思明确指出现代生产力包括科学，邓小平同志也明确指出科学技术是第一生产力，但是现实生活中一个事实却始终无法改变：一般来说，一个大学搞自然科学基础研究的教授，无论怎么全心投入科研，若以每月、每年直接创造经济收入的价值为标准，或许始终比一个房地产设计师、工厂总工程师差得多。况且，搞自然科学基础研究的教授即使其研究成功了，那也是要几年、几十年甚至更长久的时间才能证明，并且还需要经过若干向技术的转化过程。而如果是从事人文社会科学研究的，虽然其研究很符合社会经济发展的需要，但其价值却不那么容易体现为市场效益，特别是所谓“冷门”学科的研究，也许其科学创造的价值与市场创造的效益更是两回事。所以西美尔早在一百多年前所撰写的《货币哲学》中就指出，现代社会需要有一批知识分子去进行“社会整体价值”的创造。按照西美尔的观点，现代社会中从领导干部到从事社会科学研究的相当一部分人、特别是大学里面的文科学者，主要功能与成绩或许都是在从事“社会整体价值”的创造，这些人及其价值的存在离开了政府的作用是不行的。也就是说，如果一切学科都按市场创收的多少来决定生存价值的大小，那么大学与社会中很多社会科学学科及专业可能会顷刻灰飞烟灭！因为市场创造收入的决定作用不在原创，而在具体的当下与社会具体的人，特别是个人需求的交易对接。市场创造收入的形态，是当下生活的主流或世俗存在，不能贬低它。但是，如果仅仅以市场创造收入为唯一标准，毫无疑问会窒息现代社会复杂和丰富的生活。

因此，无论是政府失灵还是市场失灵，都是不利于实现科学发展和技术进步的。政府与市场作用不能偏废任何一方，必须实现结合与互补。据学者考证，发挥政府资助科学研究、进而出现以专利为载体的技术创新模式，在欧洲、中东的历史是比较久远的。

政府资助发明创新的例子，最早可以追溯到公元前两千多年的埃及古王朝时期的第三王朝。法老王的大臣是第一座金字塔的建筑师，有人认为是他发明了一系列用石头建造金字塔的方法。在他之后，埃及人的确掌握了如何移动 50 吨重的石板的技术，后来埃及人又有了可以熟练移动 1000 吨石板的技术。

希腊城邦时期被誉为欧洲发明创造的第一个黄金期。那时，发明创造虽然是由富裕的个体来独自承担的，但是，这些人又大都有政府的背景。比如，阿基米德是当时君主的科学顾问，负责给君主解决科学问题。那时候，政府通过高薪和奖金组建了一支科学家队伍，负责设计和制造战争机器。同时期也出现了由一位或多位老师领头的学校，学校经费来源主要是自筹资金，声誉则来源于科学研究成果。亚历山大大帝图书馆是当时知识的集大成体，它不仅藏书，还教课，并且进行科学实验。古希腊城邦的科研效果并不理想，主要表现是：他们组织散乱，大多数发明都是“偶然发现”，系统的组织研究较少；并且由于当时书写载体少，缺乏有效稳定的记录方式；同时，存在各种本可避免却带来毁灭性后果的破坏，比如城陷、书焚、人亡等原因都可以使宝贵的知识消失；也存在相同的知识被不断地重新发现和创造，造成资源的重复浪费问题。但是这一时期，政府在有目的地组织科学和技术的研究了。

罗马君士坦丁大帝和查理曼大帝时代，欧洲开始兴建官办学堂研究神学，这就是当时的科研。金属冶炼和医药治疗，在这时期都属于神学范畴。当时所持的上帝创世论认为，一切科学可以被承认且都是上帝创世的证据和补充，因此，对各种金属的冶炼、锻造，对历史、植物等的研究取得了不少成果。但是，因为这些成果被纳入了神学范围，极少透露“秘密”给公众，其社会影响不大。公元 1200 年前后，欧洲出现大学，开始在法学、医药、自然科学领域从事专门的研究。到 1450 年，欧洲已经约有 80 所大学，而这些大学，主要依靠君主的资助。

在欧洲，科学的认识从知识成果向技术发展手段转化，并且推动社会转型进步，从当时看都花费了数以百年计的时间成本，但是，从历史逻辑看却是前后连续的嬗变过程。具体时间节点是发生在 1750—1850 年，即工业革命时期，西欧各国已经先后产生了由政府保护的发明专利系统，1474 年第一个专利出现在意大利的威尼斯。这种专利系统保证了部分发明的合理垄断地位，为发明者提供了通过市场获利的机会。在 1700 年前后，各种奖金也被政府和私人广泛设立，比如，1894 年 Hertz 发现电波即是应了奖金的号召，我们所熟悉的拉格朗日定理也是出于私人资助。

今天大学与科学都比较发达的美国，1870 年前后出于对农业研究的需要，才在各州征地设立了多所大学。但是，那时的大学初始规模很小，一般只有十几个二十几个人，因此经费很少。1930 年后，由于战争的需要，美国政府开始大量资助大学，政府资助的大学科研经费由 1% 飙升至二战结束时的约 40%，其在航海、航天、核能、电力、医疗等方面的投入都十分巨大，成果也比较显著，从 20 世纪 50 年代初期开始一直到 70 年代初，美国研发投入的主要来源，既不是企业，更不是高校，而是美国联邦政府，其所占比例一直超过 50%，政府投入在 20 世纪 60 年代是企业研发投入的两倍以上。到 1970 年，美国联邦政府资助的基础研究已经占所有基础研究经费的 70%。现如今，美国所有科研投入中，30% 来自政府，多是支持自然科学、社会科学、人文科学等基础研究，63% 来自私人企业。

中国由于未经历从封建制度母腹孕育资本主义的自然历史过程，近代被迫发展为畸形的半封建半殖民地社会，其中作为“半殖民地”的现代市场经济与工业生产方式既是夹生饭式的“舶来品”，也缺乏扎根与认同的社会氛围。我们又以半封建半殖民地社会为起点，在生产力水平不那么适应的基础上建立了社会主义制度。在这样的基础上，在实现现代化为目标的经济发展过程中，就更加迫切地需要更大更好地发挥政府作用去支持、引导科学研究，尤其是政府的政策和各种制度安排的作用。同时充分发挥市场作用促进科学向技术的转化并推动发展。这两个方面的工作不仅同等重要，而且还需要从“启蒙”的社会认同基础做起，才能进而逐步形成政策、制度、普遍的自觉行动。

总之，为了规避市场与政府失灵的各自缺陷的困扰，为了尊重科学与技术各自创造价值的特殊性，就必须既充分使市场在资源配置中起决定作用，又要更好地发挥政府作用，才能真正实现创新驱动发展。因此，市场起决定作用、更好发挥政府作用的观点应该是我们实施创新驱动发展战略的重要理论基础。

三 熊彼特的创新“反周期”论

美国著名经济学家熊彼特在 1912 年首次提出了创新的概念。他认为，所谓创新就是建立一种新的生产函数，把从来没有过的关于生产要素和生产条件的新组合引入生产体系，以实现对生产要素或生产条件的“新组合”[①]。熊彼特以《经济周期循环论》或《商业周期循环论》为其代表作，被公认为是主张创新“反周期”或“反经济萧条”理论的正式创立者。其创新理论对我们实施创新驱动发展战略应该有重要借鉴作用。

第一，创新是经济增长的内生因素。所谓的经济周期，就是经济生活的波浪式运动，它包括繁荣、衰退、萧条、复苏四个阶段。熊彼特认为，市场经济体制下的经济周期性萧条即经济危机是周期性会出现的现象。他认为，在经济危机期间，由于各种资源投入的萎缩，先前创新形成的投资机会必然会越来越少。由于投资机会的减少，经济会因投资不足形成生产萎缩、就业提供不足等一系列萧条现象，进入均衡时期。因此在熊彼特看来，“反周期”或“反经济萧条”的办法是通过创新，形成新的投资机会。创新则是打破这种均衡、推动经济发展的动力。因为通过创新活动所造成的盈利机会会带动其他企业家进而掀起创新的热潮。在这样的背景下，又会形成这样的景象：企业家扩大对生产资料的需要，从而导致生产资料价格的上涨，进而企业家扩大对银行信贷的需求并引起信贷的扩张，等等。于是经济的上升阶段形成，即繁荣阶段到来。当创新提高了资源的生产力时，就再接近均衡时期，经济能力继续增长，于是就出现了经济的

① ［美］约瑟夫·熊彼特：《经济周期循环论》，叶华译，中国长安出版社 2009 年版。

复苏。由此可以看到，虽然熊彼特是从技术创新角度对资本主义经济周期进行的分析，但是其理论和实践意义重大。由于他认为创新是经济增长的内生因素，这就把创新的作用放在本源驱动力的地位上了。

第二，创新就是把生产要素和生产条件的新组合引入生产体系。熊彼特认为，“创新就是把生产要素和生产条件的新组合引入生产体系”，即“建立一种新的生产函数”关系。具体主要表现为五种情况：一是生产新的产品，即产品创新；二是采用一种新的生产方法，即工艺创新或生产技术创新；三是开辟一个新的市场，即市场创新；四是获得一种原料或半成品的新供给来源，即材料创新；五是实行一种新的企业组织形式，即组织管理创新。① 显然，他重点强调的是把技术等要素引入经济，从而使技术与经济相结合。

第三，企业家是创新的承担者。熊彼特非常重视在创新中人的作用，尤其是企业家的作用。熊彼特指出：“我们把实现新组合的人们称为‘企业家’。”他们是那种敢于冒风险的，有锐敏观察力和组织能力的从事全新活动的“企业家”。在熊彼特看来，创新的主动力来自企业家精神。只有能够加入，乃至引领创新的企业经营者才能称得上是“企业家”。企业家是创新的承担者。熊彼特认为创新者必须克服惰性，善于战胜自我，千万不能故步自封。他这样生动地描述习惯惰性的力量：“一切知识和习惯一旦获得以后，就牢固地根植于我们之中，就像一条铁路的路基根植于地面一样。它不要求连续不断地更新和自觉地再度生产，而是深深沉落在下意识的底层中。它通常通过遗传、教育、培养和环境压力，几乎是没有摩擦地传递下去。”②

总之，熊彼特是现代创新理论的代表人物。他用创新来解释经济的发展，认为创新是经济发展的根本现象，创新是社会前进最基本的动力；他还用创新来解释经济周期，认为经济周期性波动的根源在于创新；等等。

---

① 参见［美］约瑟夫·熊彼特《经济周期循环论》，叶华译，中国长安出版社 2009 年版。

② 李义平：《创新与经济发展——重读熊彼特的〈经济发展理论〉》，《读书》2013 年第 2 期。

熊彼特的创新理论至今已经一百多年，但是仍对中国和世界经济发展产生着巨大的影响，对于我们实施创新驱动发展战略应该具有重要的借鉴作用。

四　以英国学者弗里曼为代表的“国家创新体系”理论

熊彼特的创新理论影响巨大，一直受到经济学界的重视，继续研究熊彼特创新理论的学派被称作“新熊彼特学派”。“新熊彼特学派”对熊彼特的理论从不同的角度进行了研究和发展，其中有代表性的是“国家创新体系”的理论，这一理论对我国实施创新驱动也很具启发性。

第一，“国家创新体系”概念的提出。1987 年英国著名技术创新研究专家弗里曼（C. Freeman），通过对日本经济起飞经验的深入研究，提出了“国家创新体系”的概念。弗里曼把创新归结为一种国家行为，他的“国家创新体系”概念的内涵是：“是由公共和私有机构组成的网络系统，它们之间的相互作用及其活动促成、创造、引入、改进和扩散各种新知识和新技术，使一国的技术创新取得更好的绩效”[①]。

弗里曼对于这个国家创新体系，特别强调四个因素的作用：作为技术创新主体的企业以及产业结构的作用，作为科学技术知识研究开发的机构和高校，促成科技知识转移和扩散的教育培训部门以及中介机构的作用，作为创新系统协调机构的政府国家及其政策的作用。

第二，“国家创新体系”理论的发展。当知识经济初现端倪之后，在研究美国和日本等国家与地区关于资助技术创新的国家制度体系的基础之上，1993 年美国经济学家纳尔逊明确提出了“以制度为基础”的观点。这就对弗里曼国家创新体系的思想给予了完善发展。他认为，从弗里曼强调的四个因素可以看到，现代国家创新体系中既有制度因素也有技术行为因素，既包括企业、研究机构和研究型大学，还包括政府的相关机构以及社会中介机构，等等。因此，必须建立有利于创新的制度，通过科学有效

---

① ［英］克利斯·弗里曼、罗克·苏特：《工业创新经济学》，华宏勋译，北京大学出版社 2004 年版。

的制度来优化创新资源的配置，协调创新活动的开展，这既是国家创新体系的主要功能，也是国家创新体系能否有效发挥作用的保障。纳尔逊“以制度为基础”的完善国家创新体系的观点提出后，其反响巨大，促使创新从仅仅立足于技术层面的认识和实践逐步发展为从制度层面的认识和实践。由此，用制度整合社会、国家创新资源、能力的全新研究视角和热点问题开始展开。

有学者认为，以弗里曼为代表的国家创新系统的理论，与熊彼特原来立足企业、以技术引进为重点思考创新的思想有三点不同。（1）增加了知识和人力资本的作用。（2）把生产、扩散和应用经济上有用的知识作为系统的功能。（3）系统的活动包括新知识、技能和新技术的创造、储存和转移，等等。

五　P. 戴维、L. 戴维斯的制度创新及其推动增长论

创新推动下的发展，内涵主要是技术、还是制度？熊彼特的创新理论是技术为主、兼有制度的意蕴。弗里曼为代表的国家创新理论虽然把创新指向明确为制度，但是，在经济实践中还必须进一步回答这种宏大的制度须从哪里做起？在创新实践中存在着时间若干先后性、空间不平衡的状况时该如何推进创新？对这两个问题，P. 戴维、L. 戴维斯的制度创新论给出了答案。

第一，企业规模是创新“起始点”的理论。企业规模是创新“起始点”的理论是由美国经济学家 P. 戴维提出的。该理论把一定规模作为创新活动开展的“门槛”。P. 戴维指出，一个企业要采用一种新技术至少需要达到一定的规模。企业最小规模是使用新技术后所能节省的成本。因为企业规模如果过小，采用新技术就会使产品成本提高，造成竞争力下降，并使盈利减少，这在经济上是不合算的。也就是说，戴维认为，要从“一定规模”的企业着手，来推进创新活动。

第二，制度的创新是一个复杂而艰难的过程。著名的“制度主义经济学”代表人物 L. 戴维斯和 D. 诺斯在其合著的《制度变革和美国经济增长》一书中，强调制度创新是一个复杂而艰难的过程。他们认为，制

度上的创新之所以如此复杂艰难，是因为新旧制度一定有一个交替和适应的过程；一种新制度的出现一定要受到现存法律规定的制约，等等。L. 戴维斯和 D. 诺斯进一步把制度创新的全过程划分为五个阶段。一是形成“第一行动集团”阶段。所谓“第一行动集团”是指那些能预见到潜在市场经济利益，并认识到只要进行制度创新就能获得这种潜在利益的人。他们是制度创新的决策者、首创者和推动人。二是“第一行动集团”提出制度创新方案的阶段。在提出制度创新方案的前提下，再进入下一阶段的创新活动。三是“第一行动集团”对已提出的各种创新方案进行比较和选择的阶段。比较选择的目的，在于获得最大利益。四是形成“第二行动集团”阶段。所谓“第二行动集团”是指在制度创新过程中帮助“第一行动集团”获得经济利益的组织和个人。这个集团可以是政府机构，也可以是民间组织和个人。五是“第一行动集团”和“第二行动集团”的协作努力，来实施制度创新并将制度创新变成现实的阶段。①

第三，制度创新的内在驱动力是能够带来更大的利益。所有的改革都是以利益为目的。在戴维斯和诺斯看来，通过建立新的制度能够获得更大利益的活动就是制度创新。换言之，制度主体根据成本效益分析进行权衡的结果也就叫制度创新。这就十分清楚地揭示出了制度创新成为发展直接动力的原因所在。因此，制度创新的内在驱动力一定是能够给“从事制度改革者带来更大的利益”，这个“更大利益”，就是“更大的发展‘蛋糕’”，这就把制度创新与改革制度符合事物逻辑、并且在经济生活中可以反复“实证”地联系起来了。

值得指出的是，在概括与论证创新推动发展时，西方主流经济学有过分沉湎于“企业决定论”的片面性。国家创新体系理论虽然对这种片面性有无意中矫正的效应，但是，由于理论效应是“无意”中的盲目性，所以并未提出矫正的办法。而实践反复证明，创新驱动型发展，是一个运用世界形势、举国家民族之全社会合力的庞大系统工程与行动的选择，任何片面性都可能使创新难以从理论变成行动、从可能转化为经济生活过程

① 参见黄景贵《论创新理论的产生及其发展》，《青岛海洋大学学报》2000 年第 2 期。

与成功、从对未来的期望变为目标的实现。

六　我国学者在创新驱动发展战略方面的重要思想

党的十八大提出实施创新驱动发展战略以来，这个问题日益受到我国学者的关注。各种学术论坛、学术文章和理论观点很多。从对创新驱动动力机制讨论的角度看，北京大学林毅夫教授的新结构主义经济学的观点很有代表性。

视发展为一个经济结构不断调整和变动的过程，这是“新结构经济学”的一个首要前提。同时，它对发展中结构变迁的动力机制作了本质性分析，认为结构变迁是现代经济增长的本质，即现代经济发展在本质上是一个技术、产业、软性制度和基础设施结构等不断变动的过程。产业结构的选择与塑造是国家现代化发展的变动前提。而国家的要素结构是这个过程的出发点，这在任何一个给定的时间都是特定的“要素禀赋”。一个国家的生产要素禀赋结构决定了产业结构、经济结构。其生产要素禀赋结构得到提升，其发展的源泉或驱动力就发生变化。怎样在一个国家“要素禀赋”既定、产业结构选择只能顺势而为、选择空间又并不大的情况下实现现代化？为此“新结构经济学”以欠发达国家的经济发展史作为依据提出了“增长识别与协调”的观点。这一观点有两个并列性的主张。一是市场经济体制在发展中至关重要。要做到以要素禀赋结构为基础的产业布局，市场制度至关重要。比较优势实现的前提一定是有比较完善的市场制度，同时市场中各种价格信号可以稳定各种要素。二是必须有政府的积极作用。在整个提升要素禀赋结构的过程中，都需要政府发挥作用。尤其是在各种基础制度的安排上，必须发挥国家的积极作用。

“新结构经济学”的创新之处何在？林毅夫在接受《深圳特区报》记者采访时说，提出这个理论是想就发展经济学的理论与发展政策提供一个反思的理论框架。在经济发展过程中，必须发挥市场和政府的协同作用。同时，政府的政策和各种制度安排必须考虑不同发展阶段的结构性特征，这些结构性特征在很大程度上是受各个发展中国家要素禀赋结构及其市场力量所内生决定的。[①] 这一观点的深刻性和启发性就在于：在经济发展的每个阶段，都应当充分发挥市场在配置资源中的决定作用。例如，目前我国正在进行的供给侧改革或者说创新，就是十八届三中全会关于“全面深化改革”这一要求在要素领域的充分体现，其实质还是对政府权力在现行供给要素市场的约束。同时又要看到，作为动态过程的经济发展又是必然要发生结构调整的，在这个结构调整过程中政府的作用也是十分重要的。因此将市场和政府的作用结合起来，这既是全面深化改革的战略选择，也是实现创新驱动发展战略的理论基础，更是实现路径。任何片面性都可能使创新难以从理论变成行动、难以从可能转化为经济生活过程与成功。总之，中国在21世纪实施创新驱动发展战略、建立有利于创新的制度，其制度框架应该是：“充分发挥市场在配置资源中的决定作用，更好地发挥政府的作用。”

第三节 创新驱动发展战略的基本特征

创新驱动型经济自产生以来得到了多方各界的广泛关注与讨论，吸引了许多学者从不同的角度思考创新驱动，成为近年来西方理论经济界的研究大热点。从国外研究现状看，国外对于创新驱动的研究可以追溯到20世纪50年代到60年代，当时，由于分析技术方面的缺失，经济学学者们在进行创新衡量时，一般把研发投入和专利活动作为较为近似的指标，并且，在进行创新投入方面的界定时，从狭义的经济指标上入手，将研发、从事科研的科学家数量或者工程师数量作为创新投入指标的代表；而对于创新产出，一度被界定为等同于研发创新投入量，直到70年代，专利发表和保护制度的建立和不断发展完善，使得学者们开始注意到专利与创新产出之间的某种关系，因此将专利作为产出衡量指标又一度成为经济研究热点。此外，1962年库兹涅兹就提出了一种创新量化理论。他认为，技

① 参见林毅夫《林毅夫的“新结构经济学”新在哪儿》，《深圳特区报》2012年7月31日。

术的创新虽然在一定程度上表现为相关的经济指标，但是各个指标之间的关系和指标与相关影响因素的数学关系没有建立，因此，创新量化的问题阻碍了人们对技术创新的进一步研究。① 但是，以上这些研究都是针对国外的发展状况提出的，而对如中国这样的发展中国家进行相关创新测评和研究的科研环境并不多见。

党的十八大提出实施创新驱动发展战略以来，这个问题日益受到我国学者的关注。国家发展和改革委员会副主任王一鸣认为，依靠创新，走创新驱动的发展之路，中国经济发展才能从规模扩张为主转向提升质量和效益为主。② 国务院发展研究中心宏观经济部研究员张立群认为，中国经济已经进入重大转型期，从短期看，固然要靠宏观调控政策措施稳定增长；从长远看，这就必须以创新为动力，打造中国经济新的核心竞争力。③ 同时众多学者围绕"创新驱动经济发展的显著特征及其启示""科技创新驱动经济发展方式转变""创新驱动经济发展战略"等重点问题进行了比较深入的讨论，指出转变经济增长方式要在科技创新和结构调整上下功夫，同时还认为，创新驱动是经济发展方式的重大转变，必然涉及知识产权制度和科技制度，财政税收、技术交易、国际贸易、金融投资、人才培养、政府采购等多方面、多层次的制度改革和完善，以及科技创新的评价标准、激励机制、转化机制等的改革和完善。此外，各种学术论坛和研究会纷纷围绕"创新驱动发展战略"这一主题展开。

我们试图对这些关系创新的重大理论与实际问题，从创新驱动的动力机制角度作一些尝试性研究。创新驱动的动力机制是个复杂的系统，其中：科技创新处于核心地位，文化创新发挥基础作用，体制机制创新带有根本性质，大众创业、万众创新体现基本要求。本节重点分析研究创新驱

---

① 参见李洪文《我国创新驱动发展面临的问题与对策研究》，《科学管理研究》2013 年第 3 期。

② 参见《跨越陷阱关键是打造中国经济升级版——访国家发展改革委宏观经济研究院副院长王一鸣》，《人民日报》2013 年 7 月 23 日。

③ 参见张立群《中国经济开始进入转型背景下的中速增长期——2012—2013 年经济形势分析与展望》，《中国党政干部论坛》2013 年第 1 期。

动发展战略的基本特征。我们认为，创新驱动发展战略有如下四个基本特征值得关注。

一 原始创新难题与举国之力

实施创新驱动发展战略，实际上涉及两个相互区别又相互联系的层次问题，这就是原始创新与原始创新成果在国民经济各行业与企业的应用。熊彼特讲的技术引入为主要内容的创新，主要还是指已有原始创新成果在国民经济各行业与企业的应用。今天当人们都在称赞比尔·盖茨“微软神话”的成功、羡慕盖茨成了世界有名的富人时，其实只要冷静地看待，就会承认盖茨所做的主要贡献是把二战中原创并已应用于军事领域的电子技术，特别是电脑加以民用化了。试想，如果没有二战中原创并已应用于军事领域的电子技术，会有盖茨的“微软神话”吗？美国硅谷的成功，也是将电子技术再创新，使社会生活方方面面发生广泛、连续的变化。手机从“大砖头”到数字机、电子机就是社会生活方方面面发生广泛、连续的变化的典型案例。由此可见，所谓“创新驱动发展战略”，实际上是以原始创新为基础、条件的应用创新、再创新的纵向连续、横向广泛的创新接力过程。

全部问题的关键在于如何看待原始创新？“问渠那得清如许，为有源头活水来。”朱熹的诗句形象地说明了“源头”的重要，原始创新是全部创新驱动战略的核心、源头，必须强化创新源头的供给。“创新难，原始创新更难。”因为原始创新成果是具有首创性、突破性和带动性的成果。因此，假若我们总是搞不出重大的自主原始创新项目，老是跟在别人后面亦步亦趋的话，那就只能进一步拉大同先进科技水平之间的差距，并最终在技术、产品和市场上，形成对其他国家的严重依赖。这样，小则生存有问题，大则难以积极主动地进行自身经济结构的战略调整，在发达国家主导的新一轮国际产业分工中，又一次陷于被动。正是因为原始创新的内涵特征及其地位作用，所以原始创新可谓是“原始难题”！

原始创新虽难，却十分重要。但是在现实生活中人们大都容易追求应用创新、再创新，因为风险小、收益大且直接；原始创新则风险大、周期长。然而从世界的发展来看，从一个经济大国的发展来看，却必须从引入性应用创新发展到原始性领先创新，因为一个国家自主创新能力越强、掌握的核心关键技术越多，未来的发展后劲和空间才能越大。环顾世界，今天排在经济大国前列的美国、日本、德国、法国、英国以及以色列，哪个国家没有几项乃至系统性被称为“核心竞争力”的原创性成果？因此，在实施创新驱动战略时，首先必须认识努力做好原始创新对于中国21世纪现代化的极端重要性；必须认识创新驱动发展战略的基本特征，第一就体现在“原始难题与举国之力”的统一上。

强化创新源头的供给，解决原始创新这一难题，路径就是选择举国之力，这是根据世界已有的经验，是结合我国目前实际情况的选择。试问，从发现“新大陆”到二战中电子技术、原子技术的突破，哪一项是依靠个别企业以“利润最大化”用收益模型搞出来的?！实践表明，只有在走“举国之力”创新途径时，突出重点，区别对待，有限目标，取得突破，尤其是对事关国计民生和战略产业的关键技术，立足于原始创新，掌握和获得核心的自主知识产权，中国才能抢占经济科技发展的制高点，使自己立于不败之地。

实施举国之力搞原始创新，具体是通过社会公共利益载体即政府来实施的。早在2009年11月3日时任国务院总理温家宝在向首都科技界发表题为《让科技引领中国可持续发展》的讲话中，就把原始创新作为重大战略问题的内容提出来了。温家宝同志说，“原始创新是一个国家竞争力的源泉。中国要抢占未来经济科技发展的制高点，就不能总是跟踪模仿别人，也不能坐等技术转移，必须依靠自己的力量拿出原创成果。”①

中国的原始创新推进是结合“科研基础设施建设”平台来进行的。2013年1月16日召开的国务院常务会议，讨论通过了《国家重大科技基础设施建设中长期规划（2012—2030年）》（下称《规划》）。《规划》针对科技前沿研究和国家重大战略需求，以能源、生命、地球系统与环境、材料、粒子物理和核物理、空间和天文、工程技术7个科学领域为重点，

① 温家宝：《让科技引领中国可持续发展》，《中国科学院院刊》2010年第1期。

来加快我国“重大科技基础设施建设”。

2013年12月5日全国政协主席俞正声主持了在北京召开的“双周协商座谈会”。座谈会上，委员和专家围绕“深化科技体制改革、着力提升原始创新能力”积极建言。在提出的一系列建议中把“重大科技基础设施建设”平台的建设内容更加具体化了，主要内容有推进国家实验室建设，企业、产业技术联盟建设，等等。2015年中共中央的《十三五发展规划建议》中则进一步强调：基础研究是科技进步的先导。①

原始创新中如何处理政府、科研机构（包括科研单位、大学）、企业的关系？这既是难点热点，也是成败的关键。目前中国按照“企业主导、企业和高校、科研机构跨界创新联盟，产学研用贯通，推进产业链、创新链融合，加快使创新成果转化为现实生产力”的这一要求，正在逐步形成政府对各种原始创新力量的扶持而不包办与乱干预、引导企业参与、鼓励科研机构（包括科研单位、大学）在原始创新中发展“高、精、尖”产业的运作制度和运作机制的雏形。财政贴息、风险投资、政府采购等，都是政府对各种原始创新力量的扶持措施。此外，政府制定的原始创新的评价机制、奖励机制，将评价指标体系与知识产权挂钩，积极推进专利、标准等科技战略的实施等举措，也对各种原始创新力量发挥了积极的扶持鼓励作用。

中国科技大学是目前国内从“原始创新”到“尖端产业”处于领先地位的科研单位。据2012年2月新华社报道，全球首个规模化量子通信网络在合肥建成并投入试运行；全球首个“金融信息量子信息验证网”在北京正式开通。这两项尖端技术应用，技术源头均来自中国科技大学。中国科技大学是多年来瞄准世界科技前沿的研究型大学，一直面向国家战略与经济社会发展需求，积极将原始创新成果实施产业化。从2004年到2011年，连续8年有科研成果入选“中国年度十大科技进展”，位居国内高校之首。他们通过“少而精”的高端转化路线，在量子信息、火灾科

① 参见习近平《关于〈中共中央关于制定国民经济和社会发展第十三个五年规划的建议〉的说明》，《理论学习》2015年第12期。

学、语音信息等尖端产业领域取得了一系列重大成果。

原始创新企业，必须能为一个产业寻找到前进方向，制定出行业标准。在这方面，大唐集团、格力电器是在政府支持下，运用国内外创新资源，在原始创新方面做出了重大突破的企业典型。大唐集团所以能够作为TD-SCDMA标准的拥有者，与在进行这项原创技术开发时中国政府的积极态度有关。当时政府就明确表示：如果TD-SCDMA不能够成为国际标准，中国也会自己使用。正是这种态度对推动TD-SCDMA成为国际标准起到了很大的作用。在TD-SCDMA标准的研究中，大唐集团又与西门子进行了富有成效的合作。格力电器在空调技术原创上实施了“精细化系列纵深原创战略”。正是这一原创战略的坚持实施，使得格力电器专心做空调，“五折式蒸发器”使空调重量与制冷量之间的关系实现了显著的技术进步；“室内降噪环”，使室内噪声降为21分贝；一氧化碳检测技术、GEA智能控制技术、蓝牙远控技术、超低温启动技术、太阳能空调技术等等，使格力电器在世界空调行业中日益居于领先地位。

一个国家、一个民族持久的原始创新努力与积累，对发展质量的促进集中反映在哪些方面？实践证明，应该是战略性新兴产业的培育与形成，使一个国家的产业结构、产品竞争力、创造附加值的能力能够得到全面提升。由此可见，创新要落到形成更具竞争力的产业优势上。而原始创新、战略性新兴产业、产业结构又形成了相互依存、互为条件、互为动力的“铁三角”关系。

政府应在多大程度上、如何“有操纵性”地在鼓励原始创新的同时，支持战略性新兴产业的发展呢？我们认为，战略前沿技术事关国家的核心竞争力和长远发展，要采用差异化策略和非对称性措施，强化重点领域关键环节的重大技术研发。同时，为了避免地方政府出于业绩竞争或地方利益考虑，耗用公共资源支持落后企业或产业，中央政府应该加强对地方政府支持战略性新兴产业出台的管理制度或政策指引。

据此，结合日韩等先进发达资本主义国家原始创新已有经验，发展战略性创新型性产业可以采用模仿创新和自主创新这样“两条腿”齐步走相互平衡和相互结合的办法。一般来说，模仿创新是自主创新的实践前提。在发展创新型信息产业发展战略的开放问题上，模仿创新可以分两步走战略：一方面施行对产品、商品及其服务贸易上的开放性模仿创新，从而找到模仿对象和条件，以便促进激励国内企业的竞争力；另一方面就是必须实现资本开放，通过资本积累来实现一定经济发展规模的自主创新，从而形成自主品牌和自主核心技术研发能力，以便加强日后的对外资本竞争和合作。

二　行业单元与扩散性溢出

不平衡是世界发展的常态，毛泽东同志在《矛盾论》中将这一现象称为世界事物发展的绝对规律。创新驱动从世界、国家、区域、产业、企业来看也是以不平衡态势进行的。但是，问题的关键是要从这些不平衡中找到实现创新驱动的“第一次推手”。牛顿曾经花精力研究过地球自转的“第一次推手”，虽然得出上帝是地球自转的“第一次推手”的结论是不对的，但是，这种研究范式也有合理之处。其“合理性”就在于万事开头难，难在面对动态、繁杂的系统对象，无从下手。创新驱动也一样，面对从世界、国家、区域、产业、企业的动态、繁杂的系统对象，如何实现创新驱动？在干中探索。

根据有关资料与我们的研究，笔者认为，行业为单元在“干起来”的创新与扩散性溢出效应，可以作为创新驱动的操作性路径，同时也可以看作是实施创新驱动战略的一个基本特征。因为，无论是从世界与国家宏观经济层面看，还是从区域与企业的中观及微观层面看，行业是经济系统的“交集点”。以行业出发，向宏观扩展，构成了国家与世界宏观经济层面的基础；以行业出发，向中观或微观延伸，构成了区域与企业微观经济层面的基础。所以，只有抓住行业这个“牛鼻子”或“第一次推手”，创新驱动战略或许才能从提倡变成经济的实在行动与发展态势。

一个行业，是由以企业为基础、以纵向产业分工与横向产业配套为纽带的产业链条的集合，虽然同为一个行业，但各产业链条环节与产品从技术到标准差异也不小，在行业内部也充满了差异。在这种条件下如何实现创新驱动，并由此带动整个行业乃至以扩散效应或引领作用实现整个区域、国家的创新？干勇认为“共性技术”具有这一统摄作用，行业、区域、国家、世界创新应以共性技术为龙头。[①]

关于产业或行业的共性技术，美国国家标准与技术研究院将其定义为科学现象的一个概念、要素，具有被应用于广泛的产品和生产过程的潜力。并认为共性技术是介于基础性研究和市场化产品开发研究之间的技术，在知识转化为生产力的过程中具有承上启下的作用，有应用基础性、关联性、系统性、开放性等特点，属于产业基础和“竞争前技术”，是知识创新成果迈向市场应用的第一步。

作为国家科技体制改革和创新体系建设领导小组的成员，全国政协委员、中国工程院副院长干勇长期关注我国科技创新体系建设，他在接受人民网记者采访时表示，“产业共性技术”的研发与应用缺乏系统支撑，是我国技术创新体系存在的功能缺陷。因此他强调“加强共性技术研发是加快提升产业技术最有效的途径”[②]。干勇还认为，“基础研究—共性技术研发—产品开发”，构成了技术创新的一个完整链条。中国目前因为共性技术研发是十分薄弱的环节，因而制约了传统产业的转型升级和新兴产业的培育和发展。由干勇的观点可以得出这样的结论：共性技术关系着中国实施创新驱动战略的盛衰荣枯、得失成败。

目前国际上有以下几种产业共性技术研发模式：一是当产业还未形成或还处在萌芽状态时，政府将其列为国策的时候，模式为研发创业型；二是当政府希望摆脱对外依赖或希望能够拥有战略制高点的时候，模式为研发技术转移型；三是当产业已经有了相当的基础和规模，希望在某一战略性产品和技术领域产生突破的时候，模式为战略产品导向型；当企业希望发展下一代产品和技术，抢占战略制高点的时候，模式为政府计划导向型或市场导向型。

清华大学微电子学研究所魏少军认为，开发行业共性技术成败的关键

---

① 参见干勇《组建国家级核心共性技术研究中心》，《中国高新技术产业导报》2013 年 3 月 11 日。

② 同上。

是利益共享。为此，他对中国如何推进行业共性技术开发作出了以下具体建议：探索建立重大产业共性技术和关键技术供给的组织保障体系；通过产业技术联盟建设带动产业创新能力的提升和产业技术进步；加强产业共性技术研发基地建设；对民营共性技术研发机构的建立给予专项支持或政策优惠。①

通过行业共性技术创新来实现创新驱动发展，在国外已经取得大量成功经验，韩国无疑是这方面的典范。韩国通过共性技术创新来实现创新驱动发展主要表现在以下三个方面。第一，首先在国家法律法规及其政策方面把自主创新作为韩国推动社会经济发展和产业进步创新的基本国策。对此，先后出台了一系列关于促进共性技术创新的法律法规，如《科学技术促进法》《科技开放促进法》《科技评估法》② 及《科学家教育法》，这些政策法律法规能够为共性技术创新提供技术开放的准备金制度、技术及其人才开放税费金额减免等税收优惠政策，从而为共性技术自主研发创新提供了良好的环境。与此同时，韩国还颁布出台了《技术开发投资促进法》，以鼓励企业加强技术创新开发，实现产学研联合创新，等等。第二，制订促进共性技术创新的相关科技创新计划，把公共性的共性产业技术作为首要发展目的。例如韩国为了解决和破解共性产业技术创新困局和突破产业核心关键技术制约困境，制订出台了“共性技术开放计划”，主要是通过政府与企业共同承担创新风险和实现创新利益共享，大力支持中小企业自主创新所急需的共性技术。第三，搭建行业领域内的共性技术创新平台。韩国着力打造区域性的产学研合作创新平台，消除行业创新的藩篱，极力发挥行业研究学会作用，专门成立了产业科技研究会、基础科技研究会及其公益技术研究会等5个学术研究行业协会，这些学术研究行业协会成为实现韩国共性技术创新的积极倡导者和技术操作攻关的有力“抓手”。

目前，共性技术研发在中国已经引起关注并在实践上取得成功。中国

---

① 参见《产业共性技术研发组织模式创新》，《科技日报》2011 年 5 月 8 日。

② 参见郭合作《韩国产业共性技术研发的策略及启示》，《学习时报》2011 年 5 月 16 日。

科学技术发展战略研究院王元指出，中国目前已经有了一些关于共性技术的研发方面较为成功的做法。例如，高铁成系统地组织零部件厂商、大学、研究机构参与到它的创新过程当中，形成了一个较为完整的创新系统。此外，今天的中国，已经有了一些以区域或行业为单位，开发共性技术的先行先试的经验与做法，可以为我国在实施创新驱动战略中加以借鉴。我们课题组经过比较研究，从开发共性技术的先行先试的众多经验与作法中，概括出了如下有典型示范意义的例子。

第一，海南省高度重视共性技术的创新研发工作，全力推进共性技术开发的产学研协同创新模式。海南省积极吸收和借鉴发达国家在共性技术创新方面的先进经验，依托海南省自身的科研院校及其企业自主创新实力，针对重点产业和重点行业的关键性共性技术存在的问题，集中优势兵力，大力发扬协同合作精神，实现联合攻关。为此，在全省建立了 24 个省级重点实验室、44 家工程技术研究中心，成立了花卉、对虾、椰子及南药四个产业技术创新战略联盟。这些共性技术产业联盟的成立及其创新实践，进一步优化了共性产业技术研发创新组织模式，构建了以企业为主体、以市场为导向及以利益分配为核心的创新发展机制，从而充分发挥了各个协同创新主体的积极性、主体性和自主性，也发挥了政府的主导性，是不断推进共性产业技术创新组织模式的新探索。

第二，纺织行业形成了以上市公司为代表，进行产业转型和新业务的创新探索。这其中主要包括产业链上下游的拓展和延伸、行业内的多元化、跨行业多元化、营销市场由出口向内销的拓展、盈利环节由生产加工向品牌和零售环节渗透、加大研发投入和设备引进开发新产品获得更丰厚的盈利空间等方面。正是这些积极的探索创新使 20 世纪 90 年代在中国率先进入“行业困难周期”的纺织业在转型中走出了困境。其中有些转型较早的企业，已经取得了品牌性成长的成效，典型企业代表如雅戈尔、七匹狼、伟星股份、瑞贝卡等。另外，近年来，一些新业务模式的探索也引起了纺织行业的广泛关注，并有望成为未来行业发展模式的一个新路径。典型的如 PPG 主导的服装网络直销模式。

第三，广东省燃具协会通过龙头企业来实现技术创新战略的积极探索。在这个探索过程中，最具代表性的是广东中山超人电气公司。该公司自 1992 年成立以来，始终坚持自主创新，通过内旋火节能燃气灶引发了节能燃烧技术的革命，至此已经连续开发了八代核心专利技术，而且通过了国家高新技术企业认证的首批认证。时至 2009 年 3 月，该公司在已有科技创新成果基础之上，独具慧眼启动了“节能中国 · 超人在行动”的全国性的低碳生活公益计划，全面全力推动该行业向低碳生活升级转型。为此，中山超人公司董事长罗子健获得了“企业创新纪录”特别贡献奖。目前，广东省燃气具协会的诸多企业聚集在以中山超人公司为“龙头”的麾下，为了不断凝聚创新意识和增强创新能力，纷纷加大了对产品创新开发和研发的经费投入，着力提高自身产品的科技含量，尤其在“四新”上狠下功夫进行突破，即新材料、新能源、新技术和新设备。超人、红日、华帝和万和等业内知名企业已经连年获得企业创新纪录金奖等奖项。在此基础之上，这些企业百尺竿头更进一步，倾力打造自身品牌实力，通过主动承担社会公益事业责任而提升企业自身品牌的社会价值。如中山超人公司在“超强节能，就是超人”的宣传口号下为提升自身企业品牌的社会价值营造了一系列社会公益活动，不仅提升了自身的社会价值，更是有力地推动了企业创新实力的健康快速发展。在中山超人公司“龙头”企业的带动之下，广东省整个燃气企业的品牌形象大幅度提升，在推动整个行业发展的同时也有力地促进了广东省经济的发展。

三 “国家标准”与世界标准的互动

实施创新驱动战略，标准是一个关键问题。离开了标准讲创新，创新本身将是一个无从界定的事情。关于“国家标准”与世界标准的互动，对于中国实施创新驱动战略来说，这既是一个重要问题，也是一个基本特征。较之于西方发达国家，中国实施创新驱动客观上就有一个“赶超战略”的过程。所以，创新不可能一开始、全部一下子达到世界标准，在特殊情况下把“国家标准”作为攀登世界标准的过渡，也是实事求是的。但是，又不能把国家标准与世界标准对立割裂开来。中国创新必须以世界标准为皈依与目标，具体来说就是在与世界标准接轨的过程中，争取让中国标准走向世界。

世界标准早已经是被广泛认可的标准。1946 年 10 月 14 日来自 25 个国家的代表会聚伦敦开会并决定创建一个“旨在促进工业标准的国际协调和统一”的新的国际组织（ISO）。从此，每年 10 月 14 日成为国际标准化组织（ISO）成立纪念日。中国 1978 年就重新进入了 ISO 组织，也对每年的 10 月 14 日世界标准日给予了高度重视。这一天，旨在提高人们的标准化意识和规范标准化工作的报告会、座谈会、纪念会在全国各大、中城市都要举办。

2001 年 10 月 11 日中国成立了国家标准化管理委员会，这是中国政府加快中国标准化工作与国际接轨的重大举措。该机构的任务是，一方面，加强对国外技术壁垒的研究，突破国外的技术堡垒，促进中国产品出口；另一方面，要充分利用国际通行的做法，用标准化措施有效保护国家利益和消费者的权益。截止到 2000 年底，在中国 19278 项国家标准中，采用国际标准和国外先进标准的有 8387 项，采用率为 43.5%；但是，当时已有的 ISO、IEC 标准就达 17910 项，已转化为中国国家标准的 6159 项，转化率为 34.4%。此时，中国标准化工作中主要存在制定周期长、标准水平偏低、采用国际先进标准比例低等问题，国家标准化管理委员表示将加快标准化工作与国际接轨的步伐。

如何用标准推动创新？国家质检总局在标准化工作要点中曾经提出，要加快建立完善一个包括国家标准、行业标准、地方标准和企业标准四级标准体系，以此涵盖第一、二、三产业，形成科学的、协调的，符合我国实际的国家标准体系。2013 年 10 月 14 日国家质检总局、国家标准委、北京市人民政府在中关村国家自主创新示范区展示中心共同举办纪念世界标准日暨全国标准开放服务日活动启动仪式。仪式上宣布了批准筹建国家技术标准创新基地。由于中关村具有高新技术产业密集、创新资源优势明显和标准化工作基础扎实等特点，为进一步推进技术标准与科技创新、产业升级的协同发展，促进科技创新成果产业化、市场化，增强中关村自主创新能力，国家标准委同意筹建国家技术标准创新基地（中关村）。[①]

在用标准推动创新、加快建立一个完善的标准体系时，我们会遇到很多阻力，而最大的阻力当属体制障碍。当年以三鹿奶粉为代表的三聚氰胺事件促使我们开始认识到以世界标准来生产、创新的重要性。应该说，对于生乳，中国奶业从不乏标准，引用最频的当是1986年农业部颁发的收购标准以及2003年卫生部的鲜乳卫生标准。在三鹿奶粉为代表的三聚氰胺事件的直接推动下，2010年4月我国推出了“新国标”。但是新标准仍然比世界标准低很多，无法与世界标准接轨。为什么“新国标”仍不能与世界接轨？有识之士的总体分析指向体制阻碍。一直以来，由于我国乳品行业存在两大派系，即乳业行业的两个协会，中国奶业协会和中国乳制品工业协会。奶协的主管部门是国家农业部，而国家发改委和中国轻工业联合会是乳制品协会的主管部门。奶协和乳协代表不同的利益集团，利益分割导致各自为政，难以形成一致的意见和标准。由此可见，加快建立一个完善的标准体系有利于推动创新，但前提必须是破除体制障碍。

2015年2月11日国务院总理李克强主持召开了国务院常务会议。会议中李克强总理就推进标准化工作改革、促进经济提质增效升级提出了四大要求：“一是完善标准化法规制度，让标准成为对质量的‘硬约束’。二是在健康、安全、环保等涉及公众利益的领域建立统一的强制性国家标准。三是鼓励学会、协会、商会和产业技术联盟等制定满足市场和创新需要的团体标准。四是提高标准国际化水平，努力使我国标准在国际上立得住、有权威、有信誉，为中国制造走出去提供‘通行证’。”

2015年11月，国际标准化组织（ISO）主席张晓刚在瑞士日内瓦接受新华社记者专访时说，今天，“中国制造”要转变为“中国创造”，必须重视使用和编制标准。他说，从2014年9月召开的首届中国质量大会到2015年发布的《2025国家质量强国战略》，中国向世界表明：要用自

---

① 参见朱珊珊《改革创新　协同推进　奋力开创标准化事业发展新局面》，《电气工业》2014年第4期。

己的创新能力和产品质量来证明其国际地位。[①]

从2000年加入世界贸易组织以来，中国以行业为单元积极与世界标准接轨，已经取得了重大进展，主要事件有以下几个。

第一，2004年中国贫困线标准与世界接轨。如果按过去年均收入625元人民币标准，当时中国贫困人口是3000多万。但是，联合国贫困标准是日人均消费1美元，几乎是中国标准的几倍。按世界标准中国贫困人口将陡增上亿。但是，中国政府仍然采用了世界标准，开始了新一轮“扶贫攻坚战”。

第二，2006年中国会计准则体系基本与国际接轨。国家财政部称：中国将构建起与中国国情相适应，同时又充分与国际财务报告准则趋同的、涵盖各类企业各项经济业务、独立实施的会计准则体系，从而基本实现与国际财务报告准则的趋同。

第三，2010年5月在北京召开的“国际金融论坛”会议决定，加快与国际标准接轨，推进中国金融标准化建设。时任中国人民银行行长助理李东荣在开幕词中说，我国已发布金融行业国家标准41项，行业标准77项，并实现了国际标准的同步跟踪。李东荣表示，在中国金融业逐步融入国际金融市场的大背景下，实施金融标准化战略，实现跨系统的互联互通、信息共享，是我国振兴金融业的必然选择。

第四，2011年中国汽车安全标准进一步与国际接轨。在以“关注汽车安全”为主题的、在内蒙古雅克石举行的“2010中国汽车安全技术发展国际论坛”会议决定，在汽车安全强制执行政策发展方向、中国汽车安全技术现状及发展、中国汽车安全标准未来调整方向、中国道路安全现状及趋势、汽车安全技术在整车上的应用等方面的技术标准要进一步与国际接轨。其实，2009年的数据就显示，华为已加入了91个国际标准组织，并在这些标准组织中担任了100多个职位，该公司在光纤传输、接入网络等领域已向国际标准化组织提交了上千篇提案。这也说明，只有真正

① 参见张晓刚《重视标准是“中国制造”走向世界的必经之路》，《机械工业标准化与质量》2015年第3期。

具备核心能力的企业才能在制定国际标准过程中把握主动权。

第五，2014 年 3 月农业部与国家卫生计生委联合宣布与国际标准接轨的食品安全国家标准——《食品安全国家标准，食品中农药最大残留限量》（GB 2763—2014）已经于 2014 年 8 月 1 日起开始施行。中国食品中农药最大残留限量指标由原来的 2293 项增加到 3650 项，新增 1357 项。新标准基本与国际标准接轨。

第六，2017 年 1 月 3 日，国家铁路局中国标动许可证颁发。2017 年新年伊始，国家铁路局向中车长春轨道客车股份有限公司、中车青岛四方机车车辆股份有限公司颁发了中国标准动车组（简称中国标动）型号合格证和制造许可证。国家铁路局中国标动许可证的颁发，标志着中国标动具备了大规模生产许可条件和上线商业运营资格。同时，也为中国标动进一步走向世界创造了积极的条件。

中国标准走向世界是一个循序渐进的过程。我们既不能急于求成，当然也要奋力跟上，甚至当仁不让。现在，中国标准有些已经超过欧美等拥有先进技术的国家。李克强总理曾经在视察印度尼西亚马杜拉大桥的时候说过，今后凡是中国的优惠项目，就要使用“中国标准”，让中国标准走向世界。① 目前，已有高铁、集装箱、宽带集群标准 B-TrunC 等技术标准作为中国标准走向世界的先行者。2012 年 1 月，国际标准化组织（ISO）发布了《集装箱—RFID 货运标签系统》国际标准（ISO18186：2011），这是自 1978 年参加国际标准化组织活动以来，在物流、物联网领域第一个由中国专家发起、起草和主导的国际标准。2013 年为了加快走出去战略，中国交通运输部组织中国交通建设集团把中国的设计标准、设计规范，翻译成了英文版、法文版，向全世界推广我们中国的标准和规范。2014 年 11 月由中国通信标准化协会（CCSA）制定、工业和信息化部批复的行业标准“基于 LTE 技术的宽带集群通信（B-TrunC）系统接口技术要求（第一阶段）空中接口”成功写入即将出版的 M. 2009 建议书中，成为 ITU-R 推荐的 PPDR 宽带集群空中接口标准。显然，中国标准就意味着

① 参见《李克强副总理考察印尼泗马大桥项目侧记》，新华网，2008 年 12 月 22 日。

中国品牌。当中国的标准规范被世界认同了，中国标准走向世界就将再次迈出令人欣喜的一步，中国在世界大市场的竞争中将处于一个更加有利的地位。

其实，无论是国家标准还是世界标准，创新是它们共同的本质。标准一定是国家创新体系的产物。历史表明，世界标准是从发达国家或处于世界领先国家企业中逐步成长起来的。从这个意义上说，谁的创新能力强，谁就能在尚未形成主导标准的领域率先制定并推广自己的标准，占据先机。因此，当我们讨论国家标准、世界标准时，需要强调的是，对于一个国家来说，是不可能追求创新体系的全面优势的，只有充分发挥出自己固有的特长，扬长避短才是重要的。更需要强调的是，国家标准、世界标准的本质是创新，而创新体系又是根植于社会结构之中的。总结人类历史发展轨迹和大国崛起的过程会发现，社会结构是决定大国崛起的深层原因。基于这种思考，要把创新驱动战略不断推向前进，就必须在建设中国特色社会主义实践中，真正把我国发展的战略支点奠定在提高自主创新能力、建设创新型国家的核心发展战略和大力培育优秀人才队伍上，等等，这是中国标准走向世界的必须!

四 创新的合力

传统社会的创新是偶然、个别行为，所以发展缺乏创新推动而缓慢；同时，偶然与个别的创新行为又缺乏知识产权与专利保护，创新更难以发挥对发展及时与全面的推动作用。在市场经济体制为直接驱动力的现代社会，创新虽然也经历了从个人爱好到大学、研究机构、企业、政府及其主体团队力量合力的过程，但是，创新是各个方面合力的过程与结果，这是被国内外许多创新成功的事实所反复证明了的。因此合力创新已经成为关于创新特征认识的共识，也是实施创新驱动战略的基本特征。

中国在实施创新驱动战略的过程中，发挥合力在创新中的作用被给予了高度的重视。2014 年 2 月 10 日李克强同志在人民大会堂举行的“2013 年度国家科学技术奖励大会”的讲话中就强调指出，“要汇聚全社会建设创新型国家的强大合力”①。2016 年 6 月 27 日，习近平主持召开中央深改组第二十五次会议时强调：要聚集改革资源，激发创新活力。②

合力创新，不仅在中央政府层面得到高度重视，学术界也对合力创新进行了比较深入的研究。比如，在近年来关于创新的学术研讨会和学术研讨成果中，学者们越来越多地形成的共识就是：协同创新不仅是一种科研组织形式，更是科研创新的新形态。只有加快协同创新平台建设，构建协同创新长效机制，才可能形成更大的创新合力。

发挥合力在组织、推动创新中的作用，难点在正确处理创新参与方的关系，特别是正确发挥政府的作用。清华大学汽车工程系教授、副系主任宋健认为，政府在创新中应发挥更大作用，主要是导向性的作用。政府制定政策应该是公平的，越是风险大、技术水平高的创新，支持力度也应该越大。创新有很大的风险和不确定性，即使做出一个产品，也许可靠性不强，不一定能保证收益，因此政府应让进行创新的人尽可能多收益一些，鼓励技术进步。但政府千万不要介入到创新过程中，否则容易造成政策导向的不公平。宋健还认为，企业主导下的创新运作过程是根据特别是发现社会尤其是老百姓的需求，把它转化为企业的生产，这个转化就要通过创新来解决。这就决定了企业在技术来源、市场、资金、人力、生产、销售等多方面的选择与行动。这是一个发挥合力在组织、推动创新中的作用的过程。③

目前，中国合力创新的“亮点”主要反映为创新型城市与企业的努力上面。从创新型城市来看，深圳是首个国家创新型城市，非常注重基础研究和原始创新的能力培养。为了加速创新资源集聚，深圳与中科院、中国工程院合作，提升产业自主创新能力，加速重大科技成果转化。近 3 年来，深圳获得国家自然基金项目 800 多项，资助经费达到了 37763 万元，

---

① 李克强：《在国家科学技术奖励大会上的讲话》，《中国高新技术企业》2014 年第 3 期。

② 《习近平主持召开中央深改领导小组第二十五次会议强调 聚集改革资源激发创新活力》，《人民日报》（海外版）2016 年 6 月 28 日。

③ 宋凤珠、邵奇惠、徐宪平、钟志华、宋健：《自主创新需要政、产、学、研、民相结合》，《人民日报》2007 年 5 月 14 日。

通过项目培养优秀创新人才，提升基础科学科研能力。深圳与清华、北大两校开展长期合作，在深建立的合作平台十几年来培养了大批创新人才，向社会输送了逾7000名全日制毕业生；构建的高水平的创新支撑平台推动了科研成果产业化，累计孵化企业约1200多家，充分展现了创新型城市的风采。从创新型企业来看，中国机械工业集团秉承“合力同行，创新共赢”的核心价值观，充分发挥产业链的协同效应，形成了涵盖设计、研发、制造、系统集成、工程承包、贸易和服务等方面完整产业链的协同能力，并加强资本运作，逐步形成机械装备研发与制造、工程承包、贸易与服务三大业务板块，也带动了一大批中小企业的发展，推动了机械行业的整体进步。建立起以市场为导向、“产学研贸金”相融合的国机集团，获得省部级以上各类优秀成果奖288项，其中，国家科技进步奖1项，科技进步奖90项，勘察设计类94项，获得授权专利658项，其中发明专利133项。集团主持或参与制定、修订标准数（国际、国家及行业），累计1709项。其中，国家标准数1018项，涉及机械、电子等多个领域。

以上，我们从原始难题与举国之力、行业单元与扩散性溢出、“国家标准”与世界标准的互动以及创新的合力这四个方面，比较深入地研究了创新驱动的科学内涵和基本特征。越是深入了解创新驱动的科学内涵和基本特征，就越能深刻地认识到，要真正实现创新驱动发展，这是一个十分艰难的过程，它还需要相关的若干保障条件才能实现，这是实施创新驱动发展战略应该有的基本要求。

第四节 实施创新驱动发展战略的基本要求

《十三五发展规划建议》明确提出：坚持创新发展，着力提高发展的质量和效益。必须看到，要把这一要求真正落到实处，取得显著成效，还有很长的路要走。学者韩庆祥认为，大国崛起的规律有五个不可或缺的核心要素，它们是社会结构、体制机制、文化导向、核心战略和人才队伍。其中社会结构是决定大国崛起的深层原因，体制机制是影响大国崛起的主要基础，文化导向是决定大国崛起的灵魂，核心战略则是推进大国崛起的重要动力，人才队伍是支持大国崛起的主体条件。① 中国真正实现了从投资驱动型到创新驱动型的发展，就意味着这五个核心要素作用得到了根本性体现。其中创新的体制机制是关键性要素。实践证明，如果说中等收入阶段面临的最大问题是传统发展模式下的增长率下降，但这只是外部表现。进一步分析会发现，其内在的原因则是结构的不适应、体制的不适应。只有切实推动结构和制度的变革，才能实现经济转型，实现中等收入陷阱的跨越。为此必须深层次检视我们在体制机制上存在的问题，为创新驱动发展战略的实施营造好的制度环境。自主创新能力的差异，创新驱动发展的成效，在很大程度上是由创新环境的优劣决定的。实施创新驱动发展战略，固然需要资金、技术、人才等创新要素的投入，更需要优良的创新环境。好的创新环境，会不断孕育出创新思想、不断增进创新动力、不断形成创新成果、不断促进创新扩散。当然，创新环境是一个综合性系统，包括产业结构、市场机制等经济环境，包括政策和制度等政治环境，也包括城市品位、居民素质、文化积淀等社会环境，是各类创新活动生存发展的土壤。要实现从依靠要素驱动和投资驱动转变为创新驱动内生增长，这不仅需要创新驱动本身需要的创新型知识、技术、组织制度、商业模式等发挥有效作用，更需要对传统发展方式、思维与制度固化、利益驱动、体制机制上存在的根深蒂固的阻碍创新驱动的因素进行革命性的挑战。2016 年 12 月 5 日，习近平总书记在中央全面深化改革领导小组第三十次会议上提出“四个有利于”，即“多推有利于增添经济发展动力的改革，多推有利于促进社会公平正义的改革，多推有利于增强人民群众获得感的改革，多推有利于调动广大干部群众积极性的改革”②。这“四个有利于”是我国今后确定改革重点的基本遵循，也是实施创新驱动发展战略的基本要求。

① 参见韩庆祥《创新驱动，构建国家发展的战略支撑》，《云南教育》（视界综合版）2012 年第 11 期。

② 习近平：《总结经验完善思路突出重点 提高改革整体效能扩大改革受益面》，《人民日报》2016 年 12 月 6 日。

一　牢固树立五大发展理念

科学的思想观念是推动发展的强大动力，这是马克思主义的重要观点。发展理念作为一种意识形态和思维方式，是一定历史阶段社会存在和发展实践的产物，属于社会意识范畴，一旦形成，就会作为既定的思维范式反作用于社会历史，对社会实践起指导作用。习近平在《关于〈中共中央关于制定国民经济和社会发展第十三个五年规划的建议〉的说明》中明确指出："发展理念是发展行动的先导，是管全局、管根本、管方向、管长远的东西，是发展思路、发展方向、发展着力点的集中体现。发展理念搞对了，目标任务就好定了，政策举措也就跟着好定了。"[①]《"十三五"规划建议》提出的创新、协调、绿色、开放和共享这五大发展理念，是推动新常态下中国经济社会转型发展新的发展观，为我们在"十三五"乃至更长时期依靠创新驱动推动发展指明了方向、聚焦了重点。

第一，五大发展理念实现了发展理念和思维方式的创新。从发展理念和思维方式的创新而言，五大发展理念体现在三个向度上。首先，吸取了人类社会特别是二战以来关于发展理念的有益思想，特别是继承发展了马克思主义社会发展理念，强调了发展的整体性、生态性、共享性、伦理道德性、价值共享性、人民主体性，丰富深化了发展的内涵和外延，对发展的认识达到了新的高度。其次，既立足国内，又着眼于世界，把中国的发展同世界的发展、人类的文明进步紧密联系起来，吸收继承了中国传统文化中以民为本、天人合一、和谐一致的优秀思想，具有鲜明的民族特色和民族气息，又同时代精神、世界发展潮流相一致，体现出广阔的世界视野，对中国的发展模式和发展价值的认识达到新的高度。再次，立足当代中国处于社会主义初级阶段的国情，既具有鲜明的时代特点，又具有鲜明的中国特色；既维持了发展的经济效益，又保障了发展的社会效益、生态效益、价值效益。这是对共产党执政规律、社会主义建设规律、人类社会

① 习近平：《关于〈中共中央关于制定国民经济和社会发展第十三个五年规划的建议〉的说明》，《理论学习》2015 年第 12 期。

发展规律进行的重大理论和实践创新。

第二，五大发展理念是我们党对中国特色社会主义发展规律的新认识。发展理念根植于社会发展实践，是一定时期社会发展实践的观念反映。五大发展理念是中国特色社会主义发展到一定历史阶段，对人们的生产方式、生活方式、交往方式和消费方式发生巨大改变的一种科学把握，是社会发展、人的发展和环境协调发展的必然结果，是社会发展理念对哲学思维方式的理论具体。改革开放以来，我国的经济社会发展呈现出新特征，表现出新变化，步入新常态。作为指导社会实践的发展理念，迫切要求提出新理念、新思路、新举措，以便适应新常态、把握新常态、引领新常态。五大发展理念不仅是对经济社会新常态的战略谋划，也是对经济社会发展新趋势新机遇新矛盾新挑战的自觉回应。“十三五”时期只有以新的发展理念、发展思路推动发展，才能破解发展难题，推动社会转型，保持经济社会持续健康发展，确保如期全面建成小康社会。五大发展理念正是对社会发展实践新常态、新变化、新特征的科学把握，是我们党对中国特色社会主义发展规律的新揭示、新认识。

第三，五大发展理念是中国未来五年乃至更长时期经济社会发展的宏伟蓝图和行动指南。科学的发展理念，是源自中国特色社会主义 30 多年的发展实践，是发展规律的自我完善和主体自觉把握的有机统一。其指导意义集中体现在对唯物主义辩证法的实践运用，强调发展的整体性、生态性，价值性、人民性。创新发展充分把握了云计算、物联网、大数据、智慧工程的新科技革命对生产生活的巨大作用，要求我们必须站在科学技术变革的前沿，发挥创新的引领作用，加强科技竞争力，培育发展动力，转变发展方式，以科技为核心成为创新强国。协调发展突出了要解决城乡之间、区域之间、物质和精神之间的发展差距问题，这是全面建成小康社会迫切需要解决的问题。绿色发展突出强调发展的生态性，提出了发展的生态伦理性和更高的环保要求。开放发展站在全球化背景下，突出强调发展的合作共赢、互利共赢性，强调了中国发展要具有全球的视野，必须积极参与全球治理。共享发展突出强调了发展的道德性、公正性与人民性，体现了社会主义的道德优越性，对于未来中国发展道路、发展模式、发展战略提出了更高的道德要求。

二　提高自主创新能力，培育发展新动力

强大的自主创新能力是发展的新动力。实施创新驱动战略的根本目的在于推动经济增长方式从要素驱动型向创新驱动型转变，即加快经济增长方式的转变。而加快经济增长方式根本转变的中心环节是增强自主创新能力。也就是说，自主创新能力的培育与发展是加快经济增长方式根本性转变的核心支撑，是企业竞争优势与经济效益的源泉，是新常态下发展新动力的源泉所在。而培育提高自主创新能力，这是个系统工程建设，关系到创新方向的选择、创新资源的投入以及创新平台、创新制度和文化环境的建设。同时，国际政治经济和科技环境等都会对自主创新能力的培育提高产生影响。但是，解决创新的原动力、创新人才和加快企业技术中心的发展是首要的问题。

第一，需要解决创新的原动力。创新驱动的关键在提高自主创新能力。怎么解决自主创新的动力就成了关键的关键。《十三五发展规划建议》指出，"优化劳动力、资本、土地、技术、管理等要素配置，激发创新创业活力，推动大众创业、万众创新，释放新需求，创造新供给，推动新技术、新产业、新业态蓬勃发展，加快实现发展动力转换"①。这就给出了解决创新原动力的方案。同时学者们也围绕创新原动力从外部需求、技术发展、制度环境、治理结构、研究与开发等角度进行了大量的研究。比如汪建成和毛蕴诗提出企业自主创新影响因素包括政策环境、技术人员、企业家才能，等等；高山行和徐新则从内外部角度将自主创新影响因素概括为资源、企业家精神、组织结构、市场结构、宏观政策环境等；葛沪飞等通过案例访谈归纳出影响企业自主技术创新行为的因素包括技术创新组织、技术专家与人才、技术路线和突破口、实验条件、容忍失败、利用外部技术资源、自主研发投入以及新技术商业化等。杨燕、高山行将创

① 习近平：《关于〈中共中央关于制定国民经济和社会发展第十三个五年规划的建议〉的说明》，《理论学习》2015 年第 12 期。

新的内部驱动概括为三个方面：现有技术上的领先，富有企业家精神的领导，以及富有创造性的员工。[①] 应该说，这些研究成果很有启发性。我们认为，从企业的角度看，由于创新技术具有根本性，要实现技术创新和技术革命，就要解决创新的原动力问题。为此现阶段重点要抓好四个方面。一是要把提升企业创新发展能力作为出发点和落脚点，实行技术创新人才的战略管理。二是要构建技术创新人才成长、发展和竞争的平台，最大限度地推动企业技术创新和经济的发展。三是建立学习型企业，凭借学习使企业内的技术创新人才和员工个体的价值得以体现。四是建立科学的评价机制来评价技术创新人才的价值，这是促使技术创新人才能力提升的快捷通道。

第二，需要大力吸引培育创新人才。人才蔚起国运兴，人才资源是第一资源。在实施创新驱动发展战略中，创新人才是第一推动力，具有基础性的重要作用。但是我们面对的现实却是，创新的“短板”恰恰在创新人才的缺乏。我国是一个人力资源大国，也是一个智力资源大国，但人才结构性不合理的矛盾十分突出，创新型科技人才缺乏，领军人才、技术能人尤其是大国工匠严重不足。而创新又是发现问题并主动创造新知识、新技能解决问题的过程，因此建设创新型国家和企业，最需要的就是高层次创新人才。正是在这个意义上说，创新驱动实质上是人才驱动。2014 年 6 月 9 日习近平总书记在两院院士大会上的重要讲话中，十分强调“人是科技创新最关键的因素……实现中华民族伟大复兴，人才越多越好，本事越大越好。”[②] 要求我国必须大力培养造就规模宏大、结构合理、素质优良的创新型科技人才。同时，习近平总书记对企业运行与创新发展情况及其创新型科技人才十分关心。2013 年 7 月 21 日下午，他来到武汉东湖国家自主创新示范区，了解示范区建设和企业发展情况。在光谷展示中心，习近平总书记在详细观看了光纤通信、3D 打印、生物质能源等创新成果

① 参见杨燕、高山行《创新驱动、自主性与创新绩效的关系实证研究》，《科学学研究》2011 年第 10 期。

② 习近平：《在中国科学院第十七次院士大会、中国工程院第十二次院士大会上的讲话》，《当代劳模》2014 年第 6 期。

展示后指出，“一个国家只是经济体量大，还不能代表强。我们是一个大国，在科技创新上要有自己的东西。一定要坚定不移走中国特色自主创新道路，培养和吸引人才，推动科技和经济紧密结合，真正把创新驱动发展战略落到实处”。[①] 国际人才竞争的激烈性和高素质人才严重短缺的现状，迫切要求我们从战略与全局的高度加强对人才尤其是高层次科技创新人才培养引进的统筹和规划，要有一套充满活力和竞争力的人才发展体制机制。总之，只有充分激活创新人才这一“第一资源”，才能引领经济社会转型升级发展。为此，必须深入实施人才优先发展战略，深化人才体制改革，大力推进政策创新。只有当具有国际竞争力的人才制度优势真正形成，才能尽快解决我国目前面临的既要实现创新驱动发展，但是又存在创新人才“短板”这一矛盾。

第三，需要加快企业技术中心的发展。创新能否实现由技术向产业的转化，并通过这一转化实现其价值的最大化，取决于创新主体本身。因此立足于企业实施创新驱动，实现由技术向产业的转化，普遍建立“企业技术创新中心”是有效的路径。20 世纪 90 年代，我国即在大型企业建立技术中心，以此为主要方式来构建企业技术创新体系。有资料显示，经国家认定的大型企业技术创新中心达 378 个；中心城市，则建立了主要面向中小企业的技术创新支撑体系；在一些重点行业，建立了面向行业的技术开发基地。实践表明，以企业技术中心为企业创新能力的主要载体，是企业技术创新体系中的主体，是培育和增强企业核心竞争力的有效路径。比如，湖南省宇环数控机床股份有限公司和湖南大学机械与运载工程学院联合组建的科技创新平台——湖南省数控精密磨床工程技术研究中心，开发了 YH2M8192 立式单面研磨抛光机、YHZD001 智能化双平面加工成套设备等 16 项新产品，申请了 28 项专利、6 件软件著作权，完成了 16 项科技成果的转化，实现销售收入 1.15 亿元、利税 3467 万元。这一成功事例充分说明，加快和完善企业技术中心的发展，是创新驱动战略“落地”

---

① 习近平：《坚定不移全面深化改革开放 脚踏实地推动经济社会发展》，《实践》（党的教育版）2013 年第 8 期。

的关键，不仅可以很好地链接“十三五”时期在国家层面所实施的一批国家重大科技项目，以及在重大创新领域所组建的一批国家实验室的科技战略，同时可以促使企业在实施创新驱动中真正成为技术开发与创新的主体，进一步提高企业的创新能力和市场竞争力。

当然，各国创新实际生活也证明，只有以企业为基础但又必须扩展到整个国家都支持、社会都赞同并参与的创新驱动才有可持续性与强大的经济效益。

三 构建以市场为导向、产学研相结合的技术创新体系

在学校、企业和科研机构联合创新的产学研体制中，企业是占主导地位的，是产学研中最为关键的一环，是创新的主体和动力来源。因此在实施创新驱动战略的过程中，应该按照在 2016 年 1 月 8 日召开的国家科学技术奖励大会上李克强总理的要求：“加快构建企业主导的创新机制，打破企业和高校、科研机构的界限，建立跨界创新联盟，促进产学研用贯通，推进产业链、创新链融合，加快使创新成果转化为现实生产力。”①

第一，充分发挥企业作为自主创新主角的作用。企业是市场的主体，要充分发挥市场主体的作用；企业也是自主创新的主角，要充分发挥企业作为自主创新主角的作用。一是要着力强化企业技术创新主体地位，让企业真正成为技术需求选择、技术项目确定的主体，成为技术创新决策、研发投入、科研组织、成果转化的主体。二是要建立促进创新要素向企业集聚的、由企业主导产业技术研发的创新体制机制，积极引导全国大中型企业建立高水平的研究开发机构，鼓励大企业增加研发投入、设立创新平台，培育和壮大创新型企业，以提升企业自主创新能力。三是充分发挥支撑我国创新发展新天地的各类企业的积极作用，大型企业形成更多具有自主知识产权的核心技术是国家竞争能力的创新骨干；若干综合竞争力居世界前列的创新型企业和科技型中小企业创新集群是国家竞争能力的重要体

① 李克强：《用创新的翅膀使中国经济飞向新高度——在国家科学技术奖励大会上的讲话》，《中国科技产业》2016 年第 2 期。

现；正在加快成长的创新型小微企业也是国家竞争能力的重要生力军。总之，企业创新能力是国家竞争能力的重要体现。当千千万万企业致力创新之时，才是我国迈入真正创新型国家之日。

第二，充分发挥国家科研机构骨干和引领作用。一是国家科研机构的骨干和引领作用要得到充分发挥，就必须进一步加大科研院所分类改革的力度，建立完善现代科研院所制度，引导和鼓励民办科研机构发展，加快世界一流大学和高水平大学建设，进一步提高高等学校科技创新能力和成果转化能力。二是要鼓励产学研开展深度合作，要实现高校、研发机构、中介机构以及政府、金融机构等与企业一起构建分工协作、有机结合的创新链，形成有中国特色的协同创新体系。三是加快高等院校和科研院所的科研体制机制改革创新，建立健全适应不同科研类型活动特点的管理运行的体制机制，着力提升高校科研院所的科技创新能力及其科技创新服务水平。对于基础类研究的科研机构要瞄准具有科学前沿的“顶天”问题和国家长远战略所需要的“立地”问题，使得在基础原始创新研究和科技前沿研究上都取得突破性的原始创新，建立健全与产业及其区域经济密切合作的成果转化机制，尤其是要鼓励和注重支持高等科研院所科研人员成果的推广和转化。

第三，充分发挥政府在自主创新中的统筹协调、宏观引领作用。一是政府要积极引导产学研协同创新，并对此给予政策支持。尤其是在体现国家意志的战略领域和市场失灵的公共领域要积极作为；在行业共性关键技术上要做出引导，并切实加大稳定支持力度，解决产学研各方主体动力不足的弊端。二是政府要为产学研协同创新提供密切相关的法律、税制、政策体系支撑。此外，政府还应在教育的发展上、科技战略上、金融税收政策上、嘉奖政策上对产学研的开展做出有力的制度支持。

四　加快科技体制机制的创新，使科技真正成为第一推动力

创新是引领发展的第一动力，而构建发展新体制是打造发展新引擎的制度保障。① 因此体制机制创新带有根本的性质，要解决好制约科技创新

① 参见杨晶《构建发展新体制》，《人民日报》2015 年 11 月 20 日。

的突出问题，根本出路在于深化科技体制改革。改革开放以来，我国科技人员规模、科技论文数量和研发经费投入等增长很快，但质量与数量、产出与投入明显不匹配，真正能实现商品化、产业化的科技成果比重并不高。科技资源配置不合理，利用效率低，大量的科研成果不能转化为应用技术的问题十分突出。这些问题与创新相关的体制机制不合理、科研机构的管理机制不合理有很大的关系。为此，中共中央、国务院于 2012 年 9 月就印发了《关于深化科技体制改革加快国家创新体系建设的意见》。《意见》明确指出，要切实解决我国科技体制机制中存在的与加快转变经济发展方式、与新一轮科技革命和科技创新驱动发展的新要求不适应的突出问题。十八届三中全会要求进一步深化科技体制改革，这是新形势下中央对科技工作提出的一项重大战略任务。《十三五发展规划建议》进一步强调指出，要“构建发展新体制。加快形成有利于创新发展的市场环境、产权制度、投融资体制、分配制度、人才培养引进使用机制”①。其中，政府作用要科学有效地发挥，好的政策和制度条件尤为重要，为此我们主要探讨以下三个方面的问题。

第一，加快科技体制机制的创新，核心是处理好政府与市场的关系。实施创新驱动战略，建设创新型国家，各级政府必须要为创新提供支持和服务。因为科技创新的主角不是政府和官员，而是企业和企业家，企业家精神是科技创新的精神灵魂，也是熊彼特经济学和凯恩斯经济学最本质的区别。要激活企业家精神，要强化企业创新主体地位，夯实创新基础，就必须给所有企业创造公平公正开放的竞争环境，这一点对我国而言尤其重要和艰难。因此，必须按照十八届三中全会关于“使市场在资源配置中起决定性作用，更好发挥政府的作用”的要求，全面深化改革，处理好政府与市场的关系。一是推动政府职能从研发管理向创新服务转变。这就要求政府更加注重抓宏观、抓战略、抓环境、抓监督，更加注重优化政策供给，更加注重营造良好的创新生态，等等。二是大幅放松或取消管制，

① 习近平：《中共中央关于制定国民经济和社会发展第十三个五年规划的建议》，《理论学习》2015 年第 12 期。

激发企业家精神。三是大幅降低税负，简化税制。四是鼓励或补贴教育和科研，激发实质性科技创新。

第二，加快科技体制机制的创新，关键是要形成处理好政府与市场关系的机制。一是要建立政府作用与市场机制有机结合的体制机制。切实解决科技资源配置过度行政化、行业壁垒和部门分割、封闭低效、研发和成果转化效率不高等问题，实现创新资源合理配置和高效利用。二是要建立科技创新的协同机制。重点是科技宏观决策体系和全国科技重大决策机制；中央和地方、科技相关部门之间、科技部门和其他部门之间的沟通协调机制；科技资源开放共享、相互支撑联动机制等，以促使国家创新体系整体效能的提高。三是要建立科学的创新评价机制。对此，李克强总理在2016年国家科学技术奖励大会上提出了明确的改革要求："要加快改革科技成果产权制度、收益分配制度和转化机制，激发科技人员持久的创新动力。要加快改革科研项目管理机制，砍掉繁文缛节，让科技人员把更多精力用到研究上。要加快改革科研评价机制和人才评价机制，让更多优秀人才脱颖而出、一展身手。要扩大高校和科研院所自主权，赋予领军人才更大的科研决策权"①。

第三，加快科技体制机制的创新，关键是要大力实现政策创新。李克强总理在2016年国家科学技术奖励大会上强调："创新是供给侧结构性改革的重要内容。我们要破除束缚创新的桎梏，促进创新要素流动，打造大中小企业和高校、科研机构'五方协同'的众创平台，形成各类创新主体互促、民间草根与科技精英并肩、线上与线下互动的生动局面。"② 可以说，从政府主导和管理经济彻底转向市场主导和调节经济，是供给侧改革的本质所在。这就意味着，政府职能必须重新定位，政府机构必须大幅削减，税制必须大幅简化，税负必须大幅降低，等等。正是从这个意义上说，供给侧改革是一场革命。

---

① 李克强：《用创新的翅膀使中国经济飞向新高度——在国家科学技术奖励大会上的讲话》，《中国科技产业》2016年第2期。

② 同上。

成功转型国家的经验表明，优化环境是实现创新发展的根本保障。因此，实现创新驱动发展，加快科技体制机制的创新，关键是要大力实现政策创新。围绕科技政策创新，应该说我们已经有一系列创新举措。但是必须承认，我们还缺乏具有核心竞争力的政策体系。为此，必须按照党的十八届三中全会所部署的改革任务和要求，坚持革除一切妨碍、束缚创新驱动的体制机制弊端，在优化创新政策体系上下功夫。如何优化？若按政策工具的性质分，我们有财政政策、税收政策、知识产权、金融支持、创新平台、人才队伍、政府采购等方面对科技创新支持和保护的政策；若按政策工具的来源分，我们有国家发展改革委、国资委、基金委、财政部、工信部、科技部、能源局等部门出台的一系列推进科学研究和企业技术进步的若干政策措施和管理办法。目前亟待在“整合”和“激活”上下功夫。关于整合，理论和实践告诉我们，整合资源就会形成合力，从而形成新的优势。尤其在今天，面对如何营造有利于创新驱动发展的市场和社会环境，激发大众创业、万众创新的热情与潜力的要求，更需要有效整合政策管理资源。应该承认，我们一方面存在着资源分散、政策重叠的现象，另一方面存在政策措施不配套，不解渴的现象。这种部门化、碎片化和政策措施分散的问题急待整合。关于激活，经济运行理论和实践向我们昭示：经济发展要有质的突破，必须解决生产要素配置的时空优化，这就是经济要素或经济资源的激活。因此，如何激活政策资源，是切实解决创新驱动发展的市场和社会环境，激发大众创业、万众创新的问题所在。为此，激活要以全新的理念、创新的方式、灵活的手段为途径，尤其是通过创新工作体制机制，实现政策资源的高效转化。只有充分激活创新政策这一重要资源，才能促进经济社会转型升级发展。

由于制度是创新驱动的持久保障，因此围绕政策创新的制度建设需要在三个方面下功夫。一是政策理念方面，重点是改变政府习惯于大包大揽、直接介入企业发展的做法。二是政策工具方面，重点是加大市场激励型政策工具，减少行政管制型政策工具，以高效地发挥公共政策的“撬动”效果。三是政策过程方面，要为多元主体的广泛参与建立畅通的渠道，以提高政策制定过程的客观性、科学性和民主性。

第五节　关于本课题研究的基本思路和主要内容

《增强我国创新驱动发展的动力机制研究》能够作为国家社科基金立项，说明中国作为世界上最大的发展中国家，在实施创新驱动战略中有因时代、国情、发展阶段及其环境变化提出了若干理论与实践新问题而进行专门研究的必要。固然创新驱动在发达国家或许已有成熟经验，但中国不可能简单“拿来”就是。创新驱动犹如通向罗马道路，“条条道路通罗马”这句耳熟能详的话，说明在不同情况下通往罗马的具体路子是不同的、不能照搬的。中国创新驱动有特殊的必要性与意义，因而在研究中也必须有特色性的研究思路及其定格为研究成果的结构。尤其是当“创新驱动发展”已经成为国人的共识时，深入探讨“创新驱动发展”的动力机制问题，即弄清创新驱动动力机制的构成及动力发生作用，能够为创新驱动发展战略提供制度变革的内生动力，为促进创新驱动动力机制的构建和完善，提供更广阔的思路和具有操作性的建议，并形成有本课题的认识、观点或能够给创新驱动实践以启示的研究成果，这既是本课题研究的目的所在，也是要努力实现的目标所在。

一　课题研究的必要性与意义

习近平总书记指出：“实施创新驱动发展战略，是立足全局、面向未来的重大战略。”① 将知识和技术作为主要生产要素来推动经济社会的可持续发展，是创新驱动发展的本质。尤其是在经济发展新常态下，创新驱动发展是提升“中国制造”整体素质、推进产业转型升级、实现发展方式转变、实现“十三五”发展规划目标的关键所在。如何让创新驱动战略顺利推进，取得成效呢？2016 年 5 月 30 日，习近平总书记在全国科技创新大会、两院院士大会、中国科协第九次全国代表大会上发表的重要讲

① 习近平：《实施创新驱动发展战略是立足全局、面向未来的重大战略》，《乡村科技》2013 年第 3 期。

话中强调，“科技创新、制度创新要协同发挥作用，两个轮子一起转”[①]。我们认为，两个轮子要一起很好地转动起来，需要深入探讨“创新驱动发展”的动力机制问题，因为制度创新是科技创新的前提和保障。目前，对创新驱动动力机制的构成、传导路径及动力发生作用等一系列理论问题的研究是有待深入的。因此，通过本课题的研究，有助于将创新驱动动力机制的认识进一步深化，促使人们对其理性认识水平有进一步提高，从而实践上更加主动自觉。

创新驱动动力机制是一个复杂的系统。我们认为，研究创新驱动动力机制，应该聚焦于制度框架与运行机制，注重于合力导向问题。即重在探讨创新必须依赖的制度框架与运行机制，也就是习近平总书记强调的，制度创新和科技创新两个轮子要一起转的意思。只有良好的制度框架与运行机制才能为创新驱动发展聚合最大公约数与正能量，为创新驱动实践形成巨大的合力和强大的动力。为此，本课题具有重要的研究必要性，具体表现为三个方面。

首先，对创新知难行更难的现实状况决定了必须对此进行专门的认真研究。一个国家、区域、企业必须从要素驱动型发展进入创新发展的新阶段。这种转变，关系着现代化能否可持续、能否“突破中等收入陷阱”。真正认识这个现代化发展的阶段性、趋向性的“发展换挡、调整阵痛”并不容易，从创新共识转化为持续性的创新行动更难。怎么才能形成创新驱动发展共识，并持久开展创新行动？开展关于创新的理论研究是必须及有益的。其研究成果，既可以促进创新之“知”，也可以支持、坚定创新之“行”。

其次，创新集专业性与复杂性于一体，只有大力开展必要的创新研究，才能使复杂而专业的创新活动开展起来，使其逐步成为推动发展的第一动力。创新的专业性，一旦进入创新活动就会体现出来，无论是技术创新还是制度创新，都需要立足专业性才能避免创新落入凭热情乃至想当然

---

① 习近平：《为建设世界科技强国而奋斗——在全国科技创新大会、两院院士大会、中国科协第九次全国代表大会上的讲话》，《人民日报》2016年6月1日。

的陷阱，立足专业实践约束与行动边界才能使创新与规律合二为一，创新驱动发展才有行动逻辑。但是，任何有专业性的创新一旦干起来，又会是“牵一发而动全身”的，其条件、效应又是超专业性的，变得复杂起来。怎么才能将与复杂条件联系、效应超专业性的创新活动引向成功？把创新驱动动力机制看作一个系统，并对其进行深入的研究，力求既有“可操作”的效应，更具有思路性、战略性的特质，是十分必要的。其研究成果，既可以提供理性的思考，又可以产生对策的效应。

最后，中国实施创新驱动战略既要借鉴国外的成功经验，又要从自己的国情出发，要致力于二者的结合。显然，这种结合的难度是比较大的，而必要的研究则可以促进国外创新经验与中国国情的结合。创新驱动是一个国家现代化进入“中等收入”阶段后必然的转变，从专利制度到“知识经济”、从企业主体到国家创新体系，都是世界发达国家比较成功实施创新驱动的标志或经验。中国要实施创新驱动，对于国外发达国家的成功经验应该遵循或借鉴。但是，怎样在国内人口基数大、就业压力大的国情中，在“后发”优劣势并存中实施专利制度、走向知识经济，把创新中的企业主体作用与国家创新体系结合？如何有效构建以市场为导向、产学研相结合的技术创新体系？这若干问题中有许多我们不熟悉的东西，对此开展深入研究，有助于解决这种结合上的“瓶颈”。

关于对创新驱动战略深入研究的重大意义，主要表现为以下三个方面。

第一，可以对经济学关于创新研究的成果进行整合。自从熊彼特提出创新理论后，经济学关于创新的研究取得了一系列重大成果。以科斯、诺思、戴维斯为代表，在制度创新的研究方面取得了以交易成本、制度变迁、制度供给与选择为标志的成果；以罗默、曼斯菲尔德、卡曼、施瓦茨、阿罗等人为代表，在技术创新研究方面取得了重大进展。应该说，围绕创新的这些研究成果，其学术价值和应用价值都是重大的。但是，必须看到，在创新研究中存在着“撕裂”“碎片化”的现象。其实，经济生活中的创新固然可能存在制度或技术的侧重，但是制度与技术创新常常又存在并行不悖或前后相接的关系。这在客观上就提出了关于制度与技术创新整合研究的需求。

第二，可以促进人们在创新中理性水平的提高。林毅夫教授在《本体与常无》一书中，把理性作为经济学的“本体”。[①] 关于判断理性水平的标准，林毅夫教授认为是一个须结合发展的阶段性特征及其各种约束条件才能够讨论的问题。这就启发我们思考：人们在经济发展中能够达到的理性都有局部、与特殊阶段对应性的特点。为此在创新中提倡理性是很重要的。无论是制度创新还是技术创新，人们常常陷入追求“最好”的误区，而忽视对“合适”的需求。其实，最好的东西未必是合适的，不合适的制度与技术，往往产生事与愿违的经济结果及其社会效果。因此，从理论上深入研究创新驱动战略，也就是彰显理性的重要作用。

第三，有助于探索走出一条有中国特色的创新驱动发展道路。中国建设道路有中国特色，创新也应该有中国特色，才能使创新又好又快。但是，“有中国特色的创新驱动道路”是什么？怎么走？迄今仍是一个值得深入探讨的问题。西方发达国家在几百年现代化过程中形成了企业主导（现实中以世界500强为代表）的创新主体及其法制环境与文化氛围，今天又站在世界创新的制高点上。中国因集中力量搞现代化时间不过30多年，所以，企业作为创新主体其力量发挥受到各种条件的限制，加上创新的支撑保障不足，尤其是法制环境与文化氛围也还存在诸多的不足，在这样的条件下要以“赶超发达国家的创新水平”为参照系，由此，内外压力和矛盾都十分巨大和突出。探索出一条有中国特色的创新驱动发展道路，或许中国的创新驱动战略才能从理论、政策变成现代化生活的主旋律。

二　课题研究成果的思路与结构

我们认为，创新驱动动力机制是一个复杂的系统性结构，可以从不同的角度和层面进行研究。但是无论从社会赖以发展的创新动力角度看，还是从学界围绕创新驱动所进行的研究及目前已有的成果看，对创新驱动发

---

① 参见林毅夫《本体与无常：经济学的方法论对话》，北京大学出版社2012年版。

展动力机制的研究还应该聚焦，还应该深化。实践表明，制度框架与运行机制是创新驱动的必须依赖，也是创新驱动动力机制的根本所在。由于体制机制本身具有系统性和结构性的基本内涵，通过对创新驱动发展的体制机制进行研究，可以从整体上把握创新驱动发展的动力问题。因此聚焦于制度框架与运行机制就是我们课题研究确定的主题及基本思路。为此，本课题立足国家创新驱动发展战略的制度结构和运行机制的范式分析框架及逻辑，围绕“创新驱动动力机制→结构→体制→机制”这一主题，沿着以下三个思路进行研究。

第一，既立足经济又贯穿“社会全景视野”进行研究。创新驱动型发展，其内涵是经济的，但是，一旦实施创新驱动战略，其实践边界、过程、条件都是超经济的。因为，无论是要取得技术或制度创新的经济发展的成果与动力，都不可避免地要与特殊的社会有机体的政府政策及部门、文化教育基础及价值选择与评价、社会发展阶段提供的条件以及生态承载力与外部环境等方面发生不可分割的联系。因此，对创新的研究既要立足经济，又要有贯穿“社会全景视野”的眼光。“国家创新体制→区域创新机制→各经济主体参与架构→社会以资本为纽带的协同，”等等，是本课题关于创新的“社会全景视野”逻辑，也是成果研究方法上的创新。

第二，把技术创新与制度创新进行结构性整合式研究。如前所述，从熊彼特提出创新理论后，围绕创新的研究已经取得了一系列重大成果。但是存在着把制度创新、科技创新“撕裂”和“碎片化”的现象。这在客观上提出了关于制度与技术创新整合研究的迫切需求。正如习近平总书记强调的，实施创新驱动发展，必须坚持制度创新、科技创新两个轮子一起转。只有良好的制度框架与运行机制才能为创新驱动发展聚合最大公约数与正能量，为创新驱动实践形成巨大的合力和强大的动力。因此，研究创新驱动应该将技术创新与制度创新进行结构性整合式研究，这是本课题关于创新研究的最大特点。

第三，将创新必须依赖的制度框架与运行机制作相对独立的研究。制度框架（我们主要聚焦于体制）与运行机制是创新驱动的必须依赖，也是创新驱动动力机制的根本所在。在西方经济学中，社会基本制度与作为市场经济体制的制度框架、市场经济体制的制度框架与由政策、规则等要素支撑的运行机制划分是不明晰、不那么受重视的。我们认为，无论是从学术的严谨与深入研究的要求看，还是从中国特色社会主义发展的实际要求看，对创新必须依赖的制度框架与运行机制作相对独立的研究都是必要的。在实际生活中，支持把创新必须依赖的制度框架与运行机制作相对独立研究的“实证”依据是，无论是经济政策或立法，仅有大政策或法律框架（条款）是不够的，还必须进一步有“实施细则”，才能进入实施或执行过程。实际还证明，制度如果不能通过整合、转化为足以规范生活实际的“实施细则”，“制度虚设”陷阱或问题是难以避免的。所以，我们这里所说的大政策或法律框架与“实施细则”之间的关系，就是“现实版”的制度（体制）与机制的关系，它们都重要，但是又不能混为一谈，而且还必须有机结合。现实的经济创新也一样，既要有支撑创新的大政策或法律框架，即制度体制，也要有及时的、配套的、可供操作的各种“实施细则”，即运行机制。它们都是社会赖以发展的创新动力。我们认为，将创新必须依赖的制度框架与运行机制作相对独立的研究，可以更加深入地把握创新驱动发展的动力问题。因此，构建了国家创新驱动发展的制度结构功能（体制）和配套的、可供操作的各种“实施细则”（机制）的分析范式，即从制度结构范式层面架构起国家创新驱动发展的战略体制：“国家创新体制→区域创新体制→各经济主体共同参与体制→社会以资本为纽带的协同创新体制→升级转型发展体制”等等；从制度结构机制角度细化了国家创新驱动发展战略机制：产业创新机制、科技创新机制、人才创新机制、文化和领导创新机制等。这些都是创新驱动结构性整合并转化为创新实际生活最重要的方面。

三 课题研究成果的具体内容及逻辑关系

课题研究成果由导论、两编（共十章）构成。

导论，主要研究这四个问题：关于实施创新驱动发展战略的重要紧迫性、理论基础、创新驱动发展的基本特征和实施创新驱动发展战略的基本要求。通过对创新驱动发展战略系统的分析阐述，为整个课题的研究打下比较坚实的理论和实践基础。

第一编，主要聚焦创新驱动发展的体制，即制度框架的层面，侧重于从理论和宏观的层面对动力机制进行分析阐述。由于体制具有系统性的基本内涵，通过对创新驱动发展的体制研究，可以从整体上把握创新驱动发展动力问题；体制，也是创新驱动发展必须依赖的制度框架结构，把握了它进而可以科学地进行创新发展，这就为第二编对机制的研究打下了逻辑基础。该编由第一至第五章构成。

第一章，围绕国家的经济组织功能与构建国家创新体制这一重大问题，提出并阐述国家是实现创新驱动发展"基本建制"或实施创新驱动发展战略逻辑起点的观点；分析政策工具作为国家引导创新发展"第一抓手"的重要作用；分析研究国家创新驱动发展体制的主要结构。

第二章，围绕生产力梯度结构与区域创新驱动发展体制这一重大问题，提出并阐述区域是国家创新发展实践起点的观点；对区域创新驱动发展的体制进行深入的分析；对中国区域创新的成功经验作案例剖析。

第三章，围绕构建各种经济共同参与创新驱动的体制这一重大问题，提出并阐述"实行创新驱动发展是21世纪中国企业的共同选择"的观点；强调国有企业在创新驱动发展中发挥示范作用的重要性；分析阻碍民营经济积极参与创新驱动发展的若干体制性问题。

第四章，围绕社会资本与构建协同创新体制这一重大问题，分析资本的通约性与创新发展中协同的关系；揭示社会资本在创新协同中的重要作用；研究社会资本的协同效应推动创新的体制化等问题。

第五章，围绕创新驱动下的升级转型发展体制这一重大问题，提出创新是转型升级的主要路径和必然结果的观点；指出创新驱动发展体制最终必将成为驱动经济发展方式升级转型的动力源泉；分析转型升级发展的路径等问题。

第二编，如果说第一编主要是围绕创新驱动发展的体制或者说制度框架，侧重于从理论和宏观的层面对动力机制进行分析阐述。由于制度只有通过整合、转化为足以规范生活实际的模式，才能避免"制度虚设"陷阱或问题。所以，在此基础上，第二编主要聚焦创新驱动发展的机制或者说各种“实施细则”，侧重于从实务和运行机制的层面对动力机制进行操作性的总结分析研究。该编由第六至第十章构成。

第六章，围绕构建有利于创新驱动的产业机制，根据产业创新的主要内涵，研究实现产业升级和提升竞争力等规律性问题，进行深入具体的研究。重点研究如何加强产业创新的基础设施与装备产业；加强产业创新能力的建设与支柱产业；加强产业创新的联盟建设与产业集群；加强产业移植与中国农业现代化等问题。

第七章，围绕构建有利于创新驱动的科技机制，提出了“构建促进科技创新体制，是一个国家实现现代化的关键环节”的观点；分析了科技创新的“三螺旋结构”与创新共享机制建设问题；分析了科技结构调整与结合型自主创新能力建设问题；总结了战略性新兴产业与科技创新的模式选择问题；研究了创新的技术程式与科技社会化本质问题，以及科学主体的价值偏好与科学精神弘扬等问题。

第八章，围绕构建有利于创新驱动的人才机制，重点研究创新发展实际的广泛和差异与人才的“以用为本”、创新岗位的具体性与人才的“能力为本”、市场经济的效率本质与人才的“业绩标准”；中国创新人才的阶段性特征与引领及实用型“人才短板”等问题。

第九章，围绕构建有利于创新的文化机制，重点研究创新驱动发展的文化依赖；分析我国创新能力不足的文化软环境；提出创新的文化机制路径选择等问题。尤其是强调构建崇尚科学与理性的文化环境机制和独立人格的培养机制等问题。

第十章，围绕构建有利于创新驱动的领导机制，重点研究创新共识形成与障碍克服呼唤建构创新的领导机制；分析创新驱动领导机制的构成，分析创新领导体制从行政与企业管理体制中的析出与耦合问题；分析学习服务型和政府领导型创新机制，对于推动创新驱动发展战略实施的重要性紧迫性等问题。

第一编

主要聚焦创新驱动发展的体制，即制度框架的层面，侧重于从理论和宏观的层面对动力机制进行分析阐述。由于体制具有系统性的基本内涵，通过对创新驱动发展的体制研究，可以从整体上把握创新驱动发展动力问题；体制，也是创新驱动发展必须依赖的制度框架结构，把握了它进而可以科学地进行创新发展，这就为第二编对机制的研究打下了逻辑基础。该编由第一至第五章构成。

第一章

国家的经济组织功能与构建国家创新体制

增强我国创新驱动发展的动力机制研究的制度框架或者说对创新体制的研究，之所以要以国家为逻辑起点，就在于创新“动力”问题的实质是“主体性、自觉性、能动性”在经济发展中的地位确立与发挥。毛泽东同志在《论持久战》中讲了一个问题：“能动性在战争中”。毛泽东同志指出，能动性是人类区别于动物的显著特点，人类的一切成败、包括战争胜负，既取决于客观条件，也取决于能动性之具体表现的主观努力。[①] 人正是凭借能动性之具体表现的主观努力，来证明与反映人的主体性存在与自觉。同理，人的主体性存在与自觉程度越高，其能动性之具体表现的主观努力也越强。创新驱动发展的动力机制，就是“能动性在经济中”的存在与表现方式。既然能动性联系的是主体性、自觉性，那么我们就应该进一步分析和确定在经济生活中作为创新驱动发展的动力制度框架的“第一主体”。我们的研究认为，国家应该是“第一主体”。因为，按照萨缪尔森在《经济学》中的讲法，市场经济体制中存在三个主体：政府、企业、民众或生产者及消费者。作为制度框架主体，显然只能在政府与企业中选择，民众只能加入到政府与企业的制度框架中去，这是不争的经济生活事实。政府与企业虽然都可以构建创新驱动发展的动力机制的相关制度，但是，政府凭借“代表社会”的宏观地位优势、凭借各种公权力度

---

① 参见赵万须、翟清华《论毛泽东关于战争胜负的主要决定因素观点》，《党的文献》2013年第6期。

的强制手段、凭借政策制定及修改等工具系统，无论在理论上还是实际操作中，其在建构创新驱动发展的动力机制中的作用与力量，都是作为微观经济主体的企业无法与之相提并论及抗衡的。所以，构建创新驱动发展的动力机制的逻辑起点应当从国家说起。

第一节 国家是实现创新驱动发展的“基本建制”

国家作为创新驱动发展动力机制的“第一主体”或逻辑起点，在今天的世界上已经成为创新成功的经验之一，被成功发展的国家所证实。从美国的“曼哈顿计划”到“星球大战计划”，从德国政府设立专门支持创新的“战略基金”到日本政府明确创新的“举国体制”，从中国20世纪六七十年代“两弹一星”到建立“创新型国家”，这些无不证明了国家以及他的“实体化”形式——政府是构建创新驱动发展的动力制度框架的逻辑起点。但是，从近代社会发展中创新驱动发展的动力制度框架的发展过程来看，选择与确立政府在创新动力中的制度框架为逻辑起点、“第一主体”地位也是经历了一个十分漫长的探索过程。今天回顾这个过程，可以为现实的创新驱动发展提供一些启示，亦可支持我们的观点。

一 创新的个人兴趣阶段

自从人类告别野蛮与蒙昧时代的生活依靠大自然野果与动物生存，进入农牧业为主、手工业与商业作补充的文明时代以来，创新始终是存在的，否则无法解释社会中各种发展与进步。当时，传统的原始、奴隶与中世纪或封建时代的创新间隔期太长，而且发展过程充满了偶然与神圣，以致它对社会发展的动力作用不那么容易被重视与发现。

欧洲从14世纪末15世纪初开始了从中世纪向现代社会的转变。现代社会与传统社会的重要区别是发展速度的加速。马克思和恩格斯在《共产党宣言》中指出，资本主义一百年创造了比过去人类一切时代的总和还要多的生产力。现代化即使在资本主义这种基本制度充满缺陷之下为什么还能创造出如此多的生产力？其重要原因之一就是创新从频率到规模、从量到质都是传统时代无法比拟的。

创新的个人兴趣阶段，可以看作是创新活动从传统型向现代生产力的社会化性质一致的过渡形态。同时，创新的个人兴趣阶段，在工业革命的第一阶段即以纺织机、蒸汽机为代表的“机器革命”时期表现得最明显。

有学者认为，以纺织机、蒸汽机为代表的“机器革命”之所以发生，在于手工业和商业作为一个独立的部门分化出来了。而且手工业和商业的各个部门之间，发生了经常性的持续的联系，一个有现代社会雏形的经济运行的结构体系开始形成了。这个结构体系就是孕育产业革命的新力量，时间节点是从 16 世纪开始在西欧的荷兰、意大利部分地区孕育的。

认为以纺织机、蒸汽机为代表的“机器革命”是“创新的个人兴趣阶段”，这种观点的根据是当时许多技术发明都来源于工匠的实践经验。

西欧的棉纺织工业在一系列镌刻着个人名字的创新成果推动下，1830 年时就有了完全实现机械化生产的进步。在这一系列推动棉纺业从手工生产进入机器生产的新发明中，著名的发明个人有理查德·阿克赖特的水力纺纱机（1796）；詹姆斯·哈格里夫斯的多轴纺纱机（1770）；塞缪尔·克朗普顿的走锭纺纱机（1779）。水力纺纱机能在皮辊之间纺出又细又结实的纱；用多轴纺纱机，一个人同时能纺 8 根纱线，后来是 16 根纱线，再后来是 100 多根纱线；走锭纺纱机之所以被称为“骡机”，是因为它结合了水力纺纱机和多轴纺纱机的优点。到了 19 世纪 20 年代，欧洲的棉纺织工业中就基本上实现了用机器取代手织织布工。

说以纺织机、蒸汽机为代表的“机器革命”是“创新的个人兴趣阶段”，并不是说具体的某个机器是由一个人独自创新发明完成的。事实证明，一项重大的机器创新的成功是若干个人或联合、或前后相继连续奋斗的结果。这个特征在蒸汽机的发明过程中表现是十分突出的。

1702 年前后，托马斯·纽科门就制成了一台原始的蒸汽机，并被广泛地用于从煤矿里抽水。但是，比起它所提供的动力来，它消耗燃料太多，所以经济上仅适用于煤田本身。1763 年，格拉斯哥大学的技师詹姆斯·瓦特同制造商马修·博尔顿结成事业上的伙伴关系，开始改进纽科门的蒸汽机。博尔顿为相当昂贵的实验和初始的模型筹措资金，事实证明，这种个人间志同道合的联合创新也是极其成功的。有位名叫埃德蒙·卡特赖特的牧师，也试图矫正纽科门蒸汽机的这种不平衡状态，他在1789年取得由蒸汽驱动作动力的织机专利权。这种新发明物制作简陋，在商业上无利可图。瓦特又对蒸汽机做了重大改进，逐渐成为现代蒸汽机，从而现代蒸汽机的发明人就被定格为瓦特。瓦特能够成为引发第一次产业革命的机遇之人，是因为作为能工巧匠的他，具有长期的蒸汽机修理经验的积累。瓦特对蒸汽机的主要贡献是，通过他的改进使原来就有的蒸汽机最终达到了实用化的水平。公元1800年时，已有500台左右的博尔顿-瓦特蒸汽机在使用中。其中38%的蒸汽机用于抽水，剩下的用于为纺织厂、炼铁炉、面粉厂和其他工业提供旋转式动力。

引发了第一次产业革命是蒸汽机创新成功的重大意义所在。它提供了治理和利用热能、为机械供给推动力的手段。因而，它结束了人类对畜力、风力和水力的由来已久的依赖。蒸汽机发明者的代表人物瓦特等人凭借经验积累，可以成为成功的个人创新发明者。后来，内燃机与飞机发明创新的实践进一步证明了一个道理："知识就是力量"。这就强调，个人的创新发明成功与否与科学知识的学习密切相关。

17世纪末有人开始提出制造内燃机的想法，但是，经过多次研究还是失败了。1860年，法国的勒诺巴赫（1822—1900年）制成了煤气内燃机，主要问题是功率小，消耗的煤气太多。1861年，法国的铁路工程师罗夏提出了进气、压缩、膨胀、排气的四冲程内燃机理论。1876年，奥托根据"四冲程内燃机理论"，试制成了一台卧式四冲程煤气内燃机，并取得了这种四冲程内燃机的专利。奥托为什么能够摘下四冲程内燃机的专利桂冠？奥托立志要发明一种可以取代老式蒸汽机的新型动力设备，并且终于成功发明了四冲程内燃机。可见，把创新兴趣、坚韧意志与不断进行知识学习结合起来是重要原因。

内燃机的发明为飞机制造创造了主要条件。1680年，意大利人波莱里出版了《动物的运动》一书。此书不仅讨论了鸟的飞行原理，还研究了人类飞行的可能性。1903年12月17日美国俄亥俄州的莱特兄弟用汽油机驱动木质风筝，他们把这架有飞机雏形的东西命名为"飞行者1

号”，创造了最长留空时间59秒、最远飞行距离260米的纪录。莱特兄弟开创了可控动力飞行的新纪元。莱特兄弟制造的飞行器，使人类首次实现了持续的、有动力的、可操纵的飞行。1910年12月10日毕业于法国高等技术学校的罗马尼亚人亨利·科安达，设计了一架由一台50马力的发动机作动力的飞机，这架飞机由风扇向后推动空气，使燃气在尾喷管中充分膨胀，以此来增大反推力，开创了喷气式飞机的新时代。

创新个人兴趣阶段的制度环境是专利法制度。1236年英王亨利三世曾授予波尔多的一位市民制作各种色布15年的特权，这可以看成是专利萌芽于英国的标志。世界上最早建立专利制度的国家是威尼斯共和国。1474年，世界上第一部专利法在威尼斯共和国诞生，且依法颁发了世界上的第一号专利。随着资本主义制度的建立，欧美各国先后都制定了与专利有关的法律制度。1642年英国颁布了《垄断法》，此后，其他国家陆续颁布了专利法。如美国是1790年，法国是1791年，德国是1877年，日本是1885年。这也是技术创新与制度创新不能分割的证明。

二 创新的企业被迫阶段

一般来说，人们大都愿意谈“过关斩将”的精彩，而羞于说“走麦城”的败亡。创新话题也如此。今天一说到“创新驱动”，人们总是乐于大谈发达国家的西门子、微软、松下等这些“创新主体”的成功与辉煌。但是要知道，今天这些世界知名的创新领军企业，却是从历史上成千上万企业创新不足的死亡过程中脱颖而出的成功者。因此，站在企业如雨后春笋般注册诞生，却也如蝼蚁般注销中破产死亡的厮杀的历史和全局看，对于多数企业来说，创新是不自觉的、是处于被迫状态的。这曾经是世界现代化过程中创新的一个发展阶段，且这种状态完全消失似乎也是困难的。

为什么说企业的多数创新是不自觉和处于被迫状态的？根本原因在于创新的成功率以及实现创新发展存在的困难。马克思在《资本论》第2卷分析“预付资本的总周转”中指出，每个特殊产业中的技术物化载体的机器设备等固定资本投资偏好，是“寿命延长”。因为企业会对这些机器设备等固定资本投资进行保养、维修。但是，经济危机的周期压力和技术进步，又会使机器设备等固定资本投资的“平均寿命”呈缩短趋势。这就说明，从企业偏好使已经投资的机器设备使用寿命延长的角度讲，并不是说企业从诞生那天起就具有创新的本能冲动与创新的能力。世界现代化过程中一些关于企业“生死簿”的记录，既佐证了马克思的观点，也给我们留下了关于企业与创新并无“血缘关系”的证据。

1554 年，英国诞生了第一家近代意义上的股份制公司，从此奠定了大多数商业公司的发展模式。发达国家之所以至今仍然占据着世界现代化，特别是创新的“制高点”，这与他们的企业因创新而成为“百年老店”的状况与水平仍然处于领先地位是密切相关的。根据韩国银行发表的《日本企业长寿的秘密及启示》可知，日本拥有历史超过 200 年的企业有 3146 家，居全球首位，超过 1000 年的有 7 家企业。同时，欧洲也有不少是超过 200 年历史的企业，如德国有 837 家，荷兰有 222 家，法国有 196 家。但是在中国，六必居算是最古老的企业，它成立于 1538 年，其次，是成立于 1663 年的张小泉老字号剪刀。还有陈李济、广州同仁堂药业以及王老吉三家企业，在中国就只有这 5 家是超过 150 年历史的老店了。

美国《财富》杂志报道，美国中小企业平均寿命不到 7 年，大企业平均寿命不足 40 年。而中国，中小企业的平均寿命仅为 2. 5 年，集团企业的平均寿命仅 7—8 年。有关资料显示，我国注册登记的中小企业早就超过 1000 万家，占全部注册企业数的九成；中小企业工业总产值和实现利税分别占全国企业总数的 60% 和 40% 左右；尤其是中小企业提供了 75% 的城镇就业机会。近几年来，在全国每年出口总额中，中小企业占 60% 左右。应该说，中小企业已经成长壮大为我国经济的主要层面。但是能做强做大的企业为数并不多。大多数企业的生命周期是比较短的，“一年发家，二年发财，三年倒闭”是许多企业重复走着的老路。

为什么会出现企业本不先天具有创新本能冲动与创新能力，却又有一些企业（今天以世界 500 强为代表）成为创新的领军企业、核心力量这一现象呢？从根本上说，这是市场竞争的压力与创新一旦成功的垄断地位与超额利润共同作用的结果。

面对市场竞争的压力、创新一旦成功垄断地位与超额利润的诱惑力，有学者通过对“企业的生命要素”的专门研究，揭示出企业盛衰荣辱、生死存亡实际上取决于创新的主体性自觉与坚持的道理。研究的结论是：企业如果要成就百年基业，必须建立一个与自身发展能力相匹配的生命要素体系。“企业的生命要素”是什么？目前尚未达成共识，有代表性的观点主要有四个。（1）美国管理学家伊查克·爱迪思的“四个主要动力”的观点。即实现企业目标所需要的行动力、具有规范和程序支持的行政系统化与常规化行为、创新精神所需要的创造力和学习力以及整合所需要的团队关系。（2）荷兰皇家壳牌石油公司的前任战略专家、学习型组织创始人之一阿里德杰斯提出的“财务保守、宽容、凝聚力强和对环境敏感”是“经济型公司”与“生命型公司”的区别所在，是“生命型公司”必然的需要。（3）哈佛商学院著名教授耐特对160家公司的管理实践进行了认真的调查与分析，提出了“企业常青树”的“4+2法则”，即管理实践、文化和组织结构、人才与创新、领导力和兼并合作。（4）中国学者根据中国企业的特点提出的“中国企业生命的四要素”：扩张力、控制力、创新力和适应力。

企业怎样才能适应市场竞争的压力？怎样才能通过创新获得在行业中一个时期的垄断地位与超额利润？西门子公司独具特色的“福利+培训”的员工人事政策、始终坚持将传统产业与新技术结合的观点与做法，可能提供的启示是最具深刻性与普遍价值的。维尔纳·冯·西门子对惠斯登电报机进行了改进，于1847年制造出全球第一台指针式电报机，并创立了西门子公司。起初，西门子公司的名字叫作“西门子－哈尔斯克电报机制造公司”，只是一个10名员工的作坊式企业。今天，它已经有了150多年的发展历史。21世纪它仍然在信息通信、自动化与控制、电力、运输、医疗产品和照明六大领域处于世界发展的前沿水平。西门子公司的员工培训需求来自它经营战略的全球性。维尔纳·冯·西门子1890年退休时，公司拥有的员工总数已达到4500人，其中2000人是德国以外的雇员；1913年，西门子公司拥有员工82000多名，员工中约四分之一来自海外；今天，西门子在全世界190多个国家开展了业务，40%的员工在海外工作。西门子公司是西欧企业中探索用制度关心员工的先行企业，维尔纳·冯·西门子设立了工人疾病和生活保险基金，1858 年用企业利润设立了员工“奖金制度”，1872 年设立包括救助寡妇和孤儿在内的退休基金（比德国退休金立法早了 10 年）。在西门子人事政策中最有特色、最有成效的，首推它的培训。“全球出发，本地人手”是西门子培训的基本原则。西门子创建了国际通用的培训教程，但运用到不同的国家一定是结合具体国情再融入地方色彩。而且使用本地教员，根据当地的文化有针对性地设计训练项目，制定研讨方式和方便沟通交流。西门子公司的培训分为两大类：管理人员与技术工人。培训内容和方式手段真正体现了因材施教、分类培训的理念和原则。西门子公司注重对在职员工的培训，也很注重选拔与培养后备人才。比如，在北京成立的隶属于西门子管理学院的“高校联络处”，目前已与中国 20 所名牌大学的院系、教授与学生建立了密切的合作联系。

员工“福利 + 培训”的人事政策，既使西门子公司成为优秀人才就业的优先选择目标，也为企业实施创新发展战略提供了人才保证。据统计，西门子及其多数股权公司在全世界范围内享有的发明保护权共计 12 万项。早在 2000 年，西门子从事研发的人员就达 5.7 万人，占总雇员人数的 12.36%，其中从事软件研发的人员将近 3 万人。拥有优秀的科技人才队伍，不仅使公司“专业化精细开发产品”的战略顺利实施，如绞肉机、熨斗、卷发钳、家用吸尘器、电饭煲、洗衣机、电冰箱、加热器、恒温器、咖啡研磨机、风扇、电吹风和干手器等，这些改变人们生活方式的产品，都在 20 世纪头 30 年被西门子公司率先研制与生产出来，同时，还使西门子公司在医疗技术领域用不断超越自己的行动，不断推动新技术与传统产业的结合。第一次世界大战后，电子医疗设备就已经成为西门子的主要业务之一。而今天，西门子公司运用计算机与陶瓷补牙（嵌体和高嵌体）技术的结合，使自己处于世界领先水平。西门子公司还继传统 X 光机后研制出了现代 X 光设备，大大减少了辐射剂量。计算机断层扫描（CT）、磁共振成像，在这些医疗设备制造中西门子公司也处于当今世界领先水平。

三　创新的“国家队”自觉阶段

重商主义经济学提出了国家以关税为工具在世界经济竞争中的作用，后来，斯密提出了以企业为基础的“自由竞争”在经济发展中的作用，接着是凯恩斯认为国家依法的以政策工具的宏观调控在经济发展特别是反危机中的作用。中国共产党的十八大报告提出要正确处理政府与市场的关系，要发挥市场的基础作用，也要更好地发挥政府的作用。十八大所形成的认识，既吸收了世界现代化的历史经验，也反映了经济学界的共识性成果。无论是经济发展，还是实施创新驱动战略，都需要发挥市场的基础作用，也要更好地发挥政府的作用。

在实施创新驱动战略中发挥市场的基础作用、更好地发挥政府的作用，具体怎么做？首先是要组织以企业为主体的“实施创新驱动战略的国家队”。人们常说创新要以企业为主体，这个说法理论上讲没有错，可在现实生活中却存在“谁来率先把创新做起来”的难题。一个国家的企业数以万计甚至百万计，它们都能像万马奔腾同时争先恐后搞创新？事实证明，因为各种原因或条件这是不可能的。无论从世界、国家、区域、行业看，现实的企业总存在“创新领军企业”与“等待技术外溢企业”的区别。如果世界、国家、区域、行业能够更自觉地把这些“创新领军企业”挑选出来、组织起来并给予可能的支持，那么实施创新驱动战略的过程、量与质不就更好些吗？这应该看作是提出组织以企业为主体的“实施创新驱动战略的国家队”的依据。

以企业为主体的“实施创新驱动战略的国家队”，这在今天的世界经济版图上是一个客观存在，只是还缺乏从理论上加以全面概括、在实际工作中予以及时重视而已。创新虽然在理论上讲要以企业为主体，但是，政府在创新中也不是无所作为的。在选择与促成创新模式中，政府的作用就明显表现出来了。当产业还未形成或还处在萌芽状态，但政府将其列为国策的时候，模式为研发创业型；当政府希望摆脱对外依赖或希望能够拥有战略制高点的时候，模式为研发技术转移型；当产业已经有了相当的基础和规模，希望在某一战略性产品和技术领域产生突破的时候，模式为战略产品导向型；当企业希望发展下一代产品和技术，抢占战略制高点的时候，模式为政府计划导向型或市场导向型。

2012 年 12 月 10 日《中国科学报》发表了《科技举国体制推动日本科技创新》这篇文章。文章认为，在 20 世纪 70 年代日本政府就依靠法律手段形成了“科技举国体制”，使得日本不仅经济实力在世界上名列前茅，其以科技为代表的创新驱动发展的能力也是不能低估的。[①] 日本的这种“科技举国体制”机制的核心点在于通过出台《技术研究组合法》，帮助企业组织研发。企业依据该法设立具有法律地位，但不是企业法人的技术研究组合，从而可以像企业那样去投入技术研究。政府给予研究组合优惠的税收政策。这种“科技举国体制”拓展了日本的创新领域，推进了创新成果的大量涌现，在核发电能力、航空等领域的技术成果尤为突出。

世界 500 强企业，事实上代表着世界上各个国家的经济实力位次及其创新能力。世界 500 强，既是企业，又是国家实力的基础，并在一定意义上代表国家。回顾今天成功的世界 500 强企业的发展历史可以发现，其成功无不是企业的创新努力与本国政府、世界相关政府作用的结合。人们对日本、美国、德国等国家“发达”的认识，大多也是通过松下、通用、西门子等企业及品牌形成的。2013 年世界 500 强名单中，美国企业 132 家上榜，中国 95 家企业榜上有名，日本有 62 家企业入选，这正与当下世界各国经济实力大体吻合。所以，有人对世界 500 强进行了分布规律的研究，得出两个结论：一是世界 500 强的分布与国家经济实力成正比；二是世界 500 强的变化与产业结构调整趋向一致。

“创新国家队”概念，是由中国明确提出来的。2006 年 7 月 23 日科技部、国资委和中华全国总工会启动了首批创新企业试点工作。《经济观察报》报道说，国家电网公司等 15 家国有大型骨干企业、吉利汽车等 77 家民营科技企业等共 103 家企业入选。[②] 2012 年 12 月 24 日中科院党组书

---

① 参见王剑《科技举国体制推动日本科技创新》，《中国科学报》2012 年 12 月 10 日。

② 参见《科技部国务院国资委中华全国总工会联合命名首批“创新型企业”》，《江苏科技信息》2008 年第 7 期。

记、院长白春礼在接受记者采购时提出："中科院将着眼于'顶天立地'，致力重大创新突破，加强协同创新，加快成果转移转化，着力抢占科技经济制高点，在实施创新驱动发展战略中当好科技创新的国家队。"遴选出"创新国家队"的必要性就在于，让国家创新驱动战略有实施的市场主体。其意义是使国家对企业创新的支持走下"文件"层面而落到实处。

第二节 政策工具是国家引导创新发展的"第一抓手"

发挥国家及其政府在促进创新中的作用，"主渠道"还是利用国家及其政府掌握法律和政策制定与行使资源。当然，法律因其权威性、稳定性，是发挥国家及其政府在促进创新中的作用的优先选项。同时，也因法律权威性、稳定性，一个法律的制定过程复杂而漫长。所以，法律只能发挥促进创新的社会制度框架及其大环境作用。政策的出台与执行，比法律要简单些，但是，政府出台政策必须有法律依据。在促进创新中，法律的作用与政策作用常常是各发挥其优势，结合而行的。我国在促进创新中，也是按照世界通行的做法，将法律作用与政策作用结合，尤其是注重强化制度创新和知识产权保护。

一 法律法规对创新型发展的规范与支持效应

创新是一个民族的灵魂，也是一个企业生存发展的不竭动力。运用法律促进创新，具体主要是指为企业的自主创新创造所必需的法律环境。发挥法律在促进创新中的作用，虽然依托的是整个法律体系，但是对创新直接发挥支持与促进作用的法律主要有四个。

一是科技进步法。1993 年我国通过了第一部关于科技领域的基本性法律《中华人民共和国科学技术进步法》。之后，以这部法律为基础，又相继制定颁布了《科技成果转化法》《科学技术普及法》等一系列科技法律，为我国开展科技工作提供了法律依据和制度保障。据调查，至 21 世纪初，中国每年下达的重大专项课题过半是由企业牵头；国家科技攻关类型项目中，企业参与度达 90% 以上；全国已有 80% 的大中型企业与大学、科学机构建立了合作关系，共建各类技术开发基地；中小型科技企业的创新基金投入已达28亿元。

二是专利法。1984年3月，第六届全国人民代表大会常务委员会第四次会议通过了《中华人民共和国专利法》。其间，经过了1992年、2000年、2008年三次修订，足见国家重视专利制度对创新的促进作用。2008年12月27日第十一届全国人民代表大会常务委员会第六次会议对《中华人民共和国专利法》的第三次修正稿共8章76条。2001年6月15日中华人民共和国国务院令第306号公布了《〈中华人民共和国专利法实施细则〉的决定》，2010年1月9日国务院对“实施细则”又进行了修订。该法第1条明确指出，为了保护专利权人的合法权益，促进科学技术进步和经济社会发展而制定本法律。

三是反对不正当竞争法。1993年9月2日第八届全国人民代表大会常务委员会第三次会议通过了《中华人民共和国反不正当竞争法》。明确以“鼓励和保护公平竞争，制止不正当竞争行为，保护经营者和消费者的合法权益”为宗旨。《中华人民共和国反不正当竞争法》第十条把“商业秘密”作为维护市场正当竞争的内容，是有利于促进创新的。当然，该法由于产生于中国确定市场经济改革目标初期，“反不正当竞争”的着力点还是放在市场价格方面的。

四是反垄断法。2007年8月30日中华人民共和国第十届全国人民代表大会常务委员会第二十九次会议通过了《中华人民共和国反垄断法》。该法把垄断界定为“滥用市场支配地位”。反对利用市场支配地位，通过各种垄断协议排斥竞争。因为，没有必要的竞争压力，企业就没有创新的动力。促进科技进步发展导向、采取专利保护措施、反对不正当竞争特别是反垄断，这些法律制度的框架，就为市场参与主体提供了创新发展的持续性的竞争压力，也为创新提供了必需的法律条件。

目前，法律界人士提出，由于知识产权和反垄断在实际生活中出现交叉，给知识经济、反垄断提出了新问题。有学者指出，知识产权法和反垄断法均是近代市场经济发展的产物，是两大独立的法律体系。知识产权在本质上是完全的或者有一定限制的垄断的创造物，在性质上属于民事权利，以个人为本位，是私权，主要和直接保护私益；反垄断法主要是公法，是以社会责任为本位，并以社会利益的维护作为其价值追求。但是，通过“所有权绝对”和“意思自治”等基本原则又进一步强化了私权主体对个体利益追求的私法，必然会导致优胜劣汰，必然会进一步形成垄断。这就形成了知识产权和反垄断在生活中出现的交叉，给反垄断与保护知识产权之间造成了矛盾。[①] 有人提出了“知识产权滥用”的概念，提出了用利益平衡标准来判断知识产权必要保护与知识产权滥用的区别的观点。

二　政策对创新发展的引导效应

根据马克思主义的“国家观点”，国家是一个庞大的以社会公共面貌出现但又充满了意识形态偏向与政治工具本质的组织存在。在国家这个庞大的组织存在系统中，政府是最重要的组织机构，因为政府拥有对社会组织与个人依法的、使用政策手段的行政权力。

在推动与实施创新发展战略中，政府的政策引导也是直接的强大驱动力之一。运用财政支出与税收优惠政策、投资政策、产业政策、科技政策、创新激励政策、采购政策等政策工具，推动创新型发展，也是发达国家的成功经验。比如，为了支持对基础科学的创新性研究，在美国政府2012年的财政年度预算案中，专门提供了额外支持项目。奥巴马总统还提议将研究与试验税收减免提高约20%，以鼓励企业以不触犯公司利润的方式投资于美国的技术发展。政府还发起成立了教育高级研究项目署，在2012年财年预算案中提出，在未来10年招募10万名科学、技术、工程和数学类教师，并大力改善对教师的培训工作。又比如，在灵活运用投资政策中，发达国家总是把发展国有企业与放开民间投资作为两个“抓手”。一方面，由于国有企业承担经济的战略性、国策性运作，发达国家十分重视建立和经营国有企业，并以此作为政府干预、调节和推动经济发

---

① 参见吕明瑜《知识经济引发的反垄断法新问题探析》，《甘肃政法大学学报》2010年第1期。

展的政策工具。一旦不需要继续维持庞大的国有企业运转时，发达国家又会不断地扩大民间资本的行业准入，推进国有企业转制，将产权、经营管理权转让给民间资本。而且在转制过程中的任何领域，一定是首先对本国的民间资本开放，在此前提下才是向外国资本开放。

政府政策对创新发展的引导，始终是围绕增强企业的自主创新能力进行的。借鉴国外促进创新发展的经验，中国政府先后出台了各种引导、促进创新的政策。从总体上看，引导、促进创新的政策体系已经形成。主要的引导政策有以下几点。

第一，自主创新成果产业化政策。早在 2008 年 12 月 1 日国务院办公厅在〔2008〕128 号文件中，就发布了《关于促进自主创新成果产业化若干政策的通知》。《通知》指出，要提高企业的技术开发和工程化集成能力；要启动实施自主创新成果产业化专项工程；要切实落实促进自主创新成果产业化的税收扶持政策。

第二，企业技术创新政策。早在 1999 年 5 月，国务院办公厅就转发了国家科技部、财政部《关于科技型中小企业技术创新基金的暂行规定的通知》，即国办发〔1999〕47 号文件。文件要求设立科技型中小企业技术创新基金，突出引导基金股权管理的“公共政策特性”。文件强调，设立创新基金的目的在于通过对中小企业技术创新项目的支持，增强其创新能力。2006 年 7 月，科技部、财政部印发了《国家科技支撑计划管理暂行办法》的通知，即国科发计字〔2006〕331 号文件。文件对企业承担或参与项目和课题的条件作了规定。明确指出，要以重大公益技术及产业共性技术研究开发与应用示范为重点，着力解决全局性、跨行业、跨地区的重大技术问题，着力攻克一批关键技术，为我国经济社会协调发展提供强大的产业竞争力支撑。

第三，“火炬计划、星火计划”、各种专项资金及基金等形式，推动创新发展局面的深入展开。火炬计划项目是从国家级和地方级（省、自治区、直辖市、计划单列市）两个层面进行立项和管理。旨在优先支持高新技术产业开发区、火炬计划产业基地、火炬计划重点高新技术企业、科技型中小企业积极开展创新发展；旨在鼓励科研院所、高等院校同企业结合，共同承担国家级火炬计划项目。星火计划旨在推动农村科技进步和提高农村劳动者素质，不仅增加地方财政收入和农民收入，更在促进农业现代化的发展过程。实践表明，这些都是推动我国创新发展局面深入展开的有效形式。

第四，金融支持创新的政策。早在2006年2月26日国务院就发布了《实施〈国家中长期科学和技术发展规划纲要（2006—2020年）〉的若干配套政策》的文件，这是国家推动金融支持创新影响较大的政策。《配套政策》名副其实，制定出台了十个方面的配套政策。其中就有七条是支持科技自主创新的金融政策，这是该文件的一大亮点。文件不仅提出支持创新的若干政策，而且建构了金融支持创新的金融组织体系。文件明确规定了国家政策性银行对支持企业创新的各项职能，如国家开发银行要在国务院批准的软贷款的规模范围之内，专门向企业的高新技术企业提供特别贷款和发放软贷款，专门用于高科技创新企业项目的参股投资；如国家进出口银行为此设计了特别投资账户，在政策允许范围内为高新技术企业所需要的核心关键技术设备的进口提供资金支持；如中国农业银行要专门对农业的高新科技成果的转化和产业化提供特别政策性支持的金融扶持。文件还特别强调指出，政府要综合利用多种手段，如基金、利息及其担保等方式，积极引导和主导各类商业金融机构来特别支持企业自主创新与产业化。积极支持和引导社会资本及其社会资金建立各种中小企业信用担保机构，通过社会资本和社会资金建立多层级创新风险担保机制来弥补企业自身创新资金的不足。通过《配套政策》我们看到，政府在为营造激励自主创新的环境，推动企业成为技术创新的主体而积极努力。

三　法律与政策完善和创新发展能力的提高

中国比西方发达国家的现代化在时间的“起跑线”上落后了上百年，中华人民共和国成立后一心一意搞现代化并以市场经济体制为改革目标，迄今不过二三十年的历史。无论是现代化还是创新驱动，中国都是属于“赶超型”。所以，改革开放特别是确立以市场经济体制为改革目标以来，尽管我们在构建有利于创新驱动的法律、政策体系方面做出了不懈努力，并已经取得了重要成效，但是，我们的法律与政策的完善空间仍然很大。

由此，我们必须在法律与政策完善上努力，只有这样，才能使以企业创新能力为主要内容的创新发展能力才不断得到提高。

目前，学术界已经关注到的法律与政策完善的主要内容是如下方面。

第一，制定科技进步法，为国家长期实施创新驱动战略提供更有利的法律支持。我国现行的专利法律体系不断完善，既反映了我们根据创新实践的需要完善法律的努力，也代表了我们完善法律的成功。目前已经形成了以专利法为主干，以专利法实施细则与专利审查指南等法规、规章以及规范性文件为辅助的法律体系，这一法律体系成为我国经济平稳发展、自主创新能力不断提升的重要推动力。专利法的修改及取得的主要成绩集中体现在：保护水平向国际标准靠拢，使得专利权保护原则上适用于所有技术领域；延长了专利权保护的期限；聚焦于深化改革，激发创造，调动全社会的创造活力，特别是激发作为创新主体的企业将其创造成果知识产权化，手握专利利器，在国际竞争中取得更多的话语权；实施知识产权战略，建设创新型国家，以进一步推动我国自主创新和经济健康可持续发展。

第二，把政府采购政策从“认定”转移到“认证”。邓宛君、张焕兆（中国科技发展战略研究院综合发展研究所）认为，所谓的政府首购就是政府或采购人专门针对国内院校科研机构及其企业所开发的并不具有一般市场竞争力但是符合国民经济发展要求并代表先进科技生产力的首次投放市场的创新产品，通过政府采购的方式来支持该创新产品的行为。政府首购是美、韩等许多发达国家扶持高新技术产品发展的惯用制度。对此，我们可以积极吸收和借鉴，建立符合国际规则及其准则的政府采购创新技术认证标准，主要是通过技术认证而不是技术认定制度来表明政府对技术创新产品的支持态度。认证制度既不能规定只面向本国企业，又要通过将产品种类尽量细分实现对本国产业的有效保护。

第三，法律与政策要着眼于创新资源的动员与结合力进行。不少学者认为，中国与日本历史上有诸多相似之处，日本之所以能够跻身于世界发达国家之列，其培育与发挥创新资源的动员与结合力的经验，是值得中国借鉴的。日本官产学结合、动员社会资源的能力很强。比如，在 2000 年后，日本政府通过颁布《大学技术转移法》《产业竞争力强化法》，引发了日本的国立科研机构和大学的改革。其主要成效是：国立科研机构从政府的公务员系列独立出来，获得了一种新创设的法律地位，使他们在财务上和资产上的处置更加灵活方便。而大学和企业的关系，则因这些法律实现了更加紧密的结合。结合的内容多样，结合的形式多种。比如，企业的科研人员再也不局限于在企业工作，可以到大学教书，而且可以有正式的教授岗位，也可以担任“特任教授”。

第三节　国家的创新驱动发展体制的主要结构分析

目前，评判创新型国家的标准主要是三个：研发投入占 GDP 的比重要达到 2.5%；技术的对外依存度要低于 30%；科技创新对经济发展的贡献率要高于 60%。根据这些标准，应该说中国距离创新型国家的目标还比较远。2015 年我国研发经费投入占 GDP 比重为 2.1%，没有实现“十二五”期间达到 2.2% 的目标。这表明我国整体科技投入和经济发展规模不匹配。科技进步贡献率虽然增加到 55.1%，但是技术对外依存度仍然很高，如中国数控机床的高档数控系统和功能部件以及高性能集成电路仍然主要依靠进口。

一　创新理念的强化

发展理念是发展行动的先导。十一届三中全会后，邓小平同志提出了“科学技术是第一生产力”的著名观点。党的十六大上江泽民同志提出：“创新是一个民族进步的灵魂，是一个国家兴旺发达的不竭动力，也是一个政党永葆生机的源泉。”[①] 党的十六大以后，胡锦涛同志强调：“创新已经成为经济社会发展的主要驱动力”，要把“提高自主创新能力，建设创新型国家”视为“国家发展战略的核心”和“提高综合国力的关键”[②]。党的十八大提出实施驱动发展战略。十八大以来，习近平总书记围绕科技

---

① 《江泽民文选》第 3 卷，人民出版社 2006 年版，第 537 页。

② 转引自施芝鸿《引领全局的发展理念》，《党史文苑》2016 年第 1 期。

创新发表了一系列重要讲话。其讲话的核心就是强调，要加快创新型国家建设步伐。在创新发展中，加快形成促进创新的体制架构，为新常态下激发新的发展动力提供制度保障。党的十八届五中全会明确指出“创新是引领发展的第一动力”。

实践表明，从国家层面不断强化创新理念的过程，是促进全民普遍意识与行动过程的有效方式。

我们在前面分析了日本在第二次世界大战的废墟中再度崛起的历史，说明了国家作用和创新成为全民行动的重要性。今天，中国提出了“建设创新型国家”战略，这可以看作是中华民族创新驱动战略发展阶段的一个质变的“关节点”，即里程碑。自从实施“建设创新型国家”战略后，中国人的创新意识普遍得到了强化，创新行动日益成为全民行动。中央电视台的“我爱发明”栏目，介绍了许多感人的普通老百姓创新成功的例子，小到加工豆芽、豆腐的机器，大到高科技水压切割技术，各种发明反映了中国人创新意识与行动的普遍增强，无疑这是在国家倡导“建设创新型国家”战略后才发生的事情。

二　创新平台的构建

什么是国家创新技术平台？中国国家科技部的“十二五”规划的定位是：技术创新服务平台是技术创新工程的三大载体之一，是引导社会公共服务资源向企业集聚，建立产学研机制，构建面向企业技术创新的公共平台。

用好国家创新技术平台，是改善一个国家的科研条件、提高科研水平的载体。人们常说“发达国家的科研条件好”，好在什么地方？就是以各种实验室、研究中心为载体的研究设备与队伍的积累与聚集。中国的北京正负电子对撞机、大型计算机系统，都是对提高中国创新能力发挥了重大作用的国家创新平台。

1984 年 10 月 7 日在邓小平等领导的关心支持下，北京正负电子对撞机工程正式开始建设，1990 年开始运行，2006 年 9 月北京正负电子对撞机又进行了重大改造工程。北京正负电子对撞机的建成和高效运行，不仅使中国高能物理研究跻身于世界八大高能物理研究中心之一，而且还带动了相关产业的发展，使中国的机械、电子产品的一些关键零部件的研发、生产采用了在世界上有原创性的方法。

中国的计算机系统，从 1993 年每秒突破 1 亿次的“银河 1 号”、到 2009 年每秒突破千亿次的“天河一号”，对中国国家创新能力的提高作用更显著。在现代科学发展中，计算已经成为与理论和实验并行的第三大引擎。国家超级计算天津中心主任刘光明曾经很骄傲地说，“天河一号”是一个开放的平台。将在资源勘探、生物医药研究、航空航天装备研制、金融工程、新材料开发等方面得到广泛应用。在 2014 年 11 月 17 日公布的全球超级计算机 500 强榜单中，中国的“天河二号”以比第二名美国“泰坦”快近一倍的速度连续第四次获得排名第一位。2015 年 11 月 16 日全球超级计算机 500 强榜单再次公布，“天河二号”超级计算机以每秒 33.86 千万亿次的成绩连续第六度称雄。当我们还沉浸在这一喜悦之中时，新一期全球超级计算机 500 强榜单于 2016 年 6 月 20 日公布，“神威太湖之光”取代“天河二号”登上榜首！据国际 TOP500 组织当天发布的榜单，“神威太湖之光”的浮点运算速度为每秒 9.3 亿亿次，不仅速度比第二名“天河二号”快出近两倍，其效率也提高 3 倍。值得我们关注和骄傲的是，“神威太湖之光”使用的是中国自主知识产权的芯片，而“天河二号”使用的是英特尔芯片。这足以证明中国的计算机系统创新平台建设速度之快，效果之好。紧接着，2016 年 12 月 15 日，我国目前在海洋领域速度最快的超级计算机正式宣布启用，这一计算机由浪潮集团为青岛海洋国家实验室设计构建，性能达每秒千万亿次。同时，海洋国家实验室还将规划建设 E 级超级计算机（即百亿亿次超算，性能 8 倍于目前全球最快的神威太湖之光），将服务于透明海洋、蓝色生命、深海极地、海洋装备等海洋研究与发展计划。[①]

2012 年 9 月 12 日中共中央、国务院印发了《加快建设中国特色创新

---

① 参见《海洋国家实验室超级计算机正式启用：性能达每秒千万亿次》，《新浪科技》2016 年 12 月 16 日。

体系建设的意见》。《意见》要求，国家创新平台作用要与国家自主创新示范区、国家高新技术产业开发区、国家高技术产业基地等结合起来，充分发挥。2015 年 3 月 23 日《中共中央国务院关于深化体制机制改革加快实施创新驱动发展战略的若干意见》（中发〔2015〕8 号，以下简称《意见》）发布。《意见》对于加快建设以企业为主体的产学研机制，加快构建面向企业技术创新的公共平台建设有更加系统和明确的要求及政策支持。这表明，在创新驱动实践中，我们的认识在不断深化，措施也在不断跟上来。

从国际上看，构建国家创新平台，促进创新能力提高也是一个成功的做法。日本在这方面有一贯的、成熟的经验。日本工业技术院，就是日本的一个国家创新技术平台。日本工业技术院，原名日本工业技术院电子技术综合研究所，创办于 1891 年，它的前身是邮政省的电气试验所。成立一百多年来，机构、功能几经变化，但是其在日本经济发展中的国家级技术支持平台作用是一贯的。1994 年，日本工业技术院又建立了超前研究体制，以适应日本从模仿到创新的技术战略。

三 解决创新链条的联结与“瓶颈”问题

国家创新活动显然是一个十分复杂的过程，这个过程也可以说是一个“创新链条”。这个创新链条如表 1—1 所示。

表 1—1 创新链条的五个环节

	基础研究	应用研究	中试	商品化	商业化
任务	设想→原理	原理→应用技术	应用技术→生产技术	生产技术→试销商品	试销商品→热销商品
性质	技术过程	技术过程	技术过程	技术与市场的结合	市场扩展
关键要素	科研设施，科研人员	科研设施，科研人员	科研设施，科研人员，工程人员，资本	市场经营人员，科研人员，工程人员，资本	市场经营人员，工程人员，资本

续表

	基础研究	应用研究	中试	商品化	商业化
参考者	科研机构	科研机构为主，企业参与	科研机构与企业共同参与	企业为主，科研机构参与	企业

来源：作者整理。

表1—1说明，从原始创新到产业化是一个环环相扣的完整链条，也是一个研究机构和企业共同参与的复杂过程。在从科研机构向企业传递的演化过程中，大体上要经历应用研究、中试、商品化这三个环节，这也是技术转化的关键环节。科研机构在应用研究环节起主导作用，但企业的参与是技术转化必需的前提和基础；科研机构在中试环节也是主要力量，但企业的参与是加快技术应用步伐的必要条件；企业在商品化环节发挥主体作用，无论是整合技术、人才、资金等创新要素以及开发市场的经营活动，都是企业主体主导作用的充分体现。

国务院发展研究中心袁东明、马骏、王怀宇等著文认为，以“应用研究、中试、商品化”这三个环节来审视目前中国的创新链条，是存在“瓶颈”问题的。表现为：应用研究脱离市场需求；中试力量薄弱；重大技术商品化缺乏吸引力。①

归纳起来讲，国家在用改革的办法打破创新链条“瓶颈”中可以、应当发挥应有作用。具体来说，可以在以下三个方面改革创新。

第一，创新技术管理指导思想。技术管理制度的出发点是促进技术转化。但是目前技术管理中存在着比较严重的教条和僵化的倾向。比如技术资产的处置就需要主管部门、财政部门层层审批，不仅程序繁多，而且周期长。其实这些表现的背后是管理理念的问题。只有解决了理念问题，创新了技术管理指导思想，技术资产及其成果才能在应用中产生其应有的价值，发挥出真正的作用。

---

① 参见袁东明、马骏、王怀宇《着力解决我国创新链中的重大瓶颈问题》，《中国发展观察》2014年第12期。

第二，建立市场导向的项目管理制度。我们目前项目管理制度中亟待解决的问题是项目设立机制不合理，不能真实反映市场需求。而市场导向的项目管理制度的建立，可以考虑由行业协会或商会在征求成员企业意见的基础上，根据其技术需求提出与确定项目，按照技术需求来开展产学研合作，政府资助科研项目的开展。与之相应的是需要建立一批市场导向的应用技术研发机构。同时，鼓励科研人员面向市场创新创业，将成果转化工作列入职称评定、职业发展、学术成就以及荣誉认定等重要方面。

第三，集中财政资金设立一批专业性中试平台。设立专门的中试资金引导基金平台就是要特别吸引社会资本参与投资基金建设，形成社会资本创新风险收益共担分享机制，以便促进企业技术创新中试环节投资主体的多元化和社会化。这种中试基金投资平台必须设立在产业创新的领先地区，如高新技术产业开发区和创新产业技术集群地区，其资金来源可以是多元投资主体，如中央与地方共担，同时还特别需要高等院校科研院所和企业参与自筹资金投入。此外，专业性中试平台除了建立和建设必要的创新技术设备之外，大力培养一批懂技术、装备、工艺及其标准的专业性人才更是当务之急。

第二章

生产力梯度结构与区域创新驱动发展体制

如何把“国家作为创新‘第一主体’”的作用加以“落地”，这是一个理论问题，更是一个实践问题。在现实生活我们看到的是因创新能力强而经济发展水平领先的区域，事实上承载着国家创新与发展的重任。美国、日本等国家之所以发达，就因为美国存在华盛顿州、得克萨斯州等“经济最好5州”，日本则在东京地区聚集了全国企业的11%和经济总量的40%的经济实力。中国的珠三角、长三角地区和京津冀地区既是经济重心，也是创新“龙头”地区。所以，实施创新驱动发展战略，用科技这一强大的推动力来促进产业创新和区域发展，这是历史证明的成功经验，更是现实的迫切需要！尤其是我国全面建成小康社会已经进入决胜阶段，如此情况下，创新要素在一定区域内聚集、整合以及推动持续创新的基本能力，就是提升区域竞争力、实现区域协调发展的区域创新能力，也是作为国家创新能力在区域层次上的具体实现。由于我国区域发展的不均衡，创新在经济发展中的作用有所差异，这一差异与区域生产力发展水平、经济发展阶段、科技资源和创新能力密切相关。因此区域创新驱动发展体制不是国家创新驱动发展体制的简单缩影，而是创新的区域化。区域创新体制的培育和发展过程实质上是一个在生产力梯度结构的前提下，各地寻找创新空间和特色的过程。我们在前面第一章中重点思考了“为什么增强我国创新驱动发展的动力机制研究的制度框架，要以国家为逻辑起点”这一问题，那么，在这一章节中，我们将进一步围绕“区域何以成为国家创新发展的实践起点”这一问题，研究生产力梯度结构的不同与区域创新驱动发展体制之间的关系；研究根据国家创新驱动发展体制的总体目标和要求，区域创新驱动发展体制如何立足于区域实际，形成各具特色的创新发展模式等重大问题。

第一节 区域是国家创新发展的实践起点

由于创新驱动发展涉及经济社会各方面，需要以多维度的视角去进行思考研究。仅从创新驱动发展的空间范围看，既要在国家层面建设国家创新体系，也要在区域层面建设区域创新体系；既发生在高技术密集区，也发生在传统产业聚集区；等等。总之，区域创新体系是国家创新体系的重要组成部分，是国家创新体系建设的基础性工作。加快区域创新体系建设，是系统推进国家创新体系建设的必然要求。因此，区域是国家创新驱动发展的实践起点，是国家调整区域创新版图，实施经济可持续发展战略的核心和重要任务。

一 非均衡发展现实与区域的创新驱动发展

从根本的意义上讲，生产力梯度结构与区域创新驱动发展体制之间有着内在的紧密联系。我国幅员辽阔，各地在自然资源、历史原因、人力资本、产业基础以及文化环境等方面存在着差异，决定了不同地区有着不同的创新因素，由此造成区域创新体系的不同。只有把区域是国家创新发展实践起点的理论认识切实转变为各有差异特色、具体的创新类型、创新方式、创新体制和政策等，才能使富有生机活力的区域创新发展形成现实的强大的合力动力。

当前，非均衡发展现实对区域实施创新驱动发展提出了迫切的要求。区域协调发展，直接关系全面建成小康社会奋斗目标的实现。必须承认，在中国经济获得蓬勃发展的同时，各地区由于基础条件不同，改革开放以后享受到的国家政策也不同，地区发展存在不均衡状况，差距日益明显。尤其是区域参与全球经济的有限性扩大了区域差距、加剧了“二元”矛盾。我们党历来重视区域协调发展的问题，提出了一系列促进区域协调发展的重大战略并取得了显著的成效。但是我国城乡二元经济结构还没有得到根本性的改变，地区差距扩大的趋势尚未根本性扭转。仅以 2014 年为例，全国 GDP 为 63.6 万亿元，五大城市群的 GDP 总和占据了半壁江山，西部地区入围五大城市群的仅有成渝城市群，且只有 3.7 万亿，占全国 6%。

如何更加有效解决区域间的发展不平衡问题？对此，党的十八大作出重大部署，丝绸之路经济带、21 世纪海上丝绸之路、京津冀协同发展战略、长江经济带等融合东中西部的新区域战略陆续出台。党的十八届五中全会强调，要加快构建要素有序自由流动、主体功能约束有效、基本公共服务均等、资源环境可承载的区域协调发展新格局。这些重大发展思路和发展举措表明，新时期的区域发展战略，将更加注重解决发展中不平衡、不协调、不可持续问题，把调整比例、补齐短板、优化结构作为重大而紧迫的任务来抓，促进东中西统筹、南北方协调的联动发展，加快缩小区域发展的差距，其中包括构建跨区域大交通大流通，来推动区域经济社会的交融发展，推动产业有序转移和承接等。而所有这些战略举措，都和创新驱动紧密相关。可以说，没有创新驱动的真正实施，就没有区域协调有效发展。因此，正是中国目前地区间的非均衡发展现实，迫切需要加快实施区域的创新驱动发展战略。

创新是引领发展的第一动力，创新驱动是引领区域发展的巨大引擎。因此，区域创新能力是区域获取竞争力的决定性因素，是引领区域发展的巨大引擎。虽然目前西部大开发、东北振兴等战略的实施，取得了一定的成效，但是按照 2020 年，我国要实现全面小康目标的要求看，地区间发展的不均衡状况，显然是影响战略目标实现的极大障碍。在这种非均衡发展现实中，包含着区域间创新能力极不均衡的问题。早在 2002 年，我国西部地区和中部地区的人均 GDP 相对于东部地区的比重分别为 40.6% 和 52.6%，而人均研究与开发经费支出的相对比重就仅为 37.3% 和 26.8%，专利授权的相对比重为 20.4% 和 36.2%。区域之间的信息化发展也不平衡，以全国平均数为 100，东部、中部、西部互联网普及率之比为

197∶45∶32。[①] 既然一个地区的科技创新能力必然决定该地区经济持续增长的能力，这就意味着，要解决地区之间的非均衡发展，必须加大区域创新驱动的力度，依靠科技进步和创新来提供强大的动力和支撑。

当然，在经济文化发展相对落后的地区，其创新活动面临着市场信息匮乏、知识和技能不足、制度体系不完善、基础设施落后、金融服务欠缺等特殊挑战，这就更加需要区域创新体系为其提供支撑和保障。为构建一个提高科技创新能力和综合竞争力的区域创新体系，政府需要从提供有益于创新驱动的制度框架，消除创新驱动面临的特有障碍，提高区域创新提供的效率与扩散范围以及提升贫困群体的发展能力等方面入手来解决。近年来，科技部门开展了西部大开发科技专项行动、东北等老工业基地传统产业振兴行动、技术创新工程区域试点工作以及制造业信息化、农业信息化科技工程等，在加快区域创新体系建设、提高区域科技创新能力、促进地区协调发展等方面，已经取得了良好的成效。

二　资源与产业基础差异与区域的创新驱动

目前，我国区域创新驱动发展总体来看势头比较好，但是存在的问题也比较突出，比如规划内容趋同、重政府轻市场，尤其是如何真正解决“一次性的 GDP”仍然是不容忽视的问题。为此，在依托资源优势、立足产业基础、实施创新驱动战略的过程中，要加快形成有效的实施机制，就需要着重解决以下问题。

第一，实施区域创新驱动发展战略必须加快形成引领经济发展新常态的体制机制和发展方式。从 2014 年上半年习近平总书记两次提到“新常态”的概念。到 2015 年 8 月 21 日中共中央召开党外人士座谈会征求关于制定“十三五”规划的建议的意见时，习近平总书记再次强调指出：“‘十三五’时期，我国发展面临许多新情况新问题，最主要的就是经济发展进入新常态。”[②] 为什么如此强调新常态？因为经过 30 多年高速发

---

① 参见李学勇《区域创新：一个具有全局意义的重大命题》，《求是》2004 年第 2 期。

② 《为“十三五”经济社会发展指路领航》，《经济日报》2015 年 11 月 4 日。

展，中国经济像是一个巨人。但是主客观条件也发生了巨大的变化。这些变化集中地反映在“新常态”的内涵里。所谓新常态，就是指我国经济发展出现了三大特点：速度变化、结构优化、动力转换。这就意味着谋转型、促升级是必然的选择。新常态的核心要义在于一句话：必须打造中国经济升级版！

为此，加快形成引领经济发展新常态的体制机制和发展方式，遵循发展方式演进的发展规律，创新宏观调控思路和方式，培育经济发展的内生动力、持久动力，就是创新驱动的要求和路径。比如，要加快形成保持中高速增长与产业迈向中高端水平相匹配的调控机制；要形成有利于实施“互联网+”行动计划、构建产业新体系、培育一批战略性产业、推动建立绿色低碳循环发展产业体系等促进经济结构柔性化的科学机制；要深入实施创新驱动发展战略，发挥科技创新在全面创新中引领作用的发展动力机制；要激发万众创业、大众创新，人人参与、人人尽力、人人享有，让人的能力充分迸发涌流的体制机制和发展方式，等等。

第二，实施区域创新驱动发展战略必须制定实施彰显区域特色的管理和发展政策。彰显区域特色，是实事求是从实际出发、因地制宜的要求。实践反复证明，经济发展、产业布局和结构只有与当地的资源禀赋、自然条件、人文环境等相适应，创新驱动发展才是有基础的，才能可持续。为优化空间结构，规范空间开发秩序，提升我国区域发展战略，党的十六届五中全会要求要“明确不同区域的功能定位，并制定相应的政策和评价指标，逐步形成各具特色的区域发展格局”。在2010年年底国务院印发的《全国主体功能区规划》中，提出了国土空间开发的新理念和新原则，明确了分类管理的区域政策和各有侧重的绩效考核评价办法，这标志着中国第一个国土空间开发规划的诞生，也标志着主体功能区战略的正式形成。这对遏制日益严重的环境污染与生态破坏、合理利用有限资源、推动发展方式转型、促进我国经济社会可持续发展，无疑具有十分重要的作用。

主体功能区战略的实施，有力地促进了区域协调发展。在促进区域协调发展的过程中，各地各部门也更加注重从实际出发，因地制宜地推进产业结构优化升级和产业转移。2014年5月，呼和浩特云计算产业基地开工建设，中国电信、中国移动、中国联通三大“巨头”分别投资百亿元在内蒙古打造云计算数据中心。以“羊煤土气”等传统能源产业为经济支撑的内蒙古，如今已跻身包括北京、浙江、广东等经济发达省份在内的大型云计算基地之列。“大型云计算数据中心适合建立在能源丰富、电力充足、气候寒冷、地质稳定的地区。在这几点上，内蒙古地区在全国范围内有不可比拟的优势。”有关专家表示，云计算与内蒙古的结合是一次产业与资源优势互补的共赢之举，是从实际出发实现区域创新驱动发展的具体体现。

实践充分证明，主体功能区划的意义不仅有利于扭转生态环境恶化趋势，促进资源节约和环境保护，有利于引导人口分布、经济布局与资源环境承载能力相适应，促进经济、人口、资源环境协调发展，还有利于打破行政区划分割，制定实施更有针对性的区域管理和发展政策。所以在《十三五发展规划建议》中提出了进一步加快建设主体功能区的若干要求。在这众多要求中，基于主体功能区的各项政策落实到位，建立健全激励和约束并举的机制是关键。其实早在2010年年底，《全国主体功能区规划》就提出了“9+1”的政策组合，“9”即财政政策、投资政策、产业政策、土地政策、农业政策、人口政策、民族政策、环境政策、应对气候变化政策，“1”即绩效考核评价这个指挥棒。随着“十三五”规划的实施，盘点“十二五”的“9+1”政策组合，使之成为细化的实施方案是当务之急。因此，加快完善区域政策，进一步提高政策的精准性和有效性，这是“十三五”规划实施中必须高度重视的。

第三，实施区域创新驱动发展战略必须加快形成适应市场机制要求的宏观管理体制和机制。党的十八届五中全会提出了“创新是引领发展的第一动力”的重大论断，要求把创新落到形成更具竞争力的产业优势上。因此，发展更具竞争力的优势特色产业集群，是加快区域创新体系建设的重要内容。从政府促进产业发展的角度看，政府的推动作用主要体现在把创新作为发展的根本动力，不断创新发展观念和思路，加快形成适应市场机制要求的宏观管理体制和机制，为加快更具竞争力的优势特色产业集群的形成和发展提供体制和机制保障。

比如经济规律表明，产业结构是决定区域经济盛衰的主要因素。如果地区要保持持续发展的势头，地区产业结构必须优化，由处于成长阶段的朝阳产业组成；反之，地区产业结构不合理，区域经济增长就会出现缓慢甚至倒退的现象。同时，根据产业梯度转移理论，包括新产品、新技术和新的管理方法在内的创新活动大多都从高梯度地区开始，然后按顺序逐步由高梯度地区向低梯度地区转移。由于产业发展需要组织体系，因此如何把握产业转移的时间节点，如何处理好产业转移的空间临近点，这就需要企业、市场和政府的通力合作，尤其是政府以制度创新和环境建设为重点的宏观调控体系、组织功能的发挥和强有力的推动。区域一旦形成企业、市场、政府联动迸发的合力，产业转移的成效就会十分显著。这就是把握产业发展的客观规律与实施区域创新驱动内在关联度的具体体现，是加快区域创新体系建设以促使产业集群形成和发展的具体体现。

实施区域创新驱动发展战略必须加快形成适应市场机制要求的宏观管理体制和机制，还要求重点在若干具有本土特色、研发优势、产业基础的领域有所突破。以差异化、独占性的战略性新兴产业的科技成果为牵引，形成以“高端人才 + 研发成果 + 项目支撑 + 产业集群”为一体的区域创新驱动制高点。实践表明，这是实现区域创新发展的有效路径。例如，依托先天的资源优势，在内生性民间资本积累的推动下，以自主创新为驱动，丰富产业链条，实现内涵式发展，这是资源驱动的创新型产业集群的成长路径，它打破了传统资源型产业集群单一的产业结构和简单的供应链形式瓶颈，探索了一条资源型企业发展与资源的可持续利用的新路径。内蒙古自治区包头稀土高新区就是成功的例子。

内蒙古自治区包头市盛产影响现代高科技产业和国际竞争的重要资源——稀土。由于稀土在内蒙古自治区经济发展战略中处于重要地位，是内蒙古和包头市“十二五”期间重点发展的优势主导产业，并被列入“十二五”期间内蒙古自治区沿黄沿线经济带重点发展的战略性新兴产业。为促进稀土产业发展，包头稀土高新区近年来先后建成了国家稀土产品质量监督检验中心、稀土信息中心、中国稀土知识产权网、稀土学院，并打造了中国包头·稀土产业发展论坛。特别是2008年，规划建设了稀土应用产业园，成为包头稀土高新区做大做强稀土产业的重要平台。通过一系列举措，目前包头稀土高新区已聚集稀土企业80多家，形成了稀土原材料—稀土新材料—稀土终端应用产品相互支撑的产业链，具备了产业集聚、技术研发、人才保障、检验检测等配套完善的产业格局。园区稀土产业呈现出明显的集群效应：一是形成以包钢稀土、瑞鑫金属、天骄清美为代表的行业龙头企业集聚效应；二是形成法国罗地亚、日本昭和电工、日本清美化学、日本三德以及宁波韵升、天津天和、河北新奥、鑫普能源等国内外知名稀土企业投资集聚效应；三是形成稀土永磁、储氢和抛光三大稀土材料企业集聚效应。稀土高新区2015年实现地区生产总值387.37亿元，完成公共财政预算收入46.76亿元，完成技工贸总收入1104亿元，是内蒙古自治区首个企业总收入突破千亿元的开发区。构筑起“稀土人才、研发、出口和生产基地”一体化稀土产业集群的这一成功模式，就是适应市场机制要求的宏观管理体制和机制发挥作用培育发展新动力的结果。包头稀土高新区也先后被科技部批准为包头国家稀土新材料高新技术产业化基地，被工信部批准为全国首批国家新型工业化产业示范基地有色金属（稀土新材料）基地。2016年，在由商务部国际商报社、内蒙古自治区商务厅、投促会——中国开发区综合服务平台共同主办的“2016中国开发区竞争力研究报告发布会”上，包头稀土高新区荣获了由商务部国际商报社和投促会开发区研究院联合颁发的“最佳竞争力奖”。①

三 市场的空间传递差异与区域的创新驱动发展

区域的空间结构是区域经济的一种重要结构，它是区域经济客体在空间中的相互联系和作用而形成的空间组织形式，是区域创新驱动实施的载体和平台。分析中国省级区域经济增长集聚及其影响因素会看到，由于产业基础、工业化水平不一、城市化发展不均衡等，造成经济增长具有明显的空间依赖性。如何顺应经济发展的规律，统筹整合各类要素资源，把有限的资源要素在空间上向区位条件较好、比较优势明显的区域集聚，尽快

① 参见《包头高新区获评“最佳竞争力奖”》，《包头日报》2016年12月12日。

产生集聚效应，形成规模优势，这是区域实施创新驱动发展战略的目标价值追求。为此，要重视以下三个方面的工作。

第一，高度重视城乡协调发展的机制建设。城乡差异是区域的主要差距，必须打破城乡二元结构，健全城乡发展一体化体制机制，推动城乡协调发展。要按照城乡统筹发展进行区域规划，按照城乡发展一体、公共服务一体、产业发展与城镇拓展一体，并按经济发展与环境保护和谐统一的原则规划发展，推进以人为核心的新型城镇化建设。实践已经证明，“产业跟着功能走，人口跟着产业走”的集聚式发展之路是成功之路。同时，实践还证明，深化户籍制度改革，实施居住证制度，健全财政转移支付同农业转移人口市民化挂钩机制，维护进城落户农民土地承包权、宅基地使用权、集体收益分配权，更是城乡协调发展机制建设的重要内容和当务之急。同时，农民市民化的政策创新、促进城乡资源对进或双向均衡流动的政策创新、进一步发挥中心镇在城乡一体化中作用的政策创新、公共服务集约性模式的摸索创造等，也是城乡协调发展机制建设的重要内容和当务之急。

第二，高度重视市场的发育程度。市场发育程度的差距是区域经济的现实差距。市场的发育程度决定了区域的创新能力。区域经济发展所具有的空间依赖性，集中地表现在市场的空间传递差异上。当然这里说的市场发育不是简单地指产品市场的发育，在更大程度上是技术市场的发育。一个地区技术市场的发育程度高，从而这些地区的创新能力自然就强得多，因为它能较快地吸引创新要素的集聚。

2015 年 3 月 23 日新华社发布《中共中央国务院关于深化体制机制改革加快实施创新驱动发展战略的若干意见》（中发〔2015〕8 号，以下简称《意见》）。《意见》全文 9 章 30 条，其中第三章专门讲建立技术创新市场导向机制问题。《意见》强调：“加快实施创新驱动发展战略，就是要使市场在资源配置中起决定性作用和更好发挥政府作用。”① 可见，创新驱动的核心问题与经济体制改革的核心问题是完全一样的，只有充分利

① 《中共中央国务院关于深化体制机制改革加快实施创新驱动发展战略的若干意见》，《中国科技产业》2015 年第 4 期。

用市场经济的体制和机制优势，才能可持续、最大限度、调动广大企业和个人参与创新的积极性。《意见》还要求高度重视市场的发育程度，强调：要“发挥市场竞争激励创新的根本性作用”[①]，“发挥市场对技术研发方向、路线选择和各类创新资源配置的导向作用”[②]，“发挥金融创新对技术创新的助推作用，培育壮大创业投资和资本市场”[③]，等等。实践上，广泛的证据足以表明市场的发育程度决定了区域的创新能力。西方国家的技术创新，主要来自中小企业，这在基础性技术稳定条件下，基础性技术可获得性较强的地区更是如此。例如，科技型中小企业是推动科技创新的重要载体，美国70%以上的专利是由中小企业产出的，其人均专利是大企业的16倍多。我国深圳是市场发育较好的区域，中小企业灵活是它最大的特色，占企业总数95%以上的深圳中小企业是促进技术创新的主体和重要力量，也是深圳最具活力的经济群体。正是在改革开放的大潮中，深圳不仅形成了完善的产品市场体系，而且也形成了完善的技术市场体系，产品市场和技术市场都得到了充分的发展。市场发育的良好态势又极大地促进和提高了深圳的创新能力和发展能力，由此形成了市场发育和创新能力及经济社会发展的良性循环。

第三，高度重视区域间人为阻隔的因素。区域间的人为阻隔也是形成区域差距值得关注的因素。中国30多年的发展，关于打破区域间的阻隔因素，促进区域的经济关联度。说远，珠三角就是一个典型的样板，目前正在形成并发挥重要作用的长三角经济圈也是样板。说近，“一带一路”倡议、京津冀和长江经济带战略的实施，已经在打破区域间的阻隔因素、促进区域的经济关联度方面取得了明显的成效。尤其是2015年4月30日获得通过的京津冀规划，作为重大的国家战略和中国新的增长极，它促使区域一体化发展，全力开启这一区域在经济、民生和环境三方面的新局面。2015年12月10日上午，国务院新闻办举行新闻发布会，介绍京津

---

① 《中共中央国务院关于深化体制机制改革加快实施创新驱动发展战略的若干意见》，《中国科技产业》2015年第4期。

② 同上。

③ 同上。

冀协同发展有关情况，其中三个重点领域率先突破，改革创新成绩显著。一是交通方面，三地政府正在加快实施一批重大基础设施；二是产业方面，三地政府正在加快促进创新链、产业链、资金链、政策链、服务链的深度融合；三是生态方面，三地政府正在加快深入实施京津冀大气污染联防联控，共建北京张承生态区，建立京津冀水污染联防联控机制。同时区域公共服务一体化也取得积极进展。①

京津冀协同发展战略的实质就是实现同城化发展。所谓同城化是指一个城市与另一个或几个相邻的城市，在经济、社会和自然生态环境等方面具有能够融为一体的渐进过程。同城化有三个含义：其一，互为发展条件，以平等真诚、相互融合、互动互利，促进共同发展；其二，以存量资源，带动增量发展，增强整体竞争力；其三，以优势互补，相互依托，完善城市功能，建设和谐宜居城市。同城化产生的条件是，市场经济发展到区域经济一体化、需要打破市场经济发展的行政、社会、自然等各种壁垒障碍阶段的产物和区域间人为阻隔的因素，实现互联互通。同城化趋势与要求虽然来自经济发展要求，但是同城化实施、推进却需要政府间从区域、经济发展的战略高度进行制度与机制的顶层设计，并通过依照一定制度与机制给定的制度与机制的"游戏规则"，及时解决同城化中的各种问题，才能真正有效地实现互联互通。2016 年 2 月四川省泸州市在区域发展战略上就明确提出了与重庆"同城化发展"战略。特别是把基础设施建设作为实施与重庆"同城化"战略的突破口，并且已经规划了经合江用轻轨连接重庆的快速通道等。这是在推进成渝经济区建设中的积极探索和创新。

第二节　区域创新驱动发展的体制分析

区域核心竞争力是区域创新能力的集中体现，更是区域经济发展与繁

---

①　参见《京津冀协同发展：持续推进三个重点领域率先突破》，《河北日报》2015 年 12 月 11 日。

荣的根本动力。为加快形成这种核心竞争力和根本动力，区域创新驱动战略的实施就要以建立和完善区域创新驱动发展的体制为主要任务。一般来说，区域创新体系主要是由创新主体、创新动力源和创新环境三要素构成。在创新主体上，应构建以产学研合作为基础的科技研究体系；在创新动力上，应建设多元化的区域创新保障体系；在创新环境上，应完善以制度创新和环境建设为重点的政府宏观调控体系。本节我们主要从政府的角度，聚焦到抓住机遇、完善市场、产业聚集、区域创新中心这四个方面，对区域创新驱动发展的体制作一些分析探讨。

一　机遇与区域的创新驱动发展体制

机遇是成功的关键，战略机遇期则是对全局产生重大、深远影响的，有利于战略实施的历史阶段及其大的背景、环境和条件。习近平总书记多次强调，当前，我们正面临一系列加快发展的大好机遇，关键取决于我们能否正确认识、牢牢把握这些机遇。从实施区域创新驱动战略的角度看，构建区域创新驱动发展体制必须树立强烈的机遇意识，牢牢把握重要战略机遇期，瞄准科技革命的战略机遇。同时还要善于把各种重大的机遇转变为区域创新发展的产业政策、打造科技创新平台、加强公共服务、优化环境等方面，为实现区域经济社会的协调发展提供强有力的科技支撑和全方位的科技服务。从政府的角度看，这是构建区域创新驱动发展体制的重要内容。

树立强烈的机遇意识是构建区域创新驱动发展体制的重要前提。机遇是契机、时机或机会，通常被理解为有利的条件和环境。机遇具有客观性、意外性、时限性和唯一性。机遇的唯一性告诉我们，“机不可失，时不再来”。这就要求我们在机遇来临时要有眼光和智慧、胆量和勇气。如果说机遇就是契机、时机或机会，那么，战略机遇期则是指对全局产生重大、深远影响的一段时期。同一般的机遇或机遇期相比，它的主要特点：一是时间的长期性；二是空间的开阔性；三是影响的全局性。正是这些特点就决定了牢牢把握重要战略机遇期是构建区域创新驱动发展体制的关键所在。

能否抓住机遇，科学谋划，推进发展，是一个国家赢得主动、赢得优势、赢得未来的关键，在这方面，历史经验给了我们许多重要启示。比如，进入新的历史时期党中央及时提出的“重要战略机遇期”理论，正是在全面深入分析国内外形势基础上做出的科学论断。2002 年，党的十六大作出了“综观全局，21 世纪头 20 年，对我国来说，是一个必须紧紧抓住并且可以大有作为的重要战略机遇期”这一判断；2010 年，党的十七届五中全会得出了“综合判断国际国内形势，我国发展仍处于可以大有作为的重要战略机遇期”这一结论；党的十八大重申了这一观点并进一步提出：“综观国际国内大势，我国发展仍处于可以大有作为的重要战略机遇期。我们要准确判断重要战略机遇期内涵和条件的变化，全面把握机遇，沉着应对挑战，赢得主动，赢得优势，赢得未来，确保到二〇二〇年实现全面建成小康社会的宏伟目标。”① 上海成功实现创新驱动转型发展证明了牢牢把握重要战略机遇期是构建区域创新驱动发展体制的关键所在。早在 2011 年 3 月 5 日习近平同志参加十一届全国人大四次会议上海代表团的审议时，就集中阐述了在发展的重要战略机遇期更加奋发有为、齐心协力推进上海创新驱动转型发展的问题。他要求上海在推进经济结构战略性调整、加快产业结构优化升级、加快培育发展战略性新兴产业、抢占未来发展战略制高点上要更加奋发有为，努力成为国家战略性新兴产业的创新引领区。同时在加快建设国际金融、航运、贸易中心等方面取得新突破。按照习近平同志的要求，今天的上海已经成功实现创新驱动转型发展。

其实，西部大开发战略、长江经济带战略，振兴东北老工业基地战略，“京津冀一体化”战略，“一带一路”倡议，都是相关区域推进创新驱动发展的极好机遇。如何把握好这些战略在时空上的“关键节点”，从而把各种重大的机遇实实在在转变为区域创新发展的产业项目、产业政策、科技创新平台、加强公共服务、优化环境等方面具体的政策

① 胡锦涛：《坚定不移沿着中国特色社会主义道路前进　为全面建成小康社会而奋斗——在中国共产党第十八次全国代表大会上的报告》，《求是》2012 年第 22 期。

措施和体制机制，这是全部问题的关键所在。在这方面，中央政府瞄准“互联网 +”的战略机遇推动国家创新驱动发展体制的做法就是一个成功的典范。“互联网 +”，造就了无所不在的创新，也引领了创新驱动发展的“新常态”。中央政府从国家创新体系建设的角度，围绕“互联网 +”相继出台了创新发展的产业政策、打造科技创新平台、加强公共服务、优化环境等方面的思路、办法和政策举措，这为区域创新驱动发展体制的建设提供了有力的指导。《第三次工业革命》的作者杰里米·里夫金在其书中强调指出，科技创新的历史已经证明：新型通信技术与新兴能源系统的相互结合必然预示着人类经济社会重大经济转型时代的来临。当前，抓住信息与技术结合的产业发展机遇，是区域创新驱动发展的体制建设的重要内容。

二 市场结构与区域的创新驱动发展体制

完善的市场经济制度是创新驱动的基本制度保障。党的十八届三中全会明确指出：“经济体制改革是全面深化改革的重点，核心问题是处理好政府和市场的关系，使市场在资源配置中起决定性作用和更好发挥政府作用。”① 为了让市场真正成为优化配置创新资源的主要手段，就要着力解决好以下三个问题。

第一，要深入把握市场结构与区域创新驱动发展体制的内在关联。简言之，西方经济学关于市场结构的解释是：市场结构就是指某种产品或服务的竞争状态和竞争程度。市场类型的划分标准是市场上的竞争程度或垄断程度，由此划分为完全竞争市场、垄断竞争市场、寡头垄断市场和完全垄断市场四种市场类型。我国目前的市场结构是以众多的小企业为微观实体的局部相对完全竞争市场，在生产领域，这是最有效率的市场结构，特别是生产效率。但是在国际市场上，这样的市场结构就是福利的国际分配，是十分不利于获得丰厚利润的。因此，我们的目标市场结构就应当是以企业集团为微观实体的不完全竞争市场。由前者向后者转换，有助于微

① 习近平：《中共中央关于全面深化改革若干重大问题的决定》，《求是》2013 年第 22 期。

观基础的合理化、长期化和高效化，也有利于宏观的间接导控，特别是有利于参与国际竞争。

为此，实施创新驱动战略，首先就要进行制度创新。经济改革的目标说到底是要通过制度创新把微观经济实体的活力开发出来，使其高效率地运行，同时在宏观上又能以间接导控的方式实现国民经济有条不紊地向前发展。围绕这一目标，区域创新驱动发展体制就必须做到：既要激发中小企业创业，要有利于中小企业生存，更要有利于中小企业成长为大企业，并有利于大企业参与国际竞争。为此，区域的创新驱动发展体制就必须提供良好的创新生态体系。在这方面，美国的做法值得我们借鉴。美国总统科技顾问委员会（PCAST）早在 2004 年 1 月和 6 月曾经连续发布两份报告，即《维护国家的创新生态体系、信息技术制造和竞争力》和《维护国家的创新生态系统：保持美国科学和工程能力之实力》，两份报告均阐明：国家的技术和创新领导地位取决于有活力的、动态的"创新生态体系"。创新生态体系由"发明家、技术人才和创业者、积极进取的劳动力、世界水平的研究性大学、富有成效的研发中心（包括产业资助的和联邦资助的）、充满活力的风险资本产业、政府资助的聚焦于高度潜力领域的基础研究"等几个部分组成。同时这些要素还要契合各自区域自有的优势和特色、历史形成的市场结构等才能发挥良好的生态式体制机制功能。

第二，遵从市场规律建立区域创新驱动发展的互联互通公共系统。国家之间、区域之间，互联互通都是经济发展的必然要求。它以基础设施建设为龙头，把一个国家与周边国家，或者一个地区与周边地区的市场、融资、技术、劳务、环境、监管等优势结合起来，将十分有力地促进国内大市场和世界大市场的高水平对接，刺激域内消费需求，优化市场环境和结构布局，产生极大的经济发展效果。现代社会广泛存在着互联互通的基础设施保障体系，诸如电力和水的各类要素供给系统，各类通信设施的基站、网络线路，各类交通线路的公路、铁路，各类城市地下管线系统，等等。这些互联互通的基础设施保障体系对区域创新驱动发展体制的要求主要在于建立区域创新驱动发展的公共系统——多层次、多要素联动的综合生态效应。逐步修竣的一项项重点工程，就像一根根“龙骨”支撑起国家或者地区走向世界的道路，把本国的利益与邻国的利益，把本地区与相邻地区的利益更加紧密地联结在一起，筑起合作共赢的基础。同时互联互通有着广阔的拓展空间，几乎每一项重大工程竣工后，都可以延伸出更多合作发展的机会。强调互联互通的基础设施保障体系对区域创新驱动发展体制的要求，其核心指向在于整合整个社会，尤其是要让区域内和区域之间的产业和基础设施联结起来、要素流动起来、市场通畅起来。而且要在建立互联互通的基础设施保障体系的同时，在“企业、政府、教育家和工人之间建立起一种新的关系”。互联互通战略是建立在国与国、地区与地区共同利益基础上的，是按经济规律办事的。尤其在今天，当“互联网+”已经成为各界力量跨界融合、协作共赢、创新创业的重要载体时，遵从市场规律建立区域创新驱动发展的互联互通公共系统和人们之间新的关系，既是发展的必须要求，也具有现实的可能性。

第三，建立全方位的区域协同创新的合作关系，实现优势互补、互利共赢。只有真正建立起这样的合作关系，才能把各个小的区域创新主体有机地协同起来，激发相关区域创新主体的潜在创新活力，从而实现产学研用创新主体的总体优势。同时，区域合作创新是创新要素流动和创新协同分工的必要保障，只有在这种保障之下，才可能促进区域协同创新的专业化和职能化，协同创新的效率与效益才能落到实处。因此合作关系要靠合作机制实现，合作机制本质上就是打通内部协调、外部协调、内外部一致协调的根本保障。有了这种协调机制，市场结构才是开放的、有序的和更加有效的。但是从现实看，要实现以上的愿望和目的，共建共享的区域协调机制，尤其是合作机制，必须解决诸多障碍。以我国正在实施的长江经济带发展战略为例，2014 年，《国务院关于依托黄金水道推动长江经济带发展的指导意见》（以下简称《指导意见》）颁发，对长江经济带发展从整体的区域创新的空间进行了全局的谋划，对各区域创新主体进行了功能定位。在此前提下，如何更好地加强区域创新主体之间的空间网络结构建设，提高区域创新主体之间的关联度，从而实现创新资源、创新产业结构在空间上的最优配合，提高其经济配置效率等等，目前存在着必须尽快解决的三个机制障碍。一是缺乏中心城市间可持续的协调合作机制。目前长江经济带发展的最大问题是“碎片式”区域发展，各分块呈单一发展态势。二是缺乏上中下游的互动合作机制。如何合力构筑长江经济带，推动地区间规划、产业、市场、交通等的联动，形成一体化联动发展的战略格局，是一个急待解决的问题。三是缺乏区域间地方利益的协调机制。共建共享的区域协调机制的核心是利益协调机制，如何在跨省区域性组织中，不同省属区市县经济利益之间寻求统筹推进各方面利益的协调机制，这也是一个亟待解决的问题。

三　创新型产业集群建设工程与区域创新驱动发展体制

实践证明，产业集聚有利于区域竞争优势的获得，区域内的创新型产业集聚区则更是区域的竞争优势所在。创新型产业集聚区不仅成为创造区域竞争优势并保持优势的有效方式，而且也成为国家参与全球产业分工的主要载体。美国“硅谷”的发展和犹他州的后来居上，印度班加罗尔的崛起，无不生动地印证了这一规律。近年来在国家创新驱动的发展战略下，打造创新型产业集聚区已经成为各级政府提升自主创新能力，实现产业结构调整和发展方式转变，走创新驱动发展道路从而实现跨越式发展的重要抓手和路径。同时在 2011 年，为贯彻落实中央关于加快转变经济发展方式的战略部署，培育和发展战略性新兴产业，科技部启动了创新型产业集群建设工程，其中有中关村移动互联网、大连软件和服务外包、武汉地球空间信息技术等 41 家产业集群。其创新型特征明显：产业特色突出，集群特征明显，国际化水平较高，科技服务体系比较完善。

总结这些地区创新型产业集聚区和创新型产业集群建设工程的做法和经验，一个突出的特点就是，创新型产业集聚区的形成过程中，区域创新驱动发展体制着力构建了创新驱动的动力支撑体系，发挥了形成高端引领发展格局的重要作用，创造了一系列推动新技术、新产业、新产态、新机制融合发展的思路、办法、政策和文化氛围。2015 年，党的十八届五中全会上通过的《中共中央关于制定国民经济和社会发展第十三个五年规划的建议》中明确强调，要把发展的基点放在创新上，创造先发优势，培育高端要素、高端产业、创新高地，加快形成高端引领的发展格局。显然，加快创新型产业集群建设工程与区域创新驱动发展体制的相互促进过程，是实现《建议》要求的重要路径。

四　区域创新中心与区域创新驱动发展体制

地方行为主体即企业、大学、科研机构和地方政府等之间在长期合作与交流的基础上所形成的相对稳定的系统，就是区域创新中心的主要发展模式。其创新活动是以满足区域经济发展为目标的特定模式。因此，区域创新中心是区域创新型产业集聚的平台支撑。它可以为区域内的企业提供科技交流协同合作的平台，推动区域产业结构升级、形成区域竞争优势、增强区域竞争力，从而推动区域经济发展。目前我国很多地区和城市都在积极构建和培育本区域的创新中心，其主要模式有以下三种。

（1）科研机构与专家构成的地方性区域创新系统。在这一模式中，创新主体包括研究机构、企业和中介组织，但研究机构的重要性非常突出，是当地创新活动的主要承担者，成为推动区域经济发展的主导力量。

（2）企业构成的地方性创新系统。在这一模式中，以“委托—代理”关系展开应用研究和渐进性创新为主，大学—产业联系也通常是应用在这个领域，创新通常是为了满足和解决在与客户和供应商的互动中出现的需要和问题。

（3）研企结合的外向性区域创新系统。在这种模式里，区域经济实力比较好，当地的大学、研究机构等知识基础设施发展也不错，根本性创新与渐进性创新并存，企业之间以及企业与研究机构之间的联系比较密切，但这种联系可以发生在区域间、国家间或国际层面。

以上概述的这三种区域创新中心的模式虽各有优势和特色，但是却有一个共同性，那就是都需要充分发挥市场运作方式、政府运作方式和社会运作方式。所谓市场运作方式，是指在政府间接调节下由市场发挥资源配置决定性作用的利益协调方式。所谓政府运作方式，是指政府根据社会主义市场条件下资源共建共享目标的要求，采取经济、法律、行政的手段直接影响和改变各种利益关系、利益结构和全社会利益总格局的一种综合调控方式。所谓社会运作方式，是指社会运用其道德伦理和行为准则对资源共建共享相关主体的利益关系进行调节的方式。从实施区域创新驱动战略的角度看，建立和完善区域创新驱动发展的体制是主要任务，而形成区域创新中心是区域创新驱动发展体制的重要支撑平台。如何充分发挥市场运作方式、政府运作方式和社会运作方式，尤其是充分发挥市场运作方式在区域创新中心形成和完善中的决定性作用，从而使区域创新中心真正成为区域创新驱动发展体制的动力所在，这是需要进一步探索的。

第三节　中国区域创新的成功经验分析

中国区域创新各有特色，成效明显，其中尤以深圳、上海的引领作用最为典型。重庆作为西部地区的特大城市，其创新实践中积极探索的经验，对于欠发达地区是有积极借鉴作用的。而“东北振兴”中的装备业创新性飞跃，是值得重视和支持的。

一　深圳从“三来一补”到创新驱动发展

作为我国改革开放的前沿阵地，深圳由过去“三来一补”的传统加工基地转型成功，升级成为“高新软优”的现代化创新城市，具有重要的典型意义。

深圳是如何由过去“三来一补”的传统加工基地转型成功，升级成为“高新软优”的现代化创新城市的呢？曾经的“三来一补”是指来料加工、来样加工、来件装配和补偿贸易，这是我国大陆在改革开放初期尝试性地创立的一种企业贸易形式。[①] 随着中国制造业的逐渐发展，尤其是2000年后随着中国加入WTO后，“三来一补”企业中的缺乏创建自主品牌、对环境的破坏严重等问题日益暴露。深圳通过加快培育先进制造业、生产性服务业和战略性新兴产业，实现了转型升级，避免了传统产业萎缩

① 参见初大智、张志波《“后金融危机时代”深圳宝安区“三来一补”企业现状、存在问题及对策》，《特区经济》2010年第7期。

和迁出带来的产业空心化的冲击。深圳推动转型发展的做法与经验主要是：政府政策推动、企业创新实验、资本深度融合、科研有力支持。经过30多年的发展，深圳在经济基础、体制机制、创新能力和地理区位上已经具有明显的优势，取得了显著成效。根据《深圳商报》报道，2015年深圳GDP达到1.75万亿元，增长8.9%；进出口总额4426亿美元，是中国出口第一大市；全口径财政收入7239亿元，增长30.4%；万元GDP能耗、水耗处于中国内地大城市最低水平，过去五年分别累计下降19.87%和43%。[①] 创新数据统计显示，作为国家自主创新示范区，深圳的创新驱动力更加强劲有力。深圳约2000平方公里的土地上有128万余家中小企业、3万多家科技型企业，其中中小板和创业板上市企业数量连续十年居中国内地大中城市首位，为深圳发展注入强劲动力。根据记者甘霖、陈冬云报道，2015年创新发展成绩显著，全社会研发投入占GDP比重达4.05%，PCT国际专利申请1.33万件，占全国46.9%，连续十二年居全国首位。获国家科学技术奖14项，中国专利金奖获奖数占全国1/5。[②] 2014年，华为成为我国内地唯一入选的"全球百强创新机构"。2014年5月，深圳获批成为国家自主创新示范区。这是党的十八大后国家批复的第一个自主创新示范区。深圳位列《福布斯》"2014中国大陆最具创新力城市"榜首，在"2014中美创新人物"中国10人中深圳占一半。[③] 总之，深圳实现了增长动力向创新驱动的积极转变、产业结构向"高新软优"的不断升级、发展模式向绿色低碳的逐步转型。今天，在我国的新产业革命中深圳正发挥出引领的作用。

二　长三角"高起点"的创新驱动

地理上的长江三角洲概念是指长江入海之前的冲积平原，包括上海

---

① 参见《深圳上半年GDP预计增长约8.6%》，《深圳商报》2016年2月1日。

② 参见甘霖、陈冬云《深圳2015年创新发展成绩亮眼　全社会研发投入占GDP比重达4.05%》，《深圳特区报》2016年1月31日。

③ 参见《深圳2014年GDP增长约10%突破1.5万亿元》，《南方都市报》2015年1月9日。

市、江苏省和浙江省。2010年3月在浙江嘉兴召开的长三角城市经济协调会第十次市长联席会议宣布，协调会成员由此前的16个增至22个，即长三角核心城市群扩容，不仅吸收盐城、淮安、金华、衢州4个苏浙城市为新会员，而且让泛长三角区域内的合肥、马鞍山两个安徽省的城市正式“加盟”。作为全国最大的经济圈，这里汇集了产业、金融、贸易、教育、科技、文化等雄厚的实力，对于带动长江流域经济的发展、连接国内外市场、吸引海外投资、推动产业与技术转移、参与国际竞争与区域重组具有重要的作用，被认为是未来世界经济增长的“发动机”之一。2014年9月12日国务院发布的《依托黄金水道推动长江经济带发展指导意见》再次强调：要“提升长江三角洲城市群国际竞争力。促进长江三角洲一体化发展，打造具有国际竞争力的世界级城市群。充分发挥上海国际大都市的龙头作用，加快国际金融、航运、贸易中心建设。提升南京、杭州、合肥都市区的国际化水平”。正是在国家发展战略层面的高起点定位后，长三角掀起了区域创新驱动发展的热潮。

上海是长三角经济圈的中心。2008年爆发的国际金融危机，深度冲击了全世界。这一年上海经济结束了连续16年两位数的增长，引起了国内外的普遍关心。面对复杂外部环境和自身结构调整的双重挑战，上海在调整中发展，在创新中转型，谱写了上海发展史上的新篇章。其中有两大亮点分外引人注目。

其一，创新驱动、转型发展，建设“四个中心”，做到“四个率先”。20世纪90年代，邓小平同志打出了浦东开发开放这张“王牌”，掀起了上海改革开放的高潮；21世纪之初，江泽民同志确定了建设“四个中心”定位，规划了上海跨越发展的战略方向；2006年，胡锦涛同志提出了实现“四个中心”“四个率先”要求，明确了上海转型发展的战略目标；2011年习近平同志进一步提出“在发展的重要战略机遇期更加奋发有为、齐心协力推进上海创新驱动转型发展”的要求。为此上海积极探索创新驱动、转型发展之路。上海要建设的“四个中心”，包括国际经济中心、国际金融中心、国际贸易中心、国际航运中心。做到“四个率先”，即率先转变经济增长方式、率先提高自主创新能力、率先推进改革开放、率先构建社会主义和谐社会。正是大力推动创新驱动、转型发展，使上海今天站在了更高的发展起点上。

其二，自贸区建设取得重要阶段性成果。2013 年 9 月 29 日中国（上海）自由贸易试验区在上海挂牌成立。2016 年 3 月 1 日发布的《2015 年上海市国民经济和社会发展统计公报》显示，中国（上海）自由贸易试验区建设已经取得重要的阶段性成果：年内完成中国（上海）自由贸易试验区扩区，实施范围扩展至 120.72 平方公里。其中，上海外高桥保税区、上海外高桥保税物流园区、洋山保税港区、上海浦东机场综合保税区 4 个海关特殊监管区域 28.78 平方公里，陆家嘴金融片区 34.26 平方公里，金桥开发片区 20.48 平方公里，张江高科技片区 37.20 平方公里。在新扩区域全面推行负面清单管理模式，深化商事登记制度改革，实现企业新设、变更的“一口受理、信息共享、并联办事、统一发证”。全年区内新增注册企业 18269 户。其中，内资企业 14943 户，注册资本 9078 亿元；外商投资企业 3326 户，合同外资 396.26 亿美元。全年对外直接投资中方投资额 229.10 亿美元，占全市的 57.4%。创新“一线放开、二线安全高效管住、区内自由”的贸易监管制度，海关、检验检疫等部门推出 32 项创新举措。拓展国际贸易“单一窗口”功能，货物状态监管试点扩大到保税区所有物流企业。实施自贸试验区新一轮金融开放创新试点，推出 40 条具体措施。启动自由贸易账户外币服务功能，年内共有 42 家机构接入分账核算单元体系，开设自由贸易账户 44186 个。全年保税区域跨境人民币结算总额 12026.40 亿元，跨境人民币境外借款业务金额 69.82 亿元，跨境双向人民币资金池业务收支总额 3392.07 亿元。黄金国际版正式运行，累计成交 4795 吨，占上海黄金交易所黄金交易量的 14.1%。深入推进以政府职能转变为核心的事中事后监管制度创新。完成 2014 年度年报公示企业 13.61 万户，占应报送企业数的 84.7%，重点行业年报公示率达到 98%。①

---

① 参见上海统计局《2015 年上海市国民经济和社会发展统计公报》，《统计科学与实践》2016 年第 3 期。

对于上海在长三角经济圈乃至对中国改革开放和现代化过程中的创新引领作用，中共中央政治局委员、上海市委书记韩正强调指出：“在推动实现创新驱动、转型发展的关键时期，上海将继续推进市场创新发展，努力在重点领域争取新的突破，把上海建设成为具有全球资源配置能力和市场网络的枢纽中心，为建设具有较强国际竞争力的长三角世界级城市群作出贡献。”①

令人欣喜的是，为了有利于发挥上海自由贸易区建设对长江流域的示范带动作用，为了联动东中西三大发展区域，构建中国经济可持续发展的新动力，为了联动长三角、大武汉（长江中游）和成渝三大城市群，由此撑起三大发展区域的骨架，形成具有世界意义的长江沿岸城市带，以有效联动“一带一路”倡议，国家实施的长江经济带战略正在顺利推进。其顺利推进的显著标志就是长江经济带目前呈现的科技创新发展态势令人鼓舞。长江经济带是我国创新驱动的重要策源地，对外开放程度高，创新资源丰富，集中了全国1/3的高等院校和科研机构，拥有全国近一半两院院士和科技人员，各类国家级创新平台超过500家，涌现了高性能计算机、量子保密通信等一批具有国际影响力的重大创新成果。目前长江经济带研发投入成效显著，研发经费支出、有效发明专利数、新产品销售收入占全国比重分别为43.9%、44.3%、50%，已经形成了一批创新引领示范作用显著的城市群。同时，长江上游地区以重庆引领的研发机构法人化改革将激发科技创新活力；长江中游地区科技创新功能型平台作用的发挥将有利于承接下游地区产业转移；长江下游地区加大科技成果转化力度将牵引带动创新发展。我们有理由相信，以科技创新支撑发展的长江经济带，一定是充满活力和可持续的。

三 “东北振兴”中的装备业创新性飞跃

中国东北地区包括辽宁、吉林、黑龙江三省。东北地区是新中国的工业摇篮和重要的工业、农业基地。东北老工业基地被誉为新中国工业的摇

---

① 《上海“四个中心”建设深度推进驶向深蓝》，新华网，2011年12月11日。

篮，这里产出了第一台机床、第一辆汽车等，为国家的改革开放和现代化建设做出了历史性的重大贡献。然而随着改革开放的不断深入，老工业基地的体制性、结构性矛盾日益显现出来。尤其是2014年以来，受周期性和结构性因素影响，东北地区发展遇到了一些困难和挑战，经济增速回落，部分行业和企业生产经营困难，财政收支矛盾突出，引起社会各方面的广泛关注。2015年上半年，辽宁、吉林、黑龙江三省增速为2.6%、6.1%和5.1%，均低于全国水平。对于东北地区出现的发展中的问题，党中央、国务院给予了高度关心和重视。早在2003年中共中央和国务院下发的《关于实施东北地区等老工业基地振兴战略的若干意见》中，就指出了东北地区进一步发展面临的市场化程度低、经济发展活力不足、国有经济比重偏高、所有制结构较为单一等问题。[①] 问题亟待解决，东北亟待振兴。2012年3月，《东北振兴“十二五”规划》（以下简称《规划》）获得国务院的批准，并由国家发改委通知实施。《规划》对于东北老工业基地振兴实现转型升级提出了明确的方向和重点要求：“把握科技发展趋势，面向重大发展需求，突出重点、创新引领，有选择地培育发展若干对东北振兴有重大引领带动作用的战略性新兴产业。重点发展高端装备制造、新能源、新材料、生物、新能源汽车、节能环保和新一代信息技术等产业。到‘十二五’末，战略性新兴产业增加值占地区生产总值的比重达到8%以上。”[②]《规划》提出了“国家有关战略性新兴产业和高技术产业专项资金继续对东北地区予以倾斜，支持区域创新能力建设”等政策方向和政策手段。2014年8月19日国务院再次发布了《关于近期支持东北振兴若干重大政策举措的意见》，要求抓紧实施一批重大政策举措，巩固扩大东北地区振兴发展成果、努力破解发展难题、依靠内生发展推动东北经济提质增效升级。意见所提出的11项举措35条具体政策为东北振兴提供了重要的政策支撑和难得的机遇，成为东北工业包括曾经是东北骄傲

---

① 参见谢作诗《产权、交易费用与老工业基地振兴》，第三届沈阳科学学术年会，2006年。

② 《国家发展与改革委员会：东北振兴“十二五”规划》，中国财经出版社2012年版，第259页。

的装备制造业复苏和崛起的强大动力源泉。2016 年国务院发布新一轮东北振兴战略，即《关于深入推进实施新一轮东北振兴战略加快推动东北地区经济企稳向好若干重要举措的意见》，就积极应对东北地区经济下行压力、推动东北地区经济企稳向好提出一系列“高含金量”的措施。国家发展改革委东北等老工业基地振兴司司长周建平在接受新华社记者专访时说，这些举措的重要特点是“近期可操作可实施”，是对《中共中央国务院关于全面振兴东北地区等老工业基地的若干意见》的细化、实化和具体化。[①]

东北地区在国家发展全局中具有举足轻重的地位。东北地区目前虽然出现了发展中的问题，但是这绝不意味着东北振兴战略的失败。事实上自 2003 年党中央、国务院作出实施东北地区等老工业基地振兴战略以来，振兴东北地区等老工业基地工作取得了重要的阶段性成果。以国有企业改革为重点的体制机制创新取得重大突破，多种所有制经济蓬勃发展，经济结构进一步优化，自主创新能力显著提升，对外开放水平明显提高，基础设施条件得到改善，重点民生问题逐步解决，城乡面貌发生很大变化。其中一个显著的标志是形成了具有参与全球竞争力的装备制造业。装备制造业是为社会国民经济发展的各个行业专门提供核心关键基础性技术装备的战略性产业，其产业关联度高且集中，是社会经济发展中各个企业、各个行业技术和各个产业技术转型升级及其技术进步的重要保障，也是国家综合竞争实力的集中体现，因此，也被人们称为“工业之母”。在国家实施创新驱动战略的大局中，东北重点发展的高端装备制造业主要包括数字化、柔性化及系统集成技术为核心的智能装备制造，高速动车组，海洋工程装备，大型石化装备，超大规模集成电路设备，特种机器人，国防军工装备、现代大型农业机械装备等。国家实施创新驱动战略和《规划》《意见》的指导以及政策的帮扶，为东北装备制造业特别是高端装备制造业的迅猛发展再添了新动力，也取得了显著的成绩。其中最具代表性的是被誉为“牵引世界的‘中国火车头’”的中国中车长客股份公司（原中国北

---

① 《应对东北经济下行压力的 14 条实招》，《经济日报》2016 年 11 月 17 日。

车长客股份公司）所实现的创新性飞跃。2015 年 7 月 17 日国家主席习近平来到长客股份考察。习近平在考察时说，“高铁动车体现了中国装备制造业水平。”① “要抓住机遇、乘势而上，把装备制造业作为重要产业，加大投入和研发力度，奋力抢占世界制高点、掌控技术话语权，使我国成为现代装备制造大国和强国。”②

随着新一轮东北振兴战略的实施，面对新的发展契机，目前东北地区正呈现抢抓机遇、把装备制造业作为重要产业加快发展的势头。以辽宁为例，辽宁是东北三省经济的龙头，也是装备制造业实力最强的省份，装备制造业占辽宁工业的1/3，这一比重在全国是独一无二的。2016 年 12 月 5 日，在辽宁省人民政府印发的《贯彻落实〈国务院关于深入推进实施新一轮东北振兴战略　加快推动东北地区经济企稳向好若干重要举措的意见〉的实施方案》中，体现了辽宁省委、省政府正在为装备制造业的未来发展谋篇布局，努力让辽宁成为实施“中国制造 2025”先行区的战略考虑。同时据中国新闻网报道，由沈阳市互联网信息办公室、中德（沈阳）高端装备制造产业园管委会联合主办的“东北全面振兴新动能：中国制造 2025 与德国工业 4.0”高层研讨会于 12 月 16 日在辽宁沈阳举行。这场汇集了中外多位重量级经济学家、知名企业家、政企学界精英的高峰对话，以“中国制造 2025”为指导，以“德国工业 4.0”为参照，在新的历史时期寻找东北全面振兴的新动能。③ 我们有理由相信，只要把握机遇，东北老工业基地再振兴是能够实现的。

---

① 《高层领导为何频繁调研中国中车长客股份》，《第一财经日报》2015 年 7 月 20 日。

② 同上。

③ 参见《世界创新论坛沈阳分论坛“东北全面振兴新动能”》，《中国新闻网》2016 年 12 月 13 日。

第三章

构建各种经济共同参与创新驱动的体制

党的十八届五中全会通过的《中共中央关于制定国民经济和社会发展第十三个五年规划的建议》再次重申了“坚持公有制为主体、多种所有制经济共同发展。毫不动摇巩固和发展公有制经济，毫不动摇鼓励、支持、引导非公有制经济发展”①。改革开放已经将近40年了，为什么“坚持公有制为主体、多种所有制经济共同发展”仍然是我党反复重申的重要方针？因为这既是经济发展的“产权激励”要求，也是创新驱动发展的要求。在中国现阶段生产力水平条件或历史阶段，多种所有制并存的经济格局，既可以通过“产权激励”焕发与放大发展动力，同时也能够持续激发竞争压力从而为创新提供“内生动力”。中国改革开放以来，国有企业的发展取得了重大进展。不仅表现在规模不断增大、实力不断增强，活力进一步释放，主导作用和影响力不断扩张，还表现在促进科技创新等方面的重大引领作用。同时，非公有制经济健康快速的发展，在促进创新、提升就业率、增加财税收入、支撑增长等方面发挥着越来越重要的作用。所以，坚持和不断完善“以公有制为主体、多种所有制经济共同发展”的基本经济制度，对于推动经济社会持续健康发展、实现全面建成小康社会，促进我国成为世界科技强国，具有十分重大的意义。国有企业与民营企业均是我国经济的重要参与主体，在充分发挥国有企业在创新驱

① 习近平：《关于〈中共中央关于制定国民经济和社会发展第十三个五年规划的建议〉的说明》，《理论学习》2015年第12期。

动发展中的示范作用的同时，应鼓励和引导民营企业积极参与创新发展，形成各种经济共同推动创新发展的新局面。本章将重点研究构建各种经济共同参与创新驱动的体制，形成各种经济共同参与创新驱动的强大动力这一问题。

第一节 实行创新驱动发展是21世纪中国企业的共同选择

企业创新能力是国家竞争能力的重要体现。当前，新技术的发展，为我国这样的发展中国家发挥后发优势，实现跨越式发展提供了可能和条件。一方面，可以集中部分资源，在一些核心技术方面实现突破；另一方面，可以推进新技术产业化，也可以把新技术广泛应用于传统产业以及国民经济和社会发展的各个方面，实现经济的跨越式发展。实施创新驱动发展战略，必须以国家创新体系为支撑。在国家创新体系这个复杂的系统结构中，既有技术创新体系、知识创新体系、国防创新体系，也有区域创新体系和中介服务体系等，但核心是技术创新体系。技术创新体系是以企业为主体、市场为导向、产学研结合的体系。目前我国已初步建立起以企业为主体，政府、科研机构和社会共同参与，适应市场经济和现代科技发展要求的技术创新体系和运行机制。企业技术创新的积极性、主动性大大提高，技术对经济发展的促进作用日益显现。实践表明，以企业为主体的技术创新体系是我国进入创新型国家行列的坚实基础。因此，加快培育一大批拥有核心技术和自主知识产权、具有知名品牌和持续创新能力的创新型企业，是中国企业的共同选择。

一 创新驱动与企业可持续发展

企业是国民经济的主体，创新是培育和提高企业的核心竞争力的根本途径。从短期实现路径看，需通过观念创新、技术创新和制度创新等手段加以实现。从可持续发展角度看，核心竞争力具有动态性特征，主要表现在它会随着国内外市场需求的变化、技术发展的革新进步、消费者偏好的变动等因素的影响而产生强弱波动。因此，必须依据企业外部环境、技术发展及市场结构等因素的变化不断创新，才能形成可持续竞争优势。企业只有通过在观念创新、技术创新和制度创新等方面的不断努力，才能在激烈竞争的市场中获得核心竞争优势，实现可持续发展。

二　“中国制造”向“中国创造”转变与创新发展

改革开放以来，“中国制造”对我国经济发展起到了至关重要的作用，并创造了举世公认的“中国奇迹”。如图 3—1 所示，1978—2015 年，第二产业对国内生产总值的拉动作用较大。

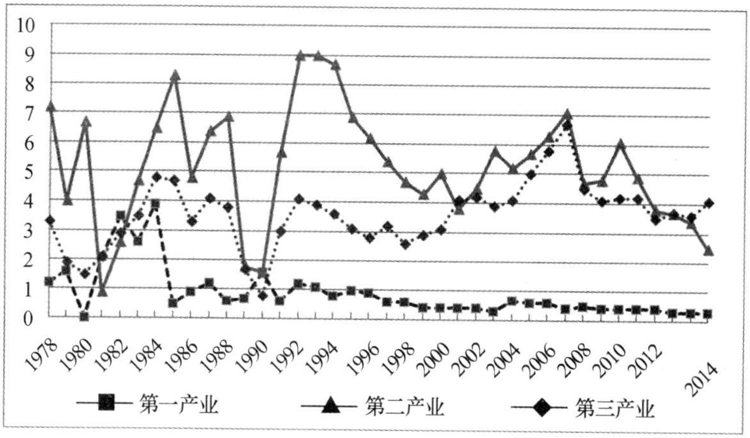

图 3—1　三次产业对国内生产总值的拉动（百分比）

尤其在 20 世纪 90 年代，随着市场经济体系的不断完善，人口红利的释放，“中国制造”取得突飞猛进的发展，在三次产业结构中，第二产业对国内生产总值拉动最大，平均拉动国内生产总值 6.2%，远超第一、三产业。近年来，随着人口红利逐渐消失、生态环境恶化及国际市场动荡，“中国制造”的比较优势正逐渐被削弱，经济增长结构发生明显变化，制造业比重大幅下降，服务业比重上升，服务业逐渐取代工业成为经济增长的主要动力。2008—2015 年，第二产业的拉动作用明显下降，平均拉动降至 4.2%。2013 年，第三产业增加值占 GDP 比重达 46.1%，对国内生产总值的拉动作用开始反超第二产业。面对经济增长放缓、结构转型升级的新常态，无论是对正处于困境的企业，还是推动经济转型升级，实现我国经济可持续发展而言，仍依靠高投入、高消耗及高污染的粗放型经济增长模式，将难以为继，只有通过创新驱动发展战略，实现“中国制造”向“中国创造”转型升级，才能推动企业良性运营，国民经济可持续发展。①

三 21世纪中国企业具备了通过创新发展的条件

首先，中国累积了丰富的人力资本。从教育事业发展看，改革开放以来，各类毕业生人数迅速增长（如图3—2所示）。1978年普通高校毕业生人数仅为16.5万人，在恢复高考制度后的20年里，普通高校毕业生数量迅速增加，1998年达到83.0万人，是1978年的5倍，年均增长8.0%。自1999年以来，为解决经济和就业问题，我国实行了扩大普通高校本专科院校招生人数的教育改革政策，普通高校毕业生人数加速上升，2015年达到736.1万人，人力资本存量中的高学历人才数量大幅上升。从教育经费投入看，1978年全国教育经费总投入75.1亿元，2015年则迅速上升至36129.2亿元，是1978年的481.1倍，年均增速达18.2%。教育经费的大量投入，为人力资本积累打下了坚实基础。

其次，中国的研发投资与技术创新能力得到迅速提升。从研发经费投入看，从1990年的369亿元上升到2015年的14220亿元，增加了38.5倍，年均增长15.1%，研发经费投入增长迅速。从专利申请数量看，三种专利申请受理量从1990年的4.1万件增长到2015年的279.9万件，增长了68.3倍，年均增长17.6%。其中，发明专利申请受理量从1990年的1.0万件增长到2015年的87.2万件，增长了87.2倍，年均增长18.8%。无论从研发经费投入还是专利申请受理数量看，均为中国企业通过创新发展打下了物资和技术基础。

---

① 参见中华人民共和国统计局《2015中国统计年鉴》，载《2015年国民经济和社会发展统计公报》，中国统计出版社2016年版。

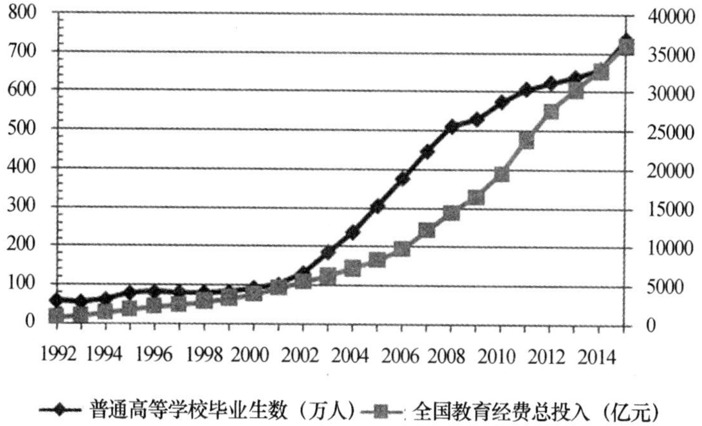

图 3—2　中国人力资本发展情况

最后，中国企业持续创新动力、创新意识和创新能力不断提升。通过创新驱动获得可持续发展，需要企业具备强大的创新动力、敏锐的创新意识和持续的创新能力。从持续创新动力和创新意识看，中国经历改革开放初期产品供不应求的卖方市场已逐步转向供大于求的买方市场，企业正面临激烈的市场竞争，只有持续创新才能让企业充满生机，持续创新显然已成为中国企业获得可持续发展的强大动力；从创新能力看，具有技术开发机构的企业数量不断增长，1990 年大中型企业中有技术开发机构的企业数为 7289 个，2014 年规模以上工业企业有研究与试验发展机构的企业数为 63676 个。此外，企业在技术研发的投入也不断增长，1990 年中型企业的技术开发经费支出额仅 133.1 亿元，2014 年规模以上工业企业研发经费支出高达 9254.3 亿元，可见大中型企业在技术开发经费投入上增长迅速。从上述研发机构数量和研究经费投入上可反映出中国企业已积累了丰富的创新资源，具备了强大的创新能力。

第二节　国有企业在创新驱动发展中发挥示范作用

国有企业对国民经济的主导作用，主要是通过对关系到国民经济命脉的重要行业和关键领域进行控制来发挥和体现的。而这些重要行业和关键领域，主要是资源垄断性行业和提供最重要公共产品的行业，同时也包含一些如钢铁、金融、粮食等竞争性行业。为保持经济稳定，推动经济快速、健康发展，这些行业中的大部分大型骨干企业在创新驱动发展之路上的引领作用，决定了其对国民经济的主导作用。因此，走创新驱动发展之路是国有企业的必然选择。

同时，我国国有企业实现创新驱动发展是有基础和条件的，有能力在新形势下的创新驱动发展中发挥领头羊角色。目前国有企业在创新驱动发展方面虽然取得了巨大成就，但仍存在诸多亟待解决的问题。所以，《建议》强调“强化企业创新主体地位和主导作用，形成一批有国际竞争力的创新型领军企业，支持科技型中小企业健康发展”[①]。

一 走创新驱动发展之路是国有企业的必然选择

我国国有企业大多属于关系国家安全和国民经济命脉的行业，对我国发展具有重要作用，是实施国家创新驱动发展战略的主要参与者。但是，由于国有企业大多属于自然垄断或行政垄断性企业，长期以来享受较多政策优惠及资金、资源等方面的支持，因而其主观上缺乏自主创新的动力，形成了一种基于垄断地位、资源优势或大规模投资驱动的发展模式。[②] 改革开放以来，我国市场经济得到充分发展，国有企业市场化改革不断推进，大部分国有企业的垄断地位被打破，正面临日益激烈的市场竞争。创新驱动发展之所以是国有企业转型升级的必然选择，可以从两个方面看。

从国际环境方面看，随着经济全球化的发展，国有企业将面临众多跨国企业的冲击，许多跨国企业具有技术、资金及管理等方面的优势，要在国际竞争中立于不败之地，国有企业只能走以创新为内在驱动力的发展之路，尽快提高自主创新能力、占领核心技术前沿，突破跨国公司的技术垄

① 习近平：《关于〈中共中央关于制定国民经济和社会发展第十三个五年规划的建议〉的说明》，《理论学习》2012 年第 12 期。

② 参见李政《“国企争议”与国有企业创新驱动转型发展》，《学习与探索》2014 年第 11 期。

断，向国际产业分工的高端转移，将部分国有企业打造为具有国际竞争力的一流企业。从国内方面看，随着市场经济发展，非公有制经济快速成长，并与国有企业形成鼎力之势。因此，国有企业走创新驱动发展之路，增强核心竞争力，不仅是实现我国创新驱动发展战略的现实需要，也是企业自身转型升级、获得市场竞争优势的现实需要。总之，受国际国内经济形势影响，国有企业转变经济增长方式、调整产业结构迫在眉睫，只有提高自主创新能力，以创新驱动实现经济发展转型，

二　国有企业创新驱动发展的基础与外部条件分析

总体上看，国有企业具有良好的创新驱动发展基础，尤其是许多企业具有较好的科研条件和优秀的科技人才。

第一，用于创新驱动发展的投入在逐步增长。随着国有企业实力不断增加，研发投入在迅速增长。据国家统计局统计，规模以上工业企业研发投入总额从 2005 年的 1250 亿元已经迅速增至 2014 年的 9254 亿元，增长了 6.4 倍，年均增长 24.9%。对国有企业而言，在研发投入上也增加迅速，以规模以上工业国有企业研发投入为例，已经由 2005 年的 151 亿元增长至 2014 年的 325 亿元，增长 1.2 倍，年均增长超过 8.9%。[①] 从增长率看，中央企业同期的科技活动经费和研发费用均超过了两位数，实现了快速增长，截至“十二五”末，中央企业科技投入占主营业务收入的平均比重达到 2.5% 以上，其中创新型企业研发投入比重达到国内同行业先进水平，部分创新型企业达到或接近国际同行业先进水平。

第二，国有企业技术创新体系日益成熟。国有企业现已基本形成了以市场为导向、以企业为主体、以科研院所或高校为技术支撑的产学研结合技术创新体系。这主要表现为两点。一是国有企业为适应市场竞争与经济新常态，研发投入明显提高，平均研发投入占主营业务收入比例提高到 1.5% 以上，部分行业领军国有企业达到了国际同类先进企业水平，企业

① 参见中华人民共和国统计局《中国统计年鉴 2015》，中国统计出版社 2015 年版。

发明专利申请和授权量增长迅猛，企业正日益成为技术创新的主体；二是国有企业与高校、科研院所等机构的合作更加深入，形成的机构间风险共担与收益共享的合作机制，使国有企业创新环境进一步优化，形成的一批资源整合、开放共享的技术创新服务平台，既能发挥国有企业在了解市场和资金雄厚的优势，又能充分利用科研机构提供的实验基础设施和优秀的人才资源，有效激励了各机构共同推进科研成果产业化，实现国有企业、高校和科研机构间的强强联合，形成了产学研相结合的技术创新体系。此外，经过历次国有企业改革，国有企业逐渐卸下了沉重的历史包袱，成为充满活力的市场主体。在激烈的市场竞争中，逐渐形成了以市场为导向的科技创新体系。

第三，国有企业在创新发展方面发挥着重要作用。国有企业是创新驱动发展的重要参与主体，是不可或缺的重要组成部分，是中国实现创新驱动发展的重要推动力量。随着国有企业改革的不断深入，国有企业在创新发展方面取得了巨大成就。近年来，一部分重大科技创新项目充分展示了国有企业在创新驱动发展方面所发挥的巨大作用，如高速动车、通信4G标准、载人航天等。在培育和发展战略性新兴产业方面，国有企业更是发挥了领头羊角色，使我国在核电、风电、新能源汽车等领域达到世界先进水平。此外，更为重要的是，近年来国有企业科研骨干力量呈现人才济济的倍增趋势。正是拥有一支较为强大的技术创新人才队伍，国有企业在一些关键技术领域才取得了一系列的重大突破。

第四，国有企业创新驱动发展成效明显。近年来，国有企业专利申请和授权数量保持了快速的增长，尤其在国民经济发展和关乎国家经济安全的重点领域中，已经掌握了一批先进的技术。2012—2014年，规模以上工业国有企业专利申请数分别为30790件、23124件和23324件。其中，发明专利申请数分别为11248件、9319件和10423件，分别占专利申请数的36.5%、40.3%和44.7%①，可见国有企业发明专利申请数比重呈逐

① 参见中华人民共和国统计局《中国统计年鉴2015》，中国统计出版社2015年版。

年提高趋势，反映出国有企业在创新驱动发展中取得了重要成就。这些重要发明专利的应用，对于我国加快实现产业结构、产品结构调整和优化发挥了重要的支撑作用。

三 国有企业创新与率先转变增长方式

尽管近年来我国国有企业创新能力快速提升，在创新驱动发展方面取得了巨大成就，为中国经济结构调整、产业转型升级及创新驱动发展做出了突出贡献，但仍存在诸多问题。比如，大多数国有企业尚未彻底摆脱高投入、高消耗、低产出、低效益的粗放型增长模式，普遍面临高能耗、产能过剩等共性问题。① 国有企业对外技术依存度还比较高，在部分领域还缺乏具有自主知识产权的关键技术、核心元器件、重要新材料，致使其缺乏核心竞争力，处于全球产业链的底端，在国际竞争中处于不利地位，依靠科技创新进入世界500强的企业仍然不多。具有高科技含量的关键装备基本上依赖进口，国有企业在关键技术上对外技术依存度在50%以上（发达国家平均在30%以下，美国和日本在5%左右）。由于技术、知识产权、销售终端等封锁，国内企业难以获得关键技术和控制核心环节，缺乏核心竞争力。例如，芯片被喻为国家的“工业粮食”，是所有整机设备的“心脏”，芯片产业1美元的产值，可以带动信息产业10美元的产值和100美元GDP。而我国芯片产业每年进口额2000多亿美元，超过了石油和大宗商品，是第一大进口商品。全球半导体市场规模3200亿美元，约54%的芯片出口到中国，但国产芯片的市场份额只占10%。全球77%的手机是中国制造，其中不到3%的手机芯片是国产。②

解决以上问题的根本路径、有效办法和政策举措，就是要按照《建议》强调的，加快健全技术创新的市场导向机制，促进企业真正成为技术创新决策、研发投入、科研组织和成果转化的主体；大力支持行业领军

① 参见中国创新型企业发展报告编委会《2010中国创新型企业发展报告》，经济管理出版社2010年版，第89—90页。

② 参见《我国芯片市场被发达国家垄断》，《经济参考报》2014年6月9日。

企业构建高水平的研发机构，鼓励开展基础性前沿性创新研究；吸引集聚全球优秀人才，培育具有国际竞争力的创新型企业，等等。同时，对于大多数国有企业而言，要实现赶超国际先进水平，跻身国际一流企业，还需要继续在改革国有企业管理体制，完善企业治理结构等方面下大功夫。

第一，为国有企业创新驱动发展营造良好的外部环境。从国外发达国家经验看，在一个公平而充分竞争的市场环境下，企业会通过不断创新来更好迎合消费者需求，以获得市场竞争优势，达到获取超额利润的目的。因此，要实现促进国有企业创新驱动发展，需创造一个公平而充分竞争的外部环境。首先，要营造公平竞争的市场环境，打破国有企业不合理的垄断地位，引入市场竞争机制，让国有企业与市场各种所有制企业之间展开公平而充分的竞争，使创新驱动发展成为国有企业在市场竞争中立于不败之地的制胜法宝。其次，从政府层面看，还需制定和完善国有企业技术创新激励机制，借助政府规章制度促进市场体系的发育，更好发挥政府宏观调控职能，加强政策面导向，通过政策法规、财政税收等支持国有企业提高自主创新能力，促使其与大学和研究机构实现深度融合，并积极营造适宜自主创新的教育与文化环境。最后，深化改革，实施供给侧改革，加大税收、金融、技术创新、人力资本积累等制度变革，大幅度降低企业税负，简化税制，取消一切不合理的乱收费，让企业尤其是新创企业有宽松的生存和发展环境。

第二，加大国有企业创新驱动发展投入力度。加大对国有企业创新驱动发展投入力度，需完善国有企业用于科研投入的稳定增长机制，保障企业能获取必要的科研资金。政府要加大对国有企业创新驱动发展的支持力度，改革创新科技投入方式，进一步探索贷款贴息、财政补助、科研资金入股等多种制度。针对当前科研管理存在的问题，应逐步完善科研项目立项及评审的相关规章制度，形成能促进科技创新的科研经费管理制度。加大在科技人才队伍建设方面的投入，为科研人员创造良好的科研条件，充分发挥其聪明才智，为国有企业创新驱动发展提供源源不断的智力支持。

第三，激发国有企业创新人才的创新积极性。国有企业在实施创新驱动发展战略中，创新人才是第一推动力，而在现实当中，多数国有企业创新人才不足，成为制约其创新驱动发展的重要原因。为此，一方面，要培育和激发国有企业管理者的创新精神，企业管理者是整个企业创新精神的基因和源泉，是带领企业自主创新的主要组织者和实施者，从国内国外经验看，凡是创新水平较高的企业背后都有一位优秀的企业管理者，凡是拥有不断创新精神的企业，其自主创新水平都比较高。另一方面，为了提高国有企业创新驱动发展能力，必须完善国有企业管理者的培育、成长、引进与选拔任用机制，要在全社会引进具有创新精神的企业管理人员，优化国有企业人才资源配置，积极推进国有企业管理者的职业化水平，形成国有企业管理人员群体的创新效应与氛围。

第四，增强国有企业自主创新的社会责任感。对于国有企业而言，国有企业发展的最终目的并不仅仅是企业自身利益最大化，而是服务整个社会，国有企业管理人员应更关心国家发展战略和经济社会需求，国有企业创新驱动发展不仅关系到国有企业自身的竞争力和利益，还关系到中国经济能否顺利转变增长方式，实现经济可持续发展。让国有企业管理者意识到创新驱动发展对国家、企业及个人的重要意义，能有效激励他们尽力去推动自主创新，这就需要宣传创新驱动发展的必要性，并完善竞争机制，增强国有企业管理者的危机感和社会责任感，更好地为国有企业创新驱动发展提供强大动力。

第三节　民营经济要积极参与创新发展

现阶段，国有经济垄断整个经济的总格局已经发生了根本变化，民营经济的出现和兴起，激发了社会各方面发展经济的热情，对我国经济快速发展具有重要意义。首先，民营经济的快速增长有力地提升了国民经济的发展速度。2014 年，全国私营企业法人单位数达到 726.6 万户，占全国实有企业总数的 68.4%，个体工商户达 4984 万户，民营经济的固定资产投资高达 72.6%。其次，民营经济的发展有利于扩大劳动就业，促进社会稳定。我国人口数量众多，就业压力巨大，民营经济创造了大量就业岗位，对于缓解我国就业压力做出了突出贡献。1978 年，国有单位就业人员数为 7451 万人，私营企业和个体就业人员数不足 100 万人，国有单位承担了绝大部分人的就业。随着国有企业改革的深入，2014 年，国有单位就业人数减至 6312.3 万人。相反，私营企业和个体户从业人员快速增加到 24975 万人①，民营经济已成为我国创造就业的主力军；此外，有利于满足社会成员对各种各样商品、劳务的需求，提高人民生活水平。公有制经济可以满足整个社会的部分根本性需求，但不能满足全体社会成员多样化的需求。而民营经济在加工农副产品、活跃市场、提供餐饮服务等方面发挥了有益作用，极大地满足了人民衣、食、住、行的需求，提高了人民生活水平。

然而，我国民营经济经过 30 多年的发展，已经步入新的成长期，面临着转型升级的艰巨任务。现阶段中国经济环境发生了根本变化，呈现出新常态，从高速增长转为中高速增长，经济结构优化升级，从要素驱动、投资驱动转向创新驱动。在新常态下，民营经济面临着更为复杂的挑战和机遇，其发展需要进行根本性的转型，实现从粗放型增长方式向创新驱动型增长方式转变，构建新型产权结构、管理体制和经营方式以适应现代市场经济的需求。

一　创新驱动发展是民营经济可持续发展的必由之路

第一，民营经济走创新驱动发展道路是从粗放型增长方式转为集约型增长方式的必然选择。20 世纪 80 年代，随着市场经济的逐步发展，民营经济取得了巨大发展，大部分企业由"个体户"起家，逐渐发展成为各类民营企业。但由于市场化改革并非一步到位，而是渐进式改革，民营经济是在一个缺乏完善的市场经济体制中成长起来的，使得多数民营企业存在一些先天不足，如投资者缺乏创业经验，盲目性较大，成功率较低；追求目标短期化，采取不正当竞争手段获取近期利益；初始积累不足，起步水平不高，低水平重复投资，难有后劲；尤其在企业制度方面，民营中小

① 参见中华人民共和国统计局《中国统计年鉴 2015》，中国统计出版社 2015 年版。

企业仍存在比较明晰的缺陷。[①] 在新经济时代下，长期的粗放式经济增长难以为继，迫使民营企业转变经济增长方式，努力构建自身的创新体系，走创新驱动发展的道路。

第二，民营经济走创新驱动发展道路是增强自身核心竞争力的客观要求。自我国加入WTO以来，国内市场逐渐对内、对外都更加开放，不但形成了国内统一的大市场，而且与世界经济高度一体化。在新的开放型经济背景下，民营企业会面临国内，乃至国外一流企业的激烈竞争，必然走创新驱动发展道路，增强自身核心竞争力。此外，随着我国社会主义市场经济体制的逐步完善，政府干预和其他非市场因素对企业发展影响越来越小，取而代之的是市场供求关系与商品的内在价值。部分民营经济想利用政商关系、市场垄断等非市场因素获取超额利润的机会将越来越少，只有遵循市场经济的客观规律，通过走创新驱动发展提升自身核心竞争力，在激烈的市场竞争中处于不败之地。

第三，民营经济走创新驱动发展道路是增强我国自主创新能力的重要保障。

发达国家实践经验表明，民营经济是自主创新的最重要组成部分，要走创新驱动发展战略，必然依靠民营企业。如在美国，中小民营企业拥有70%以上的专利，中小企业的平均创新能力是大企业的2倍以上；美国商业部的研究表明，二战以来，50%的革新和95%的开创性革新都来自新建的小企业。[②] 在我国，目前民营经济已经成为社会主义市场经济的重要组成部分。可以预见，未来我国民营经济占国民经济的比重还会进一步加大，我国经济发展的主要动力将越来越体现在民营经济的发展上，民营经济将成为经济发展的主要新兴力量。因此，民营经济走创新驱动发展道路，既能促进我国经济发展方式转变、产业结构转型升级，又能增强我国产业竞争力和可持续发展能力。

---

① 参见巢来春、余玉龙《构建民营企业创新体系研究》，《经济与管理》2003年第11期。

② 参见洪德良、李荃《提高自主创新能力，中小民营企业的生存之道》，《经济理论与实践》2008年第6期。

二 民营经济创新驱动发展的基础与外部条件

第一，民营企业的创新驱动发展意识在不断增强。随着我国民营经济的日益壮大，民营企业的创新驱动发展意识逐步提高，企业自主创新投入大量增长。近年来我国规模以上工业企业研发投入持续增长，从2006年的3175.8亿元增长到2014年的9254.3亿元，增长了2.9倍，年均增长14.3%。从私营企业和全国企业各年的研发经费投入的变化对比情况看，私营企业的变化趋势与全国企业都呈现出持续增长，从2006年的227.1亿元增长到2014年的2026.8亿元，年均增长31.5%，远远高于全国工业企业研发投入的年均增长率。[①] 这表明民营企业在研发的投入上较为积极，创新驱动发展意识正不断增强。

第二，民营经济是支撑我国走创新驱动发展战略的重要力量。随着市场经济体制的逐渐完善，民营经济快速发展，许多民营企业开始走创新驱动发展战略，并取得了丰硕成果，成为支撑我国走创新驱动发展战略的重要力量。图3—3显示了我国2006—2014年民营企业和全国企业各年专利申请量的变化对比情况，可直观看出两条曲线的变化趋势基本一致，专利申请量均逐年升高。2006年，全国企业和民营企业提交的专利申请分别为69009件、9809件，而2014年则迅速上升至393480件、202849件，分别年均增长24.3%和46.0%，表明民营企业专利申请量的增速远高于全国企业。从民营企业专利申请量占全国专利申请量的比例看，该比例从2006年的14.2%快速上升至51.6%，反映出民营经济的专利申请量快速增长，正成为支撑我国走创新驱动发展道路的重要力量。[②]

第三，积累了丰富的创新人力资源，研发能力持续提高。拥有丰富的创新人才是民营企业走创新驱动发展道路的前提，我国民营企业在不断壮大过程中，积累了丰富的创新人力资源。首先，我国民营企业创新人才丰

① 参见中华人民共和国统计局《中国统计年鉴2007》，中国统计出版社2007年版。

② 同上。

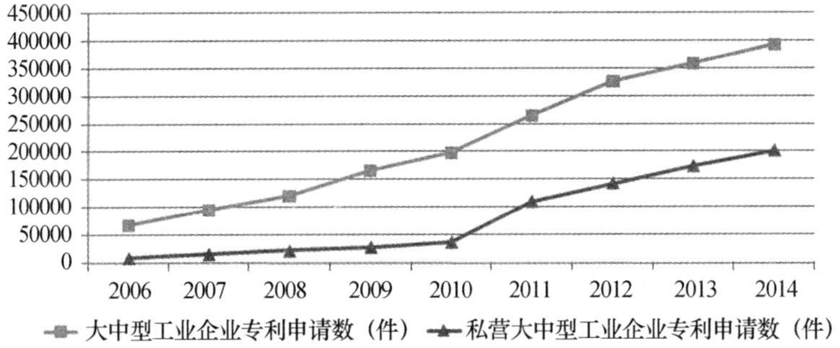

图3—3　我国民营企业专利申请情况

富，自身创新能力不断提高。2006 年，私营企业研发人员全时当量仅为 14.8 万人，占全国企业从事研发人员的 7.8%。但 2014 年，私营企业研发人员当量迅速上升至 60.6 万人，占全国的 22.9%；其次，民营企业管理日益现代化，逐步打破了家族企业的管理模式，有利于外部创新人才充分发挥作用，形成对创新人才有巨大吸引力的创新平台；此外，众多优秀民营企业的涌现，有助于改善民营企业的工作环境和待遇水平，为创新人才形成良好的就业环境。

第四，民营企业创新驱动发展的环境大为改善。改革开放以来，我国逐渐从计划经济转向市场经济，市场在资源配置中起决定性作用的机制逐步建立。在实施创新驱动发展战略的过程中，各级政府通过不断解放思想，破除思想壁垒和制度樊篱，积极营造出大众创业、万众创新的政策和制度环境。在已有的法律法规基础上进行了修改、补充和完善，对民营企业技术创新过程中遇到的相关问题作出了法律规范，并加大了执法力度，从制度上着力解决“玻璃门”“弹簧门”问题，从而能为民营企业走创新驱动发展战略提供良好的法律保障。此外，政府还加强了对民营经济的宏观调控，逐步完善机构体系的建设，提高综合服务能力，并积极引导和支持一些行业协会、社团及民间组织参与到民营企业的创新驱动发展战略中。

三 民营经济要积极参与创新发展

尽管我国民营经济具备了创新驱动发展的基础和外部条件，但仍面临不少问题，如融资难、缺乏创新性人才及体制机制不合理等。因此，需进一步采取有效措施来鼓励和支持民营经济积极参与创新驱动发展。

第一，转变政府职能，为民营经济营造良好的创新驱动发展环境。《十三五发展规划建议》强调："推动政府职能从研发管理向创新服务转变。"[①]"深化行政管理体制改革，进一步转变政府职能，持续推进简政放权、放管结合、优化服务，提高政府效能，激发市场活力和社会创造力"[②] 只有真正实现了这个转变，打造出较好的政务环境，才能有助于推动民营经济创新驱动发展。虽然从党的十八届三中全会以来，按照全面深化改革的要求，在政府职能转变方面有很大的改革力度，取得了很多的改革成效，但是我国在推进政府行政管理体制改革上仍有空间，仍然需要进一步转变政府职能，打造"服务型"政府，为民营经济创新驱动发展搭建一流的公共服务平台，营造公平、自由、竞争、法治的市场环境。转变政府职能，为民营经济营造良好的创新驱动发展环境，其重点主要有三个方面。一是要完善知识产权保护体系。知识产权的保护是维护创新企业权益的重要保障。知识产权若不能得到有效的保护，必然严重打击民营经济自主创新的积极性。当前我国存在大量的模仿行为，例如，目前服装鞋帽行业中自主品牌少，而少数知名品牌产品却经常遭受假冒侵权的危害。这种假冒侵权行为导致企业打假维权成本高，严重影响其健康发展。因此，要完善我国知识产权保护体系，严格打击侵害知识产权行为，保护创新的利益不受侵害。二是要完善产业技术政策。制定、完善符合当前实际的产业技术政策，引导民营经济转型升级，支持民营企业开展新技术、新产品的研究和开发。三是要加大对民营经济的信息和技术中介服务支持。政府

① 习近平：《关于〈中共中央关于制定国民经济和社会发展第十三个五年规划的建议〉的说明》，《理论学习》2015 年第 12 期。

② 同上。

应积极培育技术交易的中介组织与经纪人队伍，搭建信息网络服务通道，为企业提供一个便捷、健全及高效的技术中介服务平台。

第二，加大财税扶持力度，引导、鼓励民营经济创新驱动发展。完善促进民营经济自主创新的财政、税收及政府采购政策，是解决民营经济创新动力不足问题的有效途径。一是要加大对民营经济创新驱动发展的税收支持力度。研究制定有利于民营经济自主创新的税收制度，并切实执行有关扶持自主创新的税收制度，为民营经济实施创新驱动发展战略提供有效的税收激励。二是要建立利益补偿机制，鼓励民营经济创新。政府应加大各级财政对企业研发的扶持力度，对符合产业规划的民营企业给予适当的补助，对企业自主创新进行利益补偿，引导和支持企业创新。三是要引导政府采购向民营高技术产品倾斜。进一步补充、完善政府采购政策，通过政府采购支持民营经济的创新发展，调动企业对创新投入的积极性。

第三，搭建融资平台，为民营经济构建自主创新的融资体系。目前，我国民营经济难以从直接或间接渠道获取融资，"玻璃门""弹簧门""旋转门"，甚至找不到"门"在哪儿的现象在这里尤其突出，"融资难"严重制约了民营经济的创新驱动发展。2016 年 6 月 22 日国务院总理李克强主持召开国务院常务会议，听取民间投资政策落实专项督察工作汇报，要求以不断深化改革调动民间投资积极性。他强调，要从坚持社会主义基本经济制度、坚决贯彻"两个毫不动摇"重大方针，推进结构性改革特别是供给侧结构性改革、促进新经济成长、推动发展升级的高度，来充分认识促进民间投资、发展民营经济的重要意义。他要求，要着力缓解融资难融资贵问题。严格落实金融支持实体经济发展的各项政策措施。① 为切实解决民营经济创新驱动发展的融资难问题，应搭建融资平台，建设多级多层次的资本市场。一是要积极培育直接融资市场。扶持中小企业板市场，让更多的中小企业能够进入直接融资资本市场。扩大和规范创业板市场，让中小高新技术企业的自主创新拥有良好的融资环境。二是要积极培育推

---

① 《李克强主持召开国务院常务会议　听取民间投资政策落实专项督查工作汇报　要求以不断深化改革调动民间投资积极性》，《新华网》2016 年 6 月 22 日。

进民营经济自主创新的间接融资资本市场。重点是完善中小企业融资信用担保体系，鼓励大型银行向符合条件的企业融资。同时还要引导民间资本设立服务民营经济自主创新的专业银行，有针对地提供直接融资服务，切实解决高新技术企业融资难问题。

四 加快人才队伍建设，提高民营经济研发能力

要实现民营经济创新驱动发展，根本而言还需要民营企业自身实力的增强。我国民营经济的转型升级需要注重民营企业的自身建设，尤其是与民营企业创新能力息息相关的人才队伍建设。一方面，支持民营企业人才队伍建设。高度重视民营企业服务人才的培养、引进和使用，广开渠道引进和培养人才。创新人才引进机制，根据企业创新驱动发展战略，引进急需的科技人才，为各类创新型人才提供良好的研发平台，并根据企业自身需要，建立创新人才培训机制，不断提高创新人才的科研能力。另一方面，努力培育一种支持创新的企业文化。为激发创新型人才积极性，民营企业应制定相应的激励机制，对取得成就的要给予一定的物质和精神奖励，对于暂时的失败应适当理解，打造一个环境宽松的企业创新文化。

第四节 推进创新体制的系统化改革，使企业真正成为创新主体

以上我们围绕“构建各种经济共同参与创新驱动体制”这一主题，分别从国有企业和民营企业两个方面进行了分析，强调了这样的观点：作为我国经济社会发展重要基础的公有制经济和非公有制经济，取长补短、相互促进、共同发展，有利于促进产业结构优化升级，有利于更好实施创新驱动发展战略和制造强国战略，有利于促进全面建成小康社会目标的实现。同时，我们还强调了这样的观点：企业创新能力建设是实现创新活动价值增值循环的关键；企业创新能力建设是提高国家创新体系效率的关键，因此，归根结底企业创新能力建设是关键。我们还要进一步强调这一观点：为要使企业真正成为创新主体，企业创新能力建设实现跨越式发

展，需要进一步加大改革力度。首先要转变理念，包括我们政府和企业以及社会的观念；体制要改革，包括深化科技和创新体制机制的改革。我们需要一个基于市场经济的、国家又大力支持的技术创新体制。为此，在新一轮深化改革中落实创新驱动战略，让企业真正成为创新的主体，必须推进创新体制的系统化改革。

我们看到，近两年来我国政府密集颁布了一系列重要文件和措施，如《关于深化中央财政科技计划（专项、基金等）管理改革的方案》《关于开展深化中央级事业单位科技成果使用、处置和收益管理改革试点的通知》等。尤其是国务院在 2015 年 3 月发布的《中共中央国务院关于深化体制机制改革加快实施创新驱动发展战略的若干意见》，十分关注如何营造公平竞争环境、激励企业和全社会的创新行为。这充分体现了推进创新体制系统化改革的思路、目标和政策举措。因此，在以上分析的基础上，还需要进一步聚焦于企业和政府在体制机制上改革这两个重点。

一　进一步完善企业的创新治理机制

党的十八届三中全会十分强调治理的重要性，尤其是建立科学、规范、有效地法人治理结构，对于企业、特别是国有企业具有重要的现实意义；实现企业制度创新，使企业、特别是国有企业成为具有可持续发展能力的现代企业集团，有着决定性的意义；而完善法人治理结构，是企业、特别是国有企业制度创新的迫切需要。以完善法人治理结构为例，实践证明，只有完善法人治理结构才能提升企业的经营绩效，只有完善法人治理结构才能规范公司行为，只有完善法人治理结构才能强化企业融资功能，只有完善法人治理结构才能实现企业的改革突破。尤其是从落实创新驱动战略的角度看，要让企业焕发创新活力，增加研发投入固然重要，但是完善企业创新治理机制却更为紧要。学者陈劲认为，企业的创新治理机制在完善中需要重点把握三个环节：“一是完善董事会成员的构成，增强董事会成员的科技素养、创新意识和全面创新的视野，加大董事会议程中对创新的关注和科学治理。二是在企业高层管理人员中增设企业首席创新主管，来进一步规划创新工作，重在对企业的战略方向、企业的市场态势以及科技发展的动态给予综合把握和超前规划。三是在董事会之下增设企业的创新管理委员会，以把企业的创新工作更好地落实。”①

二 进一步加快科技和创新体制的系统化改革

加快科技和创新体制的系统化改革，这是我们在探索过程中取得的经验教训，也是我们进一步改革的目标所在。实践表明，只有以聚焦企业创新发展的市场环境和制度建设为重点的系统化改革，才能为企业真正成为创新主体奠定重要的制度基础，让创新源泉得到充分涌流。

第一，要强化企业在技术创新体系建设中的主体作用，形成小微企业、大中企业、科研院所共同构成的“多级火箭助推机制”。一般来说，企业创新能力建设需要互惠共赢的产学研合作机制，需要在公共部门与企业之间构建创新风险分担机制，只有这样，才能在产学研合作基础上实现平等合作、互惠共赢。如何在不同的观点和利益的基础上均衡和调整多元化的利益，形成共同的利益和行为方式，形成“多级火箭助推机制”；如何引导创新主体建立产业技术创新战略联盟，鼓励新型的专业化研发组织发展；如何注重增强企业消化、吸收引进技术并在此基础上进行二次创新的能力，加强创新成果转化与应用的能力，等等，这些都需要通过政府治理制度和体系的科学设计和精心实施才能实现。

第二，积极营造有利于大众创业、市场主体创新的制度环境。在当前新一轮深化改革中，大众创业、市场主体创新对政府提出了更多更新的要求。比如，要求政府在进一步简政放权的同时，提高公共服务能力；要求突破不适宜的旧体制，以推进民营企业和新型科研机构、新社会组织的成长和壮大、推进高水平民营大学的发展；营造公平竞争与合作共赢的制度环境以及有效的政府规制体系，等等。显然，这些都是企业真正成为创新主体的重要制度基础。我们知道，2011 年，《美国创新战略》发表。该战略强调要在一些关键领域，出台一批政策为创新奠定基础，从而更好地激发美国内在的创造力，进一步增强私营部门活力，以确保发展更稳固、更

① 陈劲：《完善企业的创新治理》，《科技日报》2015 年 4 月 17 日。

广泛、更有力。总之，借鉴国际发展经验，实现创新驱动发展，充分发挥创新潜力，必须强化制度创新和知识产权保护，改革财税、金融、市场、价格、产业准入、政府采购等制度体系，加快构建开放公平、适度宽松的发展环境，为激励企业和全社会的创新提供制度保障。

第三，把引导创新要素向企业聚集的各项措施落到实处。我国企业创新能力整体上与发达国家行业领军企业相比仍然存在较大差距，这就迫切需要政府加大政策支持力度。当前我国技术创新体系普遍存在的问题是，企业科研投入不足、缺乏先进的研发型人才、企业科技创新机构不健全、企业内部科研活动大多处于低端水平、企业对引进技术成果的吸收再创新重视不够，财政科技拨款用于创新能力建设比例较低、支持创新的政策门槛还比较高、特别是工业企业受惠面小，还缺乏吸引社会资本支持创新的良好机制，对科技型中小企业的支持体系不健全等问题。因此，一是建立公开透明、长期稳定的激励机制，鼓励投资者进行长期技术创新投入。制定激励创新的普惠性政策，形成各类技术路线和企业公平竞争的环境。加强知识产权保护，保护创新者的积极性。加强部门统筹，建立技术研发、中试和产业化示范项目三位一体的支撑体系，对创新技术产业化给予支持。二是健全和完善多层次的资本市场，适应创新链条各环节的融资需要。强化税收金融及外交政策对行业领军企业全球化制造和创新网络建设的支持，使企业成为收获创新成果的主体。三是改进人才评价和激励机制，建立并完善企业创新突出贡献人才的荣誉和奖励制度，落实股权激励机制，加速创新要素向企业集聚，加快提升企业国际竞争力，等等。

2016 年 1 月 8 日国家科学技术奖励大会在人民大会堂举行。习近平总书记出席大会并为获奖代表颁奖，李克强总理发表热情洋溢的讲话。他再次强调，企业是经济发展的主体，也应成为创新的主体。他要求加快构建企业主导的创新机制，加快使创新成果转化为现实生产力。鼓励大企业增加研发投入、设立创新平台。通过财税金融政策、种子基金、风险投资等方式，支持创新型小微企业加快成长，为企业创新能力建设奠定重要的制度基础和环境，构建各种经济共同参与创新驱动的体制。可以预见，当千千万万企业致力创新，大企业“龙头”带动、中小微企业“特尖专精”，就一定能支撑起我国创新发展的新天地；党的十八届五中全会提出的推进以科技创新为核心的全面创新，形成大众创业、万众创新和吸引全球创新资源汇聚中国的新格局就一定能实现。最终，我国从世界制造工厂向世界创新工场的转变也一定能真正实现！

第四章

社会资本与构建协同创新体制

马克思在《关于费尔巴哈的提纲》中阐述了人与环境相互适应和创造的辩证关系；马克斯·韦伯在《新教伦理与资本主义精神》中概括了西欧人“文化变革→观念创新→产业创造”这一人与社会互动的逻辑。这些都强调了大力营造与创新相适应的社会环境的重要性。社会环境与创新相适应，突出地表现为支持创新的因素聚集、转化为“社会资本”，对创新过程产生协同效应。党的十八大报告指出，要“提高原始创新、集成创新和引进消化吸收再创新能力，更加注重协同创新”①。之所以要更加注重协同创新，是因为协同创新是当今科技创新发展的最新模式，是实施国家创新驱动发展战略的重要形式，是当代创新理论研究的热点。而社会资本对协同创新的积极意义在党的十八届五中全会提出的创新发展理念中有明确表述。《建议》指出，必须推动跨领域跨行业协同创新，促使“政产学研用”深度融合，实现政府与社会资本合作创新发展模式。② 在这一要求中，呈现了协同创新和社会资本之间如下紧密的逻辑关系：作为创新理想的战略规划蓝图必须以作为社会资本的社会关系网络为物质依托才有真正坚实的根本驱动力。因此，协同创新是实施创新驱动发展战略的协调发展模式，社会资本则是构建协同创新体制的动力机制。本章将从社

① 胡锦涛：《坚定不移沿着中国特色社会主义道路前进 为全面建成小康社会而奋斗——在中国共产党第十八次全国代表大会上的报告》，《求是》2012 年第 22 期。

② 参见习近平《关于〈中共中央关于制定国民经济和社会发展第十三个五年规划的建议〉的说明》，《理论学习》2015 年第 12 期。

会资本与构建协同创新体制的关系角度作一些研究。

第一节　协同创新的构建依赖社会资本协同

“社会资本”最早是由皮埃尔·布尔迪厄正式提出的一个重要的学术概念，后经詹姆斯·科尔曼发展成为一个分析社会经济问题的重要的社会学概念。目前虽然还没有一个权威性的统一定义，但各方面基本上认同罗伯特·帕特南的定义。他认为：“社会资本是指社会组织的特征，诸如信任、规范以及网络，它们能够通过促进合作行为来提高社会的效率。”①我们认为，协同创新作为合作创新体制在以下三个方面依赖社会资本来构建其协同体制：其一，协同创新要素集聚需要作为社会资本的社会资源来集聚协同，从而实现协同创新要素的集约化和规模化；其二，协同创新风险需要作为社会资本的社会股份来承担化解，从而使得协同创新能够持续健康发展；其三，协同创新利益博弈需要作为社会资本的社会产权来合理分割，解决协同创新因利益博弈所带来的“囚徒困境”。

一　协同创新要素集聚需要社会资本来集聚协同

创新要素聚集和协同是实现协同创新的基本前提和条件。党的十八大提出实施创新驱动发展战略，明确提出要“促进创新资源高效配置和综合集成，把全社会智慧和力量凝聚到创新发展上来”②。党的十八届五中全会在“培育发展新动力”之中也进一步强调激活和优化创新要素的重要性。

对于创新要素的重要性，从政治经济学的角度看，物质创新要素只是价值创新要素的载体，价值只能是物化社会劳动时间，创新要素本质不是物，而是一种资源性的社会关系；资本也不是物，而是一种生产剩余价值

---

① ［美］罗伯特·帕特南：《使民主运转起来》，王列、赖海榕译，江西人民出版社2001年版，第195页。

② 胡锦涛：《坚定不移沿着中国特色社会主义道路前进　为全面建成小康社会而奋斗——在中国共产党第十八次全国代表大会上的报告》，《求是》2012年第22期。

的价值。社会资本的性质则进一步表明，它是一种资本化社会关系网络，是集合各种创新资源要素的社会关系体，能够对各种创新要素发挥聚集协同作用。因此，作为资本化社会关系网络的社会资本，是聚集创新要素的社会机制。聚集协同创新要素必须依赖社会资本才能真正实现创新要素的聚集和协同。

第一，协同创新要素是一种处于社会关系体之中的协同体。[①] 创新要素不是一种单纯的资源要素，只是社会关系要素的载体和化身，社会关系是聚集创新要素的根本机制。在熊彼特提出经济创新理论之后，理论家们大多把注意力放到什么是创新要素以及创新要素的具体构成之上，企业家则把注意力放在努力去发现和发明各种创新要素，而对如何协同和组合各种创新的体制缺少必要的关注。其实后一个方面同样也是熊彼特要素创新理论所特别强调的，甚至是更为关键的。在协同学理论产生之后，人们开始注意在聚集创新要素中也存在大量类似协同学的协同问题。其实，协同是一个普遍的社会规律，即在聚集创新要素的过程之中，不仅需要发现各种创新要素，更需要重视各种创新要素之间的协同，这才是发挥创新能力的关键所在。Ans off [②]对此指出，必须把创新要素关系协同同时也看成企业创新价值来源而不是仅仅局限于创新要素本身。在他之后，学者们把协同理论应用到创新要素协同当中，认为创新要素协同具有如下三个基本特征。一是整体系统性。也就是把创新要素看成一个系统要素体，而不是各个单一实体。用数学语言表示就是："1 + 1 > 2"。二是非机械的自组织性。也就是说创新要素不是一种机械性排列组合，而是具有自我能动性的有机体。三是非线性的动态性。各个创新要素不是孤立静止不变的，而是有机动态联系的。

创新要素协同体现为社会关系体，却根植于社会生产关系体。马克思认为创新要素可以表现为人类自身的创新生产实践活动的主体、对象和工

---

① 参见孙冰、赵健《技术创新协同研究综述》，《情报杂志》2011 年第 11 期。

② 参见陆园园、郑刚《基于复杂性理论的企业创新要素协同研究》，《科技进步与对策》2009 年第 1 期。

具，是一种创新型的生产要素，体现人与人之间的创新性的物质生产关系。其基本要素具体表现为创新实践主体即创新人才要素，创新实践客体即创新材料和创新实践手段及其创新资料等三个基本创新要素。

熊彼特则具体地将创新定义为“企业家对生产要素之新组合”，创新要素主要包括开发引进新产品，采用新生产工艺，开辟新商品市场，新的控制性原料及其新的企业组织方式等。[①] 熊彼特同时还认为聚集创新要素有三个动力机制：一是企业利益和利润的最大化是企业创新的根本动力体制；二是赢得市场竞争优势是企业不断创新的直接动力机制；三是企业家不断勇于创新的企业家精神是企业创新的精神动力机制。其中，企业家创新精神包括企业家对创新的喜悦、坚强的意志及其对胜利的渴望等是十分重要的。“企业家”是企业当之无愧的创新主体，而企业创新的作用和意义就在于企业通过创新不断打破企业产品的既有模式，不断推动经济社会的发展。熊彼特关于创新要素的认识对企业经济创新理论产生了重要影响。20 世纪 70 年代，美国学者纳尔逊（R. Nelson）和温特（S. Twine）等人通过对企业创新行为机理的研究，进一步发挥了熊彼特对创新要素的理解。他们认为企业的创新行为是一个系统创新要素协同的结果，除了企业的技术创新这个核心要素之外，还应当包括组织创新和管理创新这些重要的创新要素。在此之后，美国学者弗里曼（Freeman）、多西（Dosi）、齐曼（Ziman）等人进一步认为，劳动力、资本、技术、人才、组织、管理、制度、知识、战略及其文化都是创新要素。

第二，社会资本是集聚创新要素的资本化社会关系机制。综合要素型协同是聚集创新要素协同的发展方向。[②] 一是制度聚集协同机制。制度经济学认为，制度在整个经济发展中具有基础性作用，是经济发展的本体。相对企业的其他创新要素来说，企业制度对企业创新要素具有先天的制约作用。企业制度的关键在于企业的产权制度，只有在与时俱进的协同性制

---

① 参见［美］约瑟夫·熊彼特《经济发展理论》，何畏等译，商务印书馆 1990 年版。

② 孙群英、毕克新：《企业创新要素协同模式研究现状及发展趋向》，《商业研究》2011 年第 8 期。

度创新条件下，企业的技术创新才可能持续长久。二是组织聚集协同机制。在组织经济学看来，组织是企业创新的基本单元，企业的创新行为是各种创新要素相互组织协同的结果，而不是单一创新要素的结果。在企业技术创新要素聚集当中，企业创新要素的组织协同能力对企业创新能力具有直接的因果关系。三是管理聚集协同机制。管理经济学认为，企业管理才对企业创新要素的聚集具有决定性影响。没有高效的管理协同创新能力，企业的创新要素聚集只能是一句空话。四是文化聚集协同机制。文化经济学指出，文化也是一种生产力，企业文化是企业创新的灵魂。在聚集创新要素协同机制当中，企业文化协同是实现企业创新要素协同的灵魂和导向。五是市场聚集协同机制。在市场经济学家看来，制度、组织、管理和文化都不是真正意义上的经济性创新要素，只有市场才是真正的经济性创新要素。企业技术创新作为经济行为，也必须通过市场协同才能够聚集创新要素。

在马克思看来，聚集创新要素只是人们之间相互结合的社会生产关系，而且是处于一定社会历史发展时期的生产关系，而其社会结合方式，如制度、组织、管理、文化和市场等都只是创新社会生产关系的特殊表现形式。马克思认为，要进行创新生产实践活动，各个创新生产实践要素之间必须结合在一定创新社会生产关系之中，而且只有在一定创新社会生产关系之下才有可能形成人们的创新生产实践活动。社会资本是聚集创新要素的资本化社会关系协同体制。对于社会资本，现代社会资本理论家布尔迪厄、科尔曼、帕特南及福山等人把社会资本理解为一种建立在社会信任基础之上的社会关系网络资源。马克思一针见血地指出，社会资本作为资本化社会关系资源网络是根源于资本化社会生产关系的。马克思说过："黑人就是黑人。只有在一定的关系下，他才成为奴隶。纺纱机是纺棉花的机器。只有在一定的关系下，它才成为资本。脱离了这种关系，它也就不是资本了。"① 因此，"资本不是物，而是一定的、社会的、属于一定历

① 《马克思恩格斯文集》第 1 卷，人民出版社 2009 年版，第 723 页。

史社会形态的生产关系……并赋予这个物以独特的社会性质”。[①] 在马克思看来，各种创新要素协同机制都是社会资本这种特殊化的社会生产关系资本化的特殊表现形式而已。换句话说，制度、组织、管理、文化及其市场等创新协同机制固然都可以成为聚集创新要素的动力机制，而且都能够发挥重要的作用，但是只有经济性社会资本才是聚集协同创新要素的生产关系机制。只有社会资本才是推动协同创新实践生产力的基本动力机制，同时也是聚集协同创新要素的基本动力机制，而制度、组织、管理、文化及其市场等动力机制都要受到资本要素的制约。

二 协同创新风险需要社会资本来承担化解

在风险社会条件下，创新风险是协同创新不得不面对的现实问题。一方面，由于技术创新是一种指向未来的创造性活动，而协同创新又是一种经济、技术、管理、制度及其文化相互结合的复杂协同行为，使得协同创新活动成功与否具有极大的不确定，协同创新客观上失败的可能性使得协同创新风险也在所难免。另一方面，由于协同创新是一种“政产学研用”各种创新主体相互协同创新发展的结果，参与协同创新的主体在组织性质、文化差异、价值取向和目标追求上存在巨大的不同，这就使得协同创新在过程、管理及其目标上具有极大的不确定性，从而使得协同创新在主观上也具有极大的不确定性而导致协同创新风险。在协同创新的主客观不确定性相互作用之下，由此产生的协同创新风险也会随着协同创新不断发展推进而爆发，这就会严重制约各个协同创新主体发挥协同力的积极性，甚至导致协同创新活动的终止、破裂直至失败。因此，有效化解和分解协同创新风险就成了有效发挥协同创新体制的必要条件，而协同创新风险就成了协同创新理论研究所必须解决的一个关键问题。社会资本作为资本化社会关系网络，能够通过资本化社会关系的集体力量来有效化解和分担创新风险，从而保证协同创新的持续健康发展。

第一，协同创新风险是一种创新技术经济价值风险。协同创新风险来

① 《马克思恩格斯文集》第7卷，人民出版社2009年版，第922页。

源于协同技术创新的不确定性。由于科学知识创造本身是一个不可预期的过程，往往创新目的与创新结果不一致，使得创新科学知识具有极大的偶然性和不确定性。可以说，不确定性是科学技术创新的一个基本特征。国际著名创新研究学者保罗森指出，不确定性是讨论和研究技术创新的一个有着支配性的关键概念，这种不确定性就是科技创新知识的可能性、随机性和无限性，其中有主客观两方面的原因。一方面，协同创新知识的不确定主要来源于协同创新认识主体的有限性、局限性及其差异性，这是诱发和产生协同创新风险的主体根源，也是产生协同创新的主观内生变量。著名科学哲学家波普尔早就指出，协同创新风险往往不在于协同创新成果，而肇始于协同创新之初即协同创新主体对协同创新问题认知问题所产生和带来协同创新风险。另一方面，协同创新风险同样来源于协同创新对象即物质世界的复杂性、多样性和无限性。混沌理论、概率学、测不准原理等模糊科学的出现都是世界创新知识的多样性、丰富性和不确定性的表现。人的创新认识对象的无限性是人类创新知识不确定的根源。正是这种主客观具有的不确定性，造成了以科技创新为核心的协同创新的不确定性，成为协同创新风险的主导因素。

协同创新风险是协同创新经济价值的不确定性，也就是协同创新经济价值的有限性。经济学家奈特认为协同创新作为一项经济创新行为，其企业技术协同创新的风险也只能是来源于企业技术创新产品能否获得经济上的成功，而企业技术创新成果的经济效益对技术创新成果本身是一个外生变量。经济学家霍奇逊认为："在某些情况下，创新是出于偶然而出现的，其他如创新项目的性质和应用状况也不可能事先就认识到。由于将来的技术发展还是一个谜，具有许多难以确定的东西，所以我们对尚未出现的市场还不能有全面的了解。"① 因此，在经济学家看来，协同创新的不确定不在于协同技术创新本身，而是在于协同技术创新的经济价值。也就是说，在经济学看来，所谓技术创新的风险性是指技术创新产品所蕴含的

① 霍奇逊：《现代制度主义经济学宣言》，北京大学出版社 1993 年版，第 251、241—242 页。

经济价值的有限性或或然性。

第二，风险社会资本通过股权配置来分解创新风险。[①] 风险社会资本是投资在风险企业的股份社会资本。20 世纪 80 年代以来，协同创新一方面加速了科学技术创新，使得一大批具有发展潜力的中小型技术创新企业出现；另一方面，在协同创新过程之中出现的协同创新风险导致协同创新的终止和失败也是比比皆是，由此也呼唤和催生了金融创新。为了有效防止和化解协同创新所带来的协同创新风险，在金融创新的引导下，结合社会资本的学术浪潮，产生了一种全新的资本形态即风险社会资本。目前人们对风险社会资本的理解已经形成如下两种有代表性的学术观点。一是美国风险资本协会（NVCA）认为，所谓的风险社会资本是一种具有高利润和高风险权益资本。它由金融社会资本家对发展迅速且有巨大发展潜力的新兴企业所实施的一项权益资本的投资。这是广义的风险社会资本的概念。二是欧洲风险资本协会（EVCA）认为，所谓的风险社会资本是一项风险投资行为。它是由专门的风投公司对具有巨大发展潜力的重组型、扩张型或成长型的高新技术产业及其企业提供创业资金支持并参与资本管理的投资行为，也可以称为狭义风险社会资本。著名学者格林伍德认为所谓的风险社会资本就是对高风险企业所投资的风险剩余社会资本；阿姆认为所谓的风险社会资本就是一种高额利润刺激下对新兴成长企业所投资的冒险社会资本。基于这些认识，我们认为，风险社会资本作为一种特殊的剩余社会资本，是作为社会共同体的一般社会资本在风险企业的特殊表现形式。风险社会资本作为一种风险投资社会行为，又可以称为创业社会资本，是对具有高利润同时又具有高度不确定性、高风险的高新技术产业所进行的股权融资和投资行为。

混合型社会股权是风险社会资本的本质特征。[②] 在风险社会资本投资市场之中，风险社会资本比一般社会资本存在更高和更大的风险，这主要是由于风险社会资本的投资对象，即中小型协同科技创新企业的创新风险

---

① 参见冯晓莉、师萍《国外风险资本市场理论研究综述》，《经济问题》2005 年第 5 期。

② 参见叶晓凌《风险资本与风险资本市场》，《财经科学》2000 年第 2 期。

比一般科技企业创新风险更大和更多而已。因此，作为特殊混合型资本的风险社会资本与一般单纯社会资本相比就具有自己不同的资本特性，这样风险社会资本才能分担协同创新的中断和失败所带来的协同创新风险。这主要表现为以下几点。一是投资主体的不同。相对一般企业投资主体来说，风险社会投资的主体一般资本量都比较大，是非常有经验和成熟的风险投资的自然人和法人，并且具有巨大抗击资本投资失败所带来风险的能力，而不是一般量小社会资本投资主体。二是投资对象不同。相对一般企业的投资对象来说，风险社会投资的对象是处于发展迅速且潜力巨大的高新技术企业和产业，而不是一般具有稳定的固定利润率的传统企业和产业。三是投资方式的不同。相对一般社会资本投资来说，一般社会投资是一次性投资，流动性比较大，是通过分配股息或者股权增殖来获得利润。而风险社会资本的投资是多次投资，投资具有长期性和反复性，而且风险社会资本投资者的目的不是获得股息，而是通过风险社会资本退出的时候其股权增值来获利。四是风险社会资本的管理上市标准不同。相对于一般上市公司来说，其管理标准是企业的生产规模、经营业绩及其财务状况等，其上市管理标准比较高且极其严格。而风险社会资本的投资企业对其企业规模、经营业绩及其财务状况等的关注度相对来说要低很多，其主要看重的是风投企业的高新技术产品的发展潜力和未来的经济价值。

总之，我们认为风险社会资本作为一种共同体资本，能够通过资本化社会关系有效化解和分担协同创新风险，尤其是经济效益风险，从而使得协同创新可以通过风险社会资本不断持续健康发展。

三　协同创新利益博弈需要社会资本来合理分割

协同创新利益是维持和发展协同创新的基石。在协同创新活动之中，一方面要表现为协同创新风险共同承担，另一方面也表现为协同创新利益共享。我们知道，创新利益协同是协同创新的根本动力体制所在。这是因为协同创新是不同创新主体的合作创新行为，而协同创新者的利益是维系协同合作创新的共同基础。然而，由于协同创新利益是一种建立在利益相关者基础上的合作利益，创新合作利益博弈也就在所难免。协同创新的

“囚徒困境”现象证实了这一判断，从而造成协同创新的“公共地悲剧”。因此，构建合理、健康、有序及有效的协同创新利益分配体制，消除基于协同创新利益博弈行为而导致的协同创新“囚徒困境”就成为凝聚协同力量、提升协同绩效和促进协同运作的基石。在解决协同创新因为利益博弈而造成的“囚徒困境”体制上，社会资本作为一种利益相关者公共体，可以通过资本股权量化分配来确保创新利益分配的合理性，从而破解创新利益博弈的“囚徒困境”，为协同创新奠定了坚实的社会合作基础。

第一，协同创新的“囚徒困境”在于创新利益的“囚徒困境”。所谓合作的“囚徒困境”原意是指：两个共犯因为在信息不完全和无法信任对方的前提下不能串供，不是同时选择沉默对抗而是选择倾向于互相揭发，最终导致合作失败。社会合作的“囚徒困境”表明私人理性博弈最终导致了公共非理性，深层地揭示了合作社会私人信任的缺失。其实，“囚徒困境”是现代公共社会中一个普遍存在的社会现象，在本质上都体现为个人利益与社会利益之间的“囚徒困境”。协同创新同样面临创新团队集体行动及其协同合作的“囚徒困境”问题。这集中表现在对协同创新产品利益分配的博弈及其“囚徒困境”。导致合作协同创新的“囚徒困境”的原因很多，有法律的、心理的、文化的和社会的，但是根源于协同创新产品的经济利益的矛盾和冲突是不容置疑的。因此，协同的创新利益博弈是协同创新“囚徒困境”的本质所在，也是协同创新“囚徒困境”的根源所在。

协同创新“囚徒困境”在于协同创新利益博弈的“囚徒困境”。基于协同创新视角，协同创新集体行动逻辑的“囚徒困境”主要表现在知识逃逸、风险规避及其物质利益争斗这三个方面。所谓知识逃逸“囚徒困境”，是指创新主体由于担心在协同创新中因为知识共享而带来自己核心知识的无形流失但又没有获得相应额外的经济补偿的现象。这也是协同创新利益“囚徒困境”在知识产权方面的体现。共享知识产权的公共性使得知识产权的补偿变得模糊不清，而如果一旦发生企业核心知识的逃逸将会对企业的核心竞争力产生致命的影响。所谓风险规避“囚徒困境”现象，是由于高新技术创新具有极大的不确定性，使得创新产品具有高度的

“风险性”。如创新需要的消失、创新企业的退出和创新知识的逃逸都可以导致创新的失败。尤其是在面对技术变革、政治危机和经济危机条件下导致协同创新的各个主体无法按照契约行事的时候，协同创新往往流产而归于失败，使得创新主体选择规避创新风险，从而出现共享创新风险的“囚徒困境”。所谓物质利益争斗的“囚徒困境”，集中表现为创新产品的个人利益与公共共享利益之间分配的矛盾。因此，正确处理和合理划分协同创新产品的利益分配，是化解合作协同创新的“囚徒困境”的关键所在。

第二，社会资本是破解合作协同创新利益博弈“囚徒困境”的社会路径。利益相关者是化解协同创新“囚徒困境”的理论基础。[①] 在认知理论上如何化解协同创新“囚徒困境”即协同创新集体行动困境，利益相关者理论为人们破解协同创新“囚徒困境”提供了社会认知基础。利益相关者理论认为，对于股份制企业来说，各个股东绝对不是没有利益联系的私人利益，而是具有共同利益相关者的私人利益。其利益相关者的成员小到股东、债权人、经理人员、雇员、消费者、供应商，大到企业法人、政府、社区居民乃至整个社会共同体。总之，凡是能够影响企业活动或被企业活动所影响的人或团体都是利益相关者。因此，社会本身就是一个利益相关者的共同体。随着科技创新在企业经济利益中发挥越来越重要的作用，科技创新也是一个利益相关共同体，这就必须从利益相关者角度来正确处理好企业创新主体之间的利益博弈。

社会资本是破解协同创新利益“囚徒困境”的社会路径。在实践上如何走出协同创新的“囚徒困境”，不同的学者基于不同的理论视角给出不同的实践答案。博弈论学者认为，既然社会合作“囚徒困境”本质表现为信息不完全的非理性博弈，而协同创新也同样体现集体协同创新的非理性，那么只能通过协同创新的集体重复多次博弈和沟通，进而建立协同创新主体之间的良好信用协调机制，在解决协同创新的信任脆弱这一关键

---

① 参见陈涛、曾良才、孙伟、吴世军《基于利益相关者视角的产学研协同创新研究》，《武汉科技大学学报》（社会科学版）2012 年第 6 期。

问题之后，协同创新的“囚徒困境”也就破解了。经济学家们认为要真正破解协同创新的“囚徒困境”就必须从创新产权这个角度出发，通过产权明晰来解决协同创新的“囚徒困境”。从科斯定理出发，协同创新之所以会必然出现“囚徒困境”，一个根源在于协同创新的产权不明晰。明确的协同创新产权对协同创新走出“囚徒困境”至少有如下三个方面的积极意义：一是意味着协同创新有明确的目标，只有建立在协同创新的产权基础之上的协同创新目标才是现实和可行的目标；二是意味着协同企业所承担的创新风险责任和义务，明确协同创新风险责任是以产权为边界的；三是协同创新产权的确定可以为协同创新产品利益的分配划定可靠的量化边界，这是最为关键的。把协同创新产权作为破解协同创新的“囚徒困境”有其重要作用。而社会资本理论认为，社会资本是有效解决协同创新所产生的创新利益“囚徒困境”的社会路径。这是由协同创新利益博弈的“囚徒困境”本质是由于联合股份产权的本质决定的，社会资本作为一种联合的股份资本，为解决协同创新利益分配的“囚徒困境”提供了科学而可行的实在路径。因为社会资本是合理分配创新利益的体制。一方面，社会资本通过公共利益体制能够有效协调个人利益与公共利益之间的矛盾从而实现利益分配共享；另一方面，社会资本通过公共互惠信任合作体制来有效解决协同创新利益博弈的“囚徒困境”。

第二节　发挥社会资本在创新协同中的动力体制作用

从上面的分析已经看到，无论是协同创新要素的集聚，还是协同创新风险的承担，乃至协同创新利益分享都需要发挥社会资本对协同创新体制的建构作用。我们认为，社会资本可以从关系、认知和结构三个方面成为创建协同创新体制的动力机制。一是关系信任型社会资本。社会资本在关系上核心体现为一种制度信任“品性”关系体制。作为社会资本的制度信任能够有效化解协同创新主体间的信任认同危机，为协同创新主体提供公共利益制度信任体制作用。二是智力认知型社会资本。社会资本在认知上表现为一种公共理性精神。作为社会资本的公共理性精神能够有效包容协同各种社会创新要素，通过公共利益认知制度来激发各种协同创新要素主体的潜能作用。三是网络型社会资本。社会资本表现为一种网络性结构。作为社会资本的网络结构能够把创新主客体要素联结起来，通过网络结构发挥网络媒介体制作用。

一　信任关系型社会资本是协同创新的社会认同体制

协同创新能否持续最终成功，取得预期的创新成果，不但要依赖和取决于协同创新要素聚集，创新资源优势互补，创新风险共担及其创新利益合作共享，同时还取决于协同创新主体之间的相互信任关系。所谓协同信任就是在协同关系之中，一个协同创新主体对另一个协同创新主体基于公共利益期望所采取的对象性承认关系。在协同创新“囚徒困境”实践之中，由于协同创新利益“囚徒困境”所导致的协同创新“囚徒困境”，往往首先表现为协同创新信任关系的“囚徒困境”。而社会资本作为一种新型资本样态，为协同创新提供坚实的社会基础，同时也为协同创新信任的“囚徒困境”提供了新的解释范式。不管在社会资本具体内涵上有多么大的分歧，社会资本理论家大多认为社会信任是社会资本的核心构成要素，是测度社会资本存量的关键性指标，是社会资本存在的重要表现形式。制度信任型社会资本表现为一种制度性信任关系体制，是化解协同创新信任危机的一把利器，对提升协同创新主体信任感、降低协同创新主体的社会交易成本进而增进协同创新主体的社会认同度、最终形成协同创新合力，提高协同创新绩效发挥着重要的作用。

第一，协同创新的“囚徒困境”起源于社会共同普遍信任的缺失。对于传统社会来说，传统信任是建立在社会共同体基础之上的特殊人格信任。这种人格信任特点是基于各种伦理关系基础，如血缘、姻缘、风俗及其习惯等家庭村社特殊社会关系基础。因此我们说传统社会是“熟人社会”。在“熟人社会”里，人际信任是确定的，也是稳定的，一般不会出现信任危机。而现代社会则是一个私人市民原子化个人所组成的“陌生社会”，在本质上是一个陌生人关系网络，是一个具有复杂性、不确定性和系统性的制度社会。因此现代社会信任危机不是根源于传统社会的伦理关系，而是根源于陌生社会的陌生人交往。由于陌生人交往的多样性和复杂性，使得人际信任具有极大的不稳定性。卢曼认为，“在任何情况下，信任都是一种社会关系，社会关系本身从属于特殊的规则系统，信任在互动框架中产生，互动既受心理影响，也受社会系统影响”①。因此，信任作为一种特殊的社会关系，仅仅是作为减少社会生活和社会交往复杂性的机制而存在，一句话，“信任——一个社会复杂性的简化机制”②。因此人与人之间的信任关系，本质上是特殊的社会关系。而协同信任显然是一个陌生人信任，建立在陌生人信任基础之上的协同创新信任也具有极大的不稳定性，产生协同信任危机、出现协同信任缺失就在所难免。所以，这种协同信任危机不是心理危机而是社会关系的承认危机。

协同创新信任危机表现为协同创新社会关系承认危机，说明社会信任危机只是协同创新信任危机的现象而不是协同创新信任危机的根源。马克思主义认为，社会关系信任危机根源于作为社会生产关系的经济信用关系危机。马克思强调，信任作为一种社会意识，只是对共同利益的自我确认和自我承认的意识反映，是一种精神承认关系。因此，协同创新的信任危机及其缺失根源也只能在于协同创新利益本身的分裂。在传统社会中，协同创新利益是一种自然共同体利益，而在现代市民社会中，协同创新利益是私人利益集合体。由于现代协同创新私人利益的争斗使得协同创新出现信任危机和缺失也就不可避免了。这样来理解协同创新信任的本体，把协同创新信任的本质理解为人与人之间的相互认同和相互承认的社会经济关系，就可以清楚地知道，协同创新信任作为一种社会关系，既不能仅仅看作是人的道德品质，也不能仅仅把信任看作是人的内心对他人的信赖、期望和依托，甚至是一种心理赌博。协同创新信任只能是一种协同创新主体之间的社会经济承认关系。

第二，信任关系型社会资本是构建协同创新信任的社会基础。信任关系型社会资本是构建协同创新制度的信任共同体。如果说信任是协同创新

---

① 卢曼：《信任：一个社会复杂性的简化机制》，上海人民出版社 2005 年版，第 6—7 页。

② 同上。

的主体认同机制，那么社会资本则是协同创新主体信任的社会认同体制。前面作了分析，协同创新的“囚徒困境”在主体上集中表现为协同创新共同信任缺失，而协同创新信任危机及缺失又根源于协同创新利益共同体的分裂和矛盾。由于信任社会资本是一种资本化的制度信任网络，信任社会资本对协同创新的机制作用主要表现在：能够为协同创新提供公共协同信任的基础、动力和客观标准。信任社会资本把协同创新的主体信任置于社会共同利益基础之上，从而破解了协同创新的信任的“囚徒困境”。布尔迪厄认为社会资本起源于社会关系网络的信任认同，信任社会资本是一种制度化信任关系网络。布尔迪厄说：“社会资本是实际的或潜在的资源的集合体，那些资源是同对某种持久性的网络的占有密不可分的，这一网络是大家共同熟悉的、得到公认的，而且是一种体制化关系的网络。换句话说，这一网络是同某团体的会员制相联系的，它从集体性拥有的资本的角度为每个会员提供支持，提供为他们赢得声望的凭证，而对于声望可以有各种各样的理解。”① 因此，我们可以得出如下启示：建立在私人利益基础之上的信任，无论是私人信任还是私人集合总信任即私有化公共信任，都会由于私人利益的冲突从而导致对社会共同体的不信任。如果从社会资本公共利益出发，把协同创新的公共信任建立在公共利益制度信任基础之上，就能够把协同创新的信任由私有公共信任变成公有公共信任，使得协同创新各个主体对协同创新的共同体有高度自我认同和社会承认，从而构建起协同创新的信任共同体。

信任关系型社会资本可以构建协同创新规范合作信任体制。在现实生活中，协同创新的公共利益只能存在于个人利益之中，个人利益是协同创新公共利益的现实承担者。为了防止协同创新的个人利益与公共利益之间的差异不发展成一种对抗性的利益矛盾而导致协同创新信任危机和缺失，就需要一种社会规范来调节协同创新的公共利益与个人利益的矛盾，从而保证协同创新的共同信任的存在。社会资本理论认为信任作为社会资本的

① 布尔迪厄：《文化资本与社会炼金术》，包亚明译，上海人民出版社 1997 年版，第 202 页。

核心，向内既可以体现为一种主体价值认同，向外又可以体现为一种社会价值规范，一种组织化和法治化制度规范，合作规范是社会资本存在的重要形式。科尔曼就认为社会资本可以表现为多种社会形式，如义务与期望、信息网络、规范以及权威关系等。普特南直接把社会资本定义为"社会组织的特征，诸如信任、规范以及网络，它们能够通过促进合作来提高社会效率"①。因此，从规范性社会资本角度上说，信任作为一种社会主体价值观念必须依靠社会组织规范才能存在，体现为互惠信任规范和制度信任规范两种基本形式。为了避免协同创新的信任危机，就必须有一种客观的社会规范。科尔曼把法律规范及其法制惩罚当成一种重要社会规范，当成规范性信任社会资本，认为它能够有效化解协同创新出现的信任危机问题。

总之，信任关系型社会资本作为社会资本的重要存在形式，是构建协同创新信任共同体的重要社会基础。一方面，为协同创新提供信任社会存在论根据；另一方面，能够有效化解协同创新所带来的利益及其信任的"囚徒困境"。

二　智力认知型社会资本是协同创新精神的认知体制

韦伯认为推动资本主义经济发展的根本动力不是物质资本，而是一种精神资本，这种精神资本来源于新教伦理诸如努力工作、勤俭节约、自我禁欲及其节欲等清教宗教伦理精神。西尼尔接受了韦伯对资本主义起源的解释，认为资本主义经济发展的根本动力是资本家主观人为节欲的结果。显然，这是历史唯心主义的误读。但是，精神文化在资本主义经济发展中的确发挥了重要作用。尤其是随着东亚经济的崛起，东亚企业家精神也被学者日益重视，认为东亚儒商精神也是一种生产要素，是经济发展的重要精神动力资源，是企业创新的重要精神智力资本。近年来，随着社会资本理论的兴起，大量研究表明社会资本是催生企业家精神的关键性因素，是

---

① ［美］罗伯特·帕特南：《使民主运转起来》，王列、赖海榕译，江西人民出版社 2001 年版，第 195 页。

企业家精神智力资本存在的社会土壤。正如美国经济学家简·弗泰恩和罗伯特·阿特金森所指出的那样，在协同创新之中智力认知型社会资本是企业家创新生成及其绩效影响的关键因子。

第一，创新精神是企业家的核心公共精神。如今企业家精神已经是一个普遍社会现象，也是学术界研究的热点。马歇尔认为企业家精神是企业家的一种强力创业心理冲动，是企业家进取心的体现。弗兰克·H. 奈特正式提出了“企业家精神”这一学术概念，所谓企业家精神就是企业家自身所具有的用于不断创造、创新及承担的知识、才能、才华及意志等。随着生产力的进一步发展，企业家精神在企业发展过程中的作用也越来越巨大，人们对企业家精神的本质内涵也不断深入。熊彼特认为企业家精神首先应该是企业家从事生产的首创精神。米勒认为企业家精神不是一种单一精神，而是一种综合精神，包括如诚信精神、冒险精神、创新精神及其合作精神等五个方面。桑巴特认为企业家精神是不可遏止积极追求进取的奋斗精神。舒尔茨认为企业家精神就是企业家所表现出来非平衡能力。德鲁克认为企业家精神就是企业家创造社会价值的社会创新精神。帕特南认为所谓“公共精神是孕育于公共社会之中的位于最深的基本道德和政治价值层面的以公民和社会为依归的价值取向，它包含民主、平等、自由、秩序、公共利益和负责任等一系列最基本的价值命题”①。我们认为所谓的企业家精神就是企业家为社会创造社会公共产品的公共精神。

企业家创新精神是企业家的核心公共精神。在企业家诸多精神内涵之中，企业家创新精神无疑是企业家最核心的首创精神，这得到众多研究者的高度认同，在这方面熊彼特对企业家创新精神的阐述具有代表性。其一，熊彼特反对把企业家创新精神等同于发明家创造精神。熊彼特指出发明家虽然也具有企业家首创精神，但是发明家只是凭借个人兴趣、爱好、热情及其激情来从事创新，而不能真正鉴别符合社会价值及其社会需要的创新，而企业家的创新精神就是植根于社会需要的社会价值。其二，企业

① 转引宋丽萍、丁德科《培育公共精神与社会主义核心价值观建设》，《西安交通大学学报》（社会科学版）2013 年第 9 期。

家创新精神不是管理经营商业精神。熊彼特不否认一个具有创新精神的企业家大多数也必然是一个具有创新精神的管理经营者，但是一个具有创新精神的经营管理者不一定就是一个具有创新精神的企业家。说到底，企业家是从事生产的创造者，而管理经营者只是对已经创造出的东西进行经营管理而已，管理经营只是企业家的一个职能。其三，熊彼特反对韦伯把资本家作为创新领导者和创造者的观点，主张把企业家从资本家中剥离出来，认为企业家创新精神来源于对社会需要的首创经济，而资本家的创新精神只是来源于对剩余价值即利润的追逐，这是企业家创新精神与资本家创新精神的最大区别。其四，熊彼特认为企业家只是一种创新生产方式，而不是一种创新生产关系。因而，企业家不能像资本家那样成为某个特定社会阶级，不会形成对财富私人占有和享受，而把自己所创造的财富贡献社会。

第二，智力认知型社会资本是培育创新公共精神的孵化器。公共精神是认知型社会资本的本质内涵。现代公共精神是伴随着西方公共社会崛起而兴起的纯粹精神文化概念。我们知道，公民社会只是市民社会政治抽象的认同形式，而公共精神则是公民社会的政治精神意识形态。现代意义的公共精神意指在公民社会共同体之中，以维护公民社会的公共利益为目的所倡导的一系列公民价值、意识及其观念的总和，如自由、平等、民主、公正、法治、权利、协商、合作及其宽容等。在社会资本兴起之后，社会资本理论家认为公共精神是认知型社会资本的重要构成部分及其重要表现形式。所谓的认知型社会资本是指“那些使得不同成员形成共同的表述、解释和理解体系的资源”①，主要指社会网络成员之间的共同语言、思想、立场及其观点等方面是实现企业经济价值的精神思想文化资本。

智力认知型社会资本是催生企业家知识或智力不断创新的助推器。②智力或知识资本最早是西尼尔作为人力资本重要内容及其核心概念而提出

① 转引余文君、叶春明《民营企业的社会资本和企业家精神对创新绩效的影响研究》，《工业工程与管理》2013 年第 10 期。

② 参见易凌峰、谭之博《企业社会资本与智力资本的互动与整合分析》，《华东师范大学学报》（哲学社会科学版）2008 年第 5 期。

的，认为个人知识及其智力总和都可以称为智力或知识资本。以后，加尔布雷斯认为智力或知识资本在本质上就是一种创新知识生产活动，是企业家的无形资产，而企业家的创新精神首先就体现为企业家的创新知识之中，认为企业家创新精神必须转换为一种创新知识资本，用于企业生产创新行为之中去创造财富和利润，才能真正发挥企业家创新精神在企业技术创新中的驱动作用。此后，斯图尔特（Thomas A. Stewart）、斯维比（Karl Erik Sibyl）、爱德文森和沙利文（L. Edvinsson & P. Sullivin）、布鲁金（A. Brooking）等学者从不同角度界定智力或知识资本的概念，使其成为一个正式的学术概念而逐渐流行于学术界。在社会资本理论提出之后，社会资本与智力知识资本之间的关系受到社会资本理论家的关注。在社会资本理论家纳哈佩特和格萨尔（Nahapiet & Ghosha）看来，按照斯图尔特等人对智力知识资本结构的划分，智力知识资本分为人力资本（Human Capital）、顾客资本（Customer Capital）和结构资本（Structure Capital）三个维度，其中创新智力知识资本也可以同时表现在这三个维度，这与社会资本的三个维度即关系、认知及结构有不谋而合之处，但是其侧重点又有所不同。智力知识资本侧重个人，而社会资本侧重社会关系。因此，作为个人精神的智力知识资本必须依赖作为关系的社会资本来整合才能发挥作用。就创新智力知识资本来说，创新智力知识资本需要认知型社会资本来交换、合作及整合来发挥其最大效力。

总之，基于认知型社会资本立场，一方面，企业家精神是社会公共精神，而创新精神是企业家首要核心的公共精神；另一方面，企业家创新公共精神必须转换为企业家的创新智力知识，而创新智力知识资本又必须依赖认知型社会资本来整合和发挥协同创新能力。

三　网络结构型社会资本是协同创新的结构性嵌入体制

协同创新网络结构是协同创新体制的运行载体。一方面，创新网络最早来源于今井和巴巴（Imai and Baba）（1989）对其的定义。他认为创新网络是复杂网络社会条件下应对系统创新所作出的一种网络化的制度安排。弗里曼（Freeman，1991）赞成今井和巴巴（Imai and Baba）对创新网络的定义，进一步指出创新网络作为对系统创新的制度性安排，是对网络社会的一种创新组织回应，而协同创新网络就是在创新网络系统性回应中孕育而生的。我们知道，为了适应创新社会化发展客观要求，催生了协同创新形式，构建了“产学研”传统协同创新模式，这是一种“点对点”的线性协同创新模式。但是随着知识及其网络社会的崛起与协同创新的深入发展，知识创新及其网络创新也深刻影响既有的协同创新模式，使得这种“点对点”线性协同创新模式相互交织，网络型协同创新模式也就成为发展的必然趋势，从而产生协同创新网络。美国“硅谷”协同创新网络的形成就是协同创新网络在协同创新中发挥积极作用的成功范例。另外，伯特（Burt）的结构洞社会资本理论成为近20年来社会网络理论研究中最有影响力的理论之一，而技术协同创新网络总体存在形式就是协同创新网络结构。在伯特看来，协同创新网络是企业创新的内在动力源泉，结构洞是协同创新网络的一种重要网络结构，是协同创新企业可以依赖的结构型社会资本。

第一，协同创新网络是协同创新不可或缺的经济资源。在协同创新网络学术概念提出以前，工业社会的技术创新观统治着人们对协同创新体制的认知，形成所谓的技术机械协同创新观，这种机械创新理论认为：企业技术创新是一种企业内部要素简单组合的独立创新。这是与当时技术创新所处的社会时代相联系的。但是在信息网络知识经济条件下，企业技术创新呈现出复杂性和不确定性等基本特征，使得企业创新不得不由单独创新转变为协同创新，可以说任何一项创新成果都是协同创新的产物。而协同创新只有通过社会创新网络才能存在，协同创新的各种要素存在于社会网络之中，社会创新网络是协同创新的载体和中介。这样，社会创新网络作为一种社会关系资源进入协同创新理论研究者的视野之中，社会创新网络是一种网络化的经济资源，这是不争的事实。目前，关于什么是社会创新网络还没有统一的定义。弗里曼认为社会创新网络“是处理系统性创新的制度安排而且包含了非正式和隐含特征的联系”①。奥利弗（Oliver）等

① C. Freeman, Technology and Policy and Economic Performance: Lessons from Japan. *London Printer*, 1987, 34 (3): 1183 - 1196.

认为社会创新网络是一种新的网络组织形式，是对企业创新要素管理的一种方式。伦德威尔（Lundwall）则主要强调社会创新的生产商和使用者之间的信息交互作用和交换所谓的社会网络，是一种建立在公共活动和公共价值基础之上的公共交往关系而形成的社会网络，如朋友、同学、成员等。[①] 国内学者王大洲对社会创新网络进行总结，界定了创新网络与合作联盟之间的区别，认为创新网络是一种合作创新组织的表达形式，是对合作创新网络的总称，是一种关系性存在，而合作关系只是合作创新网络的一个构成要素。我们认为，从经济哲学角度上说，所谓的创新网络是处在公共利益基础之上的协同创新主体间的生产性社会关系，其通常表现为经济性的伦理、政治和文化关系等诸多网格化社会关系。

第二，网络结构型社会资本是协同创新的嵌入性扩散体制。协同创新要素是嵌入在网络结构型社会资本之中的。[②] 社会网络的“嵌入性”是由经济学家波拉尼在1944年首次提出的关于网络经济学的概念。他认为各种经济资源是被嵌入在各种社会关系网络之中的，而“人类经济嵌入并缠结于经济与非经济的制度之中”[③]。雅各布也认为社会资本是“人与人之间在信任和合作基础上形成的社会网络，他将社会网络视为一种最重要的人与人之间的关系和资源配置的一种重要方式”。[④] 社会资本理论家认为嵌入性是社会网络的基本特征，它不仅是一种网络性嵌入，而且是一种结构性嵌入，并表现为“结构洞”的形式。伯特（1992）社会资本“结构洞”理论认为，社会资本的每个社会关系网络不仅是一种连续性的关系线性存在，而且是一个关系点存在即关系网络节点。这些关系网络节点形成一个个“结构洞”，而且社会关系网络的“结构洞”越多，说明其社会资本存在越丰厚。根据社会资本结构嵌入性特征，我们认为社会资本嵌入性对协同创新产生两个方面作用。一是通过网络嵌入性社会资本使得网

---

① B. A. Lundwall, *National System of Innovation*, *Towards a Theory of Innovation and Interactive Learning*. London Printer, 1992.

② 参见戴坚《网络嵌入性的理论解析》，《生产力研究》2009年第3期。

③ 同上。

④ 同上。

络关系度直接影响协同创新的协同度。强关系容易导致协同创新的建立和发展信任，便于高质量信息和隐含经验知识等核心信息的交换；弱关系会导致协同创新之中的新信息的不断交换。二是通过结构嵌入性社会资本使得网络结构从总体上促进协同创新的主体信任程度，协同创新信任的获得和巩固因为社会网络的嵌入性而长期的接触和交流以达成共识，会有力降低协同创新的交易成本。

创新扩散需要通过网络结构型社会资本来实现。[①] 传统创新扩散理论认为，市场需要是创新扩散的内在基本动力。社会资本理论认为，技术创新扩散固然会受到技术创新需要的强烈制约，但是技术创新的市场需要只是创新扩散的内在动因，作为需要的内在动因本身又是被另外的动因所决定的，比如由网络结构型社会资本所制约，这种制约性主要体现在两个方面：从客体角度上说，社会资本能够为创新扩散提供多种需要的社会资源。创新扩散需要的社会资源是一种综合资源而不是某种单一的资源。社会资本本身就是配置社会资源的一种重要方式。在一个社会资本丰富的协同社会网络场域中，协同创新主体能够有效地通过经验丰富的员工、专业化的技术、信息的支持、优先享受政府的政策等社会网络获得协同创新扩散所需要的优惠待遇、资金融通能力等社会资源，为协同创新扩散服务。从主体角度上说，社会资本能够增进协同创新主体的信任度，从而加大和提升创新扩散合作的速度和程度。一方面，作为社会资本的关系网络增进着创新主体的交往，为协同创新主体之间的交往提供平台和中介，从而增进协同创新主体间的信任，而主体间的高密度信任的存在使得一些核心知识和隐性知识能够有效地扩散和传播。另一方面，作为社会资本的关系网络能够形成有效规范性的互惠机制，能够有效地促进协同创新的合作关系。因为社会资本所倡导的社会网络是一种建立在互惠规范基础上的共生关系网络，从而会形成众多技术联盟、虚拟企业和合作网络，极大地增加了协同创新的横向联系、纵向联系和其他外部社会联系，从而有力地促进

① 参见李红艳、储雪林、常宝《社会资本与技术创新的扩散》，《科学学研究》2004 年第 6 期。

和实现协同创新的技术扩散进而实现整体的协同创新能力。

总之，协同创新要素是嵌入在社会资本的社会关系结构之中的。作为社会资本的创新网络结构具有极大的扩散作用，从而促进协同创新扩散发挥协同创新的作用，创新扩散需要通过网络结构型社会资本来实现。

第三节　拓展社会资本的协同效应推动创新的体制化

协同效应是评价协同创新绩效的客观尺度。所谓的协同效应是指各个协同创新主体基于一定的协同创新模式所达到的外在客观协同影响力，是评价协同创新绩效的外在尺度。对于协同创新来说，协同创新绩效不但要考虑协同创新目标与协同创新结果的一致性即协同创新的内在目标绩效，还需要考虑协同创新所带来的外在协同效应。因为协同创新不仅需要内在创新要素之间的协同绩效，还必须依靠外在协同创新条件之间的协同效应，只有内外有效合理协同才能够真正发挥协同力量。社会资本除了在实践中直接建构协同创新体制之外，还能够产生不同协同效应，形成三种基本协同创新体制形态：其一，以产业协同创新效应为核心的产业协同体制；其二，区域主体功能协同效应为核心的区域协同创新体制；其三，以非正式制度协同效应为核心的制度协同创新体制。

一　在产业集群协同效应中构建产业协同体制

产业集群协同创新是国际上协同创新效应最典型的生产体制，对我国协同创新效应的生产体制具有重要的借鉴意义，也是地方区域功能协同创新及其国家制度协同创新体制的重要载体。党的十八大报告指出，要“构建以企业为主体、市场为导向、产学研相结合的技术创新体系”[①]。随着产业集群协同创新在协同创新中发挥越来越重要的作用，学界对产业集群协同创新的研究也越来越关注，其中集群协同效应就是近年来研究协同

① 胡锦涛：《坚定不移沿着中国特色社会主义道路前进　为全面建成小康社会而奋斗——在中国共产党第十八次全国代表大会上的报告》，《求是》2012 年第 22 期。

创新绩效所关注一个热点。所谓产业集群就是在一定地理空间范围内，围绕某一两个核心的支柱性产业而形成的大量的纵向协作关系和横向互补关系的专业集群性企业及其相关的高密度服务机构，形成产生极强的成本优势和创新优势的产业创新体制。所谓产业集群协同创新效应就是产业集群协同创新对整个社会协同创新的积极影响。从社会资本角度来研究其对产业集群协同创新所产生的积极作用，可以概括为：产业集群协同效应依赖产业集群协同创新网络即产业联盟型社会资本，产业联盟型社会资本通过互联互通来构建产业协同创新体制。

第一，产业集群协同创新是协同创新的生产体制。[①] 产业集群协同创新是基于产业协同创新网络实现产学研协同创新。一般来说，产业协同创新概念起源于社会系统协同学。雷迭斯多夫提出的三重螺旋系统是知识经济的自组织形式，构成了产学研协同创新的理论基础。综合国内外学者对产学研协同创新含义的研究，产学研产业协同创新至少包括如下三个方面的基本内涵。一是产学研协同创新首先是一个科学技术与市场、资本和管理等经济要素相融合的复杂经济过程。在这个复杂的产学研经济协同过程之中，企业始终应该是经济协同产品技术创新的主体，而大学和科研单位则是知识创新的主体和来源，政府、技术中介则是服务主体。二是产学研产业协同创新应该是利用企业、学校及其科研单位等创新要素协同创造和实现的利益公共体。在利益共同体条件下充分发挥各自优势，实现优势互补，实现有机发展。三是产学研产业协同创新要始终坚持互利共赢的联合共享发展原则。也就是说产学研协同创新主体之间不再是一种私人利益对立的竞争关系，而是一种利益共享的协同关系。总之，产学研协同创新的基本含义应该是：产学研协同创新是以企业、高校和科研机构等创新主体为核心，在政府、科技服务中介机构、金融机构等的大力支持和协同下，以利益共同体为基础，以优势互补和利益共享为基本原则，按照一定的机制和规则进行合作，形成联合的协同创新实体，合作开展新技术研究开发和应用、人才培养、仪器设备共享、信息获取等活动，实现经济利益和经

① 参见何郁冰《产学研协同创新的理论模式》，《科学学研究》2012 年第 2 期。

济合作组织关系的创新过程。因此，我们认为产业集群协同创新不是一个单独实体创新，只能是一种产业集群系统性协同创新。

美国和德国是世界产学研协同创新体制的典型代表。美国体制主要表现为科技工业区、企业孵化器和创新研究三种表现形式。一是科技工业园区兴建。为了适应第三次科学技术革命浪潮，美国工商业和政府有关部门充分利用大学研究力量，在大学周围新建一些研究园区和工业园区，统称“科技工业园区”。二是小科技公司企业孵化器诞生。如果说科技工业园区兴建是为了支持大型科技创新的话，那么企业孵化器的模式则是支持小科技创新的发展。企业孵化器是一种为新兴信息技术产品与小企业相互协同创新共同成长的产学研合作的组织模式，是美国产学研科技创新的又一创举。三是科技研究所成立。为了进一步发挥大学和科研院所在科技创新中的力量，平衡科技创新与商业之间的矛盾，美国政府在大学科技工业园的基础之上给予专项科研基金成立科研院所，以支持特大型高新技术发展。德国体制主要表现为：一是德国的政府是协同创新的领导者和推动者。德国政府成立了专门的科研创新管理部门即德国联邦教研部，为企业的科技创新提供战略谋划和资金支持。二是德国始终坚持把企业作为协同创新的主体。为实现企业与科研院所有机结合，80%以上的大企业有自己的专门研究机构，科研人员70%在企业界，其中企业每年从销售收入中拿出5%—10%以上用于研究和开发。三是鼓励大学的科研创新发挥协同创新中坚力量的作用。德国政府研发经费的三分之一主要用来支持高校的科研工作，而政府的一些重要研究项目由大学的专家教授们承担。四是积极发展科技中介服务非营利性组织，为协同创新提供专业力量，如赫尔姆霍茨协会（HGF）、马普学会（MPG）等。

第二，产业联盟型社会资本在互联互通中构建新型产业创新体制。产业集群互联互通的可能性有赖于产业联盟型社会资本来建构。大量国内外产业集群协同创新效应的成功案例已经证实社会资本对产业集群协同创新发挥了重要作用。例如，在产学研协同创新过程之中，创新主体之间良好的互联互通是协同创新的必要环节，创新主体之间交流认知是产业协同创新互联互通的重要形式。协同创新的本质决定了协同创新主体必须要有一个共同认知规范进行有效沟通和交流来解决协同创新过程所遇到的困难和矛盾，这就需要发挥产业联盟型社会资本的认知作用。产业联盟型社会资本具有产业联盟网络中所共享的语言、符号、共同的愿景、缄默知识以及其他意义体系，因此产业联盟社会资本的认知功能在实践上能够为协同创新的主体提供研究背景、共同语言和共同理解及共同表达方式，能够有效解决企业和大学及其研究机构由于认知水平差异所导致的沟通和交流障碍，从而为协同创新的交流提供有效的协同平台，实现协同创新有效的长期合作的目的。

同时，产业集群互联互通的现实性也是依赖产业联盟型社会资本来实现的。[①] 布尔迪厄指出："社会资本是个体或团体通过与外界的联系所积累的实际或潜在资源的集合，是与占有某种持久性的、公认的、体制化的关系网络密不可分的。"[②] 显然，作为经济组织结构的协同创新网络依赖于社会网络结构的构建。在以企业为主体的产学研合作网络中，企业处于经济组织网络结构的核心地位，形成以企业、高校和科研单位为核心层，包括政府及其科技中介服务结构的社会网络结构。围绕科技创新企业形成的社会网络，并不仅仅是一种连续性的关系存在，更多是一种非连续性结构性存在。因而，协同创新网络是存在着一个个网络节点的网状结构，这些网状点形成"结构洞"。创新企业可以借助这些"结构洞"在创新过程中寻求所需要的资源、资金和信息等，从而提高企业的创新力。也就是说，在产学研协同创新过程之中，创新企业作为协同创新的主体和核心，可以通过社会资本的社会网络，尤其是"结构洞"作为交汇点而占据协同创新网络的关键来获取协同创新所需要的知识、资金和信息等社会资源，从而为企业的创新服务。

产业协同创新的信任结构也有赖于社会资本的制度信任来建构。在主体结构上，社会资本是一种主体间结构信任。信任是协同创新的基础和前

---

① 参见姜振华《论社会资本的核心构成要素》，《首都师范大学学报》（社会科学版）2008年第5期。

② Pierre Bourdieu, *The Forms of Social Capital Handbook of Theory and Research for the Sociology of Education*, (ed.) by John. Richardson, West port, ct: Greenwood Press, 1986: 248.

提。基于主体间的信任，可以减少产学研主体之间的信息搜寻、谈判、激励、监督等交易成本来提供协同创新的成功率。社会资本所倡导的信任是一种建立在社会公共利用基础之上的公共信任从而也就为协同创新的信任机制提供了坚实的物质基础，也为协同创新的信任持续提供了强大的动力。

总之，产业集群协同是实施创新驱动发展战略的生产体制，是促进创新驱动发展的现实基础，而产业联盟社会资本则是实现产业集群协同创新的动力体制。

二　区域协同效应中的构建区域协同体制

区域协同创新是协同创新的空间体制。在协同创新日益深化和发展的条件下，传统的产学研协同创新已经不能满足协同创新社会化发展的客观要求，必须实现整个区域内的协同创新，于是区域协同创新应运而生。区域协同创新是一个综合概念，涉及经济、政治、文化、科学及其社会诸多方面，其理论溯源也涉及众多学科，其中主要涉及区域经济学、创新经济学和创新系统学三个方面。区域经济学揭示了区域协同创新的经济本质，规定区域经济学研究范式；创新经济学揭示区域协同创新的协同模式及其建构路径，为区域协同创新提供了发展目标；创新系统学为区域协同创新提供了哲学基础及其方法论指导。在网络经济学兴起之后，社会资本与区域协同创新之间的关系逐渐成为网络经济学家研究和关注的一种热点。在网络经济学看来，无论是区域创新的主体，如个人、企业、研究所及其学校，还是区域创新的客体，如资源及其要素等都不是孤立存在的，而是处于区域协同创新网络之中，而这种区域协同创新网络必须依赖区域创新网络即区域社会资本，区域社会资本是实现区域协同创新的真正动力和建构体制者，是提升区域协同创新能力的真正利益及其命运的共同体。

第一，区域协同创新是协同创新效应的空间体制。区域协同创新是一种区域协同创新网络。[①] 区域创新概念最早源于弗里曼和尼尔森（R. Nel-

---

① 参见李俊华、王耀德、程月明《区域创新网络中协同创新的运行机理研究》，《科技进步与对策》2012 年第 7 期。

son）所提出的“国家创新体系”概念，之后有学者提出，创新网络是区域经济发展的客观产物。[①] 在区域经济发展进程中，区域企业必须要与其所在区域网络内的其他企业主体通过社会网络连接而产生互动，从而对企业发展、技术创新以及区域发展产生推动作用，具有协同性、依赖性、开放性等特征。1992 年英国学者库克在此基础之上，提出了区域创新系统（Regional Innovation System，RIS）的概念[②]。库克将 RIS 定义为在特定空间地理区域，以分工协同为基础既相互联系又相互补充条件下的创新企业、研究机构及其科研院校等创新主体间的区域性组织体系。在这个特定的区域组织体系内，各种创新要素主体、创新要素客体及其创新要素中介之间形成正式和非正式的社会交往机制，形成合作创新规范，实现资源共享，达到合作创新的目的。我们认为，创新网络在本质上是建立在信息技术之上的一种整合各种创新要素实现合作创新的网络化社会组织关系。广义的区域协同创新就是社会区域间的协同创新网络，旨在一定社会空间区域（县域、省域或国域）之内，按照资源共享、风险共担、功能互补等协同创新原则整合区域内创新要素，形成创新合力，促进整个社会区域的创新能力。

区域协同体制是区域协同创新存在的条件和动力。[③] 由于协同创新是一个复杂的创新体系，其区域协同创新的机制也应该是一个创新系统运行机制。《中共中央关于制定国民经济和社会发展第十三个五年规划的建议》中对协调发展机制有明确的要求。根据这一要求，我们认为实现区域协同创新有三种主要经济机制：市场竞争机制、组织管理机制和合作互惠机制。这三种协同机制是有机联系的，共同形成一个协同有机体。其中，市场机制是区域协同创新的根本机制。因为协同创新在本质上是一种经济行为，市场机制作为商品经济配置资源的基本规律，同样是配置区域协同创新的基本机制。市场机制通过资源效用最大化的竞争机制和资源配

---

① 参见李俊华、王耀德、程月明《区域创新网络中协同创新的运行机理研究》，《科技进步与对策》2012 年第 7 期。

② 同上。

③ 参见覃成林《区域协调发展机制体系研究》，《经济学家》2011 年第 4 期。

置的等价交换机制来调节和控制区域协同创新主体之间的资源配置和利益分配以实现区域协同创新。组织机制是弥补“市场失灵”促进区域协同创新的重要机制。区域协同创新的空间组织机制从空间经济学角度，充分利用创新要素分布的空间生产结构来促进区域协同创新，提高区域创新主体之间的关联度，从而实现创新资源、创新产业结构在空间上的最优配合，提高创新空间的经济配置效率。合作机制是区域协同创新的精神价值机制，是区域协同创新的重要精神机制表现形式。区域合作创新按照自愿参与、平等协商、互惠互利、优势互补的基本原则，建立全方位的区域协同创新的合作关系，实现优势互补、互利共赢。

第二，区域功能型社会资本在区域协调之中构建区域协同创新体制。区域功能型社会资本是能够带来经济利益及其经济效益的公共区域协同创新网络。[①] 在现实的协同创新关系之中，协同创新不是单一线性协同创新，而是非线性的区域协同创新，从而形成区域协同创新网络。在区域创新网络空间中，创新网络对区域之内的企业和科研院校之间的知识、资源及其信息共享发挥至关重要的作用，在某些时候甚至决定了区域创新能力，社会资本能够发挥重要作用。库克（Cooke）根据詹姆斯·科尔曼和罗伯特·帕特南等对社会资本的有关论述，对社会资本下了一个关于区域经济发展的概念。库克认为社会资本是“个人和组织之间的信任和互惠的规范，这些个人和组织根植于某一合作与利益交换系统之中，通常这有利于特殊地区或通过民族与宗教联系的非邻近社区”[②]。这就是说，区域社会资本是一个区域共同体所拥有的社会资本；其内容包括整个区域共同体所建立的社会网络、社会信任及社会规范；区域社会资本其本质反映了区域内产学研政各个区域主体之间的合作程度。其功能在于有利于推进该区域获得区域经济和区域社会持续繁荣发展的优势，提升区域内各主体和组织的竞争优势，从而有利于从更高层次区域网络结构中获取发展所需要

① 丁焕峰、陈庆秋：《区域社会资本：一种重要的区域创新动力》，《经济问题探索》2006年第9期。

② P. Cooke，Knowledge Economies：Clusters，Learning and Cooperative Advantage，Routledge，2002.

的稀缺资源。区域社会资本表现出如下三个基本特征。一是区域社会资本存在于区域各个创新主体社会关系网络之间。二是区域社会资本是一种主体间的关系性无形资本，突出表现在整个区域共同体内的信任、习惯、民俗、历史、传统方面。三是区域社会资本是区域内的一种社会公共产品或公共物品。这种公共产品和物品是区域各创新主体长期的博弈合作集体行动产生和形成的。

区域功能型社会资本为区域创新提供市场信用体制、网络组织体制和规范合作体制。[①] 社会资本对区域创新协同效应所发挥的机制作用具体表现在以下几点。一是构建区域市场信用体制。区域社会资本的信任机制为区域协同创新主体认同提供信用机制，增进主体认同，从而能够降低区域协同创新主体的市场交易成本，成为区域创新主体协同的经济“润滑剂”。二是构建网络组织体制。区域社会资本的网络机制为区域协同创新提供组织网络平台和载体。在区域网络中，不同的网络行动者之间在不同的层面上（政府层面、企业层面、非政府组织层面以及跨组织层面）形成网络结构，为区域主体合作提供了一个沟通、交流的载体。此外，“囚徒困境”的博弈说明，走出集体行动困境的条件之一就是要加强博弈双方或多方的信息沟通。网络平台复杂多样可以增加各主体间博弈的沟通和交流，进而引发区域合作行为的产生。三是构建规范的合作体制。社会规范合作是区域协同创新的保障。作为社会资本重要组成部分的社会规范对区域社会主体起着约束作用，为区域合作提供保障。区域社会资本对区域协同创新而言，不但要为区域创新主体提供资源、信息及其能力方面的提升，还要为区域社会资本构建一个区域协同创新文化，通过网络组织学习机制来强化对区域协同创新文化的认同，控制区域协同创新的“失范”行为，促成区域创新的规范性合作。

总之，区域协同创新是创新驱动发展的空间效应，区域功能型社会资本是区域协同创新发展的促进器和黏合剂，是协同认知交流、认同信任及其合作规范的基础和条件。

---

① 参见高轩《区域社会资本视角下的区域合作》，《当代世界与社会主义》2013 年第 5 期。

三　制度协同效应之中构建制度协同体制

制度协同创新是构架协同创新体制的终极目的。由于科技产品创新只是科技制度创新的结果而已，是在科技制度创新中实现的，制度创新是科技创新的内因，而科技产品则是科技创新的外因，因此，科技制度创新是更为关键和更为重要的。在区域协同创新过程之中，由于市场资源配置的差异，需要发挥制度协同来弥补区域协同创新的不足。制度创新怎样实现及其怎样发挥制度协同创新效应，西方制度经济学可以分为新旧两大基本派别。一是以凡勃仑和康芒斯等为代表的旧制度经济学派指出，制度是一个积累的过程，内外因共同形成制度，其中个人和组织活动是形成制度的关键因素。二是以科斯和道格拉斯·诺斯等为代表的新制度经济学派认为制度不是一个单纯量变的积累过程，而是质变的迁移过程，其企业产权制度变迁才是制度不断革新和创新发展的根本动力所在。社会资本理论认为，正式制度形成以前都是以一种非正式制度存在，制度变迁的本质在于非正式制度向正式制度裂变，而这个非正式制度和正式制度之间裂变的动力就在于作为社会资本的非正式制度即制度社会资本。

第一，制度协同创新是协同创新效应的结构体制。[①] 制度协同创新是创新系统的制度规范创新。道格拉斯·诺斯于 1991 年出版的《经济史中的结构与变迁》一书提出制度变迁理论。[②] 这一理论认为，企业的技术创新对企业的制度具有极大的先天路径依赖性，其企业的制度创新对企业的科技创新具有决定性作用。在道格拉斯·诺斯制度变迁理论的影响之下，越来越多的学者从制度创新角度来理解科技创新。纳尔逊同时也指出，技术创新与制度变迁是相互伴随而生的：发生在 18 世纪到 19 世纪的第一次技术革命即科技创新就根源于资本主义私有市场产权经济制度得以形成和确立；发生在 19 世纪中期到 20 世纪初期的第二次科技革命即科技创新根

---

① 参见文魁、徐则荣《制度创新理论的生成与发展》，《当代经济研究》2013 年第 7 期。

② ［美］道格拉斯·C. 诺斯：《经济史中的结构与变迁》，陈郁、罗华平译，上海人民出版社 1991 年版，第 180 页。

源于重大的经济制度创新即股份公司制度的成立；而发生在20世纪中期以来的第三次科技革命即科技创新根源于政府制度的创新。纳尔逊对此总结道："自第二次世界大战以来，政府对研究与发展的支持政策，已成为资本主义技术创新制度结构中的一个重要组成部分。"[①] 应该说道格拉斯·诺斯等人的制度变迁理论为制度创新提供了思想渊源。熊彼特等人就认为，制度创新就是企业生产中公有制与私有制生产关系制度的创新，是企业生产组织制度的创新。[②] 诺斯等人指出，所谓制度创新是指能够为企业技术创新产生经济效益而使其对现存企业经济制度所做出的一系列制度变革，如对企业技术的发明、引进、模仿与演进制度的变革和创新，其根基在于企业产权制度的变革与创新。拉坦指出，所谓制度创新，是创新者在经济利益刺激下所自发倡导、组织和实行的一些关于技术制度的经济变革，主要表现为：某种特定经济组织行为、组织关系、组织规则及其组织者的变化。

企业产权制度是实现和促进企业的制度创新的基本体制。[③] 在西方现代产权理论中，道格拉斯·诺斯的制度变迁理论是最系统和最完备的，因而对制度创新理论贡献也最大。道格拉斯·诺斯从产权理论、国家理论和意识形态理论等几个方面来研究制度变迁及其制度创新理论，其中"交易费用"或"交易成本"理论又是道格拉斯·诺斯整个制度变迁及其制度创新理论的核心之核心。在道格拉斯·诺斯看来，对制度的变迁、变迁的动力、变迁的方式等的研究，都必须立足于交易成本理论。降低交易成本是产权制度变革的内在动因。任何经济制度创新其目的旨在降低"交易费用"即生产成本，其产权的制度改革和创新也必须以降低交易费用为目的。道格拉斯·诺斯在批判地继承新古典私有产权理论基础之上提了

① ［美］G. 多西：《技术进步与经济理论》，钟学义、沈利生、陈平等译，经济科学出版社1992年版，第390页。

② 参见［美］约瑟夫·熊彼特《经济发展理论》，何畏等译，商务印书馆1990年版，第74页。

③ 参见黄莹、林金忠《产权制度变迁动因理论的比较研究——马克思产权理论与西方现代产权学派》，《江苏社会科学》2009年第2期。

制度变迁及其制度创新的五个新理论假设[①]。一是企业组织形式及其规章制度实现企业利润最大化假设。其中，企业组织形式是企业利益最大化的关键。二是经济人自利行为及其“搭便车”的心理动机倾向的假设。三是企业制度需要成本（测试成本、谈判成本和实施成本等制度成本交易费用）假设。四是国家强制性政治制度变迁的假设。五是思想意识形态制度假设。从产权制度变革的外在动因来说，道格拉斯·诺斯认为人口是企业产权制度变革的重要外在动因。马克思认为，应该从生产力与生产关系相互作用的角度来理解企业经济制度及其产权制度变革的深层动因。这在马克思的《〈政治经济学批判〉序言》中阐释得十分清楚：要从生产力决定生产关系即生产所有制的角度来理解企业制度变迁、制度创新及其产权革命的根本动因，不能从人口需要等外在原因上简单地寻求企业制度变迁、制度创新及其产权制度变革的一般动因。

第二，制度范式型社会资本在制度变迁之中构建制度协同体制。制度范式型社会资本是指能够带来经济资源其经济利益的制度准则与规范。美国杜克大学的安尼鲁德·克里希纳（Anirudh Krishna）提出了社会资本的两种类型：关系型社会资本与制度型社会资本[②]。在克里希纳看来，所谓的关系型社会资本是通过自然个人、法人或者社会团体合作中所体现出来的能够带来和获取经济利益和经济资源的各种文化、习俗、观念信念关系，其中信任关系资源是关系型社会资本的集中体现和代表。关系型社会资本涉及与他人合作中影响个人行动的价值观、态度、准则和信念，主要表现为文化、习俗、观念、信念等。同时他认为，以信任关系为代表的关系型社会资本不是单独地起作用，而是同信任制度型社会资本相互联系、相互渗透共同地影响和作用才能更加有效地持久促进经济和社会发展。所谓制度型社会资本是指那些旨在促进互利集体行动开展的有关社会结构要

① 参见［美］道格拉斯·C. 诺斯《经济史中的结构与变迁》，陈郁、罗华平译，上海人民出版社 1991 年版。

② 参见［美］安尼鲁德·克里希纳《创造与利用社会资本》，载［美］帕萨·达斯吉普特、［美］伊斯梅尔·撒拉尔丁《社会资本：一个多角度的观点》，张慧东等译，中国人民大学出版社 2005 年版。

素，如规范、规则、程序和组织。制度型社会资本是一个社会共同体内成员必须遵守的行为准则。关系型社会资本是一种非正式制度型社会资本，而制度型社会资本是一种正式关系型社会资本。从形式上看，由于制度有狭义的正式制度和广义的非正式制度即社会规范之分，制度社会资本可以分为正式制度社会资本和非正式制度社会资本。道格拉斯·诺斯认为，“制度是一个社会的游戏规则，或更正式地说是人类设计的、构建人们相互行为的约束条件。它们由正式规则（成文法、普通法、规章）、非正式规则（习俗、行为准则和自我约束的行为规范），以及两者的执行特征组成”①。总之，制度在本质上是具有协调功能的规则和规则集，由国家规定的正式制度和社会认可的非正式制度共同构成。

制度社会资本为制度协同创新效应提供动力之源。制度型社会资本实现制度变迁即非正式制度向正式制度裂变的动力基因。其一，制度型社会资本对制度协同效应的作用首先就体现为促进企业创新网络制度由非正式向正式创新网络的形成。非正式制度是人们在长期交往中无意识形成的，由价值信念、伦理规范、道德观念、风俗习惯和意识形态等因素组成，而意识形态和习惯处于非正式制度的核心。合适、有效的制度安排必定是正式制度和非正式制度的有机统一。正式制度是指人们在非正式制度的基础上有意识地设计和供给的一系列规则，包括政治规则、经济规则和契约，以及由这一系列的规则构成的等级结构，从宪法到成文法，到具体的细则，最后到个别契约，正式制度具有强制力。其二，制度型社会资本能够创造制度信任，提供协同创新所需要的制度协同信任。制度创新理论的一个共识就是协同创新提供所需要的制度信任机制而不是人格信任机制。在制度经济学看来，协同创新首先依赖于制度创新，而制度信任是制度创新的前提和保障，也是协同创新的前提和保障，而这只有通过制度型社会资本才能生成。其三，制度社会资本能够为制度协同创新提供一种制度合作

---

① ［美］道格拉斯·C. 诺斯：《新制度经济学及其发展》，《经济社会体制比较》2002 年第 5 期，第 5—9 页。

激励绩效机制。[①] 制度协同创新不但需要制度信任，更需要制度激励才能形成合作制度绩效。科尔曼制度规范型社会资本认为，“规范的功能是相当于法制社会中法律的作用，社区实施的惩罚措施相当于在政府职能完善的社会中，由政府实施的合法惩戒行动”[②]。因此，我们可以得出这样的结论：社会资本把社会合作规范植根于社会结构组织关系之中，通过经济利益、社会关系来强化协同创新的激励绩效。

总之，制度范式协同创新是构建协同创新体制的根本目的，而制度型社会资本则是实现非正式制度协同创新向正式制度协同创新从而实现制度变迁的内生动力所在。

2016 年 1 月 31 日央视《新闻联播》以《江西整合创新资源促产业升级发展》为题，重点报道了江西省整合创新资源促产业升级的生动实践。[③] 报道称，江西省把政府、高校和企业的创新资源有效整合，组建一批协同创新公司，为产业创新发展找到了一条新路子。以 LED 照明技术为例，国际上的 LED 照明技术，长期以来由日本、美国主导。在此之前，南昌大学和企业，也都在分头研发中国自己的核“芯”技术，但面对全球千亿美元级的 LED 照明市场，高校多是停留在实验阶段，企业的研发则“心有余而力不足”。如何把高校的研发力量和企业的技术力量归集到一起，江西省有效整合了创新资源，把南昌大学和晶能光电彼此的优势有机整合，协同创新，就形成了“1 + 1 > 2”的效益。报道说，江西省改变以往科技扶持资金“撒胡椒面”，平均分配给科研院所和企业的方式，推出组建科技协同创新公司新模式，把科研院所的智力资源与企业无缝对接，政府为研发公司提供引导资金，由产业链的龙头企业邀请上下游的企业和科研院所共同出资，成立股份合作的协同创新公司，研发成果和利益共享。目前，江西省已经投入 4 亿元引导资金，成立了 33 家科技协同创

① 参见姜振华《论社会资本的核心构成要素》，《首都师范大学学报》（社会科学版）2008 年第 5 期。

② ［美］詹姆斯·科尔曼：《社会理论的基础》（上），邓方译，社会科学文献出版社 1999 年版，第 380 页。

③ 参见《央视〈新闻联播〉关注江西南昌产业发展升级》，《南昌日报》2016 年 2 月 1 日。

新体，带动社会投资24亿元用于企业技术研发，迅速突破了一批关键、核心技术，实现了年新增主营业务收入208亿元。应该说，今天的中国，像江西省这样把政府、高校和企业的创新资源有效整合，组建一批协同创新公司，为产业创新发展找到了一条新路子的事例多不胜数。由此可以看到，我们在这里所探讨的“社会资本与构建协同创新体制”这一话题，正在从抽象的学术理论变为创新驱动发展的蓬勃现实。正是如此，更需要深化理论研究，以促使社会资本更好地融入协同创新体制中，更好地发挥社会资本在我国创新协同中的动力机制作用，这应该是理论研究的目的。

第五章

创新驱动下的升级转型发展体制

热若尔·罗兰在《转型与经济学》一书的“引言”中阐述了一个重要观点，对转型研究要突破仅从传统到现代的时间局限、仅从政策学角度的学术空间局限。[1] 在罗兰看来，“转型发展与体制”是一个发展规律，特别是经济规律。也就是说，只有不断自觉转型，才能得到发展。创新驱动之所以必须、应该与转型发展体制相联系，就在于转型体制为创新提出了时间紧迫性、空间密集性的要求。党的十八大报告提出创新驱动发展战略，其根本目的在于驱动经济发展的创新。从发展的角度来看，一个国家摆脱贫困落后状态，走向经济和社会生活现代化的过程即称为经济发展；也可以理解为“追求自身利益最大化的人们，通过不断的技术经济组织和社会经济制度创新，使其经济总福利在经济总规模持续扩张的过程中得以不断改善”[2]。中国经济创造了连续增长近40年的奇迹，这是有目共睹的事实。在获得巨大成绩的同时又要看到这种高速发展是粗放式的发展，我们面临着所谓“中等收入陷阱”和所谓“天花板效应”。今天中国经济发展步入新常态，处于以“三期叠加”为显著特征的特定阶段。大力推进“转方式、调结构”，加快实施创新驱动发展战略，是保持稳定增长、持续增长的根本路径。这是我们改革发展中一道必须尽快破解的难题。党的十八大提出创新驱动发展战略，党的十八届三中全会全面部署经济体制

① 参见［比］热若尔·罗兰《转型与经济学》，张帆译，北京大学出版社2002年版。

② 时娟、王恒书：《人力资本与经济发展》，《合作经济与科技》2007年第5期。

改革，把创新驱动发展作为经济转型与发展方式转变的重要途径。习近平总书记还以“两只鸟论”，即用“腾笼换鸟，凤凰涅槃”8个字，形象准确地说明“转方式、调结构”的重大意义和方向路径。2015年2月，习近平总书记主持召开中央财经领导小组第九次会议时强调，实施创新驱动发展战略，要把更多精力用在研究增强创新能力上，着力破除制约创新驱动发展的体制机制障碍，完善政策和法律法规，创造有利于激发创新活动的体制环境。① 这充分表明，我国传统基础产业企业创新与转型升级面临的不仅仅是技术问题，更重要的是体制机制和政策环境问题。为此，需要深入研究创新驱动下的升级转型发展体制的若干重大问题。

第一节　创新机制是转型升级的源泉

创新是指人类为了满足自身需要，不断拓展对客观世界及其自身的认知与行为的过程和结果的活动。关于创新的哲学认识，是人的实践行为，是人类对于发现的再创造。具体讲，创新是指人为了达到一定的目的，遵循事物发展的规律，对事物的整体或其中的某些部分进行变革，从而使其得以更新与发展的活动。现代创新理论之父美籍奥地利经济学家熊彼特在1912年出版的《经济发展理论》一书中则从经济和技术的角度明确指出，所谓创新是一种创新生产要素和创新生产条件相互结合的创新生产体系或系统，其主要包括新原料及新材料、新技术、新工艺、新产品、新方法与新市场等。② 这就从技术与经济相结合的角度，开始探讨技术创新在经济发展过程中的作用，提出创新是经济增长的内生动力。从此，创新在经济社会发展中的地位与作用日益受到人们的重视，创新对于经济发展的推动作用越来越突出。实践表明，经济社会的升级转型，根源在于创新，创新是升级转型的动力，升级转型是创新的必然结果，创新从促使社会基本的

---

① 参见叶小文《腾笼换鸟　凤凰涅槃》，《人民日报》2015年8月31日。

② 代明、殷仪金、戴谢尔：《创新理论：1912—2012——纪念熊彼特〈经济发展理论〉首版100周年》，《经济学动态》2012年第4期。

单个企业，带动整个行业的升级转型，从而促进经济转型升级，保持一个国家长盛不衰的动力。美国之所以能够成为世界经济实力、影响力和竞争力都长久不衰的根源在于创新，美国聚集了全球最具有创新的人才，科技的支撑使得美国成为各个领域各个方面的创新强国。纵观世界和亚太地区，凡是保持经济实力比较强地位的国家或地区，无不是重视创新的结果，特别是日本和韩国，面对资源不足和人力资源短缺的现实，立足创新，很快成为全球性创造大国。创新也是后发国家实施赶超战略发挥后发优势的必由之路，制度带有全局性、根本性、战略性，创新的产生，既需要创新文化和环境、政策的支持，又是创新机制的必然结果，创新机制的建立，是后发国家发挥后发优势的根本保障。

一　创新机制与企业品牌升级

企业是经济活动和经济实践的基本单位和主要载体，企业作为社会的细胞，企业的活力与发展动力决定着整个经济活动的动力与活力。世界各国的经验表明，一流的企业是国家或地区竞争力的重要源泉和主要载体，尤其是全球化时代，国与国之间的竞争，主要体现在企业与企业的竞争，特别是跨国集团在全球经济发展和国际秩序中的地位与作用越来越重要。实践表明，品牌价值是企业竞争力的标志。品牌是拥有者的无形资产，增值的源泉来自消费者心智中形成的关于其载体的印象。因此，品牌是企业的生命，品牌的价值就是一个国家或地区的竞争力，而品牌的形成，预示着是行业规则制定的话语权，预示着该品牌所代表的企业在行业中的龙头地位，品牌的拥有者掌握着同行业的贸易规则、标准制定，代表着权威。同时，企业品牌传达的是企业的经营理念、企业文化、企业价值观念及对消费者的态度等，它能有效突破地域之间的壁垒，进行跨地区的经营活动；它具有统一的形象，统一的承诺，可以使不同的产品之间形成关联，能够统合产品品牌的资源。中国是世界制造业大国，但是却处于产业分工链的低端，很多的话语权和标准、规则都掌握在欧美等发达国家手中。所谓一流企业卖标准，二流企业卖品牌，三流四流企业卖产品，企业品牌特别是拥有完全知识产权的自主品牌的缺乏，使得我国企业高端市场的竞争力不强。比如，深受孩子们喜欢的芭比娃娃玩具，生产加工出口目前几乎全部是中国承担。但是从每个芭比娃娃中，中国企业得到的仅仅是0.35美元加工费，而拥有该品牌的美国企业则获利近8美元。

再比如，中国服装行业品牌之一红豆集团给阿玛尼贴牌加工西装，所加工的西装每套价格是50美元，但到了阿玛尼的专卖店，每套价格则是500—800美元，价差高出10—15倍。

据《中国青年报》2012年2月20日引述韩国《中央日报》的报道，据经济合作与发展组织（OECD）韩国代表部举行的“OECD政策发布会”介绍，美国苹果公司每销售一台iPad可获利150美元，相当于售价的30%，韩国作为iPad主要零部件的供应产地所得到的收益是34美元，占6.8%。而中国工人仅能从中获得8美元的收入，只相当于售价的1.6%。

美国学者发布的一份关于捕捉苹果全球供应网络利润的报告，该报告罗列了苹果手机的利润分配情况。2010年每台出售的iPhone（4s）利润中，苹果公司独占利润的58.5%；除去主要原料供应地的利润分成后，其他项目占利比都在个位数，其中：非中国劳工占去3.5%，中国大陆劳工获得1.8%，苹果公司以外的美国从业者获得2.4%，欧洲获得1.8%，日本和中国台湾各获得0.5%，未归类项目占去4.4%。

上海海关曾经做过的一项调研表明，中国生产的惠普笔记本电脑出口到美国后，市场售价约为1000美元，其中美国公司在销售环节获利169.60美元，中国企业得到的加工费仅为30.30美元。

通过上述案例是要说明，在全球化时代，世界经济是一个以企业特别是跨国集团为载体，科技、人才、资源、生产以及消费在全球按照市场规律进行流动的全球经济。国家竞争力依赖经济的竞争力，经济的竞争力是以企业集团为载体的跨国集团的竞争，跨国集团的竞争靠的是品牌的竞争，而品牌的竞争靠的是持续不断的创新。中国是一个制造业大国，但由于缺乏核心技术，处于全球经济链的底端，主要卖产品，在大多数领域，行业标准和规则制定方面，缺乏国际话语权。产生这一结果的原因有很多，其主要原因有以下几点。

一是历史基础差。应当看到，西方发达国家进入近代以来，在科技革命的推动下，通过市场经济，率先实现了工业化，以工业化促进现代化和信息化，三者进入良性循环的“锁定”状态，工业化促进企业不断采用新技术，推动工业化深入，而工业化的深化升级，不断推动经济的转型升级。我国长期处于封建社会，没有经过资产阶级工业化时代，中国的工业化先天不足，也未能培育出带动社会变革的资产阶级，因此，缺乏现代化的经验。再加上长期的“重农抑商”，“农业立足”，主要解决“吃饭”问题。

二是市场经济起步晚，发育还不健全。在成熟的市场经济竞争力下，企业不断创新，推动新工艺、新产品开发使用，加速科技发展，科技的发展，反过来应用于企业，推动企业不断创新，不创新就会被市场淘汰，市场规律的内在作用推动经济不断发展。新中国成立以来，由于意识形态等原因，长期把市场同社会主义对立起来，到 1992 年邓小平南方谈话，党的十四大才确立建立社会主义市场经济体制。企业的壮大主要不是靠竞争和科技创新，大多数靠的是垄断，特别是国有企业这一现象比较突出，这就造成我国企业市场化程度低。企业技术创新投入不足，创新主体地位体现不够，创新成果少，技术对外依存度高。以专利申请为例。专利是企业参与市场竞争的“利器”，也是创新驱动和经济转型升级的重要参考指标。2016 年 1 月 14 日国家知识产权局在京发布的信息显示，2015 年我国发明专利授权量的数据是：我国发明专利申请量已经突破 100 万件，同比增长 18.7%，连续 5 年位居世界首位，企业知识产权创造主体地位持续巩固。中国在海外的发明专利申请从 2008 年的 13008 件增长到 2013 年的 33222 件。据国家知识产权局规划发展司司长龚亚麟介绍，2015 年我国共授权发明专利 35.9 万件。其中，国内发明专利授权 26.3 万件，比 2014 年增长了 10 万件，同比增长 61.9%。从国家知识产权局公布的排名榜来看，中国石油化工股份有限公司 2844 件排名第一，中兴通讯股份有限公司 2673 件位居次席，华为技术有限公司 2413 件排名第三，国家电网、京东方等也榜上有名。企业自主创新和专利保护意识越来越强，申请专利积极性高涨。2015 年，我国企业发明专利申请 58.3 万件，占国内发明专利申请受理量的60.2%；企业获得发明专利授权15.9万件，占国内发明专利授权量的60.5%，较2014年提高4.1个百分点。2015年虽然经济增速放缓，但发明专利的增长却保持了强劲增长的势头，并开始呈现出“数量增长，质量提高，结构优化”的特征，作为创新驱动和经济转型升级的重要参考指标，这是积极的信号。但是还要清醒地看到，中国目前虽然已经成为全球专利申请第一大国，在高技术领域的专利布局仍亟待加强，在世界知识产权组织划分的35个技术领域之中，在光学、发动机等7个领域，我国的发明专利拥有量与国外仍有较大差距。[①] 同时，由于我国产学研协同创新发展模式结合深度不够，科技成果与市场需求脱节、经济科技“两张皮”的现象还比较严重，很多科技成果沦为“展品”，科研成果转化效率还比较低下。根据有关方面数据统计显示，我国科技成果转化率不足30%，真正实现产业化的就更低了。这与以美国为代表的发达资本主义国家科技成果转化率有相当的差距，美国等国家的科技成果转化率为60%—70%，产业转化率如今高达40%—50%。[②]

三是传统文化意识的影响。每一种文化都有其最深刻、最本质的东西，人们常常将这种最深刻、最本质的东西称为“魂”。科学精神是科技领域的创新文化之魂。科学的发展不仅是科学知识的积累、科学方法的创新，更是科学精神的塑造。所谓科学精神，主要表现为崇尚真理、唯实求是的精神，锲而不舍、执着探索的精神，敢于挑战、勇于创新的精神，坚守志业、忘我献身的精神。我国传统文化的氛围为泛道德文化，其科学文化精神，尤其是创新精神是缺乏的，这在一定程度上阻碍了创新。中国文化具有几千年悠久历史，之所以近现代史上所经历的蒸汽时代、电气时代、信息时代的重大科学发现、科学理论和技术成果都没有能在中国文化的沃土上诞生，应该说，传统文化缺乏科学精神和创新精神是重要原因。比如“枪打出头鸟”“不求有功但求无过”等心态和缺乏科学思维的习

---

① 参见张明宇《2015年我国发明专利申请受理量超100万件蝉联世界第一》，新华网，2016年1月14日。

② 参见沈慧《科技成果如何落地生根》，《经济日报》2016年1月25日。

惯、科学精神的传统，是导致科学创新能力疲乏的根本原因所在。时至今日，虽然科学精神，尤其是创新精神意义重大，但我国科学精神的现实状况仍然令人十分担忧，这主要表现在科学教育领域和科学研究与传播领域。教育领域普遍存在重知识、轻方法、更轻精神的现象，科学研究领域学术失范现象严重，缺乏独创能力比较普遍。因此，在弘扬传统文化的过程中重视科学精神，尤其是创新精神的教育培养，并将其内化为我们的民族品格与素质，这是一个值得关注的重大问题。

四是体制结构上的失衡问题。改革开放以来我们看到了通过制度的变革来激发改革动力和释放创新活力的巨大作用。但是还得承认，今天的中国仍然处在转型经济的阶段。2016 年 12 月 21 日，由上海财经大学举办的以“不确定背景下的中国经济：改革、发展与治理”为主题的 2016—2017 中国宏观经济形势分析与预测年度报告发布会暨高峰论坛在沪举行。会上，上海财经大学高等研究院“中国宏观经济形势分析与预测”课题组发布了《中国宏观经济形势分析与预测年度报告（2016—2017）》。报告认为，近年来中国经济持续下行，有经济潜在增长率下降的影响，但更重要的原因在于三个结构性失衡，即经济结构的失衡、体制结构的失衡和治理结构的失衡。其中，经济结构的失衡是表象，表现为从要素驱动向效率驱动、创新驱动的转型滞后，深层次的原因在于体制结构上的“重政府轻市场、重国富轻民富、重发展轻服务”和治理结构上的“中央决议和地方/部门执行落差”。[①] 在这一背景下，只有进一步深化体制机制改革，创造有利于科学发展、加快发展的体制机制新优势，才能激发改革动力，释放创新活力，尤其是促进企业的创新发展。

因此，我国企业到了形塑品牌、创造品牌、发展品牌升级转型的关键时期，这与社会发展转型进程相一致。企业品牌的培育发展，离不开企业的创新，创新是我国企业做强做大、提升竞争力，走向国际市场的必然选择，创新也是我国企业转型升级的必然选择。

---

① 参见宋雅静《报告：中国经济正处于 L 型探底阶段压力依然存在》，中国经济网，2016 年 12 月 21 日。

二 创新机制与产业竞争水平升级

企业是行业的细胞，企业的创新与否直接决定着产业发展的活力与竞争力。产业竞争力，就是指产业的国际竞争力，也就是某一国家或地区的某个特定产业相对于他国或地区在同一产业的生产效率、满足市场需求、持续获利等方面所体现出来的竞争能力。因此，产业竞争优势是比较产业竞争力的核心内容，而产业竞争优势最终又要体现在产品、企业及产业的市场实现能力上。一般而言，决定产业竞争力的因素主要有五个方面。一是技术革命所引发的创新。技术革命决定了一个产业在人类历史长河中的兴衰，它不因一国一地的特殊情况而改变其总的演变趋势，技术革命往往引发相关产业的创新，从而改变人们的生产方式、生活方式、交往方式和消费方式。二是一个国家或地区经济所处的发展阶段决定了这个国家哪些产业存在比较优势，容易产生有竞争力的企业，哪些产业的企业还不具备成为有竞争力的企业的条件。一个国家或地区的经济发展水平与阶段决定着这个国家产业所处的整体水平与阶段，这是由于经济的发展水平与阶段与产业发展水平与阶段相互影响，具有大致的一致性。三是一个国家或地区相关资源的余缺决定了有潜力成为有竞争力产业的发展顺序和发展路径。资源的多寡对于一个产业的整体竞争力具有重要的基础性作用，它是相关产业竞争力水平的资本。四是产业政策能够影响、促使甚至在一定程度上决定某个产业有竞争力或丧失竞争力。产业政策对于产业竞争力水平具有优先决定作用，产业竞争力提升与国家扶持分不开，国家的扶持意味着国家对该产业的重视，会从资金投入、税收、政策等各个方面加以扶持。五是市场规模决定了这个产业的最终竞争潜力，市场规模是衡量一个产业竞争力的重要因素，规模的大小决定该产业的市场地位和话语权大小。以上这五个因素共同决定了一个产业的整体竞争力。

从以上五个因素可以看出，五个因素之间是互相联系，互相依赖、互相影响的。科技的创新程度与国家经济发展阶段相一致，决定着市场规模，而国家资源的多寡是无法选择的。曾经，我们在快速工业化的过程中取得了巨大的成绩。技术上，主要是追赶、模仿的模式。但今天，中国经济处在一个能够引进的技术越来越少的局面，而国内的产业创新又跟不上时代发展的需要，以带动经济基础快速增长。同时这一模式遇到了资源枯竭、环境恶化的严峻局面。这就是所谓中等收入陷阱的来源。技术创新不足必然制约产业升级从而导致经济增长的不可持续。被认为是金融危机的预言家——美国经济学家保罗·克鲁格曼（Paul Krugman）在他的《亚洲奇迹的神话》一文中这样分析过："四小龙"没有明显的技术创新和劳动生产率提高，增长是不可持续的。东亚经济体的高速增长状况和苏联工业化时期的增长状况惊人地相似。如果说苏联依靠的是计划经济，东亚依靠的就是亚洲价值观。"中国奇迹"是否是另一个"东亚奇迹"?[①]

克鲁格曼这篇文章被认为是预言了亚洲金融危机，其主要观点是只靠投入推动型的经济增长不可持续。只有技术进步，提高效率才是经济增长的长期可持续动力。他的结论告诉我们，如果"中国奇迹"是另一个"东亚奇迹"，则增长同样是不可持续的。因此，理论与现实警示我们，发展的老路走不通了，中国需要创新驱动发展的模式，亟待靠科技与创新，同时完善相关的政策，建立科学合理的创新机制来提升产业竞争力。

马克思早就说过，科学技术是生产力。邓小平强调，科学技术是第一生产力。这揭示出科学技术在提高产业竞争力和促进经济发展中的地位与作用。科技与创新对我国产业竞争力乃至经济发展的活力、影响具有决定性作用，从第一次科技革命蒸汽机的运用到电力再到以原子能技术、航天技术、电子计算机的应用为代表，包括人工合成材料、分子生物学和遗传工程等高新技术为代表的第三次科技革命，都深刻影响和改变着人们的生活和生产力的实现方式。第一次科技革命确立资本主义生产方式，开始了城市化进程，东方从属于西方；第二次科技革命使得资本主义世界经济政治发展的不平衡加剧，垄断资本主义以及世界资本主义的形成，进入资本输出新时期；第三次科技革命推动了经济结构和社会结构的变化，国际经

① 参见［美］克鲁格曼《亚洲奇迹的神话》，张铭译，《现代外国哲学社会科学文摘》1995 年第 7 期。

济格局新调整，以及世界经济联系更加紧密。以系统科学、计算机科学、纳米科学与生命科学的理论与技术整合，形成系统生物科学与技术体系，包括系统生物学与合成生物学为代表的第四次科技革命，将导致的是转化医学、生物工业的产业革命以及生物太阳能、生物计算机与生物反应器的技术突破与产业化。人类四次科技革命，都极大地促进了生产力的发展与进步，科技与创新紧密相连，相互依赖，相互影响，科学技术是第一生产力的作用，在信息社会下更加凸显，推动科技进步，大胆进行创新，是我国产业竞争力提升的必然选择。如前所述，《第三次工业革命》的作者杰里米·里夫金在其书中特别强调指出过，科技创新历史已经证明新型通信技术与新兴能源系统的相互结合，就预示着人类经济社会发展中重大经济转型时代的来临。当前，抓住信息与技术结合的产业发展机遇，应该是我们创新机制与产业竞争水平升级互动互促的极好机会。

目前，我国产业的整体竞争力不强，处于世界分工下游链位置，大多数产业甚至严重依赖国外，对我国经济安全和经济发展造成严重威胁。虽然我们自 2006 年以来一直大力提倡自主创新。但实际上，我国企业、产业核心技术受制于人的状况还没有根本性的改善。缺乏核心技术，就缺乏占领市场的基本条件，这仍然是我们面临的严峻现实。

同时，由于我国经济已经高度开放，一个不可回避的挑战是：在本土企业核心技术仍然非常欠缺的情况下，如何应对跨国公司的挑战？这个问题事关本土企业的生死存亡。我国轿车工业的发展就是一个鲜活的例子：我们曾经计划在“十一五”末的时候使自主品牌轿车占到国内市场的 50%。但实际情况是，中国商务部部长陈德铭在一次讲话中谈道：“截至 2008 年，中国的几家大汽车企业都已与外企合资，自主品牌轿车的市场占有率不足 30%，轿车发动机中自主产权仅占 24.5%。”到 2015 年时自主品牌轿车已经降到国内市场份额的 20% 以下。关于中国的芯片制造更应该是我们的一个“痛点”。芯片被喻为国家的“工业粮食”，是所有整机设备的“心脏”，芯片产业 1 美元的产值，可以带动信息产业 10 美元的产值和 100 美元的 GDP。我国芯片产业每年进口 2000 多亿美元，超过了石油和大宗商品，是第一大进口商品。全球半导体市场规模 3200 亿美元，约54%的芯片出口到中国，但国产芯片的市场份额只占10%。全球77%的手机是中国制造，其中不到3%的手机芯片是国产。[①]

据《日经新闻》报道，日本软件银行（Softbank）公司和千橡互动集团（校内网所属公司）达成协议，以400亿日元买下该公司40%的股权。当时，校内网已有2200万会员，并且以每月200万新会员注册的速度增长。这是否意味着：软银将可能轻松地掌握中国2200万以上大学生的个人资料和隐私？这是否也意味着中国的数千万社会精英的个人信息将可能被日本政府获取呢？四大跨国粮商ADM、邦吉、嘉吉和路易达孚习惯于从种子、化肥等生产环节到建立自己的运输通道等流通环节，掌控整个链条。而中国80%的大豆压榨能力如果为跨国粮食企业控制，就意味着国内企业已经失去了话语权。

今天的中国正在迎来全面创新时代，在这个时代要想在竞争中胜出，必须把创新放在发展的核心位置。以习近平总书记为核心的党中央，对新一轮全球科技革命、产业革命以及中国自身创新驱动发展内在趋势有着深刻把握和战略驾驭，高度重视创新特别是科技创新对于转型升级的重要作用，提出中国必须成为世界科技创新大国。习近平指出："必须把科技创新摆在国家发展全局的核心位置，坚持走中国特色自主创新道路，把创新驱动发展作为面向未来的一项重大战略实施好，坚定不移创新创新再创新，加快创新型国家建设步伐。"[②] 2016年习近平总书记新年考察第一站到重庆，在考察中再次强调要走"创新之路"。

因此，深刻认识科学技术是第一生产力对于我国科技创新和产业升级转型具有重要意义。要加大创新的力度，提升产业整体竞争力，特别是在关系到国家安全与民生发展的关键领域、关键行业中，必须掌握核心技术。同时还要把创新的思维、理念、要求通过建章立制，形成规范化的体制机制，才能实现创新的可持续发展。

---

① 参见《我国芯片市场被发达国家垄断》，《经济参考》2014年6月9日。

② 习近平：《习近平总书记系列重要讲话读本》，人民出版社2014年版，第65页。

三 创新机制与综合国力升级

一个主权国家赖以生存与发展所拥有的全部实力及国际影响力的合力就叫综合国力。显然，衡量一个国家基本国情和基本资源最重要的指标就是综合国力，它也是衡量一个国家的经济、政治、军事、技术实力的综合性指标。对于综合国力的认识，有的学者将其分为硬实力与软实力两种形态，其中占支配性的属于硬实力，它包括基本的资源（如土地面积、人口、自然资源）、军事力量、经济力量和科技力量等；而软实力主要是指国家的凝聚力、文化被普遍认同的程度和参与国际机构的程度等，它在综合国力中虽不占支配地位，但仍然十分重要。美国哈佛大学教授约瑟夫·奈把软实力概括为导向力、吸引力和效仿力，是一种同化式的实力即一个国家思想的吸引力和政治导向的能力。国与国之间的竞争主要是综合国力的竞争，软实力的作用越来越凸显出来。今天从全球来看，科技已经成为推动经济社会发展的重要力量，特别是新一轮科技革命和产业革命已经呈现出革命性突破的征兆的情况下，国与国之间的激烈竞争在本质上是创新能力的竞争。为此，抓住时机，通过创新，推动我国经济社会的转型升级是十分紧迫的任务。从硬实力来看，我国的综合国力处于全球前列，但是也面临着大而不强、经济质量不高、粗放式明显等问题。从软实力来看，我国与西方发达国家特别是美欧等国家尚有不小差距。因此，综合国力既要注重硬实力方面的创新，更要注重文化、价值观、社会发展道路、模式等软实力的创新。应当看到，随着经济社会发展转型升级，软实力在国际竞争力和国家综合国力中的地位与重要性日益上升，必须重视软实力的影响作用。

中国社会转型关键期急需通过创新推动综合国力的升级，创新是形势所迫。经过改革开放以来的发展，我国经济实力、军事实力、科技、文化影响力都有了巨大发展，但是，社会转型进入了攻坚期、爬坡期，能否成功跨越“中等收入陷阱”，顺利实现社会转型，关系到“两个百年”奋斗目标以及民族伟大复兴中国梦的实现。顺利推动社会转型，关键在于解决我国目前所面临的历史性课题。这些历史性课题，既有来自国际方面的，主要是目前世界经济政治和国际秩序大调整大发展，美国“亚洲再平衡战略”给我国发展带来的地缘政治危机与挑战等问题，也有来自国内方面的，集中表现在经济社会发展转型所带来的区域差距、城乡差距和贫富差距问题，生态环境危机问题，腐败和进一步规范公权力运行等问题。发展仍然是解决这些问题的关键，所以，党的十八届三中全会坚持重申“发展是解决目前我国一切社会问题的重大战略”这个基本观点。目前我国全面深化改革的重点是经济体制改革，重点是处理好政府和市场关系，推进国家治理能力和治理体系的现代化。创新是实现发展、解决国际问题与国内问题的必由之路，创新驱动发展战略是提升国家综合国力的必由之路。

构建创新机制，充分发挥科技进步和创新的动力作用，把国家发展转到创新机制驱动的轨道上来，是我国经济发展突破瓶颈、解决深层次问题的根本出路。同时，创新不能仅仅理解为经济科技方面的创新，而是转型时期中国经济、政治、文化、社会等全方位的变革。只有从企业创新到行业带动再到国家综合国力升级；从科技、经济、军事等硬实力的创新到文化、价值观、发展环境等软实力的创新，才能顺利推动社会转型，跨越“中等收入陷阱”，全面建成小康社会，进而实现中华民族伟大复兴的中国梦。

第二节　经济社会升级转型的逻辑演变规律

创新机制对于从企业到国家的转型升级具有不可替代的作用，推动经济社会转型升级、实现发展对于遵循自然规律的可持续发展、遵循经济规律的科学发展、遵循社会规律的包容性发展具有重要作用。经济社会的转型是一个国家或地区经济社会发展内生规律的必然要求，是一个从企业升级到行业升级再到国家竞争力升级的逻辑演变的必然结果。企业品牌升级发展带动行业和产业升级发展，从劳动密集型产业转型为信息化、科技化的高科技、高附加值产业，从而带动中国经济结构调整和发展方式转变，经济社会顺利实现转型，中国跨越“中等收入陷阱”，实现民主富强文明和谐的社会主义现代化，是创新发展战略实施的目标任务。企业通过创新，形塑品牌，营销品牌，从而掌握核心技术，提升核心竞争力，在国际分工链条中占有一席之地，从而带动行业竞争力的提升，行业竞争力提升，通过市场规律作用，自动调节经济结构的优化，实现发展方式转变，从而保持国民经济持续快速健康发展。不同行业竞争力的提升，自然促进国家综合国力和国际竞争力的提升，一大批创新性高科技的跨国集团成为行业的航空母舰，中国在诸多领域具有一定的国际话语权、规则制定权，成为时代潮流和创新的引领者，从而实现中华民族伟大复兴的中国梦。

一　企业品牌升级与核心竞争力竞争

我们知道，“核心竞争力”概念是美国密歇根大学商学院普拉哈拉德教授和伦敦商学院加里·哈默尔在1990年合著的《公司核心竞争力》一书中首次明确提出的。他们认为，“在一个组织内部经过整合了的知识和技能，尤其是关于怎样协调多种生产技能和整合不同技术的知识和技能”[①] 就是核心竞争力。他们还进一步指出，公司企业的核心竞争力能够使公司企业获得长久优势的竞争能力，是公司企业所独有的已经经受时间考验的具有延展性的而竞争对手又是不能模仿超越的核心技术竞争能力。正是这种核心技术竞争能力使得公司企业在激烈变化的竞争环境之中，能够战胜强力竞争对手并形成组织的强大集合力量。一般来说，构建公司企业核心竞争力应当从规范化的企业管理，资源、对手、市场竞争分析，差异化与无差异化的竞争分析，标杆及其人力资源竞争分析等着手。当今世界，国与国之间、地区与地区之间、企业与企业之间的竞争主要是核心竞争力之间的竞争。企业品牌升级是核心竞争力竞争的必然要求，树立品牌、营销品牌、创造品牌、维护品牌，是核心竞争力竞争的应有之义。

中国企业缺乏世界知名品牌，在全球市场缺乏竞争力。2013年《财富》世界500强排行榜，壳牌石油蝉联榜首。中国上榜公司数量达到95

---

① 转引自辛文《报纸的核心竞争力》，《新闻与写作》2006年第3期。

家，上榜企业数量仅次于美国，名列全球第二。在 2015 年世界 500 强企业名单中，中国上榜企业继续保持强劲增长态势，达到 106 家，比上年度增加 6 家，上榜企业数量稳居世界第二。从表面看，中国企业实力强大了，但在数量连年上升的同时，中国上榜公司显现出的结构失衡和杠杆率过高两大问题是值得重视和警惕的。同时，更能准确反映企业强弱的 Inter brand 全球品牌百强榜单更加反映出中国企业的差距。2015 年 10 月 6 日品牌咨询公司 Inter brand 公布了 2015 年的“全球最佳品牌榜”百强名单，2015 年全球最具价值品牌 100 强中，中国仅有两家上榜。华为是排名最高的中国公司，2014 年首次上榜，2015 年排名第 88 位，品牌价值为 45.92 亿美元。联想成为该排行榜上的第二家中国公司，排名第 100 位，品牌价值为 41.14 亿美元。

为什么我们更应该重视 Inter brand 全球品牌百强榜单呢？如果说《财富》全球 500 强只根据年营业收入来进行排名，这个指标衡量的是企业的规模和大小，并非强弱，体现在进入《财富》全球 500 强的中国企业大都是资源型或垄断型的央企，因为它们的规模足够大，但是大不一定强。学者单佳灵认为，“品牌咨询公司 Inter brand 公布的‘全球最佳品牌榜’百强名单，主要从品牌业绩表现、影响力及品牌保障公司持续收入的能力三个方面进行衡量。候选品牌的经营范围必须覆盖至少全球三大洲，必须广泛涉足新兴的发展中国家和地区，必须有足够的公开财务信息，必须长期盈利，30% 以上的收入必须来源于本国以外的地区。显然在 Inter brand 全球品牌百强排名中，品牌价值不仅仅要看销售额，还包括利润、全球市场份额、专利技术数目、顾客满意度、顾客忠诚度等多个指标，这就可以更准确地反映企业的竞争力”①。我们的很多央企，虽然销售额和利润都很高，但是在全球市场份额、顾客满意度和顾客忠诚度等指标上还比较差，因此还不能说是优秀的全球性企业。

中国企业面临的主要问题是：从宏观上来看，中国企业国际化程度低，全球范围内整合资源的能力不强；技术创新能力薄弱，缺乏国际标准

① 单佳灵：《2015 年全球品牌 100 强》，《国际商业技术》2015 年第 6 期。

化话语权和在国际市场上的定价权；处于国际分工和全球产业链底端，企业影响力和全球行业地位尚待提升；国际知名品牌严重缺乏。从微观上来看，中国企业政企不分、国有企业靠行政性垄断排斥竞争的现象还比较突出；创新与转型的动力不足，相当多的企业研发能力还比较薄弱，行业共性技术平台建设不力，靠购买设备和引进生产能力还是许多企业技术改造的首选；法人治理结构不完善，包括缺乏有效的监管；结构调整与转型升级的阻力大；体制机制因素导致产业组织不合理，难以形成专业化分工，以及知识产权保护不力影响产业创新升级，等等。

中国企业缺乏世界品牌，原因固然很多，但是根本原因在于缺乏一个以若干中国品牌为代表的、具有领先全球的核心竞争力的行业，国企大而不强，民企急功近利，缺乏真正优秀的品牌和基业长青企业。具体分析可知如下问题。一是改革开放以来，我国企业“走出去”时间短，世界知名品牌企业大多已有百年历史。二是中国大型企业大多为国企，大部分靠的是垄断，缺乏竞争；而品牌建设的能力较差，缺乏品牌营销经验应该是民营企业的主要弱点。三是基本上依靠“国外的技术”加上“中国的市场和廉价劳动力”来做大中国的企业，这是我们必须承认的事实。长期缺乏自己拥有的核心技术。四是研发投入不足。对企业而言，开发核心技术就需要在研发上舍得投入。与发达国家相比，中国现阶段企业的研发投入仍然严重不足。在发达国家，许多大企业的研发投入较大，数据显示，微软在2002年的研发投入是53亿元，占营业收入的21%，英特尔2002年的研发投入为41亿美元，仅这两个公司的研发经费之和，就几乎相当于中国当年一年的研发投入。以轿车工业为例，我国企业研发投入明显不足。2011年，丰田的研发投入为77.54亿英镑，我国生产自主品牌轿车最多的长安4.28亿英镑。丰田有2.55万研发人员，长安只有不到7000人。即使是一汽、二汽、上汽这些企业，研发投入同跨国公司也明显不在一个层面上。国有企业在关键技术上对外技术依存度在50%以上（发达国家平均在30%以下，美国和日本在5%左右），具有高科技含量的关键装备基本上依赖进口。学者李强（2013）采用二级CES生产函数来分析江苏企业的实际研发数据，研究出口企业研发贡献是否不同于非出口的企业，出口和非出口企业的研发贡献是否会由于产业、地区、企业规模和类型的不同出现差异。结果表明：中国不论是出口企业还是非出口企业创新都明显不足，主要是通过大量利用资源和廉价的劳动力来生产产品，并不注重企业的技术创新。[①]

总之，中国企业缺乏世界知名品牌的关键在于缺乏核心竞争力。长期以来，我们采取的“比较优势”战略即利用国外资本和我国廉价劳动力促进经济快速增长的战略，虽然取得经济的巨大成就，经济总量成为世界第二。但是，靠附加值很低的劳动密集型产业的“中国加工”“中国制造”却难以建成世界知名企业品牌，这对于我国未来经济发展十分不利。习近平总书记提出的“腾笼换鸟，凤凰涅槃”，“转方式、调结构”，促进产业升级，就是看到了“比较优势”战略的缺陷，在利用现在积累的资金基础上，积极促进技术创新。应该充分认识到，中国的品牌建设要获得巨大的突破，首先有赖于企业核心竞争力的提升。因此，走创新驱动发展之路，大力推动技术创新，推动企业转型升级，进而推动产业优化升级，才能尽快培育出世界知名品牌来。

二　行业竞争力与经济转型

经济转型是指一个国家或地区的经济结构和经济制度在一定时期内发生的根本变化。这种变化最终还要体现在生产率的提高和社会的发展上。也就是说，经济转型的重要标志是生产率的提高，一种经济形态向另一种经济形态的跨越，应该带来生产率的显著增长。因为这种跨越、这种转型一定是经济发展的创新，而经济发展的创新关键在科技的创新。所以科技创新是经济转型、经济发展最根本的动力。经济转型是世界所有国家在实现现代化进程中都面临的普遍现象，不论是发达国家还是新型工业化国家，都是在经济转型升级中实现持续快速发展的，这是被国际经验所证明了的。

---

① 参见李强《企业出口背景下的 R&D 投入产出效应——基于江苏省企业科技创新普查数据的分析》，《科研管理》2013 年第 9 期。

结构转型与体制转型是经济转型的主要内容。结构转型是指从封闭的、农业的、农村的社会向开放的、工业的、城镇的现代社会转变，包括产业结构、技术结构、市场结构、供求结构、企业组织结构和区域布局结构等的转变。体制转型是指从高度集中的计划经济体制向市场经济体制转变。完成制度的创新以加快经济社会的发展是体制转型的目的。中国经济转型面临的问题与挑战也聚焦在这两个方面。从体制转型来看，中国从高度集中的计划经济向社会主义市场经济转型，已经建立起社会主义市场经济体制，市场化的利益主体和市场化行为正在日益成熟。但是要让市场真正对资源配置起决定作用还有很多问题需要解决。因此，加速制度变迁和制度创新，尤其是加快推进政府体制改革，让市场起决定作用和充分发挥政府的作用，保持经济健康快速发展成为全面深化体制改革的重要内容。从结构转型来看，改革开放以来，我国工业化、城镇化取得巨大发展，截至 2015 年我国城镇化率达到 56.1%，我国的产业结构调整、技术结构调整、市场结构调整、供求结构调整、企业组织结构调整和区域布局结构调整取得巨大成效，但是，我国社会结构转型也面临巨大挑战，主要表现在产业结构不合理，缺乏龙头企业，大多处于产业链的中下游。区域、城乡、群体之间的发展和收入分配差距较大，等等。从企业特别是国有企业来看，前面我们已经作了分析，主要问题在核心竞争力缺乏，自主创新能力不足。总之，中国进入经济转型的新阶段，无论是结构转型还是体制转型，都出现了一系列阶段性的新特征，面临着新问题与新挑战，解决的关键在于在全面深化改革中推动创新，以创新驱动发展。

提升行业竞争力促进经济转型是创新驱动发展的必然结果。当传统粗放式的经济模式难以为继时，全面提升行业竞争力就是促进中国经济转型的当务之急。因此，有学者指出，“当前的经济主题与其说是调整行业结构，还不如说是应该加快提升实体经济能力和水平，提高企业和产品的竞争力，以优化资本结构，抑制虚拟经济过快增长”①。

① 朱小黄：《中国经济的当务之急：提升企业竞争力》，《经济观察报》2013 年 9 月 24 日。

三　综合国力升级与国家发展方式转型

所谓国家发展方式，是指实现国家发展的方法、手段和模式，其中不仅包含经济增长方式，而且包括结构（经济结构、产业结构、城乡结构、地区结构等）、运行质量、经济效益、收入分配、环境保护、城市化程度、工业化水平以及现代化进程等诸多方面的内容。[①] 国家发展方式转变是以经济增长方式转变为核心的支撑国家发展进步的各个组成部分的全方位转型。长期以来，我们走进了“把经济发展当成经济增长，把经济增长当成 GDP 量的增加，把国家发展等同于经济中 GDP 的多少”的“唯 GDP”误区。事实上，国家发展是一个综合性的系统概念，是在经济发展的基础上，经济结构、社会结构持续高级化的进程和人口素质、生活质量、生活方式不断提高和文明化的过程。如前所述，美国经济学家保罗·克鲁格曼在多年前就认为，东亚地区包括中国经济增长主要是通过资本积累而非通过技术进步获得，这种方式使得经济增长率很高，但是资源利用效率却不高，特别是容易引起经济动荡、贫富分化、环境污染等一系列社会问题。因此，从综合国力的角度探讨国家发展方式转型，对于提升国家综合国力，促进发展方式转变和社会转型，具有重要意义。

从综合国力升级角度来看，国家发展方式转型升级面临迫切挑战。国家发展方式转型既要突出经济发展方式的转变，又要着眼于可持续性、经济结构调整、优化和产业升级，就业、消费、分配等一系列社会需要等。从国际实践和改革开放以来的发展来看，以下几种发展方式必须终结。一是先污染后治理发展方式。先污染后治理是世界各国特别是发达国家在实现工业化和现代化进程中普遍存在的现象，这条道路和这种发展方式在新中国成立初期和改革开放一段时期的中国也普遍存在，但是，人与自然矛盾的凸显，新的发展观的要求，资源与环境的约束，都要求我们必须终结这种发展方式。党的十八大提出美丽中国，并将生态文明建设同经济、政

---

① 参见贾海涛《中国综合国力评估及世界排名：理论、现实及测评公式》，《南京理工大学学报》（社会科学版）2012 年第 5 期。

治、文化、社会并列为中国特色社会主义现代化整体目标就是终结这种先污染后治理发展方式的理论自觉。二是国富民穷、贫富分化的发展方式不可持续，必须避免。从世界各国尤其是一些发展中国家的实践来看，一些发展中国家之所以会陷入“中等收入陷阱”，不能跨越“刘易斯拐点”的关键就在于国富民穷、贫富分化的发展方式未能得以根本扭转，并且有愈演愈烈的趋势。国家通过行业和行政垄断，物质财富主要聚集在国家手中，这在一定时期集中力量办大事具有一定合理性，但是，不具有持续性，甚至经常会引发社会动荡。国富民穷的结果是贫富分化严重，贫富分化主要是由于社会资源、发展权利与发展机会的不公平不平等造成，少数人掌握大力量资源，甚至出现权力与资本互相“寻租”，形成权贵经济发展模式。这一点也必须引起中国高度重视，2013 年 1 月 18 日时任国家统计局局长马建堂指出，2012 年中国基尼系数为 0. 474。2015 年 1 月 20 日在国务院新闻办新闻发布厅举行的新闻发布会上，时任国家统计局局长马建堂介绍 2014 年国民经济运行情况，表示中国 2014 年基尼系数为 0. 469。贫富差距虽然有缩小的趋势，但是中国的贫富差距问题已经成为影响经济健康持续发展和社会稳定的最大制约因素。三是高消耗、高污染、高排放、低附加值的粗放式发展方式必须终结。传统粗放式发展方式不仅造成资源短缺浪费和环境污染，而且这种发展方式也不可持续，带来诸多经济和社会问题，走绿色、低碳、循环、生态、环保、可持续发展道路是世界各国的共识。四是重投资出口，轻消费的投资驱动型和外向型发展方式不可持续。应当承认，投资驱动型和外向型发展方式对于促进我国经济增长、缓解就业压力、增加外汇储备等起到过积极作用，具有一定的历史合理性。但是，这两种发展方式不具有持续性，投资驱动型发展方式忽视发展内生动力，重投资轻消费，外向型经济容易受到国际市场的影响，2008 年全球金融危机导致的经济危机，使得我国某些地区特别是沿海发达地区这种发展方式面临极大压力，就是明显的例子。总之，这四种发展方式不可持续，必须转型升级，这种转型是国家综合国力升级的必然要求，是增强国际竞争力和影响力的必然要求。

第三节　中国经济转型升级的机制建构

中国经济已经到了只有转型升级才能持续发展的关键阶段。改革开放以来，我国经济总量、综合国力与国际竞争力都有了较大提高，但是已有的发展方式难以为继，传统动力正在日渐衰竭，要素供给结构正在发生改变：土地资源有限，劳动力供给结构改变，能源价格上涨，投资拉动遭遇瓶颈、消费启动困难，环境污染严重。总之，亟待培育经济发展新动力。按照党的十八届五中全会的要求，培育经济发展新动力，必须高度重视聚集高新技术、高端装备、高级人才和高水平服务等，发展以技术、品牌、质量为核心的新产品、新产业和新市场。尤其要推动新技术、新产业、新业态、新机制融合发展，释放新需求，创造新供给，发现和培育新增长点。为此，需要研究中国经济转型升级的机制建构问题。

一　强化产业升级的路径机制

产业转型升级的根本是靠创新，创新是产业发展的主引擎。因此，通过创新强化产业升级的路径机制是促进产业升级新动力形成的当务之急。

第一，构建灵活高效的体制机制，为传统产业通过创新与高科技相结合提供支撑。创新要落到形成更具竞争力的产业优势上，而传统产业是新兴产业产生和发展的基础。因此实施创新驱动发展战略，首先就要形成传统产业通过创新与高科技结合的机制。传统产业只有通过与高新技术相结合，才能破茧成蝶，向价值链高端发展。通过创新提高产业核心竞争力，是传统产业升级转型的必由之路。因此，构建灵活高效的体制机制，为传统产业通过创新与高科技相结合提供制度保障是当务之急。一是从中央到地方应该制定关于传统产业升级转型与新兴战略产业发展的规划。传统产业升级转型不是一蹴而就的事情，要尊重规律和区域发展实际，要统筹资金投入、人才培养、能力建设、产业布局、结构调整等，这些都要求有完善科学的体制机制作保障，实现传统产业升级转型的科学化、制度化和规范化。通过科学规划，分类指导，特别是对于高科技园区和基地布局的科学合理，东中西部，城乡之间的统筹协调发挥积极作用。同时，鼓励东部沿海发达地区加大对中西部地区的科学技术、人才、资金等的支持力度。二是以省或直辖市为主体，推动传统产业升级转型和高科技产业协调发展。中国各个省份传统产业各异，特别是一些资源型地区，转型压力较大，要分类指导，逐步推进，充分发挥地区优势，加大科技创新的投入，推动传统产业升级转型。要将推进重点产业和区域率先转型作为突破口，支持东部发达地区率先转型发展。在金融创新、绩效考核改革、放松市场管制、知识产权保护等方面探索新体制机制。促进其加快产业结构调整，培育新兴业态，率先形成创新驱动的产业体系。三是要加大对传统产业升级转型的路径选择指导。例如，立足产品架构的多点嵌入、系统整合路径选择，其方式主要通过收购兼并，获取技术，整合产业链条。利用本地市场优势的高端链接路径选择，其方式是以本土市场为吸引，获取外部先进技术，自主研发获得专利和品牌等，高端进入全球价值链。依托自主技术（商业模式）由内向外的升级路径选择，其方式是依靠自主技术或本土市场形成的商业模式，形成国内品牌，从国内走向国际。持续提升比较优势的链间网络扩展路径选择，其方式是以持续提升比较优势为基础，依托要素资源结构的改变，推动产业链间升级的长期升级路径，等等。

第二，加快共性技术平台建设，为完善自主创新能力的基础提供条件。我国工业大而不强的根源是创新能力不强，尤其是原始创新不足。迄今为止，鲜有形成具有世界品牌、掌握核心技术能力的产品和产业。加强原始创新是提升我国自主创新能力的重要内容。实践证明，导致自主创新能力不足的原因很多，教育制度体制、科研制度体制，科学氛围环境、历史和社会的影响等。习近平主席在中国科学院第十七次院士大会、中国工程院第十二次院士大会上强调："最紧迫的是要破除体制机制障碍，最大限度解放和激发科技作为第一生产力所蕴藏的巨大潜能。"[①] 为此，加强共性技术供应布局，加强共性技术平台建设，是完善自主创新能力的基础

---

① 习近平：《在中国科学院第十七次院士大会、中国工程院第十二次院士大会上的讲话》，《当代劳模》2014 年第 6 期。

条件。这个基础工作的重点主要在三个方面。一是，加强行业关键共性技术布局，编制关键共性技术目录，建立行业关键共性技术项目计划，加大行业共性技术的研发投入。二是，加强共性技术研究开发的组织建设。同时，加强国际合作，提高技术的供应能力。三是，搭建区域技术服务平台，发展生产性服务业，提高产业群的整体效率。特别要加强公益性较强的产业共性技术平台建设，提供质量检测、设计服务和市场信息服务等。①

第三，构建区域协调机制，为促进区域产业发展新优势提供保障。在市场经济条件下，实现区域协调发展主要依赖于市场机制，这是基础性的决定因素。但是政府仍然具有不可替代的独特作用，必须发挥好相关的法律、规划、政策等调控工具作用。这集中体现在以下几点。一是体现在调整区域间的产业结构关系上。调结构、促升级始终是产业发展的中心任务。目前，我国产业结构和空间布局不合理、产能过剩严重、区域发展同质化等问题需要从根本上加以解决。同时，如何促进高端要素向中西部流动，整合区域商业网络以及产业循环体系等，迫切需要区域协调机制来发挥作用。二是体现在实施国家重大战略中。当前，“一带一路”倡议、京津冀协同发展和长江经济带战略正在强力推进中。在尊重产业集聚规律的前提下，如何构建连接东中西、贯通南北方的多中心、网络化、开放式的区域开发格局，培育若干带动区域协同发展的增长极，迫切需要区域协调机制来发挥作用。三是体现在强化区域产业发展新优势上。产业园区和基地是提升产业竞争力的必然要求，特色产业园区和基地使同一产业的相关企业集聚在一起，进行专业化分工协作，发挥各自的优势，形成相互促进、相互配套的完整产业链，只有这样才能适应国际产业竞争的新要求。因此，必须通过构建区域协调机制，改变我国当前很多地方产业园区和基地小而全、遍地开花、未能形成完整产业链的现象。要强力推进特色产业园区和基地建设，促进区域产业发展新优势。要使我们的园区和基地真正

---

① 参见吕薇《传统产业改造升级的动力、模式与政策》，《中国发展评论》（中文版）2012年第4期。

有特色、上规模、出效益、高科技、有竞争力。四是表现在将创新型城市作为推进创新发展的重要抓手，带动一大批各具特色、充满活力的区域创新型城市。以此推进建设一批各具特色、优势互补的创新型城市群；形成若干布局合理、特色鲜明和创新能力强的大区域科学发展引擎。2015 年 9 月，中共中央、国务院印发了《关于在部分区域系统推进全面创新改革试验的总体方案》。方案对实现创新驱动发展转型，推动科技创新的总体目标、重点改革领域、工作机制、试点区域以及改革路线图都有明确的部署和要求，关键在推进落实。

二 全面深化改革促进转型发展的动力机制

改革开放是当代中国发展的主题，是贯穿中国特色社会主义的灵魂与主线，改革开放是当代中国发展进步的动力之源。在改革开放中拓展社会转型发展的新空间，是从升级发展到转型发展的必由之路。

前面我们指出了，通过创新强化产业升级的路径机制是促进产业升级新动力形成的当务之急。如何强化呢？解决这些问题的根本路径在于深化改革。重点解决以下两个问题。

第一，通过改革，为提高我国产业在全球价值链中的地位构建体系保障。《十三五发展规划建议》提出，要“提高我国产业在全球价值链中的地位”①。“构建产业新体系。加快建设制造强国，实施《中国制造二〇二五》。引导制造业朝着分工细化、协作紧密方向发展，促进信息技术向市场、设计、生产等环节渗透，推动生产方式向柔性、智能、精细转变。”② 2015 年 3 月 25 日国务院常务会议部署加快推进实施“中国制造 2025”。会议强调，要加快构建产业新体系，提高我国产业在全球价值链中的地位。之所以如此强调这一问题，是因为在全球价值链治理下，居于价值链领导地位的发达国家，为维护其地位，会设置各种障碍，延缓、阻

---

① 习近平：《关于〈中共中央关于制定国民经济和社会发展第十三个五年规划的建议〉的说明》，《理论学习》2015 年第 12 期。

② 同上。

碍发展中国家产业升级。例如，通过不对称的收益分配与网络治理技术、知识产权封锁销售终端渠道的垄断、国际贸易规则的修订和变更，等等。中国产业升级面临着“前有堵截、后有追兵、同层次激烈竞争”的局面。所以，我们需要深化改革，来强化国家价值链构建的要素支撑，抓住信息与技术结合的产业发展机遇，加强适合国家价值链构建的制度建设，包括加快基础制度建设（企业信用体系建设、全国统一的信息平台建设、全国统一的劳动力市场基础制度建设）和推进供给侧体制改革（税收、金融、技术创新、人力资本积累等制度变革）以及鼓励商业模式的创新，等等。同时通过深化改革，使我们的产业政策真正能够处理好开放与保护的关系、国有经济与民营经济的关系、区域要素禀赋与抢抓机遇的关系、产业发展与环境保护的关系。学者刘志彪、张杰提出了一个值得重视的观点，这就是：为了提高我国产业在全球价值链中的地位，可以考虑基于国内本土市场的需求，由本土企业掌握产品价值链的核心环节，在本土市场获得品牌、销售以及自主研发创新能力的产品链高端竞争力的基础上，再进入区域或全球市场的价值链分工生产的体系中，这或许是中国产业高端升级和取得国际竞争优势的必然之路。①

第二，通过改革，加强鼓励创新的制度和政策环境建设，为促进产业提档升级提供制度保障。创新具有一定的风险，需要大量的投资，特别是新能源、新材料的开发研究，都需要大量资金投入。创新需要前期大量的基础理论研究，也需要一定的投入。我国企业创新能力不足的一个重要因素的资金不足问题，我国国有企业的研发投入明显不足，发达国家大企业研发费用一般不低于销售收入的5%，而我国中央企业仅为1.5%。因此，探索多元化的投融资方式，建立政府投资和民间投资相融合的新机制，畅通企业创新融资渠道，完善风险投资机制是十分重要的。特别是要为中小型企业创新活动提供政策支持，形成稳定的科技投入，更换老旧的生产设备、生产流水线等，创造创新的硬件条件。美国硅谷银行支持高科技初创

---

① 参见刘志彪、张杰《从融入全球价值链到构建国家价值链：中国产业升级的战略思考》，《学术月刊》2009年第9期。

企业发展就是值得我们学习借鉴的成功案例。硅谷银行通过投资或股权认购，对科技型初创企业提供全方位的融资服务。科技型初创企业获得风投公司支持，硅谷银行与风投公司合作控制其风险，从而形成了一个投资支持、扶持发展、合作控制风险的良性循环。我国江苏省成立科技银行支持科技型中小企业发展，也是成功的案例。早在2010年中国农业银行江苏分行就率先建成科技银行体系，在江苏省沿江8市设立了9家科技支行，建立起适应企业需求的专属产品体系和配套服务体系，成效明显。上海设计了科技信贷融资服务体系，解决科技型中小企业贷款过程中“轻资产、信用低、渠道少”的难点问题。市财政设立3个10亿元专项资金以促进科技金融发展。科技型中小企业履约保证保险贷款、知识产权质押贷款、科技小巨人企业信用贷款等得到推广，成效十分明显。

三　构建组织变革推动转型发展的机制

所谓的组织变革是指，在一定的行为管理科学方法指导下，对组织权利、组织规模、组织沟通、组织角色等组织结构要素，以及组织成员的行为、观念、态度、合作精神，甚至包括组织间的合作交往进行有目的性的系统性的变革和调整，使得组织不断适应不断变化的内外部环境、技术特征和组织任务等方面的变化，从而提高组织效能和绩效。组织变革是应对发展变化新要求的必然，诸如国民经济增长速度的变化、产业结构的调整、政府经济政策的调整、科学技术的发展引起产品和工艺的变化必然要求组织结构做出适应性的调整，从而在组织变革中搭建转型发展的平台。以下我们重点探讨深化企业组织变革、社会组织变革和转变政府职能，对于实施创新驱动，产业转型升级的动力促进作用。

第一，企业组织变革。企业组织变革是搭建转型发展平台的基础。企业组织变革的主要原因在于企业经营环境的变化和企业内部条件的变化，必然要求企业推动组织结构变革。从企业经营的外部环境来看，我国经济增速经过30多年的高速发展，现在面临增速的回落，这是经济发展的必然规律，经济增速不可能一直保持9%以上的速度，经济增速的回落，要求经济发展质量要提升，这必然会对企业组织提出变革要求。从产业结构调整来看，我国产业结构调整在积极推进。经过30多年的高速增长，已经从普遍供给不足或短缺经济发展到普遍供给过剩尤其是绝大多数制造业和房地产行业产能过剩和高额库存。我们正在剔除那些年年亏损严重、依靠信贷资金和财政补贴维持生存的“僵尸企业”。传统劳动密集型产业在升级转型，高科技产业发展势头迅猛，服务业所占比重逐步提升，产业结构的这些新变化，必然要求组织结构进行变革。从政府经济政策的调整来看，我国经济经过高速发展，经济总量规模跃居世界第二，必然会要求质的提升，从提倡经济发展的“快”到“好”，从传统的“GDP”崇拜到科学发展观，政府经济政策的调整，必然会影响到组织的变革。尤其是目前正在强力实施的供给侧结构性改革，必将深度影响中国的经济结构。而经济结构的变化必然会影响到企业组织的变革。从科学技术发展来看，新材料、新能源、新工艺广泛大量运用于经济和社会实践，深刻改变着人们的生产生活和消费，科学技术发展所引起产品和工艺的变革，也必然要求企业组织变革。企业组织是社会发展的“细胞”，企业组织的变革，为社会升级转型奠定了基础，成为社会升级转型发展的先导。还需要强调的是，产业和经济创新的主角不是政府和官员，而是企业和企业家。企业家和企业家精神是供给学派经济学及其政策主张的精神灵魂，也是熊彼特经济学和凯恩斯经济学最本质的区别。从这个意义上说，企业组织变革也是重要和紧迫的。

第二，社会组织的变革。深化社会组织变革，推动公共治理转型，是社会转型发展的必然要求。全球化的加速发展，导致社会人员的大规律流动，迫切需要加快社会组织的变革。新兴大众传统的兴起，广泛渗透到社会的各个方面，对传统的组织结构、内外联系方式、信息的获取和处理方式提出了严峻的挑战，也要求加速社会组织的变革。后工业化和信息社会的到来，传统板块式社会结构被解构，社会进一步碎片化，中间阶层突起，“橄榄型”社会形成，人们从关注经济利益和物质财富开始转向关注生态环境、公平正义和生活质量，传统的价值观和新型的价值观激烈摩擦，价值追求的多元化使得传统的组织结构难以适应新的变化。近年来随着非政府组织逐渐兴起，已经成为与企业和政府相并行的第三方力量。非政府组织具有行为自愿、形式灵活、内容多样、目标中立、信息透明等特点，其触角容易延伸到社会的各个角落，容易得到民众的支持和参与，成为社会转型发展的民间力量。信息化、网络化新变化和新要求，都要求推动社会组织的变革，从社会组织结构入手，建立与基层民众交流沟通的体制机制，变革组织方式，增强基层民主，搭建转型发展的新平台。

第三，政府职能的转变。政府职能转变，是指国家行政机关在一定时期内，根据国家和社会发展的需要，对其应担负的职责和所发挥的功能、作用的范围、内容、方式的转移与变化。[①] 党的十八大和十八届三中全会对于深化行政体制改革提出了明确要求，即深入推进政企分开、政资分开、政事分开、政社分开，建设职能科学、结构优化、廉洁高效、人民满意的服务型政府。其实，政府职能转变，核心问题就是划清政府和市场的边界，主动做好政府该做的事。仅从企业创新角度看，过去我们的政府长期习惯的主要是通过政府扩大投资和上项目调整产业结构的思路，做了大量费力不讨好的事。一是行政干预和行政审批客观上形成许多不平等的“政策机会”，导致一些企业靠政策机会而不是真正靠技术进步和创新在市场竞争中获利。二是行政干预行政定价部分重要资源价格，导致资源的稀缺性和外部性不能客观真实地得到反映，从而长期以来的低水平重复建设绵延不绝，企业创新缺乏激情和激励。三是现行政策对于技术供应方是支持有加，但是鼓励创新的需求政策却相对缺乏，尤其是对创新产品和服务的市场培育，无论政策和服务工作的支持力度都是明显不足的。现在，按照“划清政府和市场的边界，主动做好政府该做的事”的要求，正在实施的供给侧结构性改革本质上就是从政府主导和管理经济彻底转向市场主导和调节经济；促使政府工作重点从在第一线招商引资、扩大投资等，真正转向维护公平竞争的市场环境、制定标准、保护环境、支持创新等。比如在实施供给侧结构性改革的当下，各级政府的一个重要任务就是尊重规律和发展实际，按照“四个一批”的方向，稳扎稳打做好化解产能过

① 参见刘丹《中国行政体制改革若干问题研究》，《社科纵横》（新理论版）2010 年第 4 期。

剩工作。在这方面已经取得明显成效的案例很多。例如湖南省“加”“减”并用，淘汰落后产能，推动科技节能，探索节能管理新模式，节能减排成效明显。山西省通过建立机构、部门联动机制落实责任，初步建立了适合省情的落后产能长效退出机制。浙江省为走好创新驱动升级之路，通过规划引导淘汰落后产能，制定了《浙江省淘汰落后产能规划(2013—2017)》，研究制定了技术进步路线图，组织和引导以企业为主体主导开展产业技术创新，着力破除制约做强产业链的“短板”，成效明显。

第二编

如果说第一编主要是围绕创新驱动发展的体制或者说制度框架，侧重于从理论和宏观的层面对动力机制进行分析阐述。由于制度只有通过整合转化为足以规范生活实际的模式，才能避免“制度虚设”陷阱或问题，所以，在此基础上，第二编主要聚焦创新驱动发展的机制或者说各种“实施细则”，侧重于从实务和运行机制的层面对动力机制进行操作性的总结分析研究。该编由第六章至第十章构成。

第六章

构建有利于创新驱动的产业机制

伴随着科学技术的迅猛发展，科技发展呈现出八大走向：科技更加以人为本，绿色、健康、智能成为引领科技创新的重点方向；“互联网+”蓬勃发展，将全方位改变人类生产生活；智能化成为继机械化、电气化与自动化之后的重要技术特征；科技制高点向深空、深海、深地、深蓝拓进，前沿基础研究向宏观拓展、微观深入和极端条件方向交叉融合发展；军用与民用技术的界限日益模糊，军民融合向全要素、多领域、高效益深度发展；科技创新活动日益社会化、大众化、网络化，新型研发组织和创新模式将显著改变创新生态；国际科技合作重点围绕全球共同挑战，向更高层次和更大范围发展；全球科技创新格局出现重大调整，将由以欧美为中心向北美、东亚、欧盟“三足鼎立”的方向加速发展。与此同时，未来产业变革将在先进制造领域、互联网领域、大健康领域、新能源领域、新材料领域、生态环保领域和现代农业等重要领域发生或孕育着革命性的突破，引发以绿色、健康、智能和可持续为特征的产业技术革命。由此，产业创新势在必行。所谓产业创新过程，其实就是产业结构优化升级的过程。在这个过程中，市场主体会根据日益增长的社会需要以及社会所能提供的资源，在一定的机制和政策条件下，不断优化整合各种生产要素和资源，研发出新的技术，生产出新的产品，提供新的服务，培育出新的市场，从而形成新的产业体系或产业集群。显然，这是个主客观相互作用积极能动的过程。目前欧美国家正在积极应对产业技术革命及其所带来的产业变革。产业结构优化升级是增强我国综合国力、提升我国经济竞争力的战略举措。因此实施创新驱动战略，归根结底要体现在产业升级与产业发展上面。若问中国创新驱动战略在产业间的景象表现，也就是中国产业创新的现实框架是什么或以什么形式存在着？答案应该是：创新驱动“国家队”是装备产业；各区域在创新驱动中铸就的支柱或主导产业，主导产业并以集群式样存在；创新驱动的“春风”渐入农业，加快推动中国传统农业向现代农业的转型发展。这些中国创新驱动的“产业景象”，分别代表了创新驱动的“现在进行时”的“主战场”，也是中国创新驱动战略“将来进行时”的实践逻辑展开的基础、行动选项的“边界”及起点。因此，虽然产业创新过程是运用技术创新、管理创新、市场创新或组合创新等来改变现有产业结构或创造全新产业的过程，但是在本章中我们仅就构建有利于创新驱动的产业机制中的几个重点问题，如加强产业创新的“基础设施”与装备产业的崛起，在区域创新中形成与培养主导产业，以及加强产业移植与中国农业现代化等方面进行深入的探讨。

第一节　加强产业创新的“基础设施”与装备产业的崛起

党的十六大中就提出了建立国家创新体系问题。世界创新的实践证明，创新是分层次有序展开的。创新层次大致是一分为三：国家间的以重大科技领先或“有一席之地”的宏观创新、行业与区域以培育主导产业为标志的中观创新、企业以采用新技术生产更有竞争力产品为目标的微观创新。在各层次创新体系中，国家层次创新具有引领、示范、带动的效应。如果没有国家层面的创新引领、示范和带动作用，中观与微观创新就可能始终在低水平徘徊，甚至成为“一阵风”。中国改革开放以来在落后基础上通过多年的努力，所以能在创新上从追赶型逐步向引领型转变，与在国家层面的创新引领、示范、带动下，中观与微观创新适时跟进和呼应密切相关。尤其是近年来中国国家层面的创新引领、示范、带动作用的突出表现与成果，体现为以高铁、特高压输电、核电、重型机械为代表的装备制造业，这是可以代表国家在世界市场上与发达国家的同类产业同台竞争并有取胜之实力的。

一 加强“基础设施”建设是产业创新的先决条件

第一位比较系统地提出产业创新理论的学者，当属英国经济学家弗里曼（Freeman，1974）。他认为产业创新应该包括技术和技能创新、产品创新、流程创新、管理创新（含组织创新）和市场创新。[①] 进而，马莱尔巴（Malerba）（2002）在纳尔逊（Nelson）等（1995）在进化经济学理论基础上提出了产业创新系统理论，马莱尔巴认为产业创新系统是一个由知识和技术、行为者和网络及制度三个维度所构成的创新体系。在该体系中，知识和技术是创新的基础，而行为者、网络和制度等要素则主要是通过强化创新网络交互、知识和技术流动进而促进产业创新的。换句话说，知识和技术是产业创新系统的核心驱动要素。[②] 他们强调，技术突破是产业创新的重要基础，而新产业的涌现和产生是产业创新的重要标志，产业竞争力的形成是产业创新的价值形式。而为要实现这些，就必须加强“基础设施”建设，这是产业创新的先决条件。所谓产业创新的基础设施就是为科技创新活动所提供的必要基础性便利性的科研条件，这些基础性的必要和便利的条件是企业自主创新的基本条件。主要包括一列基础性设施，如国家科技基础设施，尤其国家基础教育设施及其科技情报信息通信通讯基础设施等等。多数学者认为，它包括满足快速学习和培养创造能力的工作环境、为创新提供必要的协作支持这两个主要方面。

学习能力和创造能力，都是创新必需的前置性要素与条件。根据创造力大师米哈里·契克森米哈赖的研究，创造力是人类生存的最大意义，有了创造力，每个人才更有成就感，生活才更圆满。他坚持创造力不只是发生在某些特殊聪明人物脑中的心智活动而已，他们的心智活动若要能变成

① 转引赵劼《廉国恩：产业创新理论及实证研究文献综述》，《对外经贸》2016 年第4 期。

② 周喜君、郭淑芬：《产业创新系统理论的演进脉络与学术前沿》，《产经评论》2016 年第2 期。

创新且有价值的理念或行动，就一定要先学习一种文化符号，作为一展长才的凭借。换而言之，创造力并非在人们的大脑中发生即可，而是个人思维与社会文化共同互动的结果，正如马克思在《关于费尔巴哈的提纲》中所说，人是环境的产物，人也改造环境。[①] 学习能力和创造能力是以个人为单元存在的，个人的学习能力和创造能力的保存、提高、发挥作用又必须依赖特殊的环境。创造力是一种系统性的而非个别的现象。从自主创新的要素看，包括科学发现能力、技术发明能力、工程化能力、商业化能力、生产与规模市场化能力、社会服务推广应用与规模市场化能力等，以及创新投入能力、创新条件支撑能力、创新资源配置管理能力、创新制度文化环境能力等。由此可知，创新的基础设施首先是要建设能够协助创新者有效工作、满足快速学习和培养创造能力的工作环境，这是创新得以茁壮成长的基本前提。这也是米哈里·契克森米哈赖教授强调的，“一个足以被称为‘创新’的概念或产品，产生于许多资源的综合效能，而非单个人的头脑。通过改变环境条件来提升创造力，比试图使人们思考得更有创造力来得简单”[②]。所以，创新驱动的基础设施就要以方便沟通、促进协作来进行构建。

我国确立的建设创新基础设施的基本原则是瞄准国际科学前沿和国家发展战略目标，有所为，有所不为。创新基础设施与体制创新、管理创新相结合，坚持高目标、高起点、高要求，统一规划，分步实施，重点突破，全面推进。关于建设产业创新的“基础设施”，通俗的说法就是科研创新的各种共享平台，即国家科技基础设施、教育基础设施、情报信息基础设施等。比如，各种图书馆、博物馆通过网络、共享性机制的建构，具有知识传播、知识创新的共享性平台等。比如，聚集行业优势资源、共享协作的企业技术中心、工程中心、创新基地等。比如战略性新兴产业产品的试验检测、新技术转移、高技术人才的培训等面向企业的创新服务平台等。对于自然科学的创新“基础设施”来说，其代表性的标志应该是国

---

① 参见《马克思恩格斯文集》第1卷，人民出版社2009年版，第500页。

② 转引自《创新助力行业发展基础设施打造不容忽视》，凤凰网，2015年11月3日。

家实验室。

国家创新体系建设中，作为国家级战略性、综合性研究平台的国家实验室是具有十分重要的地位和作用的。经过十多年的发展，一方面，国家实验室在出成果、出人才、出机制等方面已经取得了很好的成效。尤其是高温铁基超导、量子通信、中微子振荡等基础研究领域取得一批原创性成果。另一方面，也存在亟待解决的问题。比如，“旗舰型”科研引领者缺乏、基础研究投入不足等问题。全国政协在 2015 年 1 月 8 日召开的双周协商座谈会上，专门就国家实验室建设中的问题进行协商座谈。带有共识性的意见是，行业的共性关键技术，跨行业的平台性技术，新兴领域、新业态技术与模式等，单一企业难以承担，特别是行业集中度低的产业更是如此。[①] 这表明，我们急待一个有效地支持重大创新的政府组织体系和国家创新体系。所以，不能因为市场经济在资源配置中起决定作用，就否定创新共享平台建设的必要性与重要性。问题的核心在于，对发展中国家而言，在发挥市场配置资源的决定作用的同时，必须发挥政府在事关全局的重大创新上的主导作用。如果错过了通过重大项目、重大工程发展本国的创新体系的机会，技术发展、经济发展中的“路径依赖”就会把这种“错过”长期化、制度化，再想改变，机会就很小了。因此，无论从我国创新基础设施方面取得的成绩，还是从目前存在的问题看，推进以国家实验室为代表的国家级战略性、综合性研究平台的建设，是势在必行。为此，李克强总理在 2016 年 1 月 8 日召开的国家科学技术奖励大会上强调，“要实施一批新的重大科技项目，建设一批国家重大科技基础设施、实验室和产业技术创新中心，培育一批具有国际竞争力的创新型企业，打造一批大众创业、万众创新示范基地，力争取得重大颠覆性创新和群体性技术突破，推动新技术、新产业、新业态加速成长，塑造更多依靠创新驱动的引领型发展”[②]。当然，在重视国家级战略性、综合性研究平台的同时，

---

① 参见孙晓霞《科技创新面面谈》，《新材料产业》2015 年第 4 期。

② 李克强：《用创新的翅膀使中国经济飞向新高度——在国家科学技术奖励大会上的讲话》，《中国科技产业》2016 年第 2 期。

各区域也要重视搭建各类科技创新功能型平台。应当在统筹考虑现状和优化整合科技资源的前提下，布局一批工程中心（实验室）和企业技术中心，以打造产业创新的“基础设施”。目前，长株潭国家自主创新示范区就是贯彻实施国家创新驱动发展战略、打造产业创新“基础设施”的重要实践。

二　中国装备制造业的崛起是创新基础设施优势的最大成果

任何一个装备制造业，其实都是一个纵向产业链条与横向产业协作的庞大系统。比如，人们比较熟悉的装备制造业的高速铁路，牵引它的电传动系统就是“高铁之心”，宛若人的心脏，是高铁列车的动力之源，决定高铁列车能否高性能高舒适高安全地运行；而网络控制系统就是“高铁之脑”，决定、控制和指挥着高铁列车的一举一动。[①] 目前，这两项核心、关键技术已经实现了“中国制造 + 中国创造”。但是，实现核心创造使命的行动主体是由中国北车统筹所属的长客股份公司、永济电机公司、四方所公司、大连电牵公司、大连所公司，正是他们的合力攻关，才谱写出了有中国特色的以“大会战”的合力、同行共享挑战科技尖峰的创新篇章。

在目前全球经济一体化背景下，国家提出“一带一路”倡议，对于整个装备制造业，尤其是高端装备制造业而言，将酝酿巨大的市场机会。打响“中国制造”品牌，是推动经济转型升级的务实管用之策，也是加快政府职能转变、发挥市场决定性作用，推动质量提升及品牌创建的重要体现。早在 1998 年中央经济工作会议上就明确提出“要大力发展装备制造业”；2006 年，国务院曾公布一份关于装备制造业的产业振兴规划。2015 年，《中国制造 2025》启动实施。可见，中国埋头苦干发展装备制造业已近 20 年了。概要地说，主要从两个方面加大了力度。一是大力加强关键核心技术攻关，提高重大装备国产化能力和水平。例如，集中支持 3000 米以内深海探采工程装备、高精重型数控工作母机和特种加工机床、

① 参见《我国造出“高铁之心”高铁列车国产化率达百分之百》，《军民两用技术与产品》2015 年第 1 期。

冶金及石油石化成套设备、基于机器人的自动化成形与加工装备等研发和产业化，提升装备研发和系统集成水平，加快装备制造产业升级换代。二是集中力量实施工业强基工程和共性技术开发。例如 2013 年 2 月，工业和信息化部启动“工业强基专项行动”，主要围绕装备制造、电子信息产业等重点领域开展了相关工作。正是这些强而有力的创新基础设施的重大举措，使中国装备制造业得以迅速崛起。

2014 年 7 月 4 日国务院总理李克强在湖南省考察时说，中国装备制造业要大发展，要让“高大上”的中国装备享誉全球。2015 年 6 月 17 日的国务院常务会议上，李克强总理强调，科技部和工信部要携手联动，把装备制造确立为我国科技创新的主战场。2015 年，李克强总理考察吉林、福建、辽宁、宁夏、湖北等地，重点关注“中国制造”。尤其是 2015 年 9 月在大连重工起重公司，李克强总理走进车间，亲自用曲轴为全球冲程最大的船测量其精度，称赞它型号大、精度高、工艺先进，可谓“大块头有大智慧”。同时他强调，中国制造 2025 的核心就是实现制造业的智能升级。企业要抓住国家实施“中国制造 2025”机遇，瞄准市场需求，努力推动装备制造业的智能转型，提高企业的核心竞争力。2016 年 2 月 2 日李克强总理考察宁夏共享装备股份有限公司时，对于这家老铸造国企通过改革创新，在铸造业 3D 打印上取得了革命性突破这一成效，给予了高度评价，认为这“展示了‘中国制造 2025 + 互联网’的融合，是新旧动能转换的生动体现”①。2016 年 5 月 4 日召开的国务院常务会议，专题部署推动制造业与互联网深度融合，加快“中国制造”的转型升级。李克强总理以德国和美国为例，认为德国的“工业 4.0”，主要表现为“制造业 + 互联网”，而美国则主要表现为“互联网 + 制造业”。二者的方法和路径虽然不一样，但目的和效果都是提升制造业水平。为此，李克强总理要求，“我们要向工业强国迈进，就要更多吸收这两方面的经验。”并再次强调：“‘互联网 +’是对‘中国制造 2025’的重要支撑，要推动制造

① 《过去这一年，哪些“中国制造”曾被李克强寄予厚望?》，《中国政府网》2016 年 5 月 27 日。

业与互联网的融合发展。”① 同时，李克强总理多次骄傲地向世界“推销”中国装备制造业。例如，2015 年 5 月 20 日李克强总理在巴西里约热内卢访问期间，与巴西方面达成初步意向：通过中巴合作生产、金融租赁支持等方式，推动中国与巴西在更多领域的产能装备合作。

有学者指出，中国的装备制造业近年在创新驱动方面走在产业创新的前列，有望成为替代“中国劳动力优势递减”后的新优势。中国的装备制造业为什么能够在创新驱动方面走在产业创新的前列？我们认为，自觉发展以培育学习力、创造力、协作力为主要内容的“创新基础设施”是重要原因，由此也形成了中国装备制造业的“创新基础设施”优势。下面的案例有助于我们理解中国装备制造业的“创新基础设施”优势。

案例：“中高联合创新”，实施联合创新推动集成电路产业发展。集成电路产业是信息技术产业的核心，是支撑经济社会发展和保障国家安全的战略性、基础性和先导性产业，当前和今后一段时期是我国集成电路产业发展的重要战略机遇期和攻坚期，为加快推进我国集成电路产业发展，在 2014 年工信部颁布的《国家集成电路产业发展推进纲要》中，主管部门提出了指导性意见，其中包括：加大研发力度，结合国家科技重大专项实施，突破一批集成电路关键技术。充分利用全球资源，推进产业链各环节开放式创新发展，加强国际交流合作，以技术创新、模式创新和体制机制创新为动力，提升中国在全球产业竞争格局中的地位和影响力。工信部还重点介绍了“中高联合创新”模式。何为“中高联合创新”？是指美国高通公司和中国内地最大的 Foundry 厂商中芯国际的合作。这种联合创新模式的主要内容是：协同技术创新、相互经验分享、联合人才培养、促进市场开拓等。这种联合创新是一种从技术到产业的全生态合作，有利于加速 28 纳米制程技术在中国的采用。28 纳米骁龙处理器的成功制造，是该模式带来的成果之一，这是中国在 28 纳米工艺制程成熟的路径上又迈出

① 李克强：《制造业与互联网融合是现代工业发展的必由之路》，《装备制造》2016 年第 5 期。

重要一步的标志。[①]

上述案例，具有通过突破地域、行业乃至国界，展开以创新为中心的合作或协作。在合作或协作中，创新与学习，实际上是自然发生的，又是自觉进行的。它们互为条件、互为因果，因而也互相促进。

三　装备制造业通过创新驱动已经成为中国经济稳定的中流砥柱

2008年国际金融危机后世界经济发展的最大困难是动力不足，需求不旺，因此经济下行压力像乌云一样挥之不去。有人称世界经济走势为"L"形走势。主要表现是被称为传统世界经济增长火车头的美国、欧盟、日本等发达经济体增长率由危机前的5%左右，迅速下滑为1%左右，甚至出现负增长。由于欧洲主要核心国家受债务危机一系列因素影响，内需不足、出口下滑，经济增长势头已明显减弱，并呈现经济衰退的迹象。危机以来，美国采取了一系列政策措施，刺激经济增长，使经济逐渐走上了缓慢复苏之路。但是国际经济界一致认为，美国经济复苏仍然非常孱弱，动力不足，基础不牢。日本经济长期持续萎靡不振，受国际金融危机以及本国大地震大海啸等多重因素叠加影响，日本经贸形势趋于恶化，进出口贸易严重下滑，政府公共债务高企不下，虽然一直实行宽松的货币政策，但未取得明显成效，经济也未见明显起色，而且2012年又由于安倍政府在政治上向极右转，使内政外交问题加剧，经济状况不断趋于恶化。

值得关注的是，2008年国际金融危机后世界经济发展的"增长火车头"正在位移。表现是：亚洲仍将继续为全球经济复苏提供驱动力，主要是由于东盟经济一体化进展顺利。2013年1月29日发表于《经济日报》的文章，作者谢明干曾经这样评价过：2012年，在欧美经济萎靡不振的大环境中，东盟国家4%—7%的经济增长表现被媒体以"抢眼""惊艳"等字眼加以形容；非洲增长势头保持强劲，增长达到5%以上；拉美

① 参见《"联合创新"模式助力中国集成电路工艺创新与演进》，《中国经营报》2015年9月25日。

情况也不错，预计增长 3.2%，其中中美洲复苏较快，预计增长 4.4%。[①]在这种大势下，中国提出“一带一路”倡议既正确又恰逢其时。可以说，“一带一路”和东盟一体化是区域合作的双引擎。

相比较之下，中国每年以 7% 左右经济增长速度发展，确实是“风景这边独好”。中国凭借什么在金融危机下为世界经济稳定做出贡献，并抓住了“一带一路”的发展机会？根据李嘉图的观点，应该是发挥了比较优势。金融危机后，中国最大的比较优势是什么？装备制造业在国内的带动作用、国际上具有的竞争优势都是首选。业内专家认为，以制造业为核心的实体经济是保持国家竞争力和经济可持续发展的基石，也是经济转型升级的重点领域。尤其是装备制造业的发展。装备制造业的外延横跨了资本密集、技术密集、劳动力密集产业。由于装备制造业是为国民经济进行简单再生产和扩大再生产提供生产技术装备的工业的总称，即“生产机器的机器制造业”，所以，装备制造业的国内产业带动力是很强的。高端装备制造业处于价值链高端和产业链核心环节，也是助推“一带一路”倡议实施的主力军。推动高端装备制造业“出海”，能在提高中国制造形象的同时，将一部分有效产能转移出去，可以解决目前中国经济面临的产能过剩问题。

同时，中国装备制造业在中国经济总量中的权重，也使它具备了充当稳增长的中间力量并为其奠定坚实基础的能力。目前装备制造业占全国工业各项经济指标的比重高达 20% 以上，2014 年中国装备制造业总产值已达 20 万亿元以上；装备制造业产品出口额占全国出口总额的比重高达 36%；2015 年中国高端装备制造业收入超过 6 万亿元，装备制造业已经成为带动经济持续快速增长的重要发动机。中国装备制造业从业人员约占工业从业人员总数的 20% 以上。如果考虑到制造业与其他流通业、服务业的关联性，则制造业间接提供的就业比例更高。据有关资料，中国装备制造业有 56 家企业进入了世界 500 强。《企业家日报》闻文认为“2014 年以高端装备制造的拳头行业诸如以高铁技术为核心的轨道交通装备、以

① 参见谢明干《世界经济下行风险加剧》，《经济日报》2013 年 1 月 29 日。

核电技术突破为典型代表的清洁能源和可再生能源装备伴随我国内政外交中的一系列活动，成为我国引领制造业升级、扩大国际经贸合作、制定区域经济发展战略中的亮点和热点。”[①] 由于我国工业体系比较完整，特别是具有较强的配套能力，综合比较优势就非常明显。如中国的大型成套设备，具有自主知识产权、价格、性能、周期以及融资等综合优势。以高铁为例，跟国外相比较，我们的高铁交货周期大概是别人的一半，交货工期短，这也是一个很大的优势。业内专家指出，我国高端工程装备产业“走出去”存在这样几个特点：工程装备产品出口稳步提升，产品结构由中低端趋向中高端，产品质量大幅度提升，产品系列、成套设备出口比例在上升，工程装备制造企业海外并购迅速增长。从近年的海外并购项目看，我国企业海外并购势头良好，发展迅速。以工程项目为依托，带动了高端装备的升级换代。

2015 年 1 月 28 日国务院常务会议上提出，要进一步开拓铁路、核电等重大装备国际市场，整合行业资源，创新对外合作模式，为有需求的国家提供工程设计咨询、施工建设、装备供应、运营维护等全方位服务，并通过国际合作开拓第三方市场。[②] 同时，工业和信息化部与中国进出口银行也发布了《关于加大重大技术装备融资支持力度的若干意见》，从研发及创新能力建设、技术改造和产业化、进口及技术引进、产品出口及企业“走出去”、企业兼并重组等产业链环节全方位、全过程地为企业提供了强有力的融资支持，这对于我国装备制造业高水平对外开放的基础保障将更加有力和有效，对于国际市场的开拓进入新阶段将更加有力和有效。[③] 2016 年 8 月，工信部印发《关于完善制造业创新体系，推进制造业创新中心建设的指导意见》，要求按照《中国制造 2025》战略部署，以“一案一例一策”方式统筹推进国家制造业创新中心和省级制造业创新中心

① 《我国装备制造业 2015 年发展向好趋势不变》，《企业家日报》2015 年 4 月 12 日。

② 参见杨君、鲁元珍《擦亮中国新“名片”——装备制造业“走出去”》，《中国中小企业》2015 年第 3 期。

③ 参见白涌如《市场环境进一步向好》，《经济日报》2015 年 1 月 30 日。

建设。①

目前装备制造业正在成为中国经济对内稳增长、对外拓市场战略中的中国制造的新“名片”。以下几个代表性事件，从一个侧面可以证明这种“名片效应”。

第一，中国装备制造业已经成长为世界装备制业的“大块头”。数据显示，中国装备制造大型成套设备出口额约1100亿美元。中国装备制造总体规模是世界总量的1/3，优势较为明显，电力装备的制造总量大约占世界的61%，造船工业占世界41%。铁路运营里程达到12.1万千米，其中高速铁路超过1.9万千米，占世界60%以上，高铁拥有量位居世界第一。②

第二，中国轨道交通设备登陆美国。2014年10月，美国马萨诸塞州交通局正式批准向中国北车采购284辆地铁车辆，装备波士顿红线和橙线地铁，这是中国轨道交通装备企业在美国面向全球的招标中首次胜出登陆美国。③ 据亲历者说，这个过程是极其艰难的，而结果是令人欣慰的。因为胜利来自实力。

第三，发展中国家亟须中国的装备制造业产品。2015年2月4日中国、阿根廷两国政府签订《关于在阿根廷合作建设压水堆核电站的协议》，中国自主研发的三代核电“华龙一号”成功出口拉美，将落地阿根廷。④ 2015年4月，中国国家电网公司与巴基斯坦签署合作协议，以BOOT（建设、拥有、运行、移交）模式投资建设巴基斯坦输变电项目。通过项目建设，国家电网实现高压直流输电技术从设计、研发、制造、建设和运营等全套技术输出，为巴方提供整体性解决方案。

总之，经过多年来的改革开放，我国制造业已经具备了完整的体系和

① 参见《从“中国制造”到“中国智造”，制造业之路国务院今年这样走》，中国政府网，2016年12月26日。

② 参见《回顾“十二五”展望“十三五”》，《实践：党的教育》2016年第3期。

③ 参见杨君、鲁元珍《擦亮中国新“名片”——装备制造业“走出去”》，《中国中小企业》2015年第3期。

④ 同上。

进一步发展的基础。即使在高端装备制造业方面，部分领域也开始崭露头角。尤其是“中国制造 2025”实施以来已经取得了显著成效，成为结构优化、创新发展的重要抓手。不过，在品牌塑造和核心技术上，“中国制造”仍需加劲奋斗。同时，虽然目前中国高端制造“走出去”已具有稳固的基础，但是急需协同效应，尽快改变单个企业“走出去”的现象，形成全行业的产业链“走出去”的格局。为此，2016 年 12 月 23 日推进“中国制造 2025”工作现场会暨国家制造强国建设领导小组第四次会议在湖南省长沙市召开。国务院总理李克强作出重要批示。批示指出：加快推进制造强国建设是党中央、国务院立足全局、着眼长远作出的重大战略部署。当前的任务是要深入分析世界产业发展新态势、竞争新特点，充分认识我国制造业发展的潜力、机遇和困难、挑战，以新发展理念为引领，以推进供给侧结构性改革为主线，聚焦市场需求、借鉴国际经验，完善政策支持，围绕大力发展先进制造业在市场准入、要素配置、降低成本等方面营造良好环境；着力把“中国制造 2025”“互联网 +”和大众创业万众创新紧密结合起来，形成新动能培育与传统动能改造提升互促共进的良性循环；着力弘扬企业家精神和工匠精神，苦练内功、精益求精、提质增效、追求卓越，努力攻克一批核心技术和关键工艺装备，提升智能制造、绿色制造水平，为促进经济中高速增长、迈向中高端水平提供坚实有力支撑。①

第二节　在区域创新中形成与培养主导产业

如果说中国国家创新体制培育出了以高铁、核电、特高压输电等装备制造业为代表的“国家创新产业”，也可以叫作“国家名片”。那么，中国的区域创新，则是培育、形成了区域主导产业。这个理论概括的“经济学‘实证’”依据，在珠三角、长三角、成渝经济区中其案例是较多的。

---

① 参见《李克强对推进“中国制造 2025”工作现场会暨国家制造强国建设领导小组第四次会议作出重要批示》，《人民日报》2016 年 12 月 24 日。

一 主导产业与区域经济发展的关系

所谓主导产业，是指在产业结构中，处于主要的支配地位，比重较大，综合效益较高，与其他产业关联度高，对国民经济的驱动作用大，具有较大的增长潜力的产业。[①]

主导产业与经济发展阶段是互为条件的关系。一方面，主导产业一定是在一个国家、地区经济发展一定阶段上的产物。另一方面，主导产业又因本身成长性很高、具有很高的创新率、能迅速引入技术创新，从而对一定阶段的技术进步和产业结构升级转换具有重大的关键性的导向作用和推动作用。应该更加重视的，是随着主导产业的发展，还会引起一系列经济、社会、文化等多方面的变化，对主导产业主要分布地区市场的繁荣、就业面的扩大、基础设施建设以及其他产业的形成和壮大也会产生积极的影响。

正因为主导产业对经济发展和产业结构具有如此重要的引导带动作用，主导产业与区域经济就是紧密联系的关系。对于区域经济中起主导作用的产业，其主导作用，从量的角度看，就是那些产值占有相当比重的产业部门；从质的方面看，应是在整个区域中能够带动其他产业和整个国民经济变化，从而引起经济高涨和多方面变化的产业部门。

从实质上看，创新是一个经济学概念。按约瑟夫·熊彼特（Joseph A. Schumpeter）的经济发展理论，创新是改变生产函数的过程。从经济学角度研究创新，主要分为相互联系的技术创新、产业创新、区域创新和国家创新等不同层面。对于区域创新与区域主导产业之间这种密不可分的关系，目前已经是国内外学者的共识。对这种“密不可分的关系”的认识，学界主要是借助“区域创新系统”概念来实现的。自英国卡迪夫（Cardiff）大学菲利普（Philip）教授提出区域创新系统（Regional Innovation Systems，RIS）的概念以来，关于区域创新系统的研究如火如荼。对区域创新系统目前有两种观点。一是以进化经济学理论和现代区域空间理论为

① 参见张佳楠、茅克勤《浙江省海洋经济主导产业确定——基于产业关联度、增长潜力及生产率上升》，《海洋经济》2014 年第 2 期。

依据，认为区域创新系统是历史、常规、环境和制度对创新影响的结果。二是依据国家创新系统理论，强调区域创新系统是国家创新系统的组成部分。国内对区域创新系统概念的理解，在借鉴国外研究成果的基础上也有创新，认为区域创新系统是指由某一地区内的企业、大学和科研机构、中介服务机构和地方政府构成的创新系统。

对于区域创新与区域主导产业的关系，谭清美、王子龙在他们所著的《区域创新经济研究》[①] 一书中进行了比较全面和深入的研究。该书揭示了区域创新与产业集聚和产业结构升级的内在关系，定量研究了区域创新能力对经济发展的贡献。探讨了区域创新资源共享平台建设以及区域创新资源配置能力测度方法，并首次提出区域高新技术主导产业选择基准，探讨了区域创新系统中高新技术产业开发区的功能定位和发展模式，强调技术创新是区域创新系统的核心任务，制度创新作用于和服务于技术创新过程。书中指出区域创新系统是区域经济社会发展的发动机，区域创新能力推动着产业系统的演化和结构升级，推动着社会和谐发展。应该说，该书为全面理解和把握区域创新系统及区域经济社会发展提供了一个新的视角。

关于区域如何实施创新驱动并培育主导产业这一问题，我们认为，浙江省委党校 2016 级中青班提供的“浙江省区域创新体系”研究报告从理论与实践的结合上比较好地回答了这个问题。这一报告提出了实施区域创新驱动要“把握阶段发展特征规律，完善区域创新体系建设”的观点。报告指出，提出这种观点是基于区域经济内部、外部存在的各种不平衡现实的规律。只有从不平衡的现状出发，以解决不平衡中发展面临的产业、产品、技术、制度、人才等问题为目的进行创新，才能有效推动发展，逐步形成有区域特色、有市场竞争力的主导产业。

二　主导产业与区域创新密不可分

2013 年 9 月，湖南大学戴宏亮博士在以“创新势在必行”为主题的大连夏季达沃斯论坛上对产业创新与区域创新的关系进行了分析。他认

---

① 参见谭清美、王子龙《区域创新经济研究》，科学出版社 2009 年版。

为，“面对全球化的深刻新变化，必须更加关注区域经济发展和区域经济合作。区域创新是区域经济发展的核心所在，区域创造能力是区域核心竞争力的关键，是区域发展的重中之重。区域创新能增强产业集聚效应，加速科技成果转化，提高区域资源配置效率，区域创新体系的建立能加强科技紧密合作，增强区域经济竞争力，推动区域经济发展转型”①。

理论与实践还证明，工业园区具有要素集聚功能、产业主导功能、创新引领功能和产城融合功能等多重功能，工业园区是区域经济创新的主体、载体和平台。产业与企业依托工业园区进行各种经济创新活动，从而引领和推动区域经济发展创新。因此园区经济已经成为区域经济的主体，园区经济创新已成为区域经济创新的重心，园区经济创新能够有效引领区域经济创新和发展转型。从传统工业园到工贸园，再到科技产业园，这大致可以勾勒出园区发挥区域创新聚焦区作用的历史逻辑。

苏州工业园区利用园区平台、以项目为载体，在实施创新驱动战略方面创造了值得关注的经验。苏州工业园区实施的创新驱动战略项目涉及的范围和领域相当广泛和广阔，如生物医药、纳米技术、云计算通信及其现代物流管理等多个新兴创新驱动发展战略项目。苏州工业园区实施的创新驱动发展战略项目都是引进与自主创新相互为特色的创新发展项目。根据相关统计数据显示，中新联合协调理事会已经为苏州工业园创新驱动发展战略项目区开了16次理事会议，而园区所引进的外资创新驱动发展项目已经高达239个，科技项目已经占整个新增外资投资项目的50%以上，与科技相关的科技服务项目在整个新增外资投资项目的比重之中也已经达到41.6%。在这些自主创新发展项目之中具有典型代表性的如具有500米长的纳米超真空管技术，这项技术实现了纳米材料的从生产、加工到测试的“零污染”的突破，从而避免了“纳米污染”，为我国纳米技术进一步实现重大突破提供了强有力的技术支持和保障。又如3D生物打印机“支架”，只要把“干细胞”注入3D打印“支架”之中，就能够培育和生长出一块人体“半月板”。还如依靠“云计算”这一特殊计算法使得长

① 戴宏亮：《以产业创新带动区域发展》，和讯网，2013年9月26日。

期存在蔬菜瓜果上的农药在谱图的“现身”技术，从而彻底颠覆了传统物理化学分析范式，等等。总之，苏州工业园区创新驱动发展战略在中新合作共同推动之下，使得园区的主导性创新驱动发展战略项目快速发展，目前高新技术产业的 GDP 已经占工业 GDP 产值 67.4%，而在一万人的有效发明专利中就有 74 项。

深圳作为中国改革开放的先行阵地，是中国改革开放的经济特区，也是实践创新驱动发展战略的先行的特区，深刻实证了区域经济创新发展与主导战略性产业创新发展相辅相成这一现代产业创新真理。从历史角度上看，深圳特区经济的产业转型提升经历了三个阶段。第一，在改革开放初期（1979—1990 年）即深圳特区成立前 10 年这个时期，此时的产业结构主要依靠引进外资支撑，突出特点表现为“三来一补”对外加工服务贸易性产业，因此服装、制衣和旅店成为这个时期的支柱产业，产业结构成分单一且低水平。第二，在 1990—1995 年这个时期，“三来一补”的对外贸易服务性产业不再是第一个时期那样，其快速增长的势头有所回落，深圳特区产业结构向深加工转型，同时建筑行业的快速发展成为这一时期经济发展的亮点，高科技产业已经出现苗头，与之相关的金融服务行业和旅游产业也相继发展起来。第三，在 1995 年之后，深圳特区的产业结构在经过量变之后发生了质的变化，这就是传统服务对外贸易加工性产业逐渐退出主导行业，取而代之是高新技术产业成为深圳特区经济的主导性产业，如电子计算机通信业和遗传生物科技基因产业迅猛发展，而以金融物流服务业为核心的现代服务产业也逐渐取代传统的服装对外贸易服务行业。与此同时，高新技术产业所带来的产业革命，使得深圳三个传统产业也相继发生革命，其产业创新的显著标志就是实现了产业结构的转型升级。如通过高新技术产业积极应用于传统农业之中，扶持建立起“三高”农业和创汇农业，实现了农业生产规模化和产业化。如第二产业工业产业积极应用高科技产业成果改造传统工业实现了转型升级，提高了企业装备科技含量，从而极大地提高了企业的生产力和竞争力。还如大力发展与高新技术产业相关的现代服务业，其中金融服务业、信息服务业和物流服务业是三个重点发展方向。正是这一系列改革创新，使得深圳三个产业结构比例由 1997 年的 37∶21∶42 发展到 2015 年的 0∶41. 2∶58. 8，第一产业在深圳三个产业结构中的比重再次为“零”。

总之，深圳在创新中形成、培育、更新主导产业的实践证明，区域产业结构的变化、升级状况，是观察区域创新能力的晴雨表。这个道理在上海浦东新区的发展中也得到了证明。

我们知道，上海浦东新区是以“高起点”实现后来居上的。上海浦东新区的“高起点”，实质是以创新能力较强的产业、企业为支撑，并进行创新，实现自身发展及带动长三角发展。浦东开发开放以来，积极推进金融贸易先行、高技术产业先行的产业发展方针，大力培育和引进具有国际竞争力的产业和大企业，不断调整和优化产业结构，着力培育和形成服务经济主导的产业结构和创新驱动为主的发展模式。比如，浦东新区所属的康桥工业区，围绕主导产业和龙头企业不断加大招商引资力度。2014 年康桥工业区规模以上产值达到 1496. 45 亿元，合同外资达到 1. 241 亿美元。

创新，使浦东新区产业结构升级快速、及时。图 6—1 从一个侧面说明了这种创新引发的产业演变。

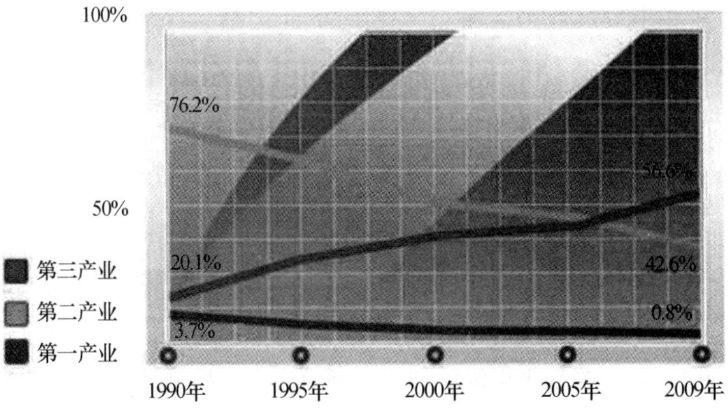

图 6—1 浦东开发 20 年三次产业比重变动情况

重庆直辖 20 年来，崛起了遍布 30 多个区县的工业园区，重庆“主城”也从市级“北部新区”嬗变为国家级“两江新区”，都市核心区还有坐落在南岸的茶园新区、江津的双福新区、大渡口的建桥工业园区、长寿的化工循环工业园区等。园区的崛起支撑了经济的发展。重庆 GDP 从直辖之初的 1315.12 亿元人民币上升为 2015 年的 1.57 万亿元人民币。重庆区域也产生了一批能够创造 3D 技术、蚕桑基因技术、海扶手术刀等国家级技术成果的大学，更有了以长安、重齿、西铝、重庆机床厂等一批通过创新而具有区域带动力的企业。重庆长安汽车是重庆区域创新企业的代表。2015 年重庆长安汽车销售 278 万多辆，同比增超 9%，销售收入 2171.3 亿元，连续 12 年蝉联重庆企业 100 强“冠军”，已经成为重庆制造业企业的领头羊。重庆长安汽车之所以能在国内外汽车行业激烈竞争中脱颖而出，重视创新是根本原因。重庆长安汽车的创新仍然是得益于企业始终坚持了“两条腿走路”的战略，一条腿是“自主创新”，另一条腿是“合资合作”。长安汽车先有了自主品牌，然后才与日本铃木和马自达、美国福特、法国标志雪铁龙以及国内江铃陆风等建立合资企业。合资合作缩短了走自主开发道路的艰巨性和路途的遥远性，帮助了长安汽车的进步；但是合作不是依赖，依赖别人也是靠不住的。长安必须学会走自己的路，没有自主创新就没有长安自主品牌汽车。“以我为主、自主开发”的创新发展道路是长安汽车增强内生动力之所在。

我们强调园区是中国区域经济创新的主体、载体和平台。但是，园区发展模式也是存在一定问题的，是需要总结的。虽然这种发展模式促进了各地区爆发出很大的发展活力，但同时也让中国区域经济在现阶段面临着一些深层次的发展问题。比如在一定程度上引发了地方之间的恶性竞争，导致区域经济结构不平衡不协调的问题。显然，在全面深化改革的今天，在推动市场经济在资源配置中发挥决定作用的当下，园区模式存在的这些问题应该引起高度重视并得到解决。但同时还得承认，园区是中国区域经济创新的主体、载体和平台。

三　主导产业的产业聚集存在式样

区域创新的结果形成了主导产业，创新性与带动性是主导产业自身必备的两个本质性特质。主导产业的创新性与带动性在经济生活中如何存在、如何被证明存在？这就是产业聚集存在的式样问题，或者说是产业集群问题。

产业集群最早是由迈克尔·波特提出的，迈克尔·波特（1990）将产业集群定义为：在某一特定区域下的一个特别领域，存在着一群相互关联的公司、供应商、关联产业和专门化的制度和协会。后来，波特（1998）将产业集群的定义和内涵深化为："特定产业中互有联系的公司或机构聚集在特定地理位置的一种现象。集群包括一连串上、中、下游产业以及其他企业或机构。……集群还包括了政府和其他机构——像大学、制定标准的机构、职业训练中心以及贸易组织等——以提供专业的训练、教育、资讯、研究以及技术支援。"① 波特还认为，产业集群通过三种形式影响竞争：一是通过提高该领域企业的生产力和竞争力；二是通过加快创新步伐、促进生产力的提升；三是通过支持新企业的形成和发展，扩大并增强产业集群本身。产业集群的重要性是显而易见的。德国经济学家阿尔弗雷德的产业区位理论就明确指出，聚集能使企业获得成本的节约，技术发展的专业化、获取劳动力相关成本的降低，道路、交通、通信、煤气、自来水等基础设施的互联互通和共享等好处。②

产业集群不仅对企业发展有诸多好处，对于区域发展战略的作用也集中体现为促进产业结构调整，形成区域从比较优势到竞争优势。因为，比较优势是按生产力梯度转移规律进行的，而产业集群是按价值链、产业链规律转移的。基于产业集群的区域产业结构调整或转移，可以把集群发展升级的动力机制分为两种模式：一是依靠内部动力机制，整合集群价值链；二是依靠外部力量，嵌入到全球价值链中来促进结构调整。

有学者认为，对产业集群也需要进行多样化、有各种特殊性的研究，并在实事求是深入研究的基础上行动，以避免盲目跟风、"一刀切"现象。有学者也指出，要深入研究中国产业集群中的整合资源、竞争优势与

---

① 转引自陈柳钦《波特产业集群竞争优势理论述评》，《北华大学学报》（社会科学版）2008 年第 1 期。

② 同上。

比较优势、以可持续发展观统领产业集群政策、老工业基地振兴与产业集群相结合等重大问题，才能使产业集群成为中国经济“新常态”下新的支撑与引领力量。2015 年 7 月，工业和信息化部发出了《关于进一步促进产业集群发展的指导意见》。“意见”指出产业集群的意义有三个：一是提升龙头骨干企业带动作用，强化专业化协作和配套能力；二是加强区域品牌建设，推动要素聚集和价值提升；三是提升创新能力，增强集群竞争优势。“意见”还强调，要把产业集群发展规划纳入本地区发展规划，与城乡规划、土地利用总体规划等有机衔接。我们认为，这就从国家战略的高度，对区域在创新中形成科学、可持续、理性的主导产业的集群式样给予了及时的指导。目前中国各个地区正在形成有一定鲜明特色的产业集群或产业集群基础。

作为中国改革开放的前沿阵地，广东目前已经形成 300 多个各具特色的产业集群。覆盖地区从珠三角到粤东西、两翼以及粤北山区等地；涵盖产业涉及从陶瓷、纺织、家具、家用电器等轻纺工业到汽车配件、石化生产、钢铁制造等重化工业。广东产业集群规模虽然大，但却缺乏产业“龙头”。这是由广东省省情调查研究中心组织广东省社会科学院、中山大学等多家智库，“会诊”广东产业集群综合竞争力评估与分析得出的结论。很多集群带普遍存在大集群小企业的现象，缺乏“领头羊”。由于广东的产业集群缺乏“龙头”，所以，不仅要面临资源集约利用、国际贸易环境变化、生态环境保护和宏观调控政策变化等外部环境的挑战与考验，还要受到资金、技术、人才和组织结构等内部因素的约束。为此，广东省提出，要扶持工业企业做大做强，把小产业、小产品打造成大品牌，以品牌带动形成产业优势，以龙头企业推动产业集群发展，以产业集群提升产业竞争力，以骨干企业形成功能区，把整个区域的竞争力做强。

江苏产业集群发展态势比较好。早在 2013 年 3 月新华网就报道，江苏特色产业集群营业收入逾万亿元。[①] 江苏在加快经济转型升级和产业结

① 参见刘颖、顾长青、汪信、汪东华、路时进、侯月丽《江苏产业集群标准化建设探索》，《中国标准化》2012 年第 11 期。

构调整中，不断使区域经济的发展从量的迅速扩张优化为量质齐增的发展格局，形成了“南京轨道交通”“无锡工业设计”“南通家纺”“宿迁酿酒”等特色产业集群，江苏全省从经济较发达地区到相对欠发达地区，都因地制宜地培育出了一批特色产业集群。目前，江苏特色产业集群正致力发展服务网络，已从最初的销售为主延伸至覆盖科研、孵化、检测、金融、物流、市场、知识产权保护等多个领域。50 家省特色产业集群，建成 31 个国家级公共服务平台，110 个省级公共服务平台。[①]

重庆积极改革，深度整合创新驱动既有政策，通过准确的导向机制和强有力的推进机制，实现产业链、创新链、资金链的协同耦合。围绕产业链打造创新链，依托“6 + 1”支柱产业、十大战略性新兴产业和现代服务业、现代农业规划布局创新项目；围绕创新链完善资金链，创新政府资金投入方式、产业发展融资模式和财税激励机制，强化财政金融对创新驱动的支撑作用[②]，成效明显。产业集群更是实现“东北老工业基地振兴”的抓手。表 6—1 可以反映出东北产业集群的主要分布。

表 6—1　　东北老工业基地产业集群分布情况

辽宁省	吉林省	黑龙江省
沈阳：机械制造（机床）电子信息、生物医药、航空制造 大连：船舶制造、石化、电子信息产品、装备制造 鞍山、本溪；钢铁 锦州：石油化工 抚顺：石油化工、冶金、机械、煤炭 营口：纺织	长春：汽车及汽车零部件、家产品加工、中医药及生物制药 吉林：石油化工 通化：中医药、钢铁 松原：石油	哈尔滨：成套设备、医药、电子信息、汽车 大庆：原油、石油化工 齐齐哈尔：装备制造、化工 牡丹江：木材加工、造纸

① 参见刘颖、顾长青、汪信、汪东华、路时进、侯月丽《江苏产业集群标准化建设探索》，《中国标准化》2012 年第 11 期。

② 参见《重庆市深化体制机制改革　加快实施创新驱动发展战略行动计划》，《重庆日报》2015 年 6 月 18 日。

东北地区的产业集群诞生于新中国成立初期，“一五”期间，苏联援助我国的156项特大工程项目中，东北地区共58项，占了1/3强。经过50多年的发展，东北地区已经逐渐成为我国重要的重工业基地，基本形成了以哈尔滨、长春、沈阳和大连等城市为中心的重工业产业集群，这些产业集群已经成为带动东北地区经济发展的重要力量。但是，也正是因为东北地区产业集群存在很多不足，制约着东北地区产业效益的发挥和东北老工业基地的振兴。在“东北老工业基地振兴”的国家战略中，是把产业集群作为东北地区“振兴”的重要举措，目前已经形成了中国北车、哈尔滨电气国际工程等为代表的可以“走出去”、在国际市场竞争的大产业集群。专家分析，东北地区的产业集群发展还有巨大潜力。吉林拥有重点发展轨道交通的条件，黑龙江具备重点发展新一代核电设备、特高压输电设备、百万千瓦燃气轮机等高端电力设备的优势基础，辽宁则可重点发展高端数控机床、海工装备、智能机器人等高端装备。随着中国加大沿边城市开放力度，黑龙江、吉林、辽宁将被建设成中国对俄罗斯及东北亚开放的桥头堡和枢纽站，东三省可充分发挥地域优势，扩大与朝、俄、蒙、韩在高端装备制造业方面的贸易合作。2015年4月，国务院总理李克强在东北三省经济工作座谈会上就强调，“推进装备制造业走出去和开展国际产能合作，研究设立东北振兴产业投资基金，促进东北装备在走向世界中实现转型升级，带动更多配套和就业”①。2016年10月18日，国务院总理李克强主持召开国务院振兴东北地区等老工业基地推进会议，部署进一步推动东北振兴工作。他再次强调，在实施“中国制造2025”中重塑东北装备竞争力。②

---

① 《李克强在东北三省经济工作座谈会上强调　把稳增长保就业提效益作为紧要之务　在改革开放中实现东北新一轮振兴》，《经济日报》2015年4月11日。

② 参见《积极改革创新　主动破困前行奋力开创东北全面振兴新局面》，《人民日报》2016年10月19日。

第三节 加强产业移植与中国农业现代化

现代化被公认为强国富民的唯一选择，而农业现代化是产业现代化、经济现代化和国家现代化的根基。《十三五发展规划建议》对大力推进农业现代化提出了明确要求："十三五"期间，农业现代化要有明显的进展，"促进新型工业化、信息化、城镇化、农业现代化同步发展"[①]。创新是引领发展的第一动力。"十三五"期间，农业现代化要有明显的进展，就必须加大创新力度，努力形成适应现代农业发展、契合市场经济要求的体制机制。[②] 其关键在通过创新转变农业发展方式。而转变农业发展方式，是涉及农村组织连续创新、农业生产条件即"农业生产基础设施"、农业科技与服务、以产业化导向的市场链接、农村职业化等既有纵向阶段性又有横向组合性的系统创新工程。

一 对农业现代化创新要求与本质的认识

农业现代化的基本内容包括农业生产主体现代化、农业生产手段现代化、农业生产技术现代化、农业生产管理现代化、农业经营过程现代化。[③] 总之，农业现代化是农业生产力发展水平的综合体现。加快推进农业现代化，是今天中国面临的重大现实任务。环顾当今世界，发达国家大多实现了农业现代化。未来我国的农业现代化，实质是以现代科学及其应用技术和现代工业及其装备水平为基础的，注重科学发展、和谐发展的农业现代化。[④]

从整体上看，我们对农业现代化的知、行及创新本质的认识，是经历了一个漫长过程的。

---

① 习近平：《关于〈中共中央关于制定国民经济和社会发展第十三个五年规划的建议〉的说明》，《理论学习》2015 年第 12 期。

② 参见汪洋《用发展新理念大力推进农业现代化》，《人民日报》2015 年 11 月 16 日。

③ 参见陈丽丽《中国农业现代化制度创新与发展路径研究》，经济科学出版社 2009 年版。

④ 同上。

我们对农业现代化的理论认识是比较早的。1953 年 12 月，在《关于党在过渡时期的总路线的学习和宣传提纲》中，毛泽东同志明确提出了“促进农业和交通运输业的现代化”的字眼。1954 年 9 月召开的第一届全国人民代表大会和第一届全国人大政府工作报告中首次明确提出了建设包括“农业现代化”在内的“四个现代化”的任务。[①] 1964 年第三届全国人民代表大会确立了“四个现代化目标”，其中明确包括了农业现代化的内容。

党的十一届三中全会确定了以经济建设为中心，实现四个现代化的目标。实践过程中，改革开放是在农村，从人民公社到搞联产承包制的农村生产经营的微观组织变革开始的。因此中国改革开放的重心事实上是从农村转向城市，城市从办特区到搞沿海开放区、设新区，企业从扩大自主权到发展多种经济成分与搞国有企业改革，等等。这一系列的改革本质上就是创新。走新型农业现代化的道路是党的十六大确定的发展方向。党的十七届三中全会通过的《中共中央关于推进农村改革发展若干重大问题的决定》明确指出，“我国总体上已进入以工促农、以城带乡的发展阶段，进入加快改造传统农业、走中国特色农业现代化道路的关键时刻，进入着力破除城乡二元结构、形成城乡经济社会发展一体化新格局的重要时期。”[②] 十八大要求坚定不移走中国特色新型农业现代化道路，加快转变农业发展方式，不断提高土地产出率、资源利用率、劳动生产率，实现集约发展、可持续发展。[③]《十三五发展规划建议》明确要求：“十三五”期间，农业现代化要有明显的进展，“促进新型工业化、信息化、城镇化、农业现代化同步发展”，大力推进农业现代化。加快转变农业发展方式，着力构建现代农业产业体系、生产体系、经营体系，提高农业质量效益和竞争力，走产出高效、产品安全、资源节约、环境友好的农业现代化

① 参见孔祥智、毛飞《农业现代化的内涵、主体及推进策略分析》，《农业经济与管理》2013 年第 2 期。

② 《中共中央关于推进农村改革发展若干重大问题的决定》，《党的建设》2008 年第 11 期。

③ 参见胡锦涛《坚持走中国特色自主创新道路　为建设创新型国家而努力奋斗——在全国科学技术大会上的讲话》，《求是》2006 年第 2 期。

道路。[①] 2016 年 1 月中央出台《关于落实发展新理念加快农业现代化实现全面小康目标的若干意见》。《意见》认为，在经济发展新常态、资源环境约束趋紧的大背景下，如何促进农民收入稳定较快增长并确保如期实现全面小康，如何加快转变农业发展方式以确保粮食等重要农产品实现有效供给，如何提升我国农业竞争力赢得参与国际市场竞争的主动权，已成为我国农业农村发展必须完成和破解的历史任务和现实难题。强调要用发展新理念破解“三农”新难题，提出要推进农业供给侧结构性改革，这对解决“三农”新老问题、有序推动农业现代化、确保亿万农民迈入全面小康社会，具有十分重要的意义。[②]

对农业现代化的理论讨论比较多，但是，关于农业现代化要与创新相结合的认识，应该是在 2002 年以后才逐步成为共识的。我们认为，农业现代化要与创新相结合的认识，有一个标志性事件是值得重视的，这就是中科院专门确定了“现代农业科技创新基地”建设，将四十多个涉农研究所，整合为中科院农业科技创新研究力量，构建了中科院农业科技创新体系，建设起现代农业科技创新基地。同时设立了八个创新研究平台、五个研究中心，还建立了若干个高效现代农业集成技术示范区。这些基地、平台、中心与基地，瞄准我国农业可持续发展及其科学技术领域的重大战略性和前沿性问题，开展创新性研究，以确保 21 世纪 16 亿人民的粮食战略安全，实现我国农业持续稳定发展。农业科技创新体系的构建，是我国农业现代化与创新相结合的认识得以确立并转化为实实在在行动的一个重要标志。

二　国外现代农业创新的主要模式及其启示

从发达国家看，农业实现现代化的模式主要有三种[③]。一是以美国、

---

① 参见习近平《中共中央关于制定国民经济和社会发展第十三个五年规划的建议》，《理论学习》2015 年第 12 期。

② 参见《关于落实发展新理念　加快农业现代化　实现全面小康目标的若干意见》，《农村实用技术》2016 年第 3 期。

③ 参见孙浩然《国外建设现代农业的主要模式及其启示》，《社会科学家》2016 年第 2 期。

加拿大、澳大利亚等国为代表的规模型、机械化、高技术模式，这种农业现代化模式也被称为“节约劳动型”模式。这些国家耕地充足，农户经营规模大、工业发达、劳动力缺乏，这种模式的主要特点是：先实现农业机械化，然后再转向农作物品种的改良及化肥的应用，实现生物化学化和信息化。[①] 二是以日本、韩国、荷兰等为代表的“节约土地型”模式。这些国家耕地少而散，农户经营规模很小，农产品供不应求，其农业现代化的主要特点是：先生物化学技术现代化，后才重点转到操作机械化，生产精确化，政府对农业投入较多的“保护”资金。[②] 三是以德国、法国等欧洲国家为代表的生产集约加机械技术的复合型模式，这种农业现代化模式也被称为“中间类型”模式。这些国家的国情介于上述两者之间，既缺乏足够劳动力，人均耕地又不多，农户经营规模中等，其农业现代化模式的主要特点是：把良种化、生物化学化、水利化、机械化和信息化放在同等重要的地位。总结这几种模式，可得出对我国建设现代农业的启示：农业现代化实现的根本路径在于把城市、工业现代文明移植到农村，使传统农村、农业、农民通过创新实现根本的改造。

农业生产受自然、社会双重规律调节，且差异性极大，又因以土地为基础比城市、企业空间面积大若干倍，因此，农业发展难度很大。农业现代化中如何遵循自然、社会双重调节规律、立足于差异性进行创新？或许发达国家农业实现现代化的各种模式，可以成为我们在农业现代化中创新的参照系或前进的“边界”参考。以上所概括的三类模式，具体来说就是在现代农业创新之下催开的多姿多彩的“模式之花”。

第一，绿色农业。绿色农业是生态文明产业化的集中体现。所谓的绿色农业就是综合地灵活应用现代高科技，如农药安全管理技术（IPM）、营养物综合管理技术（INM）、新兴生物学技术及其轮耕作技术等，从而实现保护农业环境和农业发展的整体性概念。这样的绿色农业把农业增产增收发展与农业生态环境保护相互协调起来从而实现了农业的可持续发

---

① 参见王万山《国外农业现代化的主要模式和共同规律》，《调研世界》2005 年第 5 期。

② 同上。

展，同时也保证了农产品的安全性，实现了有机农业和低碳农业两种绿色农业类型。

第二，物理农业。物理农业是高科技物理技术与现代农业相互结合的产物。所谓的物理农业是指充分利用现代高科技物理技术如物理植保技术、物理增产技术与农业生产相互有机结合的产物，充分利用能够发挥生物效应的光电磁声热等物理因子来操作控制动植物的生长发育过程及其生活环境，从农产品源头上控制农产品的安全性。物理农业是高投入高产出产业，能够获得高产、优质的无毒害的农产品，物理农业能够摆脱传统农业对化学农药、化肥、抗生素等农业化学用品的高度依赖以及自然环境的束缚，同时能够带动机械电子建材产业，是一种新型农业生产技术体系。

第三，化工农业。化工农业是高科技化学工业与农业相互结合的产物。所谓化工农业就是指综合应用现代高科技化学化工技术、设备、管理及其评价标准来发展全自动高度机械化的密集型的农业生产体系。这种生产体系使得现代农业工人能够在高度智能化的人工自然环境之中进行安全无毒害的连续操作，从而摆脱自然环境的制约。

第四，立体农业。立体农业是空间化发展的集中体现。这是现代物理化学技术及其农业“空间”化使得空间立体农业有可能。所谓立体农业也被称为层状农业，就是充分利用空间物理化学技术，拓展农业发展的空间分布资源的垂直农业发展模式。立体农业能够通过人造空间充分利用自然资源、生物资源及其能量资源，实现农业中的物种、物质及其能量多层级的循环转化，打造立体空间现代农业发展模式。

第五，特色农业。特色农业是农业自然地理环境及其农产品差异化发展的必然体现。所谓的特色农业就是指充分利用农业产品自身区域特色，如地理、气候、资源及其产品特色来开发区域性的知名特色农产品。特色农业必须在“特色”上狠下功夫，必须是农产品消费者信得过青睐仰慕的农产品，在本地农产品市场之中具有不可替代优势，在外地市场之中具有绝对的竞争优势，在国际农业市场上也应该具有相对竞争优势甚至应该是具有绝对竞争优势。

第六，订单农业。订单农业是农业商业化发展的必然产物。特色农业生产不仅是一种农产品，而且是一种具有市场竞争优势的农商品。所谓的订单农业就是农户根据市场需求结合自身、农村合作组织及其农产品协会与农产品消费者预先签订的农产品消费订单，这可以避免农产品盲目竞争而导致生产过剩。订单农业也可以被称为合同农业或契约农业，是一种新型的农产品生产消费模式。

第七，观光农业。观光农业是发展生态农业的必然要求。观光农业就是农户充分利用自然环境特色及其农业农产品特征来提供旅游观光设施，通过自然农业、农村及其农产品的旅游功能增加农村附加额外收入的农业经营模式。观光农业的内涵可以多种多样且丰富多彩，如田间狩猎、水面垂钓及瓜果采摘等形式。因此观光农业也可以被称为旅游农业。

第八，休闲农业。休闲农业是观光农业的升级版。休闲农业通常在一定农场经济区进行。所谓的休闲农业就是综合利用农业空间（农场）自然环境，结合现代农业设备设施和农村农业人文景观，经过“一体化”设计和规划，发挥农业农村的休闲旅游功能，在提升旅游品质的同时增加农民收入。休闲农业不但具有观光农业的旅游功能，如观光蔬果、体验农事、了解农作等农村旅游功能，还可以住宿度假和游乐游玩，是促进农村发展、农业增产和农民增收的新型农业发展模式。

三　现代农业创新系统因子

审视漫长、艰难的农业现代化历程，可以说一个国家从传统农业到现代农业的发展，是民族命运历史性巨变的“艰难、漫长、惊险之飞跃”。这个“飞跃”的成功，是既受制于自然地理条件，又与国家社会诸条件复杂耦合的结果。它体现的是现代文明的理念、现代产业的生产模式、现代社会的管理手段和制度、现代科技创新的全方位不断植入、融入农业各个环节、各个方面。总之，从传统农业到现代农业的发展，是现代农业因子创新系统合力的结果。前面归纳的发达国家农业实现现代化的三种模式表明，由于自然地理历史条件与国家社会诸条件的不同，农业现代化道路没有统一的模式。但是在这些不同的模式后面却又有着共同的规律可循，即政府良好的调控和促进作用、完善的市场经济制度和充分运用科学技术是国外农业现代化的三大驱动力。[①] 因此，现代农业的创新系统因子主要有如下几方面。

第一，政府对农业的支持、扶持政策，对于实现农业现代化至关重要。20 世纪 50 年代人民公社体制下的“割资本主义尾巴”的各种政策，对中国农村发展的束缚，人们至今还记忆犹新。十一届三中全会以后，从允许承包到户到允许农民外出务工，从取消粮油统购统销到各种惠农政策及“补贴”，对农村发展与农民增收的作用，更是显而易见。尤其是进入 21 世纪以来，党中央连续发出了十三个指导“三农”工作的“一号文件”，这些文件始终围绕加快农业现代化建设、实现全面小康目标，提出一系列新观点、新政策、新举措，对于实现农业现代化至关重要。在《十三五发展规划建议》中进一步提出，“持续增加农业投入，完善农业补贴政策。改革农产品价格形成机制”[②]，“完善农民收入增长支持政策体系”[③] 等等，都充分体现了我国对农业现代化的重视。同时，农业部、财政部、国家发改委、科技部、商务部等部委围绕强农富农惠农这一重点工作，出台了一系列对农业项目新的优惠扶持政策，大大增强了国家对农业的扶持力度。

第二，土地制度的变革是农业现代化的前提。农业无论是种、养或农村第三产业发展，都不能离开土地。因此，土地制度的变革是农业现代化的前提，创新农村产权制度，尤其是土地产权，这是农业现代化的重要保障。当然，国家、区域存在不同的历史传统、自然禀赋、现实经济政治文化差异，土地制度设计与变革也必须从实际出发。我国实行土地所有权国有或集体所有基本制度，放开使用权、搞活经营权，是符合实际的。但是 21 世纪随着城市资本下乡、土地使用权有偿流转，在行使经营权中形成的资产其产权界定、资本流动与金融化等是值得研究与突破的新问题。目

① 参见王万山《国外农业现代化的主要模式和共同规律》，《调研世界》2005 年第 5 期。

② 习近平：《关于〈中共中央关于制定国民经济和社会发展第十三个五年规划的建议〉的说明》，《理论学习》2015 年第 12 期。

③ 同上。

前承包经营权流转的农民家庭越来越多，土地承包权同经营主体发生分离，成为我国农业生产关系变化的新趋势。这一变化对完善农村基本经营制度提出了新的要求。早在2014年11月20日中共中央办公厅、国务院办公厅印发的《关于引导农村土地经营权有序流转发展农业适度规模经营的意见》中就明确提出："坚持农村土地集体所有权，稳定农户承包权，放活土地经营权，以家庭承包经营为基础，推进家庭经营、集体经营、合作经营、企业经营等多种经营方式共同发展。"①《十三五发展规划建议》提出，在稳定农村土地承包关系的前提下，要完善土地所有权、承包权、经营权分置办法，依法推进土地经营权有序流转，构建培育新型农业经营主体的政策体系。这就进一步明确了农村产权制度改革的主要任务。2016年1月中央出台的《关于落实发展新理念　加快农业现代化　实现全面小康目标的若干意见》中再次强调，要依法推进土地经营权有序流转，鼓励和引导农户自愿互换承包地块实现连片耕种。要研究制定稳定和完善农村基本经营制度的指导意见。要加快推进房地一体的农村集体建设用地和宅基地使用权确权登记颁证。要推进农村土地征收、集体经营性建设用地入市、宅基地制度改革试点。要完善宅基地权益保障和取得方式，探索农民住房保障新机制，等。② 这些都是加快农业现代化建设，为农村发展打开一片新天地的重要举措。实践证明，土地流转和适度规模经营是发展现代农业的必由之路。但是在实际中，却常常能听到一些农业经营主体者反映，他们已经在农民流转出来的土地上投入了大量的资金，但是形成的资产按现行法律政策，仍然不能通过评估变成产权，同时贷款扩大生产也是障碍多多。这些实际问题不能得到及时解决，农业现代化就必然步履艰难。

第三，农业合作经济组织是农业现代化的根基。在农业现代化过程中，发达国家不仅重视农业技术的现代化，也相当重视农业组织管理的现

---

① 《关于引导农村土地经营权有序流转　发展农业适度规模经营的意见》，《农村经营管理》2014年第12期。

② 《关于落实发展新理念　加快农业现代化　实现全面小康目标的若干意见》，《农村实用技术》2016年第3期。

代化，都大力推行农业专业化、一体化、社会化。其专业化形式主要有三种：地区专业化、部门专业化、作业专业化。美国专家研究统计数据表明，美国在1969年以单一农产品为主的专业化农场在美国农村总数已经达到90%以上，这已经使得美国农产品产量增产40%以上，从而降低成本50%—80%。以美国为代表的发达国家农业现代化对我们的启示，就是坚持农业生产发展的“专业化”“一体化”和“社会化”相互结合，形成农工商综合体和农业合作组织。大力发展农业合作经济组织，这方面最成功的是日本。第二次世界大战以后，日本形成了半官半民的范围包括农业生产资料供应、农业技术推广、农产品销售、农村金融、农村保险等各个方面的农业合作经济组织，并且自上而下形成了独立而完整的体系。这种农业合作经济组织，对于日本农业现代化发挥了重大作用。中国从20世纪90年代开始发展农业合作经济组织，在促进农村发展、农业与市场对接、帮助农民增收方面发挥了重大作用。但是农业经营规模过小仍然是我国农业现代化的最大制约。因此，创新农业经营方式，提高农业组织化、产业化、市场化水平，着力培育新型经营主体，引导支持农业合作经济组织发展，是农业现代化的迫切需要。

第四，农业技术推广体系是农业现代化的支撑。农业技术推广体系不仅是农业现代化的支撑，它本身就是农业现代化的内在要求。农业现代化不仅需要在良种、种植技术等方面有原创性研究与技术创新，更需要创新和完善农业技术推广体系。农业技术推广体系，有人称为“农业科技的‘最后一公里’”。农业现代化，在现实中往往就是受制乃至停滞于这“最后一公里”。以日本为例，建立了一套完整的从中央到地方的农业技术推广体系，日本的“地域农业改良普及中心”拥有数百个经过国家考试的专门技术员以及1万多名经过地方考试的改良普及员，与农协系统的近2万名营农指导员密切配合，构成了日本农业技术推广的基本体系①；而韩国则是学习和模仿日本建立了相应的农业技术推广体系；北美的墨西哥和非洲的南非则是通过政府、高校科研院所和私人农庄农场的合作建立农业技术推广体

① 参见宣杏云《国外农业现代化的模式及其借鉴》，《江苏农村经济》2006年第5期。

系；荷兰则主要依托渔业牧业林业及其农业等自然管理部门的技术推广局来构建全国农业技术推广体系，发挥这个农业技术推广体系的作用。我国在农业科技等现代要素的应用方面，与发达国家的差距还非常大。所以，《十三五发展规划建议》提出，要“推进农业标准化和信息化”，要完善“现代农业科技创新推广体系”[①] 等等。《关于落实发展新理念加快农业现代化实现全面小康目标的若干意见》中明确要求，农业科技创新能力总体上达到发展中国家领先水平，力争在农业重大基础理论、前沿核心技术方面取得一批达到世界先进水平的成果。[②]

四 “互联网＋农业”普遍提高农业现代化创新能力

中共中央《关于落实发展新理念 加快农业现代化 实现全面小康目标的若干意见》中明确要求，要大力推进“互联网＋”现代农业，应用物联网、云计算、大数据、移动互联等现代信息技术，推动农业全产业链改造升级。“互联网＋农业”是现代农业发展的大趋势。近年来媒体报道了不少边远地区、普通农民个人或合作组织，利用互联网平台，实现了生产、技术、销售等环节节约成本、提高竞争力、实现市场增收、脱贫致富等的事例，充分说明了“互联网＋农业”，可以普遍提高农业现代化的创新能力。

“互联网＋农业”是依托现代移动互联网平台，充分利用大数据、云计算、物联网等新一代智能化的网络信息技术实现与农业产业跨界相互融合，创新基于互联网平台现代农业的新产品、新模式、新业态。[③] 在“互联网＋农业”创新驱动发展下，我们是可以着力打造出有信息支撑的协同管理、有高效产能的安全产品，并且是资源节约环境友好的现代中国化农业升级版。当前，我们现有的“互联网＋农业”创新驱动发展模式已

---

① 习近平：《中共中央关于制定国民经济和社会发展第十三个五年规划的建议》，《理论学习》2015 年第 12 期。

② 参见《关于落实发展新理念 加快农业现代化 实现全面小康目标的若干意见》，《农村实用技术》2016 年第 3 期。

③ 参见《互联网＋农业：信息技术与农业的跨界融合》，《北京青年报》2015 年 6 月30 日。

经有云农场、农发货、农集网、土流网、田园圈及其农电商平台等。湖北省武汉市2015年10月举办了以“互联网+农业”为特色的“农博会”。东西湖区和江夏区是武汉市“互联网+农业”的示范展示区。北京苍穹数码测绘有限公司是东西湖区“互联网+农业”示范区技术支持单位。该公司用互联网技术，将农作物生长过程中的“模糊”信息，处理为信息化的智能监控系统，不仅减少人工操作，更能让农作物种植趋于科学化。武汉市农科院将监控数显装备佩戴在畜禽身上，移动终端实时传输畜禽体温等生理指标，从而反映其健康状况，有利于畜禽疫病监控等，吸引了众多参展观众。

当然，也有人士指出，农业“互联网+”虽然充满机遇，但是，互联网行业本身有更新快、淘汰快的特点，所以，在互联网化的进程中，一定要依循农业本身的发展规律和市场经济规律，切莫让“互联网+”变成“互联网-”。

五　中国农业现代化的主要创新“星火”

中国农业现代化的创新进入了什么水平、哪个阶段？这是本课题应当轮廓性地研究和回答的问题。如果以发达国家已经实现农业现代化水平为参照系，中国农业现代化水平整体处于“量变性加速阶段”。与之对应，农业现代化创新也不会脱离、超越这个整体阶段，也属于“创新量变阶段”。

说中国农业现代化创新整体处于“创新量变阶段”，其主要依据是以江苏、山东为代表的沿海地区，在现代化水平领先于中西部地区基础上，农业现代化水平及其创新能力也处于引领地位。而河南、东北、新疆等地的小麦、玉米、水稻、棉花等大宗农产品的生产、销售，按农业现代化要求的“颠覆性创新”已经取得了重大进展。

说中国农业现代化创新整体处于“创新量变阶段”，其主要依据还因中西部广阔地区的农业现代化虽有局部推进成效，但是，传统农业占主导地位仍未根本改变。

从整体上看，从中国沿海到中西部，都存在推进农业现代化的各种示范区、园区、基地、龙头企业、特色产业、专业大户等。这些农业现代化创新的各类组织、实体，从局部看效益与影响力还可以，但是，就带动所在广阔区域进而彻底改变传统农业主导状况而言，无论是中国沿海地区还是到中西部地区，都还任重道远。所以，从中国农业现代化的战略全局、全过程看，这些农业现代化创新的各类组织、实体都只是中国农业现代化创新整体处于“创新量变阶段”的“星火”。毛泽东同志说过，“星星之火，可以燎原”。我们对这些农业现代化的各类“星火”的态度应该是实事求是地扶持与发挥其作用，既不能瞧不起它们，也不能对它们的发展程度估计过高。

中国农业现代化现存的主要创新“星火”式样有以下几种。

第一，大宗农、牧产品生产基地。小麦、玉米、水稻、棉花、牛羊鱼肉类，如果某个地区进行大规模生产与销售，既可以供应国外广阔区域，生产地也可以获得规模效益，因专业化创新力也强。美国农业存在棉花带、玉米带、小麦带等区域规模化与专业化分工，其经验值得借鉴。中国国家层面的大宗农、牧产品生产基地尚无权威规划、推进资料，农业部主要重视大宗农产品交易市场建设。这种以流通促生产的办法，也是有效的。东北、华北、湖北、新疆、内蒙古等地省级有各种大宗农产品基地。比如，伊利、蒙牛奶业，就是在基地基础上发展起来的。

第二，农业开发区、园区、试验区。2015 年 5 月，农业部发出文件，拟通过 15 年规划，在全国建设 10 类农业可持续发展试验区。主要有建设东北黑土地保护、西北旱作区农牧业可持续发展、黄淮海地下水超采综合治理、长江中下游耕地重金属污染综合治理、西南华南石漠化治理、西北农牧交错带草食畜牧业发展、青藏高原草地生态畜牧业发展、水产养殖区渔业资源生态修复、畜禽污染治理、农业废弃物循环利用 10 个类型的农业可持续发展试验示范区。

第三，特色农业。这是在中国农村影响最大、现实中分布最广的农业存在与创新式样。以特色为基础进行现代农业创新，通过创新使特色农业现代化。2015 年，中央财政农业综合开发中就有这样的安排，投入 49.33 亿元，带动地方财政投入资金 25.84 亿元，引导项目单位自筹、银行贷款等资金 103.85 亿元，计划扶持有特色的农业产业化经营项目 4238 个。其中，种植基地项目 1445 个，养殖基地项目 1369 个，加工项目 914 个，流通设施项目 290 个，龙头企业带动产业发展试点项目 92 个，“一县一特”产业发展试点项目 128 个。

第四，台湾同胞投资大陆农业，带动中国农业现代化。20 世纪 80 年代，就有台湾同胞投资大陆农业，对推动中国农业现代化起了示范带动作用。有专家学者研究指出，台湾对大陆农业投资近年来表现为如下两个特征。一是台湾对大陆农业投资地区从东南沿海正向分布逐渐向大陆中西部内陆深度拓展，而投资领域则又从蔬菜瓜果棉花到牲畜牛羊粗加工和深加工发展拓展。二是台湾通过在大陆投资兴办台湾农业试验区和台湾农民创业园来发展和加强台湾对大陆的农业投资。根据我们的不完全统计数据，台湾在大陆投资的农业试验园和农业创业园已经超过 5000 多家，其投资规模已经达到 60 亿美元，而且大多数企业都已经呈现出良好的发展势头。

本章围绕“构建有利于创新驱动的产业机制”，从加强产业创新的“基础设施”与装备产业的崛起，在区域创新中形成与培养主导产业，以及加强产业移植与中国农业现代化三个方面进行了探讨。最后想强调的是，产业创新的实质就是推动和促进以传统产业为主的经济结构向以现代产业为主的经济结构发展演进，进而达到产业结构的调整与升级。按照区域创新体系的理论，产业与区域创新环境的耦合度越高，越能促进区域和产业的发展。因此，我们还需要加快体制机制创新，破除阻碍其发展的制度性藩篱，构建有利于创新驱动的产业机制，孕育出产业快速健康发展的沃土。

第七章

构建有利于创新驱动的科技机制

2016年2月5日，习近平同志在视察甘肃省金川科技园时指出，“我们还要建成社会主义现代化国家，看来科技创新很重要，抓科技创新就是要抓我们的核心竞争力。”① 习近平的这一讲话清楚回答了为什么党的十八届五中全会提出五大发展理念，创新为第一理念，为什么科技创新是今天中国发展的第一动力等问题。人类现代化进程自14世纪中后期在西欧率先展开，迄今已有近五百年的历史。这几百年中，世界现代化领先格局又是以国家为单位、以科技创新为标准的“长江后浪推前浪”的接力过程。世界最早开启现代化脚步的国家是意大利、荷兰、西班牙，他们以重商主义理论为指导，以追求国际贸易中黄金白银流入为目标，辅以在战争中争夺世界霸权与殖民地开拓，也曾称霸一时。后来，英国以斯密的宏观发展市场自由竞争、微观发展以分工促进提高劳动生产率的企业法人，市场经济制度与法人制度促进了“工业革命”的产生。从此，英国以“日不落帝国”实力取代了老牌资本主义国家意大利、荷兰、西班牙。法国、美国、德国、日本，又以制度与科技在创新中的优势，后来者居上。值得指出的是，英国是世界上较早有专门制度促进科技创新的国家。代表性的是专利制度。据史料记载，早在1449年，一个叫约翰的英国人就通过彩色玻璃制造技术获得了20年的垄断权，这是英国第一件发明专利技术。1624年，英国出台的《垄断法》，标志着英国专利制度的最终形成。英国

① 《习近平视察兰州科技园区时强调科技创新人才培养》，《甘肃日报》2013年2月17日。

1852年颁布了《专利法修改法令》，制定了发明专利的获得程序，第一次明文规定专利申请必须提交专利说明书，并在规定期限内予以公布。上述历史事实证明，构建促进科技创新体制，是一个国家实现现代化的关键环节。我们认为，对于"科技创新体制"，只有揭示其"共享"运行机理，突出其焕发与提升创新能力之效应，辅以创新模式的选择、社会化本质的实践逻辑皈依和科学精神的弘扬，创新驱动或许才能真正有效地通过"科技创新体制"，从理论走向实践、从预期变成现实。因而，通过研究这种科技创新的内在关系，进而构建有利于创新驱动的科技机制成为本章研究的基本线索和主要内容。

第一节 科技创新的"三螺旋结构"与创新共享机制建设

世界历史证明：一个国家要真正实现现代化，必须构建促进科技发展的创新体制，才能在世界科技创新中居于领先地位。在中国，从当年邓小平同志提出"科学技术是第一生产力"、到今天党中央提出的建立创新型国家，应该说对科技重要性的认识已经普遍建立了。但是，为什么我们中国至今离创新驱动还有较大的距离呢？这里的关键还是一个创新体制、机制的建立问题。创新体制，主要强调的是促进科技创新的制度建立和完善的问题；创新机制，主要强调的是科技创新的制度在促进经济发展中的实际效果问题。中国现在促进科技创新的制度框架已经建立，关键是要提高科技创新的制度在促进经济发展中的实际效果。2015年1月9日李克强总理在国家科学技术奖励大会上的讲话中指出，"改革是推动创新的重要动力。创新既包括技术创新，更要以体制机制创新为条件。要通过全面深化改革，破除一切束缚创新的桎梏，让一切想创新能创新的人有机会、有舞台，让各类主体的创造潜能充分激发、释放出来，形成大众创业、万众创新的生动局面。"① 2016年1月8日李克

① 李克强：《形成大众创业 万众创新的生动局面 在国家科学技术奖励大会上的讲话》，《中国职工教育》2015年第3期。

强总理在国家科学技术奖励大会上的讲话中再次强调，“创新是供给侧结构性改革的重要内容。我们要破除束缚创新的桎梏，促进创新要素流动，打造大中小企业和高校、科研机构‘五方协同’的众创平台，形成各类创新主体互促、民间草根与科技精英并肩、线上与线下互动的生动局面。”① 正是在这个意义上，我们比较突出强调构建有利于创新驱动的科技机制。

一　创新驱动的科技机制是一种“三螺旋结构”

“三螺旋结构”，原是一个生物学术语，主要是用以解释 DNA 的分子构成结构。三螺旋可能包含各种类型的混乱行为，最初被用于研究复杂的转型过程。说“创新驱动的科技机制”是一个“三螺旋结构”，这是在国际上流行的比较权威的一种观点。早在 20 世纪 90 年代中期，纽约州立大学的亨利·埃茨科威兹和阿姆斯特丹科技学院的罗伊特·雷德斯多夫教授，就用官、产、学的“三螺旋理论”，来分析在知识经济时代政府、产业和大学之间的新型互动关系。自此以后，三螺旋理论被认为是创新研究中的一个新范式，其主要是指大学、产业、政府之间透过组织的结构安排、制度设计等，加强三者资源与信息的分享沟通，提高科技资源的运用效率与效能。②

今天，人们已经认识到科技创新是多种创新主体协同创新的结果，如企业、科研院所、高等院校、政府、科技中介服务机构、金融服务机构、国际组织及其社会大众等；是多种创新要素综合的结果，如人才、资金、知识、制度、基础设施和创新文化等，是一个开放的复杂巨系统。其中，科学研究与知识创新来自专家；技术进步与应用，又依赖于企业、工程师、技术人才（也包括群众中有创新创意的人）等各类创新主体的协同演进。知识原创、技术创新与各种再创新，构成了科技创新的“三螺旋

① 李克强：《用创新的翅膀使中国经济飞向新高度——在国家科学技术奖励大会上的讲话》，《中国科技产业》2016 年第 2 期。

② 参见陈红喜《基于三螺旋理论的政产学研合作模式与机制研究》，《科技进步与对策》2009 年第 24 期。

结构”；这个结构的内容是创新的体制、机制、政策、活动等的复杂组合。同时，三螺旋结构的DNA，不是任何情况下都能自发形成三螺旋结构的，而是在特定条件下才能形成这样的结构。用三螺旋结构来描述、概括科技创新的体制、机制，我们认为是比较恰当的。因为，无论是发达国家或发展中国家成功的科技创新，都是知识原创、技术创新与各种再创新自觉与能动的结合。我国早在做“十一五”规划的时候就明确提出要建立以企业为主体、市场为导向、产学研相结合的技术创新体系。[①] 2006年召开全国科技大会及随后颁布的《国家中长期科学和技术发展规划纲要(2006—2020年)》首次明确提出，把建立以企业为主体、市场为导向、产学研结合的技术创新体系作为中国特色国家创新体系建设的突破口。[②] 党的十八大报告再次明确要着力构建以企业为主体、市场为导向、产学研相结合的技术创新体系。2013年2月4日国务院办公厅发布文件进一步细化了该目标，在《关于强化企业技术创新主体地位全面提升企业创新能力的意见》中明确提出，到2015年基本形成以企业为主体、市场为导向、产学研相结合的技术创新体系。

强调科技创新机制是一个“三螺旋结构”有其重要意义，主要表现在以下三个方面。

第一，科技创新机制是对各种创新资源进行优化配置，加强创新主体之间相互作用的有力保障。为了推动新技术和新知识的产生、流动、更新和转化，在创新主体上，应构建以产学研用合作为基础的科技研究体系。产学研用科技研究体系的主要内涵和特征是：以企业为主体，以市场为导向，产学研用紧密结合，政府起主导作用。产学研用合作的本质是科技、教育与经济的结合。因此联合开展科技攻关、合作创办高新技术企业和科技园区、共同建立研发平台、联合培养创新人才、校地合作、构建产业技术创新战略联盟等都是产学研用合作的主要模式。只有通过这种创新体系

---

① 参见陈红喜《基于三螺旋理论的政产学研合作模式与机制研究》，《科技进步与对策》2009年第24期。

② 同上。

对各种创新资源进行优化配置，才能加强创新主体之间的相互作用，提升创新能力和创新水平，强化其核心竞争力。同时，产学研用科技研究体系的建设是一个开放性的结构，具体到一个区域来讲，应当力争国内外著名高校、科研机构和科学家的加盟，力争国内外著名企业集团在区域内设立研发机构和生产基地，力争与国内其他省（市）的区域创新体系建立相互渗透、协调发展的有机联系，等等。总之，大学—产业—政府，这样一个相互渗透的复杂关系，可以被认为是以沟通为核心的进化网络的三个螺旋。显然，在这个三螺旋中包含了多方多类型的复杂行为，离开了创新的体制、机制、政策、活动等，以产学研用合作为基础的科技研究关系是难以形成的，其科技研究体系是难以有效运转和发挥作用的。①

第二，科技创新的体制机制是克服“创新条件”障碍的有力支撑。为什么从知识原创到应用性创新与再创新总是难，特别是在欠发达国家与地区更难呢？在于存在各种体制障碍，使科技创新的信息、条件存在各种不对称。在社会不同发展阶段，科技创新条件总是存在差异。因此，科技创新本来不是一个纯技术问题，而是一个社会体制、机制的建构与改革问题。如果社会能够自觉建构、不断改革有利于知识原创到应用性创新与再创新的体制机制，这种三螺旋结构就能顺利建构起来。众所周知，由于我国科技管理体制的“九龙治水”问题严重，致使科技重复建设问题严重，不仅导致有限的科技资源极大浪费，而且造成了科技资源使用效率的低下，有的已经达到令人痛心疾首的地步。比如卫星接收系统，在欧洲绝大多数国家只有一套，但是在我国已经购买 17 套之多，仅北京地区就是 8 套之多。而且更为严重的是，其他地区和部门还有在此基础之上购置 80 套卫星接收系统的计划。在社会不同发展阶段，科技创新条件缺陷是不同的。一般来说，科技创新的标准是以全世界的特定阶段为标准的。今天世界发展阶段存在发达、欠发达、最不发达国家区别的几种状况即阶段。欠发达与最不发达国家同发达国家相比较，科技创新存在实验设备的技术水

---

① 参见陈红喜《基于三螺旋理论的政产学研合作模式与机制研究》，《科技进步与对策》2009 年第 24 期。

平、实验配套性、金融资金支持、科技人员劳动报酬及生活条件等差异，透过这些问题的现象背后又回归到科技体制问题。最容易引起关注的实验设备与科技人员待遇问题，表面上是技术与资金问题，仔细研究又是一个体制机制问题。比如，美国硅谷据斯坦福大学梅耶教授考察，由于存在鼓励创新的项目、报酬机制，使一个怀揣创新成果的年轻人，几个月就能变成百万富翁。发达国家与欠发达国家的科技差距，又常常是因这类鼓励创新项目转化、允许创新人才致富的体制差距造成的。但是，如果改革体制，欠发达与最不发达国家技术与资金问题又可以变成“不是问题”。中国改革开放之初，既缺资金也缺技术，不就是以“给政策”的名义改革体制，技术与资金问题，从而使问题又变成了“不是问题”的么？

第三，科技创新体制机制是形成适应企业和产业发展需求合作模式的保证。科技创新机制的三螺旋结构理论，不刻意强调政府、产业和大学在创新中谁是主体，而是强调他们的合作关系和三方在创新中的协同合力。同时该理论还认为，政府、产业和大学作为三个创新主体，都可以成为科技创新系统之中的领导者、组织者和参与者，每个创新主体在科技创新系统中不仅可以发挥自身的独特优势，还可以对其创新系统内的创新主体起协同辅助作用，从而实现政府、产业和大学三者的相互作用、相互重叠和互利互惠。这种动态、可变又需要协同的三螺旋关系与结构，如果没有稳定、清晰的体制与机制支撑，在创新中必然陷入混乱与无序，甚至危及创新全局。南京工业大学经济管理学院陈红喜博士指出，当前我国科技的“政产学研用”创新水平低下，其科技合作模式及其合作机制是导致水平低下和落后的关键因素之一，这需要三螺旋理论来建构和化解。科技创新的“三螺旋”理论的核心理念就是把拥有不同价值观念、理念及其体系的创新主体，如政府、高等科研院校及其企业通过区域创新经济体来统一协同起来，最终形成行政领域、知识领域和生产力领域三者有机结合，从而为区域协同经济发展的科技产业创新提供坚实基础。“三螺旋”科技创新理论的目的就是要打破科技协同创新的藩篱，如政界、学界、商界等各种传统边界的束缚和困扰，通过“政产学研用”协同创新共同体来建立科学研究、行政管理及其市场运作相互有机结合的运行机制。因此，陈红喜博士认为，“三螺旋”科技产业创新理论从实现政府、大学、企业及其产业三者的特征和相关关系出发，构建适应科技企业和产业发展所需要的合作联系创新的组织机制和运行机制，从而可以提高“政产学研用”协同创新绩效，如紧密度和完善性等，是我们科技创新的当务之急。[①]

二　增强共享性是科技创新体系建设的基本任务

虽然科技创新体制是以专家、工程师、技术人才为主体，由大学及科研单位、企业及行业构成的三螺旋结构，但是，现实生活中这种结构并非自然存在，而是在科技创新体制与机制建立与完善中逐步发展起来的。科技创新体制与机制建立与完善的过程，实际上就是破除各种主观交往、客观壁垒的过程，这也是增强共享性的过程。

从一定意义上讲，共享性是科技创新体制与机制的本质特征。只有抓住这个特征来建立和完善科技创新体制与机制，才能使这项工作避免各种形式主义的干扰，扎实和富有成效地推进。早在 2005 年 7 月 11 日《科技日报》就发表了方建中、邹红合写的题为《实现科技资源共享：科技创新体系建设的基本任务》的文章。[②] 文章说，西方国家对于建立科技资源共享的运行与管理机制以及政策、法规体系，政府与社会已经给予充分的关注。二十多年来，一些发达国家已在科技资源共享的政策、法规研究与制定方面推出了一系列成果。文章同时认为，科技资源作为国家的重要战略资源，在我国已经有几十年的发展和积累，应该说全社会的科技资源投入规模是十分巨大的，如果还把各种重要的科技资源任意分散分割使用，不仅难以发挥其规模效应，最为直接的负面效应是导致有限而宝贵的科技资源的浪费。[③] 因而，有效提高科技资源的整体利用效果，实现全社会科技资源共享，对于提高科技资源的使用效率、在创新环境下推动我国科技

---

① 参见陈红喜《基于三螺旋理论的政产学研合作模式与机制研究》，《科技进步与对策》2009 年第 24 期。

② 参见方建中、邹红《实现科技资源共享：科技创新体系建设的基本任务》，《科技与经济》2005 年第 2 期。

③ 同上。

的跨越式发展、促进新型工业化和实现可持续发展、深化科技管理体制的改革以及推动政府管理模式的根本转变，具有十分重要的现实意义。为此，就必须抓紧建立科技资源在全社会共享的运行和管理机制。

2014年10月30日科技部办公厅发出了《关于组织开展创新型企业共享服务平台加盟工作的通知》。《通知》说，为贯彻党的十八大和十八届三中全会精神，落实《中共中央国务院关于深化科技体制改革加快国家创新体系建设的意见》和《国务院办公厅关于强化企业技术创新主体地位全面提升企业创新能力的意见》精神，科技部构建了创新型企业共享服务平台。平台以“共建共享共管”为原则，集聚国家创新型企业和相关科技资源信息，促进资源向企业开放服务，对创新型企业进行动态跟踪、需求征集和评价引导，为国家相关科技管理决策提供支撑。平台采取“线上对接线下服务”方式，对所有企业提供基本服务，对加盟企业提供定制服务和专题服务，实行动态化的加盟管理。

三　国外科技资源共享的法律与政策

在国外，20世纪90年代以来一些发达国家已着手于用法规、政策促进科技资源的共享。这方面的经验值得我们研究乃至借鉴。首先，科技创新共享机制应该以科技信息资源共享为突破口。美国联邦政府根据《信息自由法》和《版权法》，一方面，非常强调公民使用信息的权利；另一方面，注重保护信息拥有人的利益。因此，在美国科技信息资源共享，已经成为信息时代一项基本国策。加拿大、澳大利亚、欧盟和英国等西方发达国家为了保障科技信息共享的质量、提高科技信息采集的效率和维护公众民主权，也制定了有关信息自由共享和信息所有权收益保护方面的法律法规。其次，政府应该通过对财政投资科技的研发、采购、资产管理，保证科研设施资源具有开放共享的条件。如美国的《联邦采购法》规定了科学仪器依托单位的职能职责，从而最大限度地避免科学仪器依托单位利用占有政府科技资源的竞争优势而导致的非公平竞争；美国能源部的《寿命期的资产管理》规定现场管理局必须与能源部门协调多余科技资源及其设施再利用问题；《生命基因组研究法》则鼓励大学、实验室和产业界对生命基因组织设施实现资源共享。最后，为制定科技资源共享价格提供政策支持。科技资源的共享价格问题是科技信息和科技设施开放过程之中的关键问题。在科技信息价格制定中，美国联邦政府采用边际成本收益分析方法，从而体现了科技信息共享利益的最大化。欧盟国家则采用收回信息成本法，澳大利亚施行的是一种平均成本转化政策。①

第二节　科技结构调整与结合型自主创新能力建设

经济学视域中有一个“结构→能力”的逻辑。从传统到现代，在现代化的一个个发展台阶的垒成与跨越的过程中，充分体现了这种“结构→能力”的逻辑。现实中我们看到，当一个国家和地区处于落后或欠发达状态时，其社会结构、企业结构乃至人际关系结构一般来说也存在落后或滞后的状况。一旦这些国家和地区通过改革、开放、政策调整等路径与措施，消除了结构的落后或滞后，其发展能力必然迅速得到提升，发展过程必然迅猛得到展开，发展成果也以“想象不到”的状态加以极大的涌现。中国改革开放以来的经济社会结构调整转型升级的发展历程和迅速崛起，充分证明了这一点。同理，科技创新的体制机制一旦发挥作用，即在社会生活中呈现正向动态化，必然不断推动国家、区域、行业、企业乃至个人的结构变化，从而形成不竭的创新能力。因此我们认为，在科技创新中存在着“结构→能力”的逻辑。

一　促使科技创新结构在创新实践中尽快生成

事实上，在科技创新过程中“结构→能力”的逻辑是存在的，只是目前还缺少自觉的理论概括。从一般理论分析看，国家、区域、行业、企业乃至个人在创新能力上存在的差距，是由结构优势所形成的。

《计算机世界报》曾经发表记者孙定、黄伟敏采访中国国内 IT 方面

---

①　参见方建中、邹红《实现科技资源共享：科技创新体系建设的基本任务》，《科技与经济》2005 年第 2 期。

专家雍忠玮、毛江华、黄志光的文章。文章对“创新能力”问题这样分析到，科学研究成果（无论是自然科学或社会科学都是存在），并不是所有的创新都有可以直接、马上产生价值的效果；而不直接、马上产生价值的创新成果不等于没用。如何才能使不直接、马上产生价值的创新成果尽快产生出价值?[①] 对这个问题，英国科技政策专家特伦斯·基莱将科研分为第一行动者（做原创性发现）和第二行动者（采取进一步行动）的观点给予了回答。特伦斯·基莱的观点，事实上引出了科技创新中的“行动者接力”的创新结构。

生活中的科技人才差异是比较大的。有的研究人才既是创新高手，也有办法把自己的创新成果推向市场产生效益。如果我们能建立这样的科技创新结构，即第一行动者做原创性发现，第二行动者采取进一步行动，还有第三或更多行动者把已有创新成果尽可能在纵向与横向上应用，科技创新能力的提高不就是自然天成么！这就是科技创新中的“行动者接力”的创新结构。

从我国总体来看，目前“行动者接力”的科技创新结构已迈入“跟跑、并跑、领跑”“三跑并存”的新阶段。我们当然希望我国有更多的第一行动者，即原创性发现领跑世界，但是我们还得尊重规律、正视现实。虽然我国已经基本形成了“跟跑、并跑、领跑”三者并存的格局，但仍以“跟跑”为主。我们还必须采取在第一行动者之后的第二行动者行动，第三或更多行动者把已有创新成果尽可能在纵向与横向上加以应用的对策。这是由当代科技创新和产业化的新特点决定的：新一轮科技革命和产业变革正在加速推进，创新周期缩短，科技成果在加速转化应用。这也是我国科技创新的新阶段所决定的，正如科技部部长万钢分析，与“并跑”“跟跑”相比，“领跑”难度更大。“领跑”科技创新就意味着已经走在世界科技创新的前沿。他还强调，“对待‘跟跑’、‘并跑’、‘领跑’的态度，不应仅凭技术的先进性或其他国家的看法，要遵循市场发展的逻

① 参见孙定、黄伟敏《雍忠玮　毛江华　黄志光：长篇综述：“技术中国”觉醒》，《人民网》2003 年 1 月 6 日。

辑，与此同时，在现有技术基础上通过集成创新、商业模式创新也可以有很好的创新绩效。”①

从企业来看，目前我国不少企业事实上已经开始形成科技创新中的“行动者接力”的创新结构。比如，当前互联网面临很多挑战，挑战之一是网络安全问题与用户体验，其中一个重要的解决方法就是通过云平台来建构大数据平台，建构一个稳定而又优化的技术基础和架构，以实现资源整合。上海帝联信息科技股份有限公司就通过自主开发研究了一系列这样的技术平台，如 ACA 全文内容加速系统、MIDS 移动下载系统、Webgame 加速系统等，这些系统已经广泛应用于各类门户网站，并受到了广泛的一致好评。其中，CDN 缓存技术，是新一代的云计算综合性的大数据服务平台，采用的是全球最先进的云计算技术，可以配合 IDC 数据中心机房多点部署和海量存储，从而使得用户在上网的时候能够节约大量时间。又比如，中国家电著名企业海信、科龙建构了“自主品牌”和“核心市场”的科技创新两大战略结构，形成了品牌与市场两条腿走路，带来了自主品牌规模与利润双增长、利润增长高于规模增长的良好局面。海信自主研发的“御享”360°全直流变频空调，平均每小时耗电量仅为 0.24 度，按国标一年运行 1136 小时计算，全年耗电仅 277 度，2009 年第一季度，海信直流变频空调产品销售额同比增长 60.71%。

试想，如果我国已经形成了大量像海信、科龙以及上海帝联信息科技股份有限公司这样具有科技创新结构和创新能力的企业，中国科技创新成就一定是令世界瞩目的。

现实是，无论从国家宏观层面还是从企业微观层面看，构建科学有效的“行动者接力”的科技创新结构，可谓“革命尚未成功”。其中核心的还是体制机制问题。正如习近平总书记深刻指出的：“多年来，我国一直存在着科技成果向现实生产力转化不力、不顺、不畅的痼疾，其中一个重要症结就在于科技创新链条上存在着诸多体制机制关卡，创新和转化各个

① 陈磊：《中国创新能力跟跑并跑领跑并存》，《科技日报》2014 年 4 月 27 日。

环节衔接不够紧密。”[①] 深化体制机制改革，涉及很多方面的问题，但是加强科技创新统筹协调，引导构建产业技术创新联盟，打通科技成果向现实生产力转化的通道，尽快克服各领域、各部门、上下游产业、相关产业分散封闭的孤岛现象，构建起科学有效的“行动者接力”的科技创新结构，从整体上提升科技创新能力，应该是重要和紧迫的问题。

二 掌握核心技术和拥有自主知识产权为目标提高自主创新能力

其实，建立与完善科技创新体制机制的目的是提高自主创新能力。

2006年1月9日胡锦涛同志在全国科学技术大会上的讲话中就指出，“自主创新能力是国家竞争力的核心，是实现建设创新型国家目标的根本途径。世界科技发展的实践告诉我们：一个国家只有拥有强大的自主创新能力，才能在激烈的国际竞争中把握先机、赢得主动。特别是在关系国民经济命脉和国家安全的关键领域，真正的核心技术、关键技术是买不来的，必须依靠自主创新。”[②]

衡量自主创新能力的标志是什么？掌握一批核心技术，拥有一批自主知识产权，从而造就一批具有国际竞争力的企业，大幅度提高国家竞争力。

中国目前已经在高速铁路、工程机械等装备制造、核电、芯片、特高压输电等领域掌握了一批核心技术。据信息产业部有关负责人介绍，北京方舟科技公司研发的方舟一号、二号以及中国科学院研发的“龙芯”CPU产品已成功用于网络计算机、税控收款机等产品中，并开始走出国门；华为技术有限公司研发的WCDMA ASIC套片，集成了30多个系统专利和ASIC设计专利；四川南山之桥微电子有限公司开发的千兆以太网路由交换核心芯片“华夏网芯”，打破了国外企业对我国市场的垄断；大唐微电子公司研制的手机卡，被中国移动、中国联通指定为SIM卡供应商并累

---

① 习近平：《在中国科学院第十七次院士大会、中国工程院第十二次院士大会上的讲话》，《当代劳模》2014年第6期。

② 胡锦涛：《坚持走中国特色自主创新道路 为建设创新型国家而努力奋斗——在全国科学技术大会上的讲话》，《求是》2006年第2期。

计销售上亿片。

什么叫拥有一批自主知识产权？目前国际上比较认可具有某项、某领域“标准”制定权的技术，达到了“自主知识产权”水平。中国在花卉标准、物联网标准制定上，标志着我国自主知识产权创新取得了重大进展。

近年来，云南省实施了一大批重大的花卉标准化科技项目，全面启动云南花卉星火产业带，加快了云南花卉产业创新基地建设的步伐，成效显著。云南依靠标准化科技创新和进步，累计研发花卉品种100余种，其中获得拥有自主知识产权的花卉新品种就有36种之多。正是依托不断完善的科技支撑体系，云南省在国内首创了唐菖蒲优质种球冬季繁育技术，种球优质率达70%以上，品质达国际质量水平；出口日本的菊花苗占全国出口总量的90%以上，占日本进口菊花苗总量的40%，成为日本最大的菊花苗供应基地。

经过不懈努力，中国物联网基础标准研究工作在组织建设、规划协调、标准研制等方面取得显著成效，尤其是国际标准化工作实现跨越性突破，整体研究已处于国际领先水平。中国已有47项物联网国家标准正式立项，79项物联网国家标准立项完成立项公示。在物联网参考体系架构、标准化指南、术语等国家标准方面取得重要进展。同时基于国家标准提案，近期代表中国顺利通过了ISO/IEC30141物联网参考体系结构国际标准的立项。

在看到成绩的同时，更要看到问题。2015年7月，中国科学技术发展战略研究院发布的《国家创新指数报告2014》（以下简称《报告》）显示，“十二五”科技发展规划10项关键指标中，有5项已经提前完成规划目标。专家表示，在指标完成背后，中国建设创新型国家仍然存在诸多隐忧。《报告》同时发布了“国家创新指数”，世界40个主要国家中，中国国家创新指数得分为68.4，位列第19位，与规划目标还有1位的差距。《报告》共设置5个一级指标和30个二级指标。在创新资源、知识创造、企业创新、创新绩效、创新环境5项一级指标中，中国除知识创造指标排名下降1位外，其他4项一级指标排名均有提升。在专家们看来，虽然总体指标在进步，但是企业创新仍是我国建设创新型国家的短板之一。例如，一级指标之一的“企业创新”从2005年的世界第17位跃居2013年的第13位。但是，全国规模以上工业企业研发经费占主营业务收入的比重约为0.8%；而国外企业一般为3%—5%，有些高技术企业甚至超过了10%。特别是某些大型国企，创新驱动发展的动力明显不足。总之，我国自主研发高技术产品的能力还不强，中国企业创新远远没有发挥应有的作用。

三 企业是形成持久科技创新能力的基础

企业成为科技创新主体既是科技发展的内在要求，又是市场经济规律的必然要求，还是推动国家自主创新战略，实现国家科技创新体系和提高国家科技创新竞争实力的重要路径和依托。从理论上概括，提高自主创新能力的路径可以为两种，即斯密模式，以企业为创新主体；培根模式，政府充当创新的主要责任主体，先做理论研究，再做应用研究。

历史上，工业革命时期的英国奉行斯密模式，法国则奉行培根模式。结果，法国造就了拉瓦锡、库仑、居维叶、安培、拉普拉斯等众多伟大的科学家，成为科学原创的发源地；而英国发明了蒸汽机、火车和绝大多数重要的器具。当时的格言说：法国的发明在英国结果。伏尔泰在1728年写道：“英国人吃白面包，衣着讲究，而法国人仍然贫穷。”

第二次世界大战以后，美国兼容了斯密模式与培根模式。在民用领域，美国采用斯密模式，研发以企业为主；在国防和农业上，美国采取培根模式，以国家为主导。苏联完全采取培根模式。结果，20世纪差不多所有能卖钱的器具，无论是飞机、计算机，还是日用品，都是美国的最好。今天的美国出落成了世界上最强大的国家，而苏联却消失了。

我国由于计划经济时代受苏联影响大，更强调培根模式，政府充当创新的主体，缺乏对企业为主研发的推动。所以，2007年7月15日，时任科技部副部长刘燕华在北京举行的第六届中国科学家论坛上就提出，中国企业的技术创新能力仍然薄弱。当时中国2.8万多家大中型企业拥有自己研发机构的只占25%，75%的企业没有一个专职人员从事研发活动。

2015 年 7 月，中国科学技术发展战略研究院的《国家创新指数报告 2014》发布，数据显示，中国企业的技术创新能力还比较低下，竞争能力依然比较薄弱。有学者指出，中国企业创新能力还远远没有发挥应有的地位和作用。导致中国企业科技创新能力低下和薄弱的主要原因就在于促进和激励企业自主科技创新进步的体制机制还没有真正形成，企业自主技术创新能力缺乏持久的动力和压力。专家认为，一个重要原因在于国企改革不到位，通过垄断市场就能轻松盈利，就没有人愿意去从事高风险的创新活动了。同时，知识产权的保护仍然不到位，山寨或者剽窃成为常用手段。花钱却得不到知识产权保护，创新成本得不到合理的补偿，就会影响企业的创新积极性。

进一步思考，我们希望企业成为创新主体，但现实生活中企业创新热情并没有期望的那么高。还有什么原因使企业跻身在经济舞台的“主角”位置上，却对创新大戏演出“不卖力”？我们认为，企业要成为创新主体，必须要有一个支撑创新的市场结构。决定市场结构有两个基本要素：一是竞争程度，二是企业规模。竞争不足，不利于企业的过程创新和产品创新；过度竞争，会使企业对产品创新有所侧重，但并不能有效提高企业产品创新的能力，反而成为妨碍企业技术创新的重要因素。中国的规模大的企业多是国有企业，创新效率和水平不高，因而技术创新尚未成为推动我国各类规模企业发展的重要决定因素；外资企业规模也大，但是，外资企业的进入明显刺激了我国高技术设备的引入和进口，这至多是“技术拿来主义”，而不是技术创新的方式；中小企业在外资企业竞争和国有企业垄断双重挤压下，模仿创新和合作创新模式可能是中小企业技术创新的主要路径和明智选择。由此可见，中国还面临着重塑企业技术创新的竞争环境、在改革中实现企业产权结构与规模同提高自主创新能力的“对接”。

当然，强调企业是自主创新能力的基础与责任主体，并不是说政府在企业提高自主创新能力中可以搞“无为而治”。

2014 年 1 月，湖北省为了进一步引导科技资源向社会经济发展一线聚集，进一步提升科技创新能力，推出了促进科技创新的三十条科技改革新措施，包括八个方面，涉及科技创新资金投入、科技项目管理、科技成果转化、科技企业培育、科学仪器设备购置、科技资源共享、金融科技服务及其高新技术企业服务等多项支持科技创新的措施和政策。

2015 年 5 月，全国人大常委会委员、全国人大教育科学文化卫生委员会副主任委员、中国科学院院士姚建年在四川省绵阳市进行了企业科技创新能力的专门调研。得出了这样的认识：企业的技术创新能力也是一个体系，这个体系是以企业为主体、市场为导向、产学研结合的架构。

四 政府职能从研发管理转向创新服务是形成持久科技创新能力的关键

2016 年 5 月 31 日，国务院总理李克强在全国科技创新大会、两院院士大会、中国科协九大第二次全体会议上发表重要讲话。当他谈到科技创新需要体制机制改革来加以激活时，顿时引发会场四千多名两院院士和科技工作者代表的共鸣，他的讲话被掌声数次打断。① 由此说明，创新驱动离不开政府，深入实施创新驱动发展战略，急待政府科学有效的和积极实际的作为，尤其需要加快政府职能从研发管理向创新服务转变。科技部党组书记、副部长王志刚同志 2015 年 11 月在《求是》上发表关于“推动政府职能从研发管理向创新服务转变”的文章。文章指出《中共中央关于制定国民经济和社会发展第十三个五年规划的建议》提出“推动政府职能从研发管理向创新服务转变”②，牵住了深化科技体制改革的“牛鼻子”，对落实创新发展理念、深入实施创新驱动发展战略、加快我国经济发展动力转换和核心竞争力提升具有重大意义。文章指出，从研发管理转向创新服务，实质上是营造良好创新环境，对接经济社会发展重大需求和创新活动的部署，发挥企业在技术创新中的主体地位，这是政府履行创新职能方式方法和体制机制的深刻变革。③ 回顾我们过去习惯采取的方式，

① 参见《李克强谈科技创新体制机制改革 讲话被掌声数次打断》，中广网，2016 年 6 月 1 日。

② 习近平：《关于〈中共中央关于制定国民经济和社会发展第十三个五年规划的建议〉的说明》，《理论学习》2015 年第 12 期。

③ 参见王志刚《推动政府职能从研发管理向创新服务转变》，《求是》2015 年第 22 期。

主要是政府发项目申报指南—企业申报—专家评审—立项划拨—项目资金无偿资助企业。这种方式的弊端十分明显：支持的企业数量有限，项目能够发挥作用的时效有限，容易导致权力寻租、滋生腐败，等等。所以刘延东副总理在国家科技计划管理部际联席会议第一次全体会议上就讲过：深化科技计划管理改革是推动政府职能转变、牵一发而动全身的“关键一招”。因为科技资源配置是改革的核心问题。按照“推动政府职能从研发管理向创新服务转变”[①] 的要求，政府就要建立依托专业机构管理科研项目的机制，政府部门不再直接管理具体项目，主要负责科技发展战略、规划、政策、布局、评估和监管。其实，在 2014 年《国务院关于改进加强中央财政科研项目和资金管理的若干意见》中，就已经体现了政府职能从研发管理向创新服务转变的要求。“十三五”以来，中央对如何提高科技成果转移转化率、激发科研人员创新创造活力多次作出相关决策。在 2016 年 6 月 1 日李克强总理主持召开的国务院常务会议上，再次确定了完善中央财政科研项目资金管理的措施。这是深入贯彻全国科技创新大会精神，形成充满活力的科技管理和运行机制，推进科研领域“放管服”改革，更大激发科研人员的创新创造活力的创新性举措。

从转职能看，地方科技管理部门也许比国家相对难度更大。虽然地方的职能比国家单一，主要是技术创新体系完善和创新能力的提升，但管理模式都是“项目科委”。如何遵从技术创新的规律，让市场成为优先配置创新资源的主要手段，政府在建立技术创新的市场导向机制，营造激励创新的公平竞争环境方面充分发挥作用，这是各级地方科技管理部门迫切需要解决的问题。从建立公开统一的科技管理平台看，国家比地方也许更急迫。习近平总书记指出，科技计划碎片化、科技项目聚焦不够的问题国家地方都存在，但与国家近 40 个部门管理着 100 多项科技计划（专项、基金等），科技部管理经费不到 15% 相比，国家层面的问题显然比地方层面更大，更急迫。因此，建立公开统一的国家科技管理平台，健全统筹协调

① 习近平：《关于〈中共中央关于制定国民经济和社会发展第十三个五年规划的建议〉的说明》，《理论学习》2015 年第 12 期。

的科技宏观决策机制，这是我国科技体制机制改革的方向，也是紧迫任务。

总之，科技创新体制重在理顺，机制重在激励。“进一步明晰中央和地方科技管理事权和职能定位，建立责权统一的协同联动机制，提高行政效能”，这既符合政府行政体制改革方向，也对科技管理职能的转变有很强的指导性，是形成持久科技创新能力的关键。

第三节　战略性新兴产业与科技创新的模式选择

提高国家、区域、行业、企业的科技创新能力，如何“落地”？要依靠科技创新的模式选择，如果这种科技创新的模式选择是正确的，必然形成战略性新兴产业，使创新驱动、科技作为增长动力从预期变成经济生活的实际。因此，这一定是一个理性选择的过程。比如艰苦的自主原发式创新过程，慎重选择需引进的技术、重视技术引进消化吸收的自主性过程，重视自身技术能力的长期积累过程，等等。

一　科技创新的实践必然面临模式选择

什么是“模式”？有人把它看作是包治百病的灵丹妙药，似乎一旦找到或创立了某种模式，遇到这类问题，用模式妙药一服或涂抹，问题迎刃而解。这种“懒汉主义＋拿来主义”的思维模式肯定不对。但是，模式可以为解决相同、相似问题提供“路径依赖”与行动参考，也是不能否定的。人类无论在自然科学、社会科学的任何创新，具体到问题与行动上总是千差万别。为解决自然科学与社会科学的创新中的具体问题，找到某种模式作为解决相同、相似问题的“路径依赖”与行动参考，应该是无可非议与必要的。因此，科技创新的实践必然面临模式选择。

由于自然科学、社会科学的任何创新，具体到问题与行动上总是千差万别，所以，学术界对科技创新的模式是持多样化、开放性观点的。包括科技创新主体的多元化、科技创新选题的多样化、科技人员分布的多样化、科技投入主体的多元化、科技创新方式的多元化、技术创新活动的多元化模式。多元化的科技创新模式如何把握？可以抓住科技创新的四个基本类型。

第一，自主原发性创新。自主原发性创新是科技创新不可替代的自主的首创技术，是理应受到知识产权保护不可侵犯的技术。如韩国三星手机模仿美国的苹果技术而最终遭到苹果公司起诉而赔偿几十亿美元的惨痛而高额的侵权费。

第二，引进消化性创新。引进消化吸收创新是一种创新捷径。例如我们对从日本引进的电视机生产技术，通过自身再消化和在吸收创新，在电视机屏幕技术上用中国液晶技术取代原来日本的等离子技术，从而使得电视机的体积、功能和寿命等都实现了再创新，实现电视机国产化，打破日本索尼、松下等电视机对我国电视机几十年的垄断局面。

第三，整合集成性创新。整合集合创新是创新系统性的体现。例如在现代微电子医疗科技创新产品问世以前，认为医疗技术与微电子技术是风马牛不相及的。在20世纪70年代以后，日美等先进科技发达国家，率先在微电子技术领域研发出适应医疗检测的ETC和核磁共振技术从而实现了医疗科技创新革命，为人类医疗科学技术做出了新的贡献。

第四，协同合作联合创新。协同合作联合创新是创新社会的必然要求。协同创新模式泛指在科技创新活动中，各种创新主体，如政府、大学、科研院所及其企业协同联合作战和密切配合所形成的联合创新模式。

2006年1月，科技部为了把提高自主创新能力落到实处，启动了“重大科技专项”。科技部以产业化为目标，以企业为主体，组织部署了16项重大科技专项的实施。今天回头看，“重大科技专项”应该是我国提高自主创新能力的成功模式之一。“重大科技专项”的实施，总体上对中国自主创新能力的促进作用还是明显的。据2012年国家专利评奖结果显示，“十一五”期间，“973计划”“863计划”和科技支撑计划共获得发明专利授权20507项。当然，任何模式都有缺陷，最近有材料显示，在实施“重大科技专项”中，有非法套取国家专项资金的违法行为，这也是应该依法制止的。

二 政策是构建中国科技创新模式的杠杆

人们熟悉一句名言，给我一个支点，就能够撬起这个世界。科技创新的模式不是先天就有，也不是自然生成的，科技创新的模式需要政策来构建。科技创新的模式需要政策来构建，这个理论与实践结论，在外国与中国都是普遍存在的。

前面我们分析过，美国政府擅长运用政策手段支持科技创新。比如，通过科技政策来实现对美国大学科研的倾斜，从而引导美国大学的科研能够专注于产业领域的技术创新活动。在这种政策激励下，美国高校不但与企业能够很好地紧密合作，同时还为大学生进行自主科技创新活动提供了必要而且良好的科研条件。在美国政府的科技创新政策的大力倾斜支助下，美国企业特别是实力雄厚的大型企业非常重视与美国大学在科技创新方面的合作。这种“产学研”合作的科技创新模式不但能够使大学生直接参与和接触生产领域中存在的诸多科技创新实际问题，还使得大学生的科技创新具有极强的实践针对性。1997 年 1 月，日本政府出台了《教育改革计划》，其中就包括日本政府大力支持和推动高校科技创新驱动发展的政策和策略。为了进一步实现企业发展、大学教育与学术创新三方面的紧密合作，日本政府还要求大学科研必须与企业产业开展密切合作，双方都要承担相应的教育教学重任，这些政策及其规定对科技创新人才的培养起了十分重要的作用。

目前，在中国自觉运用政策力量，建构创新模式的典型，可以概括为四个。

（1）政策激励型的北京模式。北京重点围绕软件、集成电路、新一代移动通信、计算机与网络、数字音视频、光电显示、生物医药、新能源材料等技术开展政策激励导向的突破。经过十几年的快速发展，北京高新技术产业已经显现出了价值链区域分工的雏形：高科技企业的生产加工活动开始逐步外移，而以中关村地区为代表的、密集的高科技企业的总部、研发机构和销售总部，正在成为北京高新技术产业链中的重点发展环节。北京高新技术产业已经进入从制造向研发、服务的优化升级阶段，高技术服务业已成为北京高新技术产业发展的重要组成部分。

（2）企业决策型的深圳模式。从历史发展角度看，深圳并不具备自主创新的主客观条件。众所周知，深圳既没有近现代的科技创新历史文化传统，也没有知名高校作为依托的现代大学教育体系，同时还远离现代大工业生产系统中心，并不是一个现代意义上的市民社会和工业化大都市，缺乏科技自主创新所依赖的产业基础。但是，作为中国改革开放的排头兵，深圳充分利用与香港比邻及其国际产业转移奇迹，依据比较后发优势理论，通过科技创新政策，大力发展高新技术产业使其成为深圳自主创新的平台和载体。如深圳的通信信息类产业已经形成从创新研发生产到出口外贸协调配套，从共同投资开发到知识产权利益分配共享，从国际市场竞争开拓创新到自主引进消化吸收等一整套的自主创新研发系统、检测系统、定位系统和服务系统。深圳创新崛起的过程，突出体现为以产业为基础、以企业为主体、以市场为导向的科技创新发展道路，同时也创造了市场主导企业决策型的深圳模式。

（3）用政策串联政府与市场合力推进科技创新的上海模式。上海作为我国经济中心和工业基地，拥有完备的工业体系和发达的金融市场，能够实现更为有效的要素配置和技术转化，而航运中心及其广阔腹地为上海的产品和服务提供了巨大市场。由于上海产业资本形成了外资、民资、国资三足鼎立的态势，因此上海在经济引导中较为注重政府与市场之间推力、拉力相互配合，体现在科技创新战略方面，就是以企业为主导决定行业进出，以政策规制进行微调的建设思路。上海模式中突出体现为政府营造的外部环境知识产权保护。上海不断推动知识产权本土化，鼓励以上海贝尔阿尔卡特、微软中国等为代表的外资企业将研发基地放在本地，其背后的思路是：只要知识产权的发生地是在上海，将会使研发活动通过溢出效应进行扩散，带动后续产业链的发展，这是一个非常重要的创新，有一定的借鉴意义。

（4）科技资源改革示范基地为统领的西安模式。西安作为身处内陆的历史文化名城，受制于当地经济不发达、科教存量资源未能转化为生产力等困境。因此，西安在发展科技创新战略时，着力将区域科技、产业经济实现整合，以建设统筹科技资源改革示范基地为统领，全力推进科技体制创新，实践“知识—技术—产业”互动创新的西安科技创新战略发展模式。

三 破坏性技术创新为主要模式与战略性新兴产业

2014 年 1 月，科技部调研室副主任刘琦岩在《科技创新模式与战略性新兴产业》的文章中说，熊彼特关于创新五个方面的经典描述，杜拉克在其《革新与企业家精神》一书中解释的创新七个源泉，都是着眼于企业的行为和成效而来描述创新的。但是，现在创新成败的关键在于国际化的实现，使得用破坏性创新与逆向创新来看待创新思维日益成为“主流”。破坏性创新与逆向创新思维认为，未来是一个创新越来越多样化、形式和内容不断翻新的时代。特别是后工业时代，生产和科技创新在要素方面高度集成、在分工范围和结构方面又高度细化，这将不断激发新的生产模式和创新模式。技术的融合、产业间的学习与传递，通过破坏性创新打败过去强手的经典故事更多成为发展的传奇；逆向创新，首先是指跟着主流模式对着干的方式，是一种特立独行的创新方法。

无论是破坏性创新，还是逆向创新，后果都必然催生战略性新兴产业的崛起。所以，战略性新兴产业与科技创新模式如一枚硬币之两面。创新立足点可能要从单纯企业行为挪移到战略性新兴产业，能够不断融入战略性新兴产业之企业会崛起，反之原有强势企业可能瞬间被淘汰！苹果、三星手机、液晶电视相对于原有都是破坏性创新、逆向创新，不是把原来不可一世的手机、电视品牌淘汰出局了么！

尔曹身与名俱没，不废江河万古流。破坏性创新、逆向创新把原来不可一世的企业与品牌淘汰出局了，行业、区域、宏观却取得了加快发展的势头。我们应该自觉支持、利用这个创新驱动规律，自觉培育战略性新兴产业。

工信部部长苗圩认为，战略性新兴产业是联系科技创新和经济创新驱动发展的关键链条。战略性新兴产业固然具有非常明显的创新驱动特征，但是也必须要遵循科技发明、成果转化及其产业兴起这样一些产业创新发展的基本路径和基本环节。

《国务院关于加快培育和发展战略性新兴产业的决定》指出，“战略性新兴产业是以重大技术突破和重大发展需求为基础，对经济社会全局和长远发展具有重大引领带动作用，知识技术密集、物质资源消耗少、成长潜力大、综合效益好的产业”①。因此，战略性新兴产业是引导未来经济社会发展的重要力量。发展战略性新兴产业已成为世界主要国家抢占新一轮经济和科技发展制高点的重大战略。我国正处在全面建设小康社会的关键时期，必须按照创新发展新理念的要求，抓住机遇，明确方向，突出重点，加快培育和发展战略性新兴产业。

当然，战略性新兴产业在实现科技创新与经济发展之间的链接中，也会有各种问题出现，我们要实事求是、及时予以解决。2012 年 9 月 23 日中国社会科学院原副院长陈佳贵在“中国—东盟先进制造业发展论坛”上说，部分企业和地方政府对发展战略性新兴产业的风险及其带来的副作用认识不足，盲目跟风，导致产业结构趋同。以风电为例，2010 年全国风电装机容量超过了 3000 万千瓦，已经达到了原定 2020 年的规划指标，目前已经超过 4500 万千瓦，但是约有 1/3 的发电机组不能对外发电；再如光电产业，近年来由于一些国家贸易保护主义的主导，国际市场萎缩，多晶硅价格大幅下降。陈佳贵说，科技创新成果的生产到形成产业化有一个过程，有的过程还比较长，一种技术不够成熟时，重点是要集中力量进行技术攻关，不能急于产业化，也不能急于全面开发，否则就会付出代价。

2015 年 3 月 25 日国务院常务会议部署加快推进实施“中国制造 2025”。按国务院常务会议的决定，推出中国制造重点领域升级方向绿皮书目录指引，动态调整、滚动推进。《中国制造 2025》提出要“瞄准新一代信息技术、高端装备、新材料、生物医药等战略重点，引导社会各类资

① 《国务院关于加快培育和发展战略性新兴产业的决定》，《中国科技产业》2010 年第 10 期。

源聚集，推动优势和战略产业快速发展。”[①] 明确为新一代信息技术产业、高档数控机床和机器人、航空航天装备、海洋工程装备及高技术船舶、先进轨道交通装备、节能与新能源汽车、电力装备、农业装备、新材料、生物医药及高性能医疗器械 10 个重点领域。同时对这 10 个重点领域的需求、发展目标、发展重点、应用示范、战略支撑与保障分别进行描述，并绘制了技术路线图。

这是值得高度关注的事件，因为《中国制造 2025》是我国第一次从国家战略层面描绘建设制造强国的宏伟蓝图，是实施制造强国战略第一个十年的行动纲领。它具有引导功能：它向市场传递信息，可以使行业内的企业认清所处的经济社会环境，把握技术发展新潮流，发展新能力。引导广大企业和科研机构，在充分进行市场调研的基础上，确定自己的发展方向和重点；引导金融机构利用自己掌握的金融手段，支持从事研发、生产和使用绿皮书中所列产品和技术的企业；引导社会资金进入，加速各类资源集聚，依靠市场的力量促其发展。同时，它还具有咨询功能：为各级政府部门运用自己掌握的各种资源支持重点领域的发展提供咨询和参考，是政府设计公共政策的有力工具。因此《中国制造 2025》具有的科学性、前瞻性和权威性，能够引导战略性新兴产业在实现科技创新与经济发展之间的有效链接。

第四节　创新的技术程式与科技社会化本质

历史唯物主义从来认为，生产活动的主体是劳动大众。而“技术创新神秘论”则坚持认为创新是少数人的事情，这种观点会阻碍科技创新的开展、过程与结果。或许在科技创新初期，“行动相关者”是少数，但是科技创新的持续、推动经济社会发展，必然使社会大众认同并参与其中。而以下的这些研究和观点，则把历史唯物主义关于“生产活动的主体是劳动大众”的基本理论加以发展。

---

① 国务院：《关于印发〈中国制造 2025〉的通知》，《宁波节能》2015 年第 3 期。

20世纪60年代，美国国家科学基金会组织了对技术变革和技术创新的研究。该基金会的迈尔斯和马奎斯1969年发表研究报告《成功的工业创新》，认为创新是社会参与、影响社会的技术变革的集合。该结论正式宣告创新的社会化、大众化特征。诺贝尔经济学奖得主阿罗1962年提出干中学模型，1986年保罗·罗默在干中学模型基础上提出知识溢出模型。阿罗和罗默皆说明大众的经验是创新的源泉、大众创新是发展的源泉。1985年理查德·斯托曼发表GNU宣言，开源运动开启了大众创新篇章。1998年尼尔·哥申菲尔德发布Fab Lab（为创客提供试造工厂）构想，2001年美国波士顿建立第一间个人制造实验室，创客兴起。2006年欧盟发起Living Labs网络，致力于"集体的智慧和创造力"；2008年北京启动"三验"（"体验、试验、检验"，"用户体验"是核心）应用创新园区，大众被正式引入创新系统。云计算、大数据技术不断进步与普及；维基、产消者、众包、众筹、众扶、众创等模式不断涌现，Perry pi（2012年剑桥大学发布）、Edison（2014年英特尔发布）、微服务器集群（2015年湖南大学超算中心发布）等大众创新平台相继产生。大众创新时代来临！宋刚及合作者在2008年发表《复杂性科学视野下的科技创新》[①]，2009年发表《创新2.0：知识社会环境下的创新民主化》[②]，2015年发表《创新2.0研究十大热点》[③] 系列文章指出，创新是各创新主体、创新要素交互复杂作用下的复杂涌现现象；现代创新以用户为中心、以社会实践为舞台、以大众创新、共同创新、开放创新为特点。2013年，诺贝尔经济学奖得主埃德蒙·费尔普斯出版《大繁荣：大众创新如何带来国家繁荣》，认为国家大繁荣的源泉在于"无处不在并且深入社会底层的创新"；创新价值观和制度激励大众创新。2016年1月，斯坦福大学谢德荪教授出版《重新定义创新》，指出创新不仅是科技的创新，更是应用科技能力的创

① 参见宋刚、唐蔷、陈锐、纪阳《复杂性科学视野下的科技创新》，《科学对社会影响》2008年第2期。

② 参见宋刚、张楠《创新2.0：知识社会环境下的创新民主化》，《中国软件科学》2009年第10期。

③ 参见孟庆刚、宋刚、张楠《创新2.0研究十大热点》，《办公自动化》2015年第5期。

新；要吸引上下游两面市场成员融入创新生态系统。实践不断地证明：在互联网时代，“世界是平的”，教育普及、网络泛在、金融发展、技术开源等，削平了知识壁垒、信息壁垒、资本壁垒、技术壁垒，创新门槛大大降低；在创新无处不在的“泛创新”时代，科技创新、文化创新、思想创新、制度创新、商业创新等等，绝非少数专家能够实现。尤其是在买方市场时代，创新需求由顾客提出、创新在于满足顾客需求，只有大众的海量“泛创新”才能满足；普通大众在实践中发现的问题、产生的思考、收获的经验、得到的新发现是创新的最大源泉。当然，万众创新并不否认精英的作用，并不取消专业化、取消临界点。创新规律的研究显示，每一项创新的成功，必有核心人物作用显著，另有多位“群众”做出了不显著但却必不可少的贡献。结论就是：参与创新群体要从小众向大众转变，在这个转变中群众和精英共同提高。只有更多的群众参与创新，才会走出更多的创新杰出人才；众多的低层次群众创新成果将催生伟大的创新硕果。而颠覆性创新往往以边缘化的“群众”创新方式开始，从边缘走向中心，从群众成为领袖。群众又需要精英的引领、提高。

以上问题就关系到科技的社会化本质是什么、科技创新是理性的还是感性的、科技创新是一花独放还是满园春色等问题。我们认为，回答这些问题，又需要导入程式概念。

一　程式概念与科技创新社会化的本质定格

“程式”，在现代汉语中已经与程序合二为一了。但是，在中国文化发展历史上，程式是一个独立概念，并且有无可替代的作用。我们在技术创新研究中导入“程式”，旨在揭示科技创新的“形式因”。

古希腊人曾经探讨过一个问题，即一切事物存在和生成的全部根据和条件是什么？即该事物是“这个事物”的根据是什么？这就是关于“形式因”的形而上学的讨论。亚里士多德提出了著名的“四因说”，即质料因、形式因、动力因和所为因，其中所为因也即是中文常从英译而意译为“目的因”。其中，形式因就是使一事物成其为这一事物的根据，即“什么”。

关于程式或“形式因”的重要性，在京剧等艺术中的作用最明显。《洪湖赤卫队》中饰韩英的王玉珍在法国巴黎联合国教科文组织大厦演讲中曾经说过，提起京剧的程式，有些人就一定认为“京剧”的“程式”必然是一种陈规陋习，是一种条条框框，是对京剧这种艺术的束缚。其实不是。京剧这种艺术跟世界上其他艺术一样，都有自己的艺术“程式”。从某种意义上说，没有“程式”就没有艺术，“程式”是艺术之为艺术的“形式因”。好比文学或文章的词汇、词组和成语等语法规范一样，是文学或文章之为文学或文章的形式逻辑。可以肯定地说，如果取消艺术的“程式”这种形式逻辑，一切艺术也就不存在了。我们认为，王玉珍关于“程式”的观点是正确的。事实上“程式”不等于“死板、束缚”。比如，京剧的表演程式，既是在长期的舞台实践中和丰富纷繁的社会生活中高度提炼的表演语汇，它本身也是必须和允许发展变化的。程式的运用是极其灵活的，都是根据剧情的要求而设计的。但是程式的规范却是十分严格的，因为它都是经过千锤百炼才能获得的“本事或绝活”。

借用程式或“形式因”，可以有效地帮助我们理解科技创新的社会化本质问题。我们知道，科技创新中真正属于原始创新的成果固然重要，但比例很小，大量属于在原始创新基础上的再创新、再创新成果向本行业或其他行业的“外溢”或推广应用。比如，在医学上自从 20 世纪 30 年代属于原创发现青霉素抗菌药以来迄今已过 80 多年，再未有超越青霉素的抗菌药被发现，出现多为青霉素的针剂或口服的再创新及推广。电子信息技术被广泛在各行业应用更是大家熟悉。市场经济中还有一个痛苦的现实，原创难且时间长风险大，也不那么赚钱，搞再创新成果向本行业或其他行业的“外溢”或推广应用，因实用与投入比原创小，常常赚钱多且快。美国、日本都曾经在相当长的时间内，依靠搞再创新成果向本行业或其他行业的“外溢”或推广应用迅速崛起。实践也证明，科技创新从原创到社会化的再创新、向本行业或其他行业的“外溢”或推广应用，也是一个“千锤百炼”获得了“本事或绝活”的艰苦过程。正如科技部部长万钢强调的，“在现有技术基础上通过集成创新、商业模式创新也可以有很好的创新绩效。重要的是慎重选择需引进的技术、重视技术引进消化吸收的自主性、重视自身技术能力的长期积累。”① 科技成果只有转化为现实生产力，才能实现其价值。而搞再创新成果向本行业或其他行业的“外溢”或推广应用，“门槛”相对比原创低，赚钱多且快，这就是科技创新的社会化本质得以确立的经济学原因。

科技创新的社会化本质、形式因逻辑在实践中有大量的实证支持。例如，通过政策引导推进公共创业服务平台的建设，积极引导民间资本投入孵化器建设，鼓励孵化器持股孵化，或建立“投资＋孵化”的发展模式，探索孵化器可持续发展的运营模式，构建科技创业的“载体链”，打造以“载体链、资金链、服务链”为特色的科技创新服务体系，等等，都是科技创新的社会化本质，或者说是形式因逻辑在实践中的生动体现。

科技创新的社会化本质能否最终实现，关系科技创新过程是否可持续。2014 年 6 月 9 日习近平同志在中国科学院第十七次院士大会、中国工程院第十二次院士大会上的讲话中说，“从总体上看，我国科技创新基础还不牢，自主创新特别是原创力还不强，关键领域核心技术受制于人的格局没有从根本上改变。……实践告诉我们，自力更生是中华民族自立于世界民族之林的奋斗基点，自主创新是我们攀登世界科技高峰的必由之路。问题看到了，就要以时不我待的精神，快马加鞭改变这个局面。不能说了很多年，最后老是没有根本改变”②。他强调，科技创新永无止境。现在科技竞争就在比谁的速度更快、谁的速度更能持续。他借荀子的话“骐骥一跃，不能十步；驽马十驾，功在不舍。锲而舍之，朽木不折；锲而不舍，金石可镂”。鼓励我国广大科技工作者要敢于担当、勇于超越、找准方向、扭住不放，牢固树立敢为天下先的志向和信心，敢于走别人没有走过的路，在攻坚克难中追求卓越，勇于创造引领世界潮流的科技成果。

---

① 陈磊：《中国创新能力跟跑并跑领跑并存》，《科技日报》2014 年 4 月 27 日。

② 习近平：《在中国科学院第十七次院士大会、中国工程院第十二次院士大会上的讲话》，《当代劳模》2014 年第 6 期。

二　科技社会化给科技创新带来的机遇与挑战

所谓科技社会化，是指现代科学技术通过形成增长、转化和渗透等机制，深入人类社会运行的整个过程和每一环节，成为社会发展的根本动力。所以，用形式因逻辑为科技创新的社会化本质立论，其目的就是既要反对“科技创新神秘论”，也不能把科技创新无门槛似的搞成“群众运动”或庸俗化，而是使科技创新获得更丰厚的社会资源与支持，使其根深叶茂。

科技创新社会化的观点，首先强调社会生活各方面离不开科学。科技创新的成果全面影响与改造着现代社会生活。科技创新社会化有三个最主要的内涵。第一，科技向人们日常社会的全面渗透。现代科技逐渐成为人们生产生活的技术基础，不仅人们的衣食住行一刻也离不开现代科学技术，同时人们强烈地感受着和享受着现代科技创新成果给生产生活所带来的便利。第二，科技意识成为社会意识的重要组成部分。马克思主义认为科技不但是一种物质生产力财富，而且是一种精神生产力财富，是一种社会意识形态。人们在享受着现代科技创新成果给生产生活所带来的便利的同时，事实上已经在潜移默化中接受着科技思想及观念的影响。比如，电视、网络既是科技创新的物质产品，人们在看电视、用网络中其实思想也在随之被影响着。第三，科技是现代社会管理的有力工具。在理论上，这集中体现在现代科技对现代社会管理所产生的一系列的革命性影响，如科学决策体制、科学管理体系、科学管理理念及方法论等方面；在实践上，网络、信息科技、摄像技术，在现代社会管理中的作用已经是不言而喻的了。

我们这里所谈的科技创新带来的挑战主要是指可能产生的负效应。从辩证法的角度看，现代科技同样也是一把双刃剑。一方面，当人们享受着现代科技带来恩惠的时候，同时另一方面也在承受着现代科技所带来的种种灾害。尤其是如果把科技作为统治人们生活的新的“上帝”之后，科技异化所带给人类的灾害就是不可想象的。如核能发电站在为人们提供清洁方便快捷的能源的时候，无疑是在造福人类；但是，当核电站所导致核泄漏的时候，给人们带来的核污染灾害也是十分惨痛的。如1986年苏联的切尔诺贝利核电站的泄漏事故，是人类历史上最大的一次核泄漏，核泄漏所导致核污染所产生的影响至今还没有完全消除。因此，在利用科技造福于人类的时候，我们要充分认识到科技的二重性，消除科技异化所带来消极影响，正确面对和勇敢迎接科技创新所带来的机遇和挑战。

三 大众创业、万众创新是利用科技创新社会化本质的好形式

2015年6月11日国务院下发了《关于大力推进大众创业万众创新若干政策措施的意见》。《意见》指出，“随着我国资源环境约束日益强化，要素的规模驱动力逐步减弱，传统的高投入、高消耗、粗放式发展方式难以为继，经济发展进入新常态，需要从要素驱动、投资驱动转向创新驱动”①。所以，大众创业、万众创新是利用科技创新社会化本质的好形式；推进大众创业、万众创新，是培育和催生经济社会发展新动力的必然选择。国务院“关于大力推进大众创业、万众创新若干政策措施的意见”，绝非随便提出来的权宜之计，而是已经有大众创业、万众创新先行先试区域的成功经验作基础的。成都启动了“创业天府”计划，从降低创业门槛、拓展创业空间、释放创业红利等方面，激发各类创业人才活力。武汉推出了“青桐计划”，由东湖自主创新示范区设立专项资金，对在光谷创新创业的大学生项目提供借款资助、房租补贴、贷款贴息和住房保障等扶持。这些经验中包括了科技创新社会化的内容，即培育各具特色的新型孵化器，为科技创业者和创业企业提供高效、专业的服务。由新浪财经、新浪科技、新浪创业主办，以“大众创业、万众创新”为主题的中国大众创业论坛暨2016安利全球创业报告发布会2016年12月16日在北京开幕。活动现场发布了《2016安利全球创业报告》。这份针对全球45个国家所做的创业态度的调查研究报告显示，在中国86%的公众对创业抱有

① 《国务院关于大力推进大众创业万众创新若干政策措施的意见》，《办公自动化》2015年第14期。

积极态度，更有51%的人有创业意愿，中国的创业潜力高于国际平均水平。①

中央电视台“10频道”有一个“我爱发明”的栏目，报道了全国各阶层、各区域、各行业的大众创业、万众创新的故事。《我爱发明》节目的主题是“发明改变命运，智慧创造财富”。这些新奇的发明项目都是在日常生活中引发出的奇思妙想：既有微生物定时水、纳米面料等高科技类发明，也有新型调料盒等厨房类小发明；既有超节能热泵热水空调等节能环保类发明，也有防晕帽、水陆两用自行车等新奇有趣的发明。“创客”，如今是热门词汇之一。支持“创客”，可能成为推进科技创新社会化的抓手。深圳借助自身产业链优势，快速抢占先机，近年来，“双创”的浪潮以深圳为中心卷全国，深圳被誉为“创客之城”。创客已经成为新一轮创新驱动的重要主体。深圳各区借助优势产业错位发展的方案已经陆续出台。2014年12月，中科院先进院的创客学院在深圳成立，这将使创客既接“地气”，又不断依托科技创新上档次。

当然，借用程式或“形式因”的观点，科技创新是理性的，甚至经过千锤百炼才能获得的“本事或绝活”。因此大众创业、万众创新也绝对不是仅仅凭借感性和冲动就能实现的。它需要指导和引导，需要各方创造条件。比如，如何形成群众创新积极性的激发模式，以有效发动群众投身创新；如何打造群众生发创新的模式，以组织、引导群众有效创新等问题就是需要深入研究和解决的。我们认为，目前，推动大众创业、万众创新就迫切需要围绕加快构建众创空间打造其载体。一是推进线上服务平台、线下孵化载体、创业辅导体系，技术与资本支撑、提供面向人人的工作空间、网络空间、社交空间和资源共享空间建设。二是改造提升现有创新创业平台。例如，园区、基地、孵化器，协同创新中心、成果转化服务中心、科技金融服务中心等等。三是整合资源盘活存量物业资产。例如，自有物业（土地）、商务科研楼宇以及市场化机构；大学生创业基地、硕博

---

① 《2016安利全球创业报告发布：中国创业潜力高于全球》，新浪科技网，2016年12月16日。

研究生创业园和创客空间等等。四是打造农业“星创天地”，例如农业科技园区、农业科技示范基地，以及加强科技特派员制度建设。五是依托社会力量创办新型平台。例如发挥领军企业、创投机构、孵化机构、天使投资人、行业协会及联盟等社会力量的作用；利用工业厂房、仓库、商业用房等现有存量资产或利用传统孵化器的基础条件；促进创业咖啡、创新工场、创业大街、创业特色社区、返乡创业园等新型平台建设，以及具有“创业苗圃＋孵化器＋加速器”功能的创新创业孵化链条的众创空间拓展，等等。当然，还需要创造若干保障条件，例如资金保障、组织保障、权益保障、环境保障等等。通过打造这些载体和保障条件，充分激发全社会各类主体参与创新活动的积极性，最终形成“大众创业、万众创新”的崭新局面，从而为创新驱动提供新活力，为经济增长提供新动力。

四 创新驱动导向评价体系是实现科技创新社会化本质的指挥棒

科技创新的社会化本质要求创新科技为经济服务，科技创新要成为引领发展的第一动力。这就需要发挥创新驱动导向评价体系这个指挥棒的作用。2015年3月23日新华社全文发布《中共中央国务院关于深化体制机制改革加快实施创新驱动发展战略的若干意见》。《若干意见》第29条明确要求：“研究建立科技创新、知识产权与产业发展相结合的创新驱动发展评价指标，并纳入国民经济和社会发展规划”①。“健全国有企业技术创新经营业绩考核制度，加大技术创新在国有企业经营业绩考核中的比重。对国有企业研发投入和产出进行分类考核，形成鼓励创新、宽容失败的考核机制。把创新驱动发展成效纳入对地方领导干部的考核范围。”②《若干意见》第18条明确提出：“强化对高等学校和科研院所研究活动的分类考核。对基础和前沿技术研究实行同行评价，突出中长期目标导向，评价重点从研究成果数量转向研究质量、原创价值和实际贡献。”③ 我们注意

---

① 《中共中央国务院关于深化体制机制改革 加快实施创新驱动发展战略的若干意见》，《中国科技产业》2015年第4期。

② 同上。

③ 同上。

到，在这些要求中特别凸显了我国科研评价要从重数量向重质量转变，其现实意义十分重大。

必须承认，近年来我国科技成果重数量轻质量、重理论成果轻实际应用的现象是愈演愈烈。这种现象的存在，加剧了科技与经济的“脱节”，不利于产出重大科技成果，还滋生了学术不端和学术腐败行为。

有关数据显示，我国研发人员368.1万人（世界第一，是美国的2倍多，占世界30.6%），研发经费1.34万亿元（世界第二），申请发明专利92.8万件（连续4年世界第一），发表国际论文136.98万篇（世界第二，论文引用排在世界第4位），平均每篇论文被引用7.57次（世界平均值为11.05次/篇）。2012年，美国的研发总支出是中国的2倍多，但同年产生的三边专利数量（即同时向美国、日本和欧洲专利局提出申请的专利，通常代表专利质量较高）是中国的13倍。日本的投资金额仅为中国的3/4，其三边专利数量10倍于中国。相比之下我们产生的世界一流的科学家、研究机构、科技成果实在不多。此外，虽然我国每万人发明专利拥有量也已达到4.9件，但是要看到，在专利处于量的扩张阶段时，逐步提升专利质量，最终提升转化效益是我们面临的重要任务。这种重数量不重质量现象的最大后果是加剧了科技与经济的“脱节”。例如，近年来，全国和各省区的授权发明专利增长数据既不能真实反映当前经济的发展情况，也与国家创新能力的增长情况不一致（2011—2014年全国授权发明专利的年增长率：41%，28%，－0.2%，13.3%）。对此，来自全国人大代表的评价是：专利存在重数量轻质量、重申请轻应用、赢官司丢市场三大问题。国家知识产权局的评价是：“部分引导政策和考核评价工作存在重数量轻质量的倾向，出现了一些不以保护创新成果为根本、不以提升市场竞争力为目的的专利申请。”重数量轻质量的危害不仅造成科技资金的分散使用，科技项目的短期行为，不利于产出重大科技成果，还容易滋生学术不端和学术腐败行为（代写论文、抄袭论文、评审造假等）。2015年4月1日、8月20日《科技日报》均头版报道，因“同行评审”造假，英国现代生物出版集团撤销43篇科学论文，其中41篇来自中国；其母公司德国施普林格出版集团撤回10本学术周刊上发表的64篇论文，大多数论文来自中国。总之，由政府资金资助产出的大量垃圾论文、专利，制造了虚假的科技创新繁荣景象，是不利于加快体制机制改革，是不利于国家真实创新能力提升的，必须加大改革力度。我们看到，2013 年科技部在国家科技奖励方面就采取了提质减量、优化结构的改革，三大奖励总数减少 16.3%，其中进步奖减少 30%。国家知识产权局在 2013 年 12 月，发布“87 号文”，要求进一步提升专利申请质量。国务院在相关文件中明确指出：“通过撤、并、转等方式，大幅减少科技计划（专项、基金等）数量。”

深化科技创新体制机制改革，构建有利于创新驱动的科技动力机制，科学设计制定并发挥创新驱动导向评价体系的作用，是题中应有之义。把这个指挥棒用好了就一定能起到应有的成效。当然，冰冻三尺非一日之寒，科技创新从单纯数量型向质量贡献型的转变道路还很艰难且漫长。

第五节　科学主体的价值偏好与科学精神弘扬

关于科学与技术，应该说两句话：“科学与技术本身没有国界，是人类共同的财产；但是，科学家是有国籍与民族的，科学与技术人才本身是有价值观选择与偏好的，因此，科学研究与技术应用又受到明确的价值导向的。”是什么决定科学与技术人才本身是有价值观选择与偏好？是什么决定科学研究与技术应用又受到明确的价值导向？是特定的科学精神。在科技创新中，我们应该重视与研究科学精神。

一　科学精神是科学性与人文性的辩证统一

什么是科学精神？历来有两种观点，有人强调科学精神的科学性，认为科学精神就是客观性，与人文精神没关系；有人甚至认为科学精神只存在于自然科学中。从爱因斯坦后悔在美国制造原子弹的科学家名单上签名的事实看，那种把科学精神的科学性与人文性对立起来、割裂开来的观点是不对的。因此，爱因斯坦说过：伟大的科学家的成就往往还不如其人格魅力对世界的贡献大。

《人民论坛》2012 年第 5 期发表了李国兴、黎洁题为《论科学精神与人文精神的统一及其价值》的文章。[①] 该文指出，人类行为是合规律性与合目的性的统一，科学精神为合规律性提供基础，人文精神为合目的性提供基础。只有两方面的结合和互补才能为人的自由全面发展活动提供理性的保证。但是在当下现实生活中，一方面，出现了科技进步片面追求对 GDP 的贡献率，从而使得在劳动人才培养教育之中偏重技术类的理工科，而对哲学社会科学人才培养严重弱化的现象。另一方面，由于对科学精神的片面理解，使得学校人文精神教育被边缘化。特别是一些理工科院校，这种现象更为严重。这样的教育培养模式是培养不出符合创新驱动发展要求的人才的。这些理论与生活中存在但又是错误的理论事实说明，科学主义者和人文主义者都存在自身的局限性，只有促进科学精神与人文精神理论上与生活中以及具体人的精神世界的统一，才能形成真正的科学精神。

科学与技术的发展，对思想自由与民主社会环境的依赖，更证明了科学精神是科学性与人文性的辩证统一。科学精神特别强调学术自由平等探索研究的权利。所有科学命题在被证实之前，都是一种假说，都有可能是错误的。因此，任何科学家都有权利也都可以对任何科学命题假设进行批判和怀疑。但是任何科学批评和怀疑又都是建立在科学事实、科学数据及其科学理性基础之上的。而科学精神作为人类社会精神的一个特殊组成部分，科学家个人精神又是离不开科学团队的实事求是、独立思考和敢作敢为的团体精神，离不开国际分工合作和国际科学标准的。科学的个体或个体扩大的团队之独立创新与合作的辩证性，更需要对人的尊重和对思想的尊重的民主思维方式、生活方式与社会环境。没有自由与民主，任何科学与技术都可能被扼杀或夭折于创新的初期或过程中。

二　科学精神推动科学技术发展的考证

事实上，科学精神与人类发展科学、利用技术的历史一样悠久。严格

---

① 参见李国兴、黎洁《论科学精神与人文精神的统一及其价值》，《人民论坛》2012 年第 5 期。

意义讲，我们今天的任务是弘扬科学精神，提倡现代的、有中国特色的社会主义科学精神。

《科学与社会》2011 年第 1 期发表了吴国盛的题为《科学精神的起源》的文章。[①] 据文章讲，古希腊时代就产生了科学精神。文章说，科学精神是一种希腊特别的思维方式，它的特点是关注知识本身的确定性，不考虑知识的实用和功利，关注真理的内在推演；科学精神内容是理性精神，而理性的原则是内在性原则、自主性原则。理性又是一种保真推理的能力，这种能力需要借助逻辑的力量，典型的保真推理就是三段论推理。在希腊文里，“知识”和“科学”是同一个词，亚里士多德《形而上学》开篇第一句，“求知是所有人的本性”，把“知”的问题摆在了最为突出的地位。怎么才能获得知识即科学？途径是认识。认识即追求“科学”。德尔斐的阿波罗神庙里有一句最有名的箴言：“认识你自己。”同时，古希腊科学的理性主义兴起于希腊民主政治环境土壤之中，在民主环境下进行自由的、符合逻辑的辩论之风，构成了希腊自由的学术的社会学基础。逻辑的形式使古希腊科学首先在数学领域发展起来了，但是，在当时数学这门科学被看成是培养“自由民”所必需的“自由”的学问。

从古希腊的科学精神中我们可以看到两个共性：一是科学精神与人文精神互相联系、互相促进；二是古希腊数学的发展推动了今天还看得到的古希腊建筑、雕等技术、艺术的发展。

现代科学精神的产生与发展，既是古希腊科学精神的继承与发展，又是与文艺复兴的人文精神联系在一起的。所以，有人说，近代欧洲是通过文艺复兴先“发现了人”，然后通过科学“发现了世界”。华中科技大学哲学系朱照阳在《从文艺复兴到工业革命看自然科学和人文科学之间的转轨》文章中说[②]，文艺复兴解除了禁锢人们的精神枷锁，西方的先哲一步步地在探索自然和科学的道路上前进。哥白尼的“日心说”是文艺复

① 参见吴国盛《科学精神的起源》，《科学与社会》2011 年第 1 期。

② 参见朱照阳《从文艺复兴到工业革命看自然科学和人文科学之间的转轨》，新浪博客，2011 年 4 月 22 日。

兴与近代科学发展联系的证明。哥白尼（1473—1543）是近代“科学革命”世界公认的伟大先驱。波兰天文学家哥白尼深受人文主义影响，通过多年对天象的观测与研究，撰写出著名的《天体运行》一书，提出了振聋发聩的“日心说”。自然科学的大发展，又促进了工业革命的快速到来。这次工业革命改变了整个欧洲资本主义经济技术基础，从而使得欧洲资本主义生产方式由工场手工业向机器大工业转变，创造了巨大的生产力，带来了资本主义经济的繁荣，改变了世界的面貌和人类的生活。

梁启超在《科学精神与东西文化》演讲中，对科学精神与中国的关系做了如下阐述①：拿我们战国时代和欧洲希腊时代比较，彼此都不能说是有现代这种崭新的科学精神，彼此却也没有反科学的精神；秦汉以后，反科学精神弥漫中国者两千年；罗马帝国以后，反科学精神弥漫于欧洲者也一千多年。我们隋唐佛学时代，还有点“准科学的”精神不时发现，只有比他们强，没有比他们弱。文艺复兴以后，欧洲渐渐把思想界的健康恢复转来，讲到科学枝叶扶疏，华实烂漫，不过最近一百年内的事。②

按照梁启超先生的观点，从历史考证讲，不能笼统讲“中国有无科学精神”，要分阶段来具体分析。不过，有一个基本事实不能否定，现代科学精神确实发端于欧洲，我们中国落后了！

三 大力倡导有中国特色的科学精神

由于我们持科学精神是科学性与人文性的辩证统一的观点，由此进而必然得出科学精神内容，其科学性内容具有世界通行性；其之人文性必然具有特殊的民族性、时代性、国家发展阶段性。所以，在建设有中国特色社会主义过程中倡导的科学精神，将是中国特色的科学精神。

中国特色的科学精神其科学性具有的世界通行性内容是什么？2010年7月29日《南方日报》介绍了美国哈佛大学数学系主任、美国科学院院士丘成桐在谈到中国为培养诺贝尔自然科学奖人才时的观点：容易急功

---

① 参见梁启超《科学精神与东西文化》，《民主与科学》2003年第2期。

② 同上。

近利，取得一点科学成绩就沾沾自喜，少有年轻人为了某个科学研究项目在夜以继日和废寝忘食地工作，这是导致中国远离诺贝尔奖的主要原因。如果当中国某个时候有一大批年轻而优秀的科学家真正能够为了人类求知欲望和科学真理而做学问，为探索大自然奥秘而科学研究的时候，那么我认为中国科学家拿到诺贝尔奖也就是指日可待和唾手可得了！2011 年 9 月 23 日中央党校《学习时报》发表了付立题为《科学精神的力量》的文章。[①] 文章认为，科学精神的共性是坚持不懈追求真理和捍卫真理的精神，这种可以被称为“真理”的东西是以“‘理论硬核’为知识骨架的系统”形态存在的。具体表现：崇尚理性、勇于探索、实事求是三个方面。2015 年 7 月 17 日中央党校《学习时报》又发表了孟广林题为《文艺复兴时期的“科学革命”》的文章。[②] 文章认为，与科学精神配套的还有科学方法，这就是人们反复听到过的观察、实验与思考的方法。正是科学方法，保证了科学精神知识体系既完整又“边界”清晰与确定，逻辑上具备自洽性，即知识的统一性、兼容性。

也有把科学精神归纳为三个层次的观点：一是认识论层次，主要体现科学知识的认知逻辑性和实践知识的操作可检验性，这是整个科学认知精神的基础；二是社会关系层次，默顿认为科学精神的社会层次主要包括科学精神的普遍性、条理性、公共性及其无私性四条基本规范；三是价值层次，主要指科学精神的真理性、伦理性和完美性，体现科学是真善美的高度统一，这是科学精神的最高层次。

中国特色的社会主义科学精神存在吗？我们认为，是存在的。20 世纪 50 年代一大批在国外已经卓有成就的科学家放弃国外优越条件，义无反顾地回到祖国，并做出了重大贡献；“文化大革命”结束后，一大批饱受迫害的科技工作者不计较个人恩怨，提出了“863 计划”，为中国科技事业在改革开放中崛起做出了历史贡献；今天也有一大批“海归”，放弃了国外的诱惑，回到祖国为中华崛起谱写华彩。几代中国科技人才的行

---

① 参见付立《科学精神的力量》，《学习时报》2011 年 9 月 23 日。

② 参见孟广林《文艺复兴时期的“科学革命”》，《学习时报》2015 年 7 月 17 日。

动，用世界通行的物质待遇、科研条件、个人成名等一般价值观没法解释。这些证明了确实存在有中国特色的社会主义科学精神。

中国特色的社会主义科学精神是什么？我们认为，主要是国家民族利益、社会责任与使命感，由此激发的跳出个人一切的奋斗精神与奉献精神。对中国特色社会主义科学精神的主要内容，我们认为，2014 年 6 月 9 日习近平同志在中国科学院第十七次院士大会、中国工程院第十二次院士大会上的讲话中有很好的概括。习近平同志首先引用马克思的话："科学绝不是一种自私自利的享乐，有幸能够致力于科学研究的人，首先应该拿自己的学识为人类服务。"① 习近平认为这是一种很高的精神境界。因此，习近平指出，胸怀报国为民的理想追求，发扬不懈创新的科学精神，秉持淡泊名利的品德风范，聚焦国家战略需求，勇攀科学技术高峰，是中国科技人才创造举世瞩目成就的根本原因。②

① 习近平：《在中国科学院第十七次院士大会、中国工程院第十二次院士大会上的讲话》，《当代劳模》2014 年第 6 期。

② 同上。

第八章

构建有利于创新驱动的人才机制

人才驱动是创新驱动的实质。2015 年 3 月的“两会”期间，习近平同志在参加上海团审议时强调，人才是创新的根基。要择天下英才而用之，实施更加积极的创新人才引进政策。[①] 我国目前创新人才队伍建设的主要问题是：高层次创新人才总量偏少，科技人才队伍结构不尽合理，区域自主创新能力有待提升，工程技术人才培养同生产和创新实践脱节。因此，以“创新、协调、绿色、开放、共享”五大发展理念为指导，把创新摆在国家发展全局更加突出的核心位置，就必须全面深入实施人才优先发展战略，深化人才发展的体制、机制及其政策的改革和创新，构建有利于创新驱动的人才体制机制，激发出制度创新、科技创新的活力，形成国家实现创新驱动发展的内生动力，建设创新型国家，才能如期实现中华民族第二个百年伟大复兴的奋斗目标。

第一节　创新型人才的理论分析

实施创新驱动战略，建设创新型国家，关键在于培养创新型人才，人才要素是物质资料生产活动最重要、最活跃、最有创新力的要素，人才要素是推动我国实施创新驱动战略、建设创新型国家、实现产业升级转型的最重要最宝贵的要素。明确创新型人才的内涵、本质特点及其素质特征，

---

① 参见顾芸瑕《最大限度激发人才创新创造创业活力》，《广西日报》2016 年 3 月 29 日。

是培养创新型人才的基础，也是健全和完善创新型人才机制的基础。因此，全面剖析创新型人才，对于深化人才制度改革，推动创新驱动的人才体制机制的健全和完善，加快创新型人才队伍的培养，具有重要的意义。

一　人才的内涵界定

人才是一个历史的、具体的概念。随着时代的变迁和社会的发展，随着人才学、人才科学在中国的逐步兴起，人才概念及其内涵外延也在不断丰富和发展，形成了一些有代表性的观点。例如叶忠海提出“人才，是指那些在各种社会实践活动中，具有一定的专门知识和较高的技术和能力，能够以自己创造性劳动对认识、改造自然和社会，对人类进步做出某种较大贡献的人”①。王通讯和王康认为，“人才是指在一定社会条件下，能以其创造性劳动对社会发展和人类进步做出较大贡献的人。”② 黄津孚认为，“人才是指在对社会有价值的知识、技能和意志方面有超常水平，在一定社会条件下能做出较大贡献的人。人才既包括知识超常的知识分子，又包括技能超常的能工巧匠、艺人和领袖，还包括意志超常的英雄。再简单一点，就是社会需要的高素质的人。”显然，专家学者们对人才的认识是有差异的，侧重点也是不同的。但其共同点是存在的，即强调人才的个性特征，尤其是对社会的贡献，认为人才应当是具备一定的知识和技能，并能通过创造性实践为人类社会的发展做出较大贡献的。

党中央高度重视人才工作。早在1982年国务院发布的《国务院批转国家计划委员会关于制定长远规划工作安排的通知》中，就从国家层面第一次明确提出了“人才”的概念：“人才是具有中专及以上学历或初级专业技术及以上职称的人。”这一定义成为当时中国最权威、最适用的界定。其优点是，外延明确，便于认定、统计、考核。但是，随着改革开放的深入推进，社会主义市场经济的逐步建立健全，这一定义的缺陷就日益凸显。一是不够全面。这一概念定义主要针对的是专业技术人才，没有涵

---

① 转引自夏建刚、邹海燕《人才概念内涵探析》，《中国人才》2003年第4期。

② 同上。

盖其他领域的人才，如党政管理人才、技能人才、企业经营管理人才、农村实用人才、社会工作人才等。二是不够科学。仅仅以学历、职称作为人才的评价标准，显然过于单一化、简单化、片面化，难以准确全面地反映人的能力和素质，更难以衡量其对社会做出的贡献。[①]

2003 年，全国人才工作会明确提出了实施人才强国战略。随后颁发的《关于进一步加强人才工作的决定》对人才概念给予了新的阐释：“只要具有一定的知识或技能，能够进行创造性劳动，为推进社会主义物质文明、政治文明、精神文明建设，在建设中国特色社会主义伟大事业中作出积极贡献，都是党和国家需要的人才。”[②] 关于人才概念的这一新概括，其外延范围明显扩大了，为促进人才的大量涌现、能力活力竞相迸发发挥了重要作用。[③]

2007 年，党的十七大将人才强国战略与科教兴国战略、可持续发展战略确立为经济社会发展的三大战略。2010 年 4 月国务院发布的《国家中长期人才发展规划纲要（2010—2020 年）》明确提出，“人才是指具有一定的专业知识或专门技能，进行创造性劳动并对社会作出贡献的人，是人力资源中能力和素质较高的劳动者”[④]。这一定义，突出了素质和能力，突出了创造性。由此《纲要》对人才评价有明确的要求：“建立以岗位职责要求为基础，以品德、能力和业绩为导向，科学化、社会化的人才评价发现机制。完善人才评价标准，克服唯学历、唯论文倾向，对人才不求全责备，注重靠实践和贡献评价人才。改进人才评价方式，拓宽人才评价渠道。把评价人才和发现人才结合起来，坚持在实践和群众中识别人才、发现人才。”[⑤] 这一评价标准，突出了科学性、辩证性和实践性，在人才观上是一个突破性的进步。

---

① 参见郭世田《当代中国创新型人才发展问题研究》，山东大学博士学位论文，2012 年。

② 《中共中央国务院关于进一步加强人才工作的决定》，《共产党员》（河北）2004 年第 2 期。

③ 参见郭世田《当代中国创新型人才发展问题研究》，山东大学博士学位论文，2012 年。

④ 《国家中长期人才发展规划纲要（2010—2020 年）》，《山东人力资源社会保障》2010 年第 7 期。

⑤ 同上。

2012 年，党的十八大明确提出了“要坚持人才优先发展，使我国从人才大国走向人才强国”的要求。随着人才优先发展战略的确立，“千人计划”“万人计划”带动形成了人才引进和培养的热潮，人才发展体制机制和政策在不断改革和完善。一个人才辈出、硕果累累的可喜局面形成。而人才工作的创新实践又促进着人才理念的更加丰富、更加全面和更加深刻。今天，人才作为经济社会发展第一资源的重要性，已经被全社会认同。

二　创新型人才的内涵界定

自熊彼特开创了对创新的系统性研究以来，创新问题进入人们的理论视野已经一个世纪了，但对于创新和创新型人才，迄今为止尚未形成一个统一的、权威的规范性描述和标准化定义。从不同的角度可以有不同的理解和看法。例如从经济学、技术学的角度而言，创新是新思想、新发明、新技术、新产品的产生和商业化应用过程；从哲学的角度而言，创新是主体根据自己的独特性，产生出能够满足主体需要，实现主体欲望，达到主体目的，具有新价值、新效用的思想和方法的活动。对什么是创新型人才，更是仁者见仁智者见智。但是，国内外对创新人才的界定都十分强调具有创新意识、创新精神、创新思维、创新能力等素质。基于此，关于创新型人才的内涵界定可以从以下两点加以把握。

第一，关于创新型人才的科学内涵。所谓创新型人才，是指能够孕育出新理念、新思想，并将这些新观念、新思想付诸实践，获得创造性新成果的人。从广义来看，创新型人才是指那些思想解放、敢想敢闯、敢作敢为、敢试敢冒的人。创新型人才的本质特征在于创新，体现在具有独立思考能力、分析能力、批判思维和解决问题的能力，能提出新的见解、新的观点，实现新的突破。简言之，创新型人才就是具有“创造性思维 + 创造性人格”并能够取得创新成果的人才。

第二，关于创新型人才的素质特征。创新型人才的素质特征可以概括为以下三点：一是超常的健康人格（即理想、信念、动机、兴趣、性格、意志、人生观等）；二是较强的创造性思维、创新性思想和创新能力；三是良好的社会适应性和充沛的精力。具体特征表现为以下几点。

（1）创造性。创造性是创新人才最基本的素质特征。人们不仅能够认识世界，还能够变革和改造世界。但是创新型人才与一般人不同就在于，创新型人才所具有的创新意识、创新思维、创新思想、创新精神和创新能力特别强，能发现一般人才所不能发现的奥秘，能积极探索人类未知的新领域，开拓出人类认知的新视域、新境界，发明出前所未有的新东西，创造出人类社会的新产品、新技术、新发明、新事物、新理论等。

（2）独特的创新人格特征。所谓创新人格，是有利于开展创新活动的个性品质，是创新主体的个性特质与创新精神的内在有机整合，是创新行为产生和创新能力发挥的内在驱动力。创新的个性特质主要表现为探索精神、好奇心、广泛兴趣爱好、锲而不舍、孜孜以求、拼搏冒险精神、超常思维、自信心、坚强的心理素质、严谨工作作风、专业知识、职业素养等素质特征，而创新精神是融合在这些个性特征中的表征和实质。

（3）问题的敏感性、观念的开放性和思维的灵活性。我们常常讲，发现问题就是成功的一半。说明“问题意识”的重要性。所谓问题的敏感性，是指创新人才不仅“问题意识”非常强烈，同时创新意识也非常强烈，会积极寻求解决问题的办法、途径。而且能够在貌似平淡无奇的事物中发现、觉察出一些奇特的、不同寻常的事物，并展开联想和思考。创新人才的观念具有高度的开放性，思维具有高度的灵活性，在相同的环境条件下，创新型人才能够在同样时间内形成较多的新观点、新想法。①

（4）特殊的创新品质、创新意志。创新型人才比一般人具有更好的个性心理和意志品质。创新是一项具有探索性的极其艰巨复杂的实践活动，创新每前进一步都需要非凡的胆识、非凡的精神和坚忍不拔的毅力。因此，创新型人才需要具备大无畏、勇于开拓、富于冒险、不断奉献的精神品质。

---

① 参见陈劲、张学文《创新型国家建设——理论读本与实践发展》，科学出版社 2010 年版，第 182 页。

（5）对社会有所贡献的显现绩效。成为创新型人才，不仅要有充沛的创新激情、丰富的创新思想、开放的创新思维和强烈的创新欲望并以务实的态度和科学的方法进行长期不懈、持之以恒的创新实践，更要有强大的创新行动力、创新执行力，取得社会认可，并能转化为生产力，创造出社会物质财富和精神财富的创新成果，这是衡量创新型人才的最终标准。也就是说创新能力必须体现于创新活动中，创新活动形成创新成果，创新成果必须能社会化、产品化、商品化、市场化，创新成果才能带来社会文明的进步和社会物质财富的创造。①

根据“深圳市南山区科技创业服务中心”课题组的一项问卷调查分析，创新型人才的主要特征有：（1）有独特技术（74.8%）；（2）革新能力强（74.53%）；（3）有独特知识（69.44%）；（4）有冒险精神（52.01%）；（5）有独特领域（49.06%）；（6）有独特产品（44.77%）；（7）有独特管理（35.12%）；（8）有独特制度（24.99%）。选择高学历（26.81%）、高职务（1.61%）、高职称（5.36%）三项作为创新人才特征的比例不高，说明了此三项指标不能单独作为创新型人才的评定标准，这与传统上认为高学历、高职称者就能力强的观点相左（见表8—1和图8—1）。②

表8—1　　　　创新人才所具有的特征

选项	小计（人）	选择该选项的比例（%）
A 有独特知识	259	69.44
B 有独特领域	183	49.06
C 有独特技术	279	74.8
D 有独特产品	167	44.77
E 有独特管理	131	35.12
F 有独特制度	93	24.99
G 革新能力强	278	74.53

① 参见郭世田《当代中国创新型人才发展问题研究》，山东大学博士学位论文，2012年。

② 参见深圳市南山区科技创业服务中心课题组《深圳创新人才激励机制及政策研究》，深圳市南山区科技创业服务中心，2012年。

续表

选项	小计（人）	选择该选项的比例（%）
H 有冒险精神	194	52. 01
I 高学历	100	26. 81
J 高职务	6	1. 61
K 高职称	20	5. 36
L 其他	22	5. 9

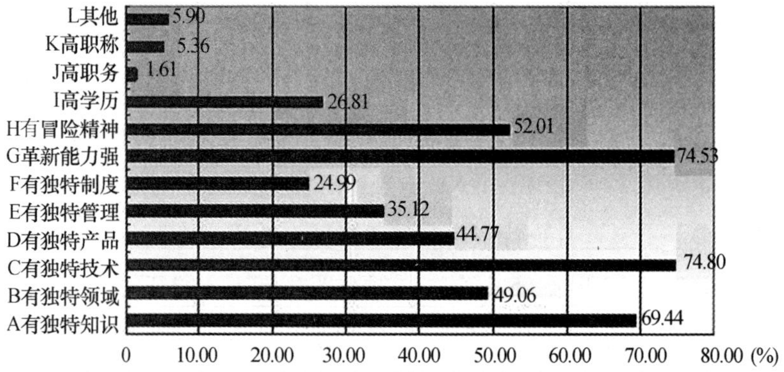

图 8—1 创新型人才具有的特征

第二节 由人才大国迈进人才强国的重要性及人才队伍现状分析

人才是第一资源，人才要素是第一生产要素，人才优势是最有潜力、最可依靠、最具竞争力的优势。在经济全球化条件下，一个国家、一个地区能否获得持续发展优势和发展动力的重要因素是人才资源、人才要素；在经济转型升级、创新驱动发展中最迫切的需求是对人才特别是创新型人才的需求。因此，我们要对由人才大国迈进人才强国的重要性有充分的认识，对我国人才队伍的现状，尤其是存在的问题有深入的了解把握。

一　加快建设人才强国的重大意义

在高新技术日新月异、全球化经济竞争日益激烈的背景下，国家之间的竞争更突出地表现为人才资源的竞争，综合国力的竞争越来越突出地表现为人才、智力资源的开发和使用；在新常态的情况下，转型发展的压力日益沉重，步伐日益紧迫，实施创新驱动战略，培育新的增长点对人才的需求必将成为贯穿我国长期发展的重要问题。拥有人才优势，是我国人才战略的具体体现，是赢得发展先机的必要手段，是今后长远发展的有力保障。2013年8月习近平在东软集团（大连）有限公司对年轻人说："全面小康社会靠什么实现？如果走粗放经营的老路，能源资源无法支撑。必须走出一条新路，依靠创新驱动。要发展实体经济，促进信息化、工业化融合。要把人才工作抓好，让人才事业兴旺起来，国家发展靠人才，民族振兴靠人才。"[①] 习总书记讲的这段话，充分凸显了人才在今天的深刻背景：新的矛盾，新的竞争，说到底就是人才的竞争，大力提升国家核心竞争力和综合国力，人才队伍建设起着核心引领作用，在科技、经济、文化和社会进步中起着关键支撑作用。人才问题已经成为关系到党和国家事业发展的关键问题，人才资源是党和国家最宝贵的财富，是社会主义现代化建设的第一资源，是党执政兴国的重要依靠力量。这种重要性集中体现在三个方面。

第一，三大战略中，人才强国战略处于关键地位。科教兴国、人才强国和可持续发展是推动我国科学发展的三大国家战略，科教兴国和可持续发展都要以人才为基础，靠人才来支撑。加快建设人才强国，是推动经济社会又好又快发展、实现全面建设小康社会奋斗目标的重要保证。正是从这个意义上讲，国家人才的质量和数量决定着其前途和命运。所以在党的十八大报告中提出了"要坚持人才优先发展，使我国从人才大国走向人才强国"的要求，这充分凸显了人才对我国发展的极端重要性和关键

① 《习近平总书记赴大连考察——国家发展民族振兴要靠人才》，《南方晚报》2013年8月20日。

作用。

第二，加快建设人才强国是实施创新驱动发展战略的迫切需要。实施创新驱动发展战略，是加快发展方式转变、提升我国综合国力、增强国际竞争力的必然要求和战略举措，也是确立我国人才竞争比较优势、增强国家核心竞争力的战略选择。因为人才是创新驱动实践的主体和主领者，所以实施创新驱动发展战略，必须把人才开发作为战略基点，必须使人才在科技创新和经济社会发展中的地位和作用更加凸显，我们才能推动“人力红利”转变为“人才红利”，并以“人才红利”来增强创新发展的内生动力，进而增强我国综合国力。同时我们也才能够在国际人才竞争中赢得主动。

第三，加快建设人才强国是巩固党的执政基础的重要举措。为政之道，在于得人。孔子感叹：人既尽其才，则百事俱举；百事举矣，则富强不足谋也。孙中山也强调“人尽其才百事兴”。人才资源是第一资源，人才要素是第一生产要素，人才问题是关系党和国家事业发展和兴衰的关键问题，人才工作在党和国家工作全局中具有十分突出重要的地位。我们党历来高度重视人才工作、人才建设，在革命、建设、改革发展各个历史时期，制定和实施了一系列重大方针政策，为党和人民事业发展培养和集聚了庞大人才队伍，为建设人才强国奠定了坚实基础。同时，我们也必须清醒地认识到，面对新的形势和新的要求，我们党迫切需要提高领导水平和执政水平，进一步增强责任感、使命感、紧迫感和危机感。实践证明，只有密切党同人才的联系，增强向心力和凝聚力，把各方面优秀人才团结聚集到党和国家事业中来，党的执政基础才会更加巩固，国家繁荣富强的根基才更加厚实。

二 我国人才队伍建设与发展状况

经过新中国成立以来特别是改革开放以来的持续努力和发展，我国已经从人才资源相对匮乏的国家发展成为人才资源大国，人才队伍建设取得显著成效，人才队伍不断壮大，人才数量日益庞大，人才结构在不断优化，各类人才在改革开放和社会主义现代化建设中各尽其能、大显身手。

主要体现在以下几点：

第一，我国专业技术人才队伍建设得到持续推进。一是专业技术人员总量持续增长。截至 2015 年，我国各类专业技术人员总量达 5700 万人，公有经济企事业单位专业技术人员达 3062 万人。[①] 二是高层次人才队伍不断增强。截至 2015 年底，我国两院院士达到 1600 多人，享受国务院政府特殊津贴专家累计达 17.2 万人。同时，启动了新十年首批国家“百千万人才工程”国家级人才选拔工作，截至 2015 年底，国家百千万人才工程人选者 5300 多人。三是人才引进持续推进，截至 2015 年底，我国留学回国人员总数累计达 221.86 万人，其中 2015 年回国 40.91 万人，比上年增长 12.1%。全国建成各级各类留学人员创业园 321 个，其中省部共建创业园 46 家，入园企业总数 2.4 万家，2015 年技工贸总收入超过 2800 亿元，6.7 万名留学人才在园创业。2015 年，新设 650 个博士后科研工作站，博士后科研工作站总数达到 3383 个，博士后科研流动站总数达到 3011 个，累计招收培养博士后 15 万余人。[②] 四是职称制度改革持续推进，专业技术人员层次结构不断优化。2015 年，高、中、初级专业技术人才比例为 12∶38∶40，与 2011 年高、中、初级专业技术人才 10∶38∶52 的比例相比，高级和中级专业技术人才比例均有所提高。[③] 五是专业技术人才知识更新工程取得明显成效。2015 年末，全国共有 1160 万人参加了专业技术人员职业资格考试，其中取得相关专业技术职业资格证书的有 218 万人。2015 年新建 20 个国家级专业技术人员继续教育基地，总数已达 100 家；全年举办 300 期高级研修班，培训高层次专业技术人才 2.1 万人次，开展急需紧缺人才培养培训和岗位培训 117 万人次；少数民族科技骨干特殊培养工作深入实施，全年培养 400 名新疆特培学员和 120 名西藏特培学

---

① 参见人力资源和社会保障部《中国人力资源和社会保障年鉴 2015》，中国统计出版社 2016 年版。

② 参见人力资源和社会保障部《2015 年度人力资源和社会保障事业发展统计公报》，《人力资源和社会保障》2016 年第 6 期。

③ 参见李学明、佟亚丽《中国人力资源基本状况》，载余兴安、陈力编《中国人力资源发展报告 2015》，社会科学文献出版社 2015 年版，第 59 页。

员，组织4期新疆、西藏特培专家服务团活动。①

第二，技能人才队伍建设。一是高技能人才总量持续增加。截至2015年底，全国高技能人才达4501万人。二是高技能人才培养体系逐步完善。2015年，一大批高级技工学校、高职院校、技师学院与企业开展广泛深入紧密的合作，在加快培养高技能后备人才方面发挥了重要作用。三是职业技能鉴定工作进一步强化。截至2015年底，全国共有职业技能鉴定机构12156个，职业技能鉴定考评人员26.42万人，全年共有1894万人参加了职业技能鉴定，比上年增长2.16%。1539万人取得不同等级职业资格证书，其中取得技师、高级技师职业资格的有55.31万人。四是职业教育和培训体系不断完善。截至2015年末，全国共有职业技工院校2545所，在校学生322万人。全年技工院校面向社会开展培训477万人次。截至2015年末，全国共有就业训练中心2636所，民办培训机构18887所。全年共组织各类职业培训1908万人次，其中：就业技能培训1023万人次，岗位技能提升培训620万人次，创业培训211万人次，其他培训54万人次。全年各类职业培训中农民工培训967万人次，城镇登记失业人员培训357万人次，城乡未继续升学的应届初高中毕业生培训80万人次。②

第三，党政人才队伍建设。2015年，党政人才队伍建设进一步加强。一是党政干部人才总量继续保持适度增长。截至2015年底，全国公务员总数达716.7万人。③ 二是公务员制度不断完善。随着公务员分类管理深入推进、公务员聘任制试点积极稳妥开展，人力资源和社会保障部会同中组部共同制定了《关于加强和完善公务员考试录用工作的若干意见》和《公务员公开遴选办法（试行）》、《公务员平时考核实施办法（试行）》等，以推动公务员考录工作进一步规范化、公务员遴选工作常态化、公务

① 参见人力资源和社会保障部《2015年度人力资源和社会保障事业发展统计公报》，《人力资源和社会保障》2016年第6期。

② 同上。

③ 参见李学明、佟亚丽《中国人力资源基本状况》，载余兴安、陈力编《中国人力资源发展报告2015》，社会科学文献出版社2015年版，第59页。

员平时考核工作制度化。三是公务员招录工作有序开展。2015年，全国共录用公务员19.4万人，其中，中央机关及其直属机构2.1万人，地方17.3万人。中央机关公开遴选232名公务员，省级机关公开遴选1726名公务员。[①] 四是公务员培训工作进一步加强。2014年，我国公务员积极开展四类培训，并且继续加大对广大西部地区公务员的培训支持力度，全国共培训公务员710余万人次，为西部、东北等地区对口培训1.5万余名公务员。[②]

第四，科技人才队伍建设。从科技人才队伍规模来看，我国已经成为科技人力资源第一大国。一是科技人才和研发人员总量持续增加。我国科技人才总量持续增长，截至2014年，总量达7512万人，比上年增加407万人，比上年增长5.7%，总量继续居世界第一位；其中大学本科及以上学历的科技人力资源总量为3170万人，比上年增长7.7%。我国本科及以上学历科技人力资源相当于美国的科学家工程师。根据美国《科学与工程指标2016》，2013年美国科学家工程师总量为2110万人；按照2014年末人口计算，中国每万人口中科技人才数量约为549人，是2000年197人的2.79倍，2000年至2014年我国科技人才队伍建设发展情况见图8—2。[③]自2009年以来，我国研发人员研发总量也保持高速增长趋势，截至2015年，我国研发人员总数达到566.76万人，比上年增长6%，按全时当量[④]统计，到2015年全国研发人员总量为375.9万人年，比上年增加4.8万人年，增幅为2%。2009年至2015年我国研发人员总量变化情况见表8—2。[⑤]

---

① 参见人力资源和社会保障部《2015年度人力资源和社会保障事业发展统计公报》，《人力资源和社会保障》2016年第6期。

② 参见李学明、佟亚丽《中国人力资源基本状况》，载余兴安、陈力编《中国人力资源发展报告2015》，社会科学文献出版社2015年版，第60页。

③ 科技部：《科技统计报告2015：2014年我国科技人力资源发展状况分析》，《科技统计报告》第15期，2015年3月12日。

④ 全时当量：指全时人员数量与非全时人员按工作量折算为全时人员数量的总和。

⑤ 参见科技部《科技统计报告2015：2014年我国科技人力资源发展状况分析》，《科技统计报告》第15期，2015年3月12日。

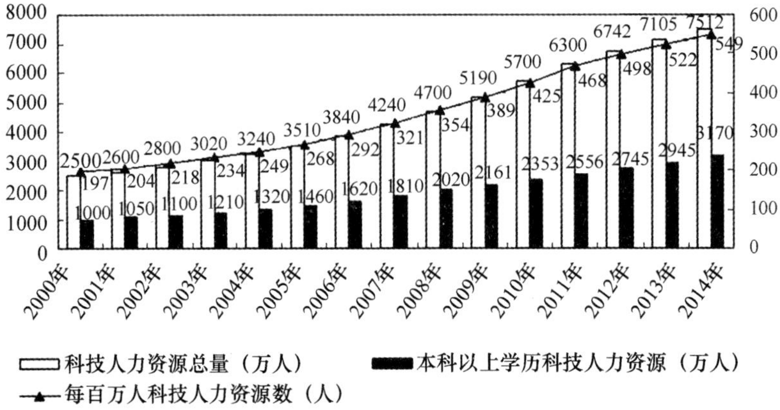

图 8—2　2000—2014 年我国科技人力资源发展情况

表 8—2　　2009—2015 年我国研发发展情况

项目 年份	研发人员（万人）	研发人员全时当量（万人年）	研发经费支出（亿元）	研发占 GDP 比重（%）
2009	318.37	229.1	5802.1	1.70
2010	354.23	255.4	7062.6	1.73
2011	401.76	288.3	8687.0	1.79
2012	461.71	324.7	10298.4	1.93
2013	501.82	353.3	11846.6	2.01
2014	535.12	371.1	13312.6	2.09
2015	566.76	375.9	14169.9	2.23

资料来源：国家统计局：2010—2016 年中国统计年鉴。

二是科研经费和项目投入显著增加。从投入方面来看，2015 年我国科研经费研究投入和实验发展即研发经费为 14169.9 亿元，比 2014 年增加 1169.0 亿元，增长了 8.9%，其中研发经费指数占 GDP 的比重已经从 2009 年的 1.7% 提高到 2015 年的 2.23%。[①] 从投入活动类型上看，全国

① 参见国家统计局《中国统计年鉴 2016》，中国统计出版社 2016 年版。

基础性研究经费支出为716.1亿元，比2014年增长16.7%，应用研究经费支出为1528.6亿元，比2014年增长9.3%，实验发展经费支出为11925.1亿元，比2014年增长8.4%，基础研究、应用研究和实验发展三者支出经费在整个研发经费支出的比重分别是5.1%、10.8%、84.1%。[①]从分类活动主体上看，企业性主体研究经费支出为10881.3亿元，比2014年增长8.2%；政府性研究主体经费支出为2136.5亿元，比2014年增长10.9%；高等院校研究经费支出998.6亿元，比2014年增长11.2%。其中，企业、政府研究机构和高等院校经费支出在整个研发中各占比重分别为76.8%、15.1%和7.0%。[②]从产业部门类型上看，研发经费支出超过500亿元的产业共有七大类型产业部门，这七大类型产业部门经费支出占整个规模以上工业企业研究和实验经费支出比重的60.8%；其中研究经费支出100亿元以上的且投入强度超过（与企业自身营业收入比）规定以上工业企业平均水平的行业类有9个。[③]分地区看，研究与发展经费支出超过千亿元的省（市）有5个，分别为江苏（占12.7%）、广东（占12.7%）、山东（占10.1%）、北京（占9.8%）和浙江（占7.1%）。研究与发展经费投入强度（与地区生产总值之比）超过全国平均水平的省（市）有8个，分别为北京、上海、天津、江苏、广东、浙江、山东和陕西。[④]全年国家安排了3574项科技支撑计划课题，2561项863计划课题。[⑤]

三是科研平台建设力度持续加大。截至2015年底，我国已经累计建立了132个国家工程研究中心、158个国家工程实验室，经国家认定的企业技术中心已达到1187个。[⑥]

四是创业投资力度不断加大。2015年国家新兴产业创投计划累计支

---

① 参见国家统计局《中国统计年鉴2016》，中国统计出版社2016年版。

② 参见国家统计局《2015年全国科技经费投入统计公报》，2016年。

③ 同上。

④ 同上。

⑤ 参见《“自主创新”调研小组：中国自主创新能力建设2015年度报告》，《经济日报》2016年4月17日。

⑥ 同上。

持设立206家创业投资企业，创业投资支持资金总规模557亿元，投资支持了创业企业1233家。[①]

五是境内专利、发明专利申请和授予状况良好。2015年受理境内外专利申请279.9万件，授予专利权171.8万件，受理的境内外发明专利申请达到110.2万件，同比增长18.7%，连续5年位居世界首位；共授权发明专利35.9万件，其中国内发明专利授权26.3万件，比2014年增长了10万件，同比增长61.9%；发明专利申请在全部专利申请中的比例达到39.4%；有效专利547.8万件，其中境内有效发明专利87.2万件，每万人口发明专利拥有量6.3件。[②]

三 我国人才队伍建设存在的问题

虽然我国人才队伍建设已经取得了显著的成效，但是存在的问题也非常明显，我国人才发展总体水平、人才发展总体质量与世界先进水平相比还存在较大差距，与国家创新驱动发展战略、产业升级和国家经济社会转型需要相比还有很多不适应的地方。特别是高层次高尖端创新型人才仍然匮乏不足，尤其是企业高层次创新人才严重不足，人才创新创业能力不强，人才层次结构和布局不尽合理，人才资源开发投入不足，人才发展体制机制障碍尚未消除，等等。其中，影响制约创新型人才发展的最大问题是人才发展体制型障碍的普遍存在。人才发展固然有个人原因，但更有社会原因、制度原因。按照历史唯物主义的观点，一个社会的经济结构、发展水平和制度环境是人才产生发展的重要基础，好的制度会使人才得到足够重视、才能得到充分发挥，不好的制度会导致人才的极度浪费与无效使用。正是从这个意义上说，我国人才发展的体制型障碍亟待打破，人才成长发展的环境亟待改善。

第一，人才机制尚需要进一步健全完善。主要体现在三个方面。从影

① 参见《“自主创新”调研小组：中国自主创新能力建设2015年度报告》，《经济日报》2016年4月17日。

② 参见国家统计局《中国统计年鉴2016》，中国统计出版社2016年版。

响创新人才成长的体制约束看，管理中“官本位”、行政化倾向仍很严重。一是学术单位行政化。“官本位”体制对学术研究构成了制度障碍，学术活动不遵循学术规律的现象时有发生。科研机构和大学仍然习惯于用行政管理的办法来套用学术管理。这种行政化现象，如果从活动规则的角度来看，便是行政场域通行的某些规则特别是等级制在学术场域中的滥用；如果从资源配置的角度来说，则是学术资源配置中行政权力作用的体现。[①] 二是人才评价简单化。以品德、知识、能力和业绩为核心的各类创新型人才的科学评价标准和评价机制尚不健全，评价中的重“量”轻“质”现象严重，对科研人才评价的行政化和简单化现象严重。正是这种行政化、简单化、粗放化的人才评价机制，极大地约束和束缚了科研人员的学术思想和学术创造力，极大地限制了科研成果的诞生。三是人才精力被“碎片化”。很多情况下，人才一旦做出成绩、搞出成果，接下来的就不是一心一意搞科研，而是占用其更多的时间，参加与专业关系不大的活动，导致其精力时间的碎片化和浪费。此外，由于批判精神是科学精神最核心的特质，但是我国目前学术研究中总体看还比较缺少这种批判精神，这应该是影响创新的致命问题。

从人才选拔任用的考评机制看，当前，对干部人才实绩的考核与评价还有待完善，重视经济指标、忽视长远利益的形形色色“唯 GDP 论”的问题仍然不同程度地存在。一是有些地方考核评价党政人才实绩时，只看经济指标，而不看社会民生、思想政治、环境保护等指标。有些干部为使经济搞上去，片面追求经济的高速发展，导致经济社会畸形发展。二是过分注重对眼前利益的考核，忽视对长远利益的考核。三是对实绩的评价缺少客观分析。存在干部人才考核中不注重原有发展基础，对实绩的评价缺少历史的客观分析等现象。四是考核评价过程中的专家参与评审制度不健全。不客观、不公正的现象时有发生，造成考核评价失真失实，甚至“干部出数字，数字出干部”的现象仍旧未能全面禁止。

---

① 参见冒荣《学术行政化与学术资本化的联姻——权力的同谋和学术的异化》，《江苏高教》2011 年第 4 期。

从人才流动配置机制看，创新型人才资源配置的市场化、社会化程度还不高。学者桂昭明认为制度性和政策性是制约我国人才自由流动的最大障碍。这些制度性、体制性及其政策性障碍主要体现为户籍人事身份管理制度和社会保险保障制度体系两个方面的制度性制约。其中户籍管理身份制度是制约人才自由流动最大的体制性障碍，是造成人才流动性、社会化不高的重要原因。因为户籍身份管理制度是一切人才制度性制约的基础，涉及人才人事档案、劳动关系、社会保险及其社会福利等诸多人才制度，是人才制度中的“制度”。当前，由于人口户籍管理身份制度改革严重滞后，从而导致人才自由流动面临巨大的障碍，主要体现为人才流动成本太高，风险太大等方面。与之相关的是社会保障制度体系严重滞后，这是当前制约中国创新型人才的第二大制度性障碍。最后，人才产权制度缺失是制度性制约的根本原因。在市场经济时代，人力资源是第一资源，人力资本是第一资本，其中创新人才产权是人才自由流动的基础。但是由于科学规范的人才产权制度尚未建立健全，从而使得人才自由流动步履维艰。[①] 总之，由于人才市场体系建设不完善，人才市场区域分割、市场功能不全、人才中介服务机构数量不足，导致人才社会化服务体系严重滞后。同时，促进人才国际化发展，整合国内外优秀人才，吸引海外留学生回国发展和国外优秀人才到中国发展的国际化人才机制体系仍不完善。

第二，人才发展环境需要进一步优化。这主要体现在以下三个方面。

一是农村人才匮乏，人才“空心化”现象严重。随着工业化、城市化持续快速发展，收入比较差异和城乡差距客观存在并呈现不断扩大趋势，城市和发达地区“虹吸效应”的显现，吸引大量农村优秀劳动力流向城市，流向东部沿海发达地区，导致广大欠发达的农村地区出现人才资源和人力资本“空心化”现象。

农村人才是农村社会经济发展的关键。农村经济的发展，农业生产的现代化，依赖于农村科技的进步与推广，需要一支数量庞大、素质过硬、

---

① 参见桂昭明《改进完善人才流动配置机制的路径》，《中国人才》2010 年第 6 期。

适应现代化大生产要求的农村劳动力人才队伍。农村人才“空心化”不仅使农村人力资本存量、人力资本质量降低，导致农村最重要的人力资本要素的流失，影响农村人口再生产，影响农村科学技术进步和推广，影响农村劳动生产率水平的提升，使农村劳动力结构日趋老龄化，阻碍农村经济结构的调整和农业生产结构的优化，还使得农村基层组织干部和管理人才非常缺乏，制约农村基层组织建设、社会文化建设，严重影响了农业、农村社会经济的稳定和持续健康发展。

二是高技能人才发展与当前经济社会发展不相适应。高技能人才的培养在近年来获得了高度重视，各级政府也出台了一系列培养技能型、创新型人才的政策，但是与当前经济社会发展的需要和建设创新型国家相比，仍存在较大差距。当前面临的主要矛盾为高技能人才的培养和配置与产业升级、经济结构调整的迫切要求之间不相适应。特别是面对我国经济发展方式转变的需要和应对国际竞争的挑战时，我国高技能人才队伍建设还存在很多问题。

根据我国人力资源和社会保障部门统计调查的数据，我国的中高级技工人才现在已经是严重缺乏，亟须大量补充新的高级技工，而且已有技工人才也大多年龄偏大，技工人才结构严重不合理，出现断层断档，已经难以适应当前我国经济社会发展的客观需要。当前中国“高技荒”的一个重要原因就是我国高级技工人才培养制度体系不健全，全社会没有形成完整的高级技术工人培养制度体系，而且高级技工薪酬激励机制也不健全，高级技工人才培养没有在社会达成真正共识，直接导致我国对高级技工培养投资经费的严重不足。这种“高技荒”现象在2011年就比较严重了。

据人力资源和社会保障部就业促进司中国人力资源市场信息监测中心发布的《2015年部分城市公共就业服务机构市场供求状况分析》对全国101个城市人力资源供求状况监测显示，各技术等级岗位空缺与求职人数的比率均大于1。其中，其中技师、高级技师、高级工程师、高级工的岗位空缺与求职人数的比率较大，分别为2.0、1.94、1.81、1.77（见表

8—3)。[①] 自2003年起，高技能人才求人倍率一直高于1，高技能人才供不应求，人才供需缺口不断扩大（见表8—4)。

表8—3　　2011年按技术等级分组的供求人数

技术等级	劳动力供求人数比较							
	需求人数（人次）	求比重（%）	求比重（%）	求职人数（人次）	求职比重（%）	与上年比求职变化（百分点）	岗位空缺与求职人数的比率	与上年比供求变化（百分点）
初级工	4090877	9.8	2.8	4218938	1.6	3.7	.45	0.02
中级工	2072339	10.0	+1.2	1966128	10.1	+0.8	1.54	+0.06
高级工	8487373	4.1	+0.1	691702	3.5	—	1.71	+0.07
技师	435368	2.1	+0.1	312832	1.6	+0.1	1.88	+0.01
高级技师	165634	0.8	—	130037	0.7	+0.1	1.76	-0.13
技术员	2182286	10.6	+0.3	2094088	10.7	+0.6	1.53	-0.01
工程师	1161773	5.6	+0.4	1036492	5.3	+0.4	1.60	+0.02
高级工程师	260627	1.3	+0.2	140416	0.7	-0.1	2.34	+0.47
无技术等级	—	-45.8	—	8972672	45.9	-5.5	—	—
无要求	9464286	45.8	-4.9	—	—	—	—	—
合计	20680563	100.0	—	19563305	100.0	—	—	—

表8—4　　2001—2014年部分城市高技能人才供求变化

年份	求人倍率	年份	求人倍率
2001	0.72	2008	1.35
2002	0.87	2009	1.22
2003	1.05	2010	1.39
2004	1.30	2011	1.42
2005	1.57	2012	1.47

① 人力资源和社会保障部中国人力资源市场信息监测中心：《2015年第二季度部分城市公共就业服务机构市场供求状况分析》，2015年。

续表

年份	求人倍率	年份	求人倍率
2006	1.42	2013	1.51
2007	1.49	2014	1.54

上述统计表可以看出，高级技术工人岗位空缺比在2000—2006年一直持续上升态势，而在2006—2008年呈现下降趋势。但是，2009年至今呈现不断上升趋势，高技能人才依然供不应求，高技能人才的供给仍然难以适应产业升级、经济发展对于高技能人才的需求，且人才供求缺口不断扩大（见图8—3）。①

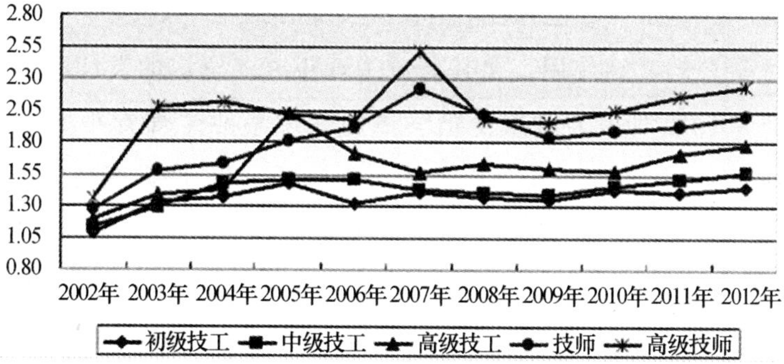

图8—3　2002—2012年部分技术等级供求变化（岗位空缺与求职人数的比率）

我们注意到，2016年12月15日国家人社部部长尹蔚民在第十三届高技能人才表彰大会上发表讲话时强调，必须清醒看到，中国技能人才发展总体水平与经济社会发展需要相比，还有很多不适应的地方。他指出，从总量和结构看，我国技能劳动者仅占就业人员的21.3%，高技能人才数量还不足6%，总量严重不足，结构问题突出，人才断档现象严重。从市场供需来看，近年来，技能劳动者的求人倍率一直在1.5以上，高级技

① 参见韩永江《中国高技能人才队伍发展现状及对策研究》，载吴江、田小宝、王竞、陈力《中国人力资源发展报告（2011—2012）》，社会科学文献出版社2013年版，第245—267页。

工的求人倍率甚至达到 2 以上的水平，供需矛盾十分突出。从体制机制看，高技能人才培养投入总体不足，培养培训机构能力建设滞后，个人发展存在渠道窄、待遇偏低等问题。从社会氛围来看，重学历、轻技能的观念还没有从根本上得到扭转，企业职工和青年学生学习技能的积极性有待提高。[①]

三是各类人才的生存发展压力进一步加大。日益高企的房价，日益拥挤的城市交通，日趋激烈的就业竞争，不断攀升的生活成本，让众多人才尤其是青年人才对在一线、二线城市等大城市生存、生活和发展倍感压力。而一线、二线等大城市本是中国人才聚集的高地，依托人才要素的聚集，大城市应该成为中国创新驱动的龙头，成为中国经济发展的核心所在，但中国土地财政、城市粗放式管理、户籍制度所导致的大城市对于人才的吸引力、竞争力、包容性不但没有实质的提升，反而在下降。大城市对于人才资源的吸纳作用，尤其是对于青年人才资源的发展环境趋于恶化，在一线、二线等大城市生活发展的大学毕业生等青年人才出现了“蚁族”化的社会现象。有学者指出，“蚁族”现象的出现是中国社会青年人才生存发展环境趋于恶化、社会阶层趋于固化、人才流动机制趋于僵化的体现。以北京为例，2008 年以来，“蚁族化”流动青年规模呈现不断扩大的趋势，从 2008 年增加到 2012 年 497 万人，占到北京市常住总人口的 23.69%。[②] 同时，一线大城市发展环境的恶化还催生了青年人才不断离开一线大城市的“逃离北上广”现象。

第三，区域人才资源分布不均衡，制约我国区域经济社会的持续健康发展。从研发人员总量、研发经费投入规模、研发经费内部支出规模、研究经费外部支出规模、研发人员全时当量、研究项目（课题）数量、有研发机构的企业数、有研发活动的企业数等指标来看，我国区域人才资源

---

① 参见尹蔚民《在第十二届高技能人才表彰大会上的讲话》，《中国组织人事报》2014 年 12 月 29 日。

② 参见廉思《高等教育大众化时代中国流动知识青年群体的走向——“蚁族”发展新态势及若干思考》，载廉思、冯丹、焦若水《中国青年发展报告 2013》，社会科学文献出版社 2014 年版，第 23—53 页。

分布很不均衡，从各项指标来看，东部地区远远高于中部地区、西部地区和东北地区，最高的相差 34.16 倍，最低的也相差 7.47 倍。人力资源作为现代经济发展最重要的要素在我国区域分布的不均衡，严重制约了我国区域经济社会的持续均衡发展（见表 8—5）。[①]

从研发经费支出规模和研发投入强度这两个指标来看，全国各省（市、区）之间人才资源发展很不均衡。从 2015 年各地区研发经费支出情况来看（见表 8—6），研发经费支出规模最高的是江苏，为 1801.2 亿元，最低的是西藏，为 3.1 亿元，最高的江苏是最低的西藏的 581 倍。从研发经费投入强度来看，最高的是北京，为 6.10%，最低的是西藏，为 0.30%，北京是西藏的 20.33 倍。从区域来看，东部地区研发经费支出规模为 9628.9 亿元，占当年全国研发经费支出总额的 67.95%，东北地区最低，仅为 662.5 亿元，占比也仅为 4.68%，从研发经费投入强度来看，东部地区最高，为 2.58%，超过 2.07% 的全国平均水平，东北地区最低，为 1.15%，中部地区、西部地区、东北地区研发经费投入强度都低于全国平均水平（见表 8—7 和图 8—4）。

表 8—5　　2015 年我国区域人才资源分布情况

地区	研发人员数（人）	研发人员全时当量（人年）	研发经费内部支出（万元）	研发经费外部支出（万元）	研发项目（课题）数（个）	有研发机构的企业数（个）	有研发活动的企业数（个）
东部地区	3124633	2285449	79246429	4134972	658813	33036	40199
中部地区	896790	600615	17711145	794995	209905	6201	8983
西部地区	678101	441201	14204364	716342	208090	2851	3967
东北地区	318694	205552	7304042	425853	88185	967	1683

资料来源：国家统计局：《中国统计年鉴 2016》。

① 参见国家统计局、科学技术部编《中国科技统计年鉴 2015》，中国统计出版社 2016 年版。

表 8—6　　2015 年各地区研发经费支出情况

地区	研发经费支出（亿元）	研发经费投入强度（%）	地区	研发经费支出（亿元）	研发经费投入强度（%）
全国	14169.9	2.07	河南	435.0	1.18
北京	1384.0	6.10	湖北	561.7	1.90
天津	510.2	3.08	湖南	412.7	1.43
河北	350.9	1.18	广东	1798.2	2.47
山西	132.5	1.04	广西	105.9	0.63
内蒙古	136.1	0.76	海南	17.0	0.46
辽宁	363.4	1.27	重庆	247.0	1.57
吉林	141.4	1.01	四川	502.9	1.67
黑龙江	157.7	1.05	贵州	62.3	0.59
上海	936.1	3.73	云南	109.4	0.80
江苏	1801.2	2.57	西藏	3.1	0.30
浙江	1011.2	2.36	陕西	393.2	2.18
安徽	431.8	1.96	甘肃	82.7	1.22
福建	392.9	1.51	青海	11.6	0.48
江西	173.2	1.04	宁夏	25.5	0.88
山东	1427.2	2.27	新疆	52.0	0.56

资料来源：国家统计局、科技部、财政部《2015 年全国科技经费投入统计公报》《中国统计年鉴 2016》。

表 8—7　　2015 年各区域研发经费支出情况

地区	研发经费支出（亿元）	占全国比重（%）	研发经费投入强度（%）
全国	14170.0	100	2.07
东部地区	9628.9	67.95	2.58
中部地区	2146.9	15.15	1.46
西部地区	1731.7	12.22	1.19
东北地区	662.5	4.68	1.15

资料来源：国家统计局、科技部、财政部《2015 年全国科技经费投入统计公报》《中国统计年鉴 2016》。

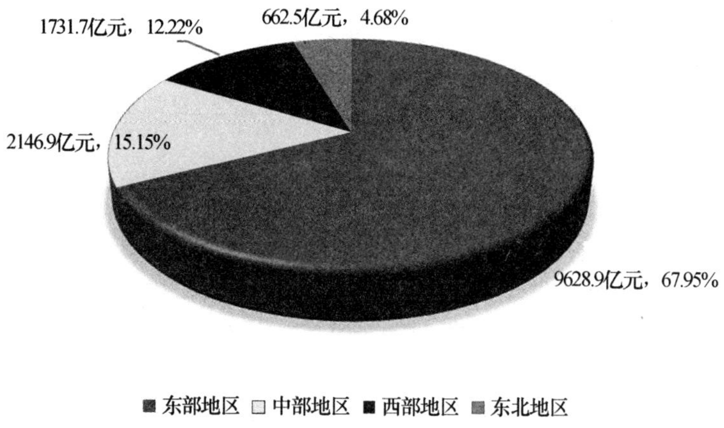

图 8—4　2015 年各区域研发经费支出情况

从人才竞争力综合指标来看，全国各省（市、区）之间发展仍然不均衡。2011 年各省（市、区）人才综合竞争力可分为四类。第一类为 A 类，人才综合竞争力指数在 0.6 以上，显示了这些省（市、区）具有很强的人才综合竞争力。此类有 4 个省（市、区），即北京、上海、广东、江苏。第二类为 B 类，人才综合竞争力指数在 0.4—0.6，显示了这些省（市、区）具有较强的人才综合竞争力。此类有 3 个省（市）即天津、浙江、山东。第三类为 C 类，人才综合竞争力指数在 0.3—0.4，显示了这些省域具有一定的人才综合竞争力。此类有 12 个省（市、区），即辽宁、福建、湖北、四川、河北、重庆、内蒙古、河南、湖南、陕西、吉林、黑龙江。第四类为 D 类，人才综合竞争力指数在 0.3 以下，显示了这些省域的人才综合竞争力较弱。此类也有 12 个省（市、区），即安徽、新疆、山西、江西、广西、海南、宁夏、云南、西藏、青海、贵州、甘肃（见表 8—8）。①

① 参见桂昭明、王辉耀《区域人才蓝皮书：中国区域人才竞争力报告（No. 1）》，社会科学文献出版社 2013 年版，第 2 页。

表 8—8　　2010 年各省市区人才综合竞争力排名

排序	省份	人才综合竞争力指数	分类	排序	省份	人才综合竞争力指数	分类
1	北京	0.685	A	16	陕西	0.310	C
2	上海	0.659	A	17	吉林	0.307	C
3	广东	0.610	A	18	黑龙江	0.300	C
4	江苏	0.609	A	19	安徽	0.292	D
5	天津	0.498	B	20	新疆	0.282	D
6	浙江	0.492	B	21	山西	0.276	D
7	山东	0.478	B	22	江西	0.263	D
8	辽宁	0.379	C	23	广西	0.253	D
9	福建	0.353	C	24	海南	0.245	D
10	湖北	0.338	C	25	宁夏	0.234	D
11	四川	0.329	C	26	云南	0.232	D
12	河北	0.326	C	27	西藏	0.225	D
13	内蒙古	0.319	C	28	贵州	0.216	D
14	河南	0.318	C	29	甘肃	0.212	D
15	湖南	0.316	C				

资料来源：桂昭明、王辉耀：《区域人才蓝皮书：中国区域人才竞争力报告（No.1）》，社会科学文献出版社 2013 年版。

第四，我国人才国际竞争力仍待提高。我国人才国际竞争力仍待提高。从人才存量的比较来看，中国在全球的优势比较明显，不仅位次上雄踞世界第一，且数量庞大，增量较大，在该指标上的竞争优势明显。2015 年中国具有高等教育水平的劳动力超过 8000 万，超过美国与欧盟的总和。[①] 国际移民组织发布的《世界移民报告 2015》（*World Migration Report 2015*）显示，中国作为人才存量大国，同时也是人才流失大国，在 184 个国家（地区）中位居第 180 位（见表 8—9）。[②]

① 参见国家统计局《中国统计年鉴 2016》，中国统计出版社 2016 年版。

② *World Migration Report 2015*, International Organization for Migration (IOM), 2016.

表 8—9　　　2010—2014 年世界各国（地区）净移民人数比较

国家	2010—2014 年净移民（人）	国际排名
中国	-1500000	180
美国	5000002	2
欧盟	5268193	1
日本	350000	21
韩国	300000	23
印度	-2294049	184
巴西	-190000	162
俄罗斯	1100002	3

从研发支出水平和研发占 GDP 比重这两个指标来看（见表 8—10），我国研发支出水平仅低于美国、日本，高于英、法、德、瑞典等主要发达国家，也高于韩国、中国台湾、新加坡等新兴工业化国家或地区以及俄罗斯、巴西、印度等主要发展中国家；但我国研发占 GDP 比重水平仅高于英国，远低于美国、日本、法国、德国等主要发达国家，也低于韩国、中国台湾、新加坡等新兴工业化国家或地区，尤其与日本、瑞典和韩国存在不小差距。①

表 8—10　　　2015 年世界主要国家（地区）比较

国家/地区	研发人员总数（万人年）	每万人就业人员中从事研发活动人员（人年）	研发支出水平（10 亿本国货币单位）	研发占 GDP 比重（%）
中国	548.2	253.2	14220.1	2.09
美国	376.7	165.9	4726.8	2.84
日本	90.4	72.3	18246.7	3.56
英国	37.6	25.93	29.6	1.69
法国	43.9	26.52	48.3	2.24
德国	66.1	36.09	89.5	2.99

① 参见国家统计局编《中国科技统计年鉴 2015》，中国统计出版社 2016 年版。

续表

国家/地区	研发人员总数（万人年）	每万人就业人员中从事研发活动人员（人年）	研发支出水平（10亿本国货币单位）	研发占 GDP 比重（%）
瑞典	9.2	6.23	132.4	3.43
韩国	41.8	31.56	67836.5	4.31
中国台湾	30.7	18.2	483.5	2.93
新加坡	3.9	3.4	7.9	2.12
俄罗斯	83.6	45.3	839.2	1.11
巴西	27.4	18.6	—	—

资料来源：国家统计局编《中国科技统计年鉴 2016》，中国统计出版社 2016 年版；国家统计局编《2015 年中国科技统计资料汇编》，中国统计出版社 2016 年版。

从研发经费支出情况来看，我国研发经费支出总规模逐步超过了日本，仅次于美国，位居世界第二，相对于发达国家低速的研发年均增长速度，近几年我国研发经费支出保持年均 16.4% 的高速增长，研发投入力度不断加大（见表 8—11）。

表 8—11　　世界主要国家经费（2011—2014 年）

单位：百万美元（当年价）

国家/地区	2011	2012	2013	2014	年均增长速度（%）
中国	134443	163148	191205	211826	16.4
美国	429143	453544	456977	—	2.1
日本	199795	199066	170910	164925	-6.2
德国	104956	101993	109515	109941	0.16
法国	62594	59809	62616	63826	0.1
韩国	45016	49225	54163	60528	10.4
英国	43868	42607	43528	50832	0.5
全球	1325026	1368363	1395802	—	5.2

资料来源：科技部：《我国 R&D 经费特征分析》。

从研发活动人员、研究人员、每万人中从事研发活动人员、每万人中研究人员等指标来看（见表8—12），尽管2015年我国科研人员总量、从研发活动人员总量、研究人员总量等总量超过美国位居世界第一，但每万人就业人员中从事研发活动人员、每万人就业人员中研究人员等两个指标远低于欧美发达国家和韩国等新兴工业化国家，甚至低于俄罗斯。

从教育支出占GDP的比重看，2010年中国位居全球第73位，教育支出占GDP总额仅为3.72%，没有达到4%的基准线水平，远低于世界5.03%的平均值，而且与其他国家相比，中国差距仍然不小，仅略高于印度的3.33%，俄罗斯、巴西、南非、欧盟和美国的数据普遍高于或接近5.5%。到2014年，我国教育支出占GDP的比重已经提高到4.15%，超过了4%的基准线水平，但与主要发达国家相比，甚至与俄罗斯、巴西、南非等国家相比，仍存在不小差距，仅仅高于印度（见表8—13）。[①]

表8—12　　世界主要国家研究人员比较

国家	研发人员（千人）	研究人员（千人）	每万人就业人员中从事研发活动人员（人）	每万人就业人员中研究人员（人）
中国	5482.1	2532.3	65	29
美国	3767.3	1659.2	126	91
日本	904.2	723.1	133	101
英国	376.4	259.3	113	81
法国	439.2	265.7	149	93
德国	661.1	360.9	142	84
加拿大	237.0	162.4	123	86
瑞典	91.6	56.1	173	126
韩国	418.2	322.6	160	128
俄罗斯	836.3	454.5	109	62.2

资料来源：OECD，Main Science and Technology Indicators，January 2016。

① 参见科技部《2014年我国R&D经费特征分析》，《中国洗涤用品工业》2016年第4期。

表 8—13　　不同国家（地区）教育支出占 GDP 比重比较

国家/地区	2010 年教育支出占 GDP 比重（%）	国际排名（2010 年）	2014 年教育支出占 GDP 比重（%）	国际排名（2014 年）
中国	3.72	73	4.15	73
美国	5.52	29	5.43	28
欧盟	5.83	26	5.94	24
日本	4.53	54	4.02	56
印度	3.33	82	3.93	85
俄罗斯	5.46	35	4.97	36
巴西	5.63	32	6.32	18
南非	5.98	22	6.11	20

资料来源：国家统计局编：《国际统计年鉴 2015》，中国统计出版社 2016 年版。

从每万人专利数这个指标比较来看，2009 年中国每万居民专利申请数为 1.71 件，世界排位第 18 位，2013 年上升至 5.18 件，世界排名上升至第 8 位，高于同年世界平均值 2.28 件，但与全球排名第 1 位、第 2 位和第 3 位的韩国（31.9 件/万人）、日本（21.4 件/万人）、美国（9.3 件/万人）相比差距仍然较大。在金砖国家中，中国遥遥领先于俄罗斯、巴西、南非和印度，并且巴西和印度的此项指标还有下降的趋势。[①] 2014 年，中国国内发明专利申请量达到 75.34 万件，占全球居民专利申请总量的 46.34%，连续 5 年居世界首位；国内发明专利授权量达到 22.97 万件，超过美国的 17.37 万件，跃居世界第一，标志着中国从发明量大国向授权量大国转变的步伐正在加快（见表 8—14）。[②]

① 参见国家统计局《国际统计年鉴 2015》，中国统计出版社 2016 年版。

② 参见国家知识产权局《2015 年中国发明授权专利情况白皮书》，知识产权出版社 2016 年版。

表 8—14　　不同国家每万人专利数比较

国家	2009 年 每万人专利数	国际排名 (2009 年)	2013 年 每万人专利数	国际排名 (2013 年)
中国	1.71	18	5.18	8
美国	7.27	3	9.33	3
韩国	26.68	1	31.92	1
日本	23.20	2	21.46	2
印度	0.06	54	0.09	57
俄罗斯	1.80	17	2.02	15
巴西	0.20	43	0.13	48
南非	0.16	45	0.15	45

从科技论文发表数、高引用率作者数这两个指标的国际比较来看(见表 8—15),中国已经成为在国际学术期刊上发表论文数量第二多的国家,仅次于美国,但是按人均论文数量比较,中国只有不到英国和美国的10%。另外,按人均论文数衡量的科研水平,超过中国的都是远比中国更发达的欧美发达国家,中国科研水平可以说超过了所有其他发展中国家,包括人均收入高于中国的拉美国家和俄罗斯、土耳其等新兴工业国家。

表 8—15　　SCI 及 SSCI 学术期刊科技论文发表数及高引用率作者数国际比较

国家/地区	每百万人口发表论文数量(2012 年)	发表论文总数(2012 年)	发表论文年复合增长率(%)(2001—2012 年)	高引用率作者数量(2014 年)	每千万人口中高引用率作者的数量(2014 年)
中国	66.88	89894	15.58	112	0.83
美国	681.65	212394	1.0	1618	51.54
德国	565.53	46259	0.81	156	19.4
日本	368.54	47106	-1.73	94	7.37
韩国	514.12	25593	8.80	19	3.8
法国	484.70	31686	0.35	78	11.87

续表

国家/地区	每百万人口发表论文数量（2012 年）	发表论文总数（2012 年）	发表论文年复合增长率（%）（2001—2012 年）	高引用率作者数量（2014 年）	每千万人口中高引用率作者的数量（2014 年）
英国	727.72	46035	0.10	293	46.06
土耳其	114.00	8328	7.21	10	1.35
俄罗斯	98.99	14151	-1.01	5	0.35
巴西	66.76	13148	6.43	5	0.25
印度	18.41	22481	7.61	8	0.06
低收入国家	1.97	1629	4.09	—	0.00

注释：（1）表格中的科技论文指发表在汤森路透集团（Thomson Reuters）的“科学论文索引”（Science Citation Index 或 SCI）及“社会科学引文索引”（SSCI）数据库所覆盖的全部学术期刊上的文章，该数据库中 95% 以上是英文期刊，也有少数中国国内一流学术期刊（主要是英文期刊）。

（2）各国数据转引自世界银行世界发展指标数据库（World development index database, World Bank），个别国家 2012 年数据来自美国国家科学基金会《科学与工程指标 2014》（*Science and Engineering Indicators 2014*）。

（3）高引用率作者（highly cited authors）数据来自汤森路透研究报告 *The World's Most Influential Scientific Minds*：*2014*，该报告公布了 2002—2012 年世界上在上述 SCI 和 SSCI 期刊发表高引用率论文（同一领域和同一发表年份的论文中引用率在前 1% 的文章）数量最多的约 3000 名作者的名单。

从人才竞争力指标国际比较来看，根据瑞士国际管理发展学院（IMD）发表的《世界人才报告 2016》（*The World Talent Report 2016*）显示，中国与美国、欧盟、日本等发达国家（地区）存在很大的差距，与金砖国家比较，落后于俄罗斯和南非，仅高于印度和巴西（见表8—16）。[①]

① IMD, *The World Talent Report 2016*, Switzerland: Institute for Management Development, 2016.

表 8—16　　IMD 人才竞争力国际比较

国家	2014 年		2016 年		竞争力变化
	人才竞争力指数	国际排名	人才竞争力指数	国际排名	
瑞士	100	1	100	1	—
德国	86.18	3	80.8	11	-4
美国	74.67	12	79.3	13	-2
以色列	66.28	18	77.5	16	+1
英国	62.91	20	71.9	20	+1
法国	53.17	24	67.8	28	-1
日本	50.41	28	65.5	30	-4
韩国	36.36	40	59.6	38	-7
中国	35.37	43	53.8	43	-3
印度	31.63	48	42.8	60	-8
巴西	25.31	52	52.8	45	+12
俄罗斯	24.38	53	55.5	41	+4
南非	23.27	56	54.5	42	+9

第三节　构建推动创新驱动的人才制度体系

“盖有非常之功，必待非常之人。”人是科技创新最关键的因素，创新的事业呼唤创新的人才。创新驱动战略实际上是人才驱动战略。如何激发每一个创新者的内在动力？《中共中央国务院关于深化体制机制改革加快实施创新驱动发展战略的若干意见》（以下简称《若干意见》）强调，要让“人才、资本、技术、知识自由流动，企业、科研院所、高等学校协同创新，创新活力竞相迸发，创新成果得到充分保护，创新价值得到更大体现，创新资源配置效率大幅提高，创新人才合理分享创新收益，使创新驱动发展战略真正落地”[①]。为达到此目的，《若干意见》提出了建立完善“创新培养、用好和吸引人才机制”的明确要求。按照这一要求，就要紧紧围绕创新人才培养开发机制、健全人才评价发现机制、健全人才流动配置机制、健全人才激励保障机制以及健全和完善人才国际化机制下功夫，为国家创新驱动战略打造人才支撑体系。

一 创新人才培养开发机制

人才培养开发机制是创新驱动的人才机制的首要环节，人才资源能力建设是人才培养开发机制的核心，人才教育培训过程是一个系统工程。从一定意义上讲，人才成长与发展过程就是接受教育与培训的过程。在这个过程中要始终坚持如下原则。

第一，人才培养应坚持以国家发展需要和社会需求为导向。要以增强创新能力和提高思想道德素质为核心，完善现代国民教育体系和终身教育体系。同时，要建立人才培养结构与经济社会发展需求相适应的动态调控机制。立足培养全面发展的复合型人才，突出培养创新型人才，注重培养应用型人才，尤其是大力培养国民经济和社会发展重点领域急需的紧缺人才、高端人才。

第二，全面改革和进一步完善高等教育及其招生考试制度使其“因材施教”，构建多层次的人才教育培养体系。百年大计，教育为本；十年树木，百年树人。为此，我们要全面推进素质教育，改革人才培养模式机制，夯实基础教育，改革高考招录制度，形成多元化考试招录体制机制。发展特殊教育，建立健全高等院校拔尖人才选拔机制和重点人才特色培养机制，全面提高高等教育质量，以满足创新驱动发展要求的创新人才。对此，我们必须依托国家重大教育工程和项目、重点学科研究基地及其国际学术合作交流项目来创新人才培养教育体系，把创新人才教育理念贯穿于人才培养教育的各个阶段，对学前教育、初中义务教育、高中教育、职业

---

① 《中共中央国务院关于深化体制机制改革 加快实施创新驱动发展战略的若干意见》，《中国科技产业》2015 年第 4 期。

教育、高等教育、继续教育、民族教育及其特殊教育各个阶段和层次都植入创新才人培养观念，都要以创新意识为核心培养创新人才，形成多元化人才教育培养体系。

第三，建立健全多元化多层次人才培养体制机制，完善创新型人才培养模式。我们要按照“工学结合、校企联合和岗位实习”的复合型人才理念，创新人才培养模式，实现高等教育与技师教育、成人教育与干部教育、职业教育与网络教育有机结合相互衔接，形成网格化的开发式自主学习教育创新人才培养体系，并夯实职业教育的教育保障体系。在当前，尤其要重点发展中高级技师教育与职业教育，培养一大批为“中国制造2025”所需要的有创新能力的高级技工人才。“中国制造2025”是根据“工业4.0”的时代要求，强调中国产业人才要从“机器人”向“智能人”的历史性转变，其中中高级职业技工教育是基础。没有一大批中高级职业技工教育，“中国制造2025”所需要的“智能化”产业工人就只能是没有主体承担实践基础。因此，根据“工业4.0”和“中国制造2025”要求大力发展和打造世界一流高级技术人才培养的职业教育及其体系，是重要而紧迫的任务。

二 健全人才评价发现机制

人才评价是对他们的品德、知识、能力和业绩等各个方面情况进行的综合评价。对人才进行准确、客观的评价，是选好人用好人的前提。人才评价机制是由评价的主体要素、客体要素、标准要素、方法要素、程序要素、结果要素所构成的一个有机系统，科学的人才评价机制，既能使人才了解自我、认识自我、改善自我和激励自我，也能使用人单位和社会有效地选拔和使用人才。

第一，完善人才评价标准，促进创新性人才。健全科学的职业分类和职业标准体系，根据不同行业、不同职业、不同类型、不同岗位的特点，分类建立创新性人才评价标准，更加注重人才的创新能力、工作业绩、实际贡献、担当精神等指标。对此，在《若干意见》第18条就有明确的要求：“强化对高等学校和科研院所研究活动的分类考核。对基础和前沿技术研究实行同行评价，突出中长期目标导向，评价重点从研究成果数量转向研究质量、原创价值和实际贡献。”[①] 以创新性科技人才为例，就可以分为科学研究、技术研发、工程开发、产业化支撑、科技公共服务人才5类科技人才。只有分类考核才能科学评价。同时要综合运用心理学、管理学、教育学、社会学、信息科学（大数据）等学科和技术，提高人才评价发现的科学性、针对性、有效性，推动人才评价由定性评价转向定性评价与定量评价相结合。通过规范的测评过程、客观的评价标准、科学的评价方法，建立以岗位职责要求为基础，以工作业绩为依据，由品德、知识、能力、业绩等要素构成的多层次人才评价指标体系，不断提升我国创新人才队伍的整体竞争能力。

第二，改进人才评价方法，实现业内认可与社会认可的有机统一。随着市场经济的深入发展和人才队伍的不断壮大，人才评价发现的主体和方式也要遵循市场规律，充分发挥市场机制在人才要素的识别、评价、筛选方面的核心主导作用。要遵循人才成长发展规律，优化人才考评机制，克服人才评价中的急功近利倾向，改变重数量、轻质量的考评方式，适当延长评价周期，简化考评环节，减少考评活动，健全创新项目和经费分配机制，把人才从跑项目、跑经费、跑官帽中解放出来，避免“泡沫成果”，让人才甘心坐冷板凳，以“十年磨一剑”的精神干事创业。坚持群众路线，把评价人才和发现人才结合起来，健全举才荐才的社会化机制，建立在重大科研、工程项目实施和急难险重工作中发现、识别人才的机制，在实践和群众中识别人才、发现人才，把人才放到最恰当的岗位上。[②]

第三，强化创新创造业绩贡献评价，促进产学研、创新素质和能力以及创新成果的结合。实施人才项目绩效评价，要建立一套健全完善的结构化制度，来衡量、评价与人才有关的特性、行为和结果，把握了解人才的发展潜能，评估人才的实际绩效。人才项目绩效要素主要包括考核人才或

① 《中共中央国务院关于深化体制机制改革 加快实施创新驱动发展战略的若干意见》，《中国科技产业》2015年第4期。

② 参见沈小平《让人才评价发现的途径更宽阔》，《中国组织人事报》2013年3月18日。

团队的经济效益指标、社会效益指标、科技效益指标。建立健全全方位开放的职业认证体系等。其中核心是建立健全人才的知识、劳动、技术、管理、技能等生产要素按贡献参与分配的机制，使人才充分发挥其应有的优势和才能。

三　健全人才流动配置机制

建立完善人才流动的机制，是在国家政策宏观调节引导下，遵循市场基本规律，以利益驱动为导向，通过建立健全人才流动的竞争机制、激励机制、柔性流动机制等方式，引导人才资源的合理流动、优化配置，逐步解决大城市人才积压、浪费和中小城市人才资源严重不足的失衡矛盾，引导人才逐步从东部发达地区向西部地区流动，从大城市向中小城市流动，从城市向农村流动，以实现区域之间、城市之间、城乡之间、产业之间、行业之间人才资源的合理均衡分布。

第一，打破人才流动的体制壁垒，建立人才市场化配置管理机制。一是进一步深化市场机制改革，尤其是深化劳动力等要素市场改革，建立以市场为导向的人才流动机制，减少人才流动的中间环节，通过市场机制充分激发人才要素的活力、动力和创造力。二是加快改革步伐以尽快消除人才流动的城乡、区域、部门、行业、身份、所有机制等各种壁垒和限制，只有打通城乡之间、企业与行政事业单位之间、各行业之间的人才流通渠道，才能真正实现人尽其才、人尽其用。尤其是加快推进户籍制度改革，健全社会保障制度，完善人才社会化服务体系和中介服务机构，消除户籍、身份、单位、学历限制，营造人才自由流动环境。三是建立健全人才柔性使用机制，树立“不求所有，不求所在，但求所用”的人才理念，鼓励专业技术人才通过兼职、定期服务技术、引进科学咨询、开发项目等方式进行流动，变人才的单位使用权、地方所有权为社会使用权与所有权，对一些特殊人才应鼓励解除人才对单位的行政附属关系，使人才资源真正实现全社会的合理化配置。四是健全人才市场体系，加强人才要素市场建设，充分发挥市场机制在人才引进、培养、使用、评价等方面的核心主导作用。

第二，完善人才流动竞争机制。竞争是促进人才合理流动的有效手段，竞争也是提高人才要素配置效率、培育创新发展活力、增强市场经济发展动力的关键所在。因此，探索人才流动的价格机制，通过充分的市场竞争实现人才价格与人才价值相适应、相匹配，人才价格反映和匹配人才价值，人才价值得以最大化实现，形成人才发挥作用和成长的良性机制。在《若干意见》中提出“加快下放科技成果使用、处置和收益权，尽快将财政资金支持形成的，不涉及国防、国家安全、国家利益、重大社会公共利益的科技成果的使用权、处置权和收益权，全部下放给符合条件的项目承担单位。单位主管部门和财政部门对科技成果在境内的使用、处置不再审批或备案，科技成果转移转化所得收入全部留归单位”。[①]“提高科研人员成果转化的收益比例（20%—50%），加大科研人员股权、期权、分红等激励力度。”[②] 这些重大政策的出台，是让科技人才“名利双收”的重要政策导向，是完善人才流动竞争机制的重大改革，也是加速科技成果资本化、商品化、产业化，实现创新驱动的“关键一招”。其中，股权激励对企业经营和争取人才的好处是显而易见的。据统计分析，一个公司进行了股权激励，在其他条件不变的情况下，公司业绩可以增长 30%。随着人力资本越来越重要，做股权激励的公司比例一定会提高。因此股权激励对于企业的人才争夺也特别重要，如果公司不提供股权激励，基本不会吸引到核心人才。实践表明，越是依赖人的行业，越会进行股权激励。经济越发达的地方，越推行股权激励。所以，今天的美国 7000 家上市公司中 90% 以上都做了股权激励，美国的高科技企业基本 100% 都做了股权激励；中国只有 30% 的上市公司做了股权激励。这些是我们在完善人才流动竞争机制时必须重视的。

第三，探索和创新人才双向流动机制。完善事业单位科研人员兼职管理办法，改进科研人员薪酬和岗位管理制度，破除人才流动的体制机制障

---

① 《中共中央国务院关于深化体制机制改革　加快实施创新驱动发展战略的若干意见》，《中国科技产业》2015 年第 4 期。

② 同上。

碍，促进科研人员到企业兼职从事技术攻关、科技成果转化。鼓励拥有科技成果的科研人员依据相关政策，进行离岗创业创新，创办科技型企业。[①] 探索建立健全人才柔性双向流动机制，打破户籍、档案、身份乃至国籍等人事制度中的制度壁垒，采取兼职招聘、引智合作、智力咨询、交换使用、人才派遣、人才租赁等多种行之有效的方式，实现人才的柔性流动。[②] 尤其要鼓励、引导人才向广大农村地区、中西部地区、中小城市跨区域合理流动，推动人力资源区域优化配置，促进区域和城乡社会经济协调发展。

第四，建立健全人才流动相关配套制度。一是建立健全人才产权制度。打破和清除人才流动体制性障碍、制度性壁垒的关键在于建立健全人才产权制度。建立人才产权制度，强化人才个体对人才资本的所有权，明确界定人力资本产权及其收益的归属，让人才真正成为人才市场的主体，通过市场交换，将人才的使用权交还给单位、社会，从而实现人才资源配置市场化，才能实现人才使用的社会化。因此，要研究制定和完善人才产权管理条例及人才产权保护法等人力资本产权法律制度体系，建立健全人才产权鉴定与公证制度，合理划分、鉴定人才产权的构成与权属，科学、公正、合理处理人才产权纠纷；制定、出台人才产权保护法，切实保护人才个人终极产权。二是建立健全人才信用制度。市场经济是信用经济，信用体系是市场经济的重要构成要素，在市场经济条件下，人才流动越来越频繁，人才的信用已越来越受到用人单位的重视。人才社会化后，用人单位缺乏有效手段对人才进行系统的信用评估和跟踪，这就极易造成人才信用失真。为规范人才流动的秩序，改善企事业单位的用人环境，应着重建立健全全社会共享的电子化人才诚信档案库，实行人才信用登记、评估、跟踪制度。

四　健全人才激励保障机制

人才激励机制的核心作用是为了更好地发挥人才的积极性、主动性和

---

① 参见罗菁《上海鼓励科研人员“下海”创业》，《劳动报》2015 年 10 月 27 日。

② 参见吴苡婷《科技成果转化战场上的“先行军”》，《科技日报》2016 年 3 月 5 日。

创造性，人才激励机制是一个复杂系统工程，要使激励机制的作用得到发挥，首先必须明确激励主体激励客体，解决谁来激励、激励谁的问题，其次必须完善激励手段，解决怎样激励的问题。多元化的人才激励机制，必然包括激励主体、激励客体、激励手段、激励理念、激励政策等要素，构建多层次人才激励机制体系主要思路如下（见图8—6）。

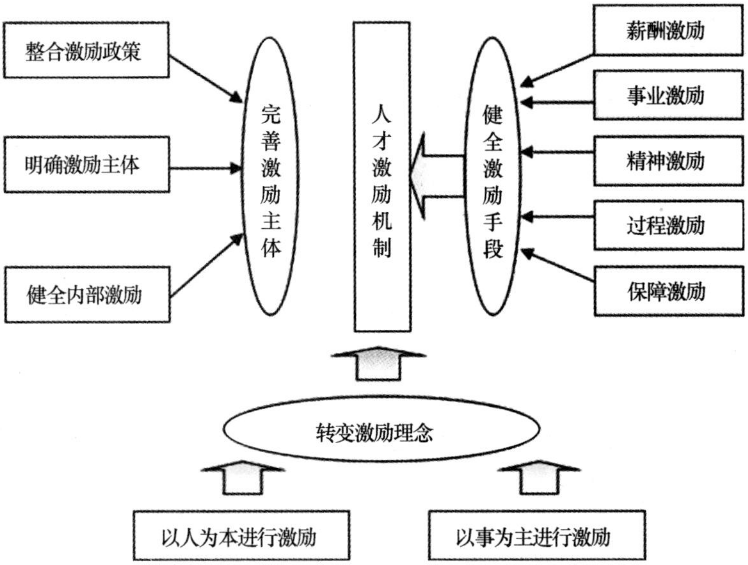

图8—6　多层次人才激励机制体系

第一，科学设计薪酬激励体系，切实解决科技人员发“大财”的问题。要实现科技成果的产业化，必须尽最大努力调动和发挥科技人员的积极性。而激发每一个创新者的内在动力，建立合理的利益分配机制是关键。一是充分发挥市场机制对于人才资源的要素定价和报酬分配功能，探索完善项目工资制、协议工资制、技术入股制、持股分红制等薪酬机制，构建多元化人才收入分配机制。二是深化科技成果产权制度改革，探索和创新人力资本要素参与财富收益分配的有效制度安排。采取下放科技成果使用权、处置权和收益权，强化科技成果转化评价指标，提高科技成果转化收益奖励比例等措施办法，切实解决科技人员“有权有钱”的问题。

三是大力加强知识产权保护，完善知识产权制度。充分发挥知识资源的杠杆作用，加快建立健全以保护知识产权创造为目标的利益分配机制，对专利授权、专利实施、参与标准制定等方面要加大政策的引导和奖励的力度。①

第二，完善过程激励，形成激励合力。实践表明，只有激励形式的多元化，激励机制的灵活化，才能达到激励效果的最大化。一是对于创新型人才，要丰富和创新激励方式、激励手段。既要重视物质激励，也要重视精神激励、情感激励、荣誉激励；既要重视目标激励，也要重视行为激励，比如，各种层次的政府人才奖励、新闻舆论的广泛宣传等声誉激励。营造相互信任、相互关心、相互尊重、相互包容、相互支持、团结融洽的同志氛围、朋友氛围、工作氛围的情感激励。加强人才的职业培训、脱产学习、参考考察、出国深造等知识激励。通过创造良好的工作环境、提供职业和事业发展空间帮助其实现个人奋斗目标等都是行之有效的激励方式。二是建立健全高层次人才退出机制，一方面建立退出制度，这是对获评专家考核期内未完成考核目标者实施的退出机制，这也体现了以奖励做事为主的导向；另一方面，建立"荣誉退休机制"，这是对已经到年龄的超龄高层次专家人才光荣退休保留其荣誉及其相关待遇，但是不再享受高层次人才权利及其相应承担的相关义务。② 三是建立健全青年人才培养体制机制，为高层次人才培养构建完备的人才队伍培养梯队，夯实高层次人才储备。加大青年人才的培养、选拔、使用，加大对青年人才及其高层次人才在资金、项目、实践锻炼、培训、学习深造等方面的支持和投入，营造青年人才成长发展的良好环境和打造青年人才成长和发展的支持平台。

第三，健全保障激励，解除后顾之忧。一是实施特殊人才投保计划，体现特殊激励。对关系国家安全、国民经济命脉、重点行业、重大产业技术项目岗位上的高层次专业技术人才、特殊人才，有计划地建立健全重要

---

① 参见何凤秋、常虹《构建多层次、多元化事业单位高层次人才激励机制》，《劳动保障世界》2011 年第 6 期。

② 同上。

人才国家投保制度。对于从事风险性较大的高层次人才、特殊人才在国家提供的社会保障和单位福利保障之外还应实施政府或单位投保制度，切实际解决其后顾之忧。二是落实和完善各类人才的养老、失业、医疗、工伤、生育保险、子女教育、住房等方面的保障政策，推进各类社会保障制度和政策的有效衔接和有机整合。

五 健全和完善人才国际化机制

人才国际化战略是推进我国开放性经济发展、增强我国社会经济发展内生活力的重要智力支撑。随着我国改革开放的持续推进和开放型经济的不断发展，对国际化、复合型高层次人才的需求日趋迫切，需要加大引进高层次国外人才的力度。为此，必须通过健全人才国际化引进和服务机制，推动我国技术创新、产业升级、经济结构调整和开放性经济的持续深入发展。中科院重庆研究院近两年引进300多名海内外高层次人才，树立了人才引进的成功案例。其主要做法如下所述。

第一，做好整体性国际高层次人才引进的战略规划。《国家中长期人才发展规划纲要（2010—2020年）》就已经提出“根据完善社会主义市场经济体制的要求，推进人才市场体系建设，畅通人才流动渠道，建立政府部门宏观调控、市场主体公平竞争、中介组织提供服务、人才自主择业的人才流动配置机制，促进人才资源有效配置”的要求。把这一要求落到实处，重庆把国际高层次人才引进工作从战略和全局的高度纳入经济社会发展总体规划，凸显新时期国际高层次人才引进工作的重要意义、战略目标、根本动力、重点任务、保障措施和基本要求。力争实现国际高层次人才与产业发展的衔接性、与科技创新的匹配度和与行业需求的相适性。

第二，创新灵活高效、适应市场的引才机制。全球经济一体化、国际人才市场的网络化，进一步加速了人才竞争国际化的进程，需要创新灵活高效、适应市场的引才机制。重庆的主要做法如下。一是积极鼓励国外各类创新型人才，尤其是高层次创新型人才采取柔性流动的方式，到重庆企事业单位从事科技合作、技术入股和投资兴办实业，以引进国际创新型智力资源；以国家自然科学基金、社会科学基金、创新基金等基金为依托吸引研究专家。二是加大政府专项资金，建立国际化人才投资机制。逐年提高发展性资金投入国际化人才的数额。通过税收优惠、规费减免、财政拨款等渠道，进一步加大人才投资。同时，落实海外回国留学生创业的税收减免政策。免除海外回国人才流动交易费用、人才档案保管费用等。三是创新国际化人才创业融资机制。设立政府参股的创业风险投资基金，对高科技、高成长企业和高层次人才进行扶持培养发展。四是鼓励具有良好结构的团队回国来重庆，包括在商业、技术、营销、法律、投资等各个领域的创业创新人才团队。

第三，建立健全人才服务体系和配套支持政策。重庆的主要做法如下：一是管理部门协调机制要畅通。建立了国际高端人才信息库和国际人才服务平台，及时更新高端人才数据库信息，设立国家猎头挖掘高端人才，通过建立海外民间社团组织，为高端人才回国提供帮助；提高企业成为高端人才吸引主体的积极性，以企业组织的国家重大科技项目为平台吸引高端人才；产学研战略合作吸引和培养高端人才。二是留住高层次人才的具体措施要到位。通过跨国并购和成立海外研发中心获得高端人才，通过国际学术交流与科技合作挖掘高端人才，建立风险基金与担保机构来吸引高端人才。三是吸引和留住高层次人才的政策措施要创新。出台了吸引高端人才的税收优惠支持政策，创新了对企业吸引高端人才进行减税、免税、退税，对高端人才科研成果转化后产生的收益提供税收优惠等具有核心竞争力的政策体系。四是国际化高端人才服务保障体系要健全。建立了高层次人才引进服务窗口体系，集职能部门资源为国际化高端人才提供一站式服务；针对国际化高端人才融入的问题，成立高层次人才联谊会，为其搭建交流合作平台和与政府沟通的桥梁纽带。按照社会化、市场化原则建立国际化人才的“虚拟社区”，为国际化人才创新、创业和发展的“现实社区”提供信息、政策、交流、监督等综合服务。

第九章

构建有利于创新的文化机制

文化学者亨廷顿有一个观点值得重视。他认为，文化之所以重要，在于文化因提供普遍的价值观标准而产生“认同力量”。创新驱动发展战略是一项系统的社会工程，牵涉社会发展的各个方面，但是实施创新驱动发展战略的关键是培育适宜的科技创新文化，各种创新行为、过程、结果需要得到文化价值观标准的认同，这也是不争的事实。今天，科技创新文化对于我国创新活力的重要影响正在显现。人们已经日益认识到创新文化的实质就是鼓励探索、宽容失败、包容异见；全社会也在开始形成人人想创新、事事靠创新、处处有创新的社会氛围。文化作为人的创造性活动，是人与动物相区别的重要因素，文化的发展就是人不断创新创造的过程。文化作为人的行为方式、思维方式、生活方式、价值尺度及能力的总和，是决定人的行为的精神核心。文化渗透于创新的各个方面：从创新思想的产生、创新活动过程到创新成果的社会应用都存在着文化浸润。显然，构建有利于创新的文化机制，推进创新文化建设，是创新驱动发展战略的重要内容。为此，按照党的十八届三中全会提出的“全面深化改革，推动国家治理能力和治理体系现代化”的目标要求，尤其是2016年12月5日，习近平总书记在中央全面深化改革领导小组第三十次会议上提出：“多推有利于增添经济发展动力的改革，多推有利于促进社会公平正义的改革，多推有利于增强人民群众获得感的改革，多推有利于调动广大干部群众积极性的改革"[①]。"四个有利于"的要求，既是我们今后确定改革重点的基本遵循，也是着力改变顶层制度设计，构建有利于创新的文化机制，遏制不良文化倾向，大力培养有利于科技创新的文化及文化环境，实施创新驱动发展战略的迫切需要。

第一节　创新驱动发展的文化依赖

随着科技革命迅猛发展所引发的创新浪潮，正在凸显着这样一个事实：国际竞争力与一个国家长期可持续的发展，越来越取决于自主创新能力的竞争，提高自主创新能力成为世界各国应对全球竞争和国内发展的普遍选择。目前我国社会正处于转型升级的关键期，创新驱动发展战略就是为了通过提升自主创新能力实现经济和社会的现代转型。但是创新驱动发展离不开文化土壤，创新文化又构成创新驱动发展的文化生产力。从总体上看，我国创新意识还比较薄弱，创新能力还不强大，创新成果转化率还比较低，这在很大程度上与创新文化的欠缺有关，与创新的文化环境建设不够有关，还没有真正形成创新驱动发展的文化路径依赖，文化与创新也还未能实现良性互动的"锁定"状态。

一　文化在创新实践中的作用

创新从哲学上讲，就是人的一种创造性活动，是主体依据现存，改进或创造新的事物、方法、元素、路径、环境等，并能获得一定有益效果的过程。简言之，创新的过程就是运用文化进行创造的过程。因此文化在创新实践中有十分重要的作用，这种作用或者说文化与创新的内在关系主要体现在以下三个方面。

第一，文化与创新是互融共生的。文化是人类在社会历史发展长河中所创造的物质财富和精神财富之总和，是集地理、历史、传统习俗、生活

① 习近平：《总结经验完善思路突出重点提高改革整体效能扩大改革受益面》，《新华每日电讯》2016年12月6日。

方式、理想信念、行为规范、价值追求等为一体，体现在器物、制度和观念三个方面。文化不仅与经济、社会高度融合，深深影响着发展的方方面面，而且作为一种价值观和思维方式，成为一种思维定式，深刻影响和引导着主体的行为方式与价值判断。所谓思维方式，就是人们在社会实践中，以一定的文化背景、知识结构、风俗习惯、阅历经验等多种因素结合而成的统一体，去观念地把握外界事物。人们一旦形成某种思维方式就很难改变，因为它具有很强的思维定式，直接影响着人们的世界观、人生观和价值观。创新，作为主体的一种创造性活动，一方面需要运用已有的知识和文化去进行创造，另一方面又要不断打破固化的思维方式和习惯，才能形成新的方法和思路。可见，文化本身就是创新的内在基础，同时创新又需要良好的文化氛围，二者本身互融共生，相互依赖，不可分割。

第二，文化是创新的前提与基础，创新是主体运用已有知识的文化创造活动。创新是一种有目的有意识的人的实践活动，只有人才能具备创新的资格，动物不曾有过有目的有意识的创造活动，因此，创新是人从动物界自我提升的结果，是人的生存性与发展性实践活动。人的创新活动首先是建立在已有知识和文化的背景之上的，是通过现有创造出“新”，没有一定的文化基础，是不可能出“新”的，文化是创新的前提与基础。其次，创新是文化的延续与再生。通过创新，文化的传承得以延续，文化得以提升，文明得以发展，社会得以进步，这是一个循环互动的发展过程。再次，创新与文化具有共同的主体——人。创新活动或是文化实践，都是为人的活动，都是人的有目的有意识的主体活动，是人不断增强自我发展能力，不断回归人的本质，不断创造美好生活的活动，创新实践或是文化活动的主体是人，目的也是为了人，离开人这一主体，任何创新或文化实践都变得毫无意义，可见，二者的价值取向都是指向同一主体。

第三，文化环境决定着创新的程度、深度与多寡。文化环境特别是文化社会环境对于创新具有一定的决定作用，文化程度高的国家或地区，一般而言，创新的程度相应也高；反之，贫困落后地区的创新度相对较低，创新受制于文化的自然环境、文化传统、文化的社会环境、文化的经济环境，尤其是文化的社会环境对于创新具有至关重要的作用。比如，言论宽松、包容性强、学术活跃或是社会大变革年代，既是文化繁荣、人才辈出、百花齐放百家争鸣的时代，也是创新创造创意的时代。历史上的中国春秋战国时代，唐朝“贞观之治”“开元盛世”时代，以及西方的文艺复兴时代，随着人的主体性地位确立，科技大发展，创新成果层出不穷，极大促进了社会进步和人类文明。一个国家或者地区的文化政策、制度、价值理念都会极大影响到创新的程度、深度以及创新成果的多少。古今中外的历史启示人们：创新是人类文明进步的阶梯，创新离不开一定的文化环境和文化氛围，二者相互影响、相互制约。

二　创新文化是创新驱动发展的内生动力

信息化和知识化时代，创新的作用得到空前强化，并升华为一种社会主题。今天，创新文化已经成为学界所关注的重要概念。由于文化的独特性越来越表现为差异化发展与核心竞争力，在社会转型时期，创新成为发展进步的源泉和动力。

第一，对概念内涵的科学厘定是理解创新文化的前提。对于创新文化内涵的认识，学界有多种观点，有的认为“创新文化是指与创新相关的文化形态，它包括观念创新文化、制度创新文化、环境创新文化”；有的认为“区域创新文化是符合区域创新体系的价值观念、思维模式、行为规则、制度体系、精神氛围的总和”；有的指出其包括两重含义：一是外在于创新实践的文化环境（即有利于创新的制度环境、组织文化和社会氛围）；二是内在于创新实践的文化要素（即创新所需要的观念、价值取向、精神、思维方式和行为方式等）。还有的提出要建立“以人为本”的创新文化，要形成“尊重人才、鼓励创新、宽容失败”的创新文化，等等。[①] 我们认为，创新文化不同于文化创新，文化创新强调的是文化自身的内容、形式、体制、机制以及传播手段的创新；而创新文化是指与创新相关的文化形态。它主要涉及两个方面：一是文化对创新的作用；二是如

---

① 参见陈依元《创新文化：自主创新的文化驱动力》，《福建论坛》（人文社会科学版）2007 年第 3 期。

何营造一种有利于创新的文化氛围。“强调的是以创新为意旨的文化精神与文化理念的最终形成。它既指与创新有关的价值观、态度、信念等文化精神，即创新观念文化；亦指有助于创新的制度、规范等文化环境，即创新制度文化。它代表着一种塑造创新主体的总体文化精神和文化环境。它是文化创新、制度创新、科技创新等一切创新活动的思想与社会文化基础。”①

第二，创新文化为创新驱动发展提供良好的文化环境。创新驱动发展是一项系统工程，离不开一定的自然环境、经济环境、社会环境和文化环境，其中，文化环境对于创新驱动发展战略具有重要作用，是创新驱动发展的内在动力。进入近代以来，西方国家通过地理大发现，把民族历史演变为世界历史，开启全球化进程。文艺复兴，高举人的解放大旗，推崇科学与理性，把人从神和上帝的束缚中解放出来，人的力量本性高扬，成为一种创造性的存在；科技的发展，使得人掌握科技运用工具的力量增强，人的创造性得以凸显。随着资本主义生产方式的建立，西方资产阶级在很短的时间内创造出超越人类以前所有财富的综合，极大地推动了社会进步和人类文明。对此马克思说“资产阶级在它的不到一百年的阶级统治中所创造的生产力，比过去一切世代创造的全部生产力还要多，还要大”②。再加上西方近代以来的开拓创新精神，市场经济起步早，市场经济要求市场主体的独立性、竞争性等等，都使得西方发达的欧美国家具有创新的良好文化环境和氛围，这也使西方发达国家总体创新强于欠发达国家，乃至在国际竞争力中处于有利地位。反观我国，受制于传统文化的影响，长期以来重农抑商，缺乏开拓进取的创新传统，五四运动也未能真正把人解放出来，依附人格依然挥之不去。市场经济的起步晚，发展不完善，进一步制约着创新的发生发展。可见，创新文化是创新驱动发展的内生动力。可以说文化对于创新所具有的重要作用，集中表现为创新文化是创新得以可能的必要条件。

---

① 张林中：《文化创新与创新文化》，《光明日报》2009 年 9 月 24 日。

② 《马克思恩格斯文集》第 2 卷，人民出版社 2009 年版，第 36 页。

第三，创新文化是创新驱动发展的重要内容。创新驱动发展是牵涉理论创新、制度创新、实践创新，是经济创新、政治创新、文化创新、社会治理乃至发展道路和价值观的创新的综合。然而无论是理论创新、制度创新还是实践创新，都既要依据一定的文化做支撑，也必然会以一定的语言、文字或者实物进行固化和传承，形成创新文化，成为下一次创新发展的前提与基础。每一代人的创新都是在前人创新基础上的再创造活动，每一代人的创新成果必然通过一定的载体固化为文化，成为新的创新文化。可见，创新的前提和基础是创新文化，创新文化是创新得以实现的保障，是创新驱动发展的重要组成部分。

三　创新文化建设的必要性与迫切性

创新环境作为创新驱动发展的条件，是由硬环境和软环境两大基本环境类型构成的。硬环境一般指科技创新的物质环境和刚性的科技人员管理制度环境，软环境一般指非物质的人文环境和弹性的科学评价体系环境。其中，物质硬环境主要由包括校园宿舍、设备仪器和科研经费薪酬等要素构成，人文软环境主要构成要素则包括科学精神、人文经济、学术传统、学风校风和治学氛围等。硬环境和软环境相互渗透和相互融合的程度，决定了人性物境（主要由人才和体制组成）和物性人境（主要由研究方向和评价体系组成），决定了创新的程度。因此，一方面要关注物质环境的人文化对于创新驱动发展具有的重要作用。这是因为，创新驱动发展的环境更是人文化了的产物，因而失去其主要的纯客观属性，把改变现成的环境纳入创新驱动发展的过程之中，改造环境和创造好的氛围对于科研机构、团队、课题组和研究人员都具有很积极的意义，决定着创新的程度。另一方面，创新所需要的环境创新是创新文化的重要组成部分，即人文化了的创新环境。

我国创新驱动发展迫切需要加强创新文化硬环境和改造创新文化软环境。从硬环境看，重在解决研究方向、人员结构、基础设施、科研经费和管理体制等。但是我国科研机构却往往忽视这些要素及其之间的内在关联。事实上，我国科研机构包括名牌大学从校舍、规模等方面丝毫不输于世界任何名牌大学，但是科研质量和学术水平差距相当大，特别是重要前沿学科的原创者和关键新领域的开拓者极其欠缺，导引型人才十分短缺。这种差别，应该主要不是自然因素的障碍，而是文化因素的障碍，是缺乏对创新文化硬环境科学全面的理解。比如，一直以来很多大学认为，大学就是规模要大，校舍要漂亮，重视硬件建设，而忽视大学本应有的创新文化硬环境建设，甚至把硬件建设等同于创新文化硬环境建设。

与加强创新文化硬环境相比，加强创新文化软环境建设显得更加迫切。从软环境看，主要是科学精神、科学传统、人文精神、学风校风、治学氛围和学术科学评价等。长期以来，我国学界和社会比较重视对科学研究活动的政治评价，中国的知识分子也比较重视自己的社会形象，比较关注科学家的人品道德、学风，这本身没有错。但是却忽视了科学家的兴趣、爱好、专长和好奇心对于创新和科研原创性的特殊重要性，把科学家当成权威，是“高、大、上”，不容许说错话、办错事，这在无形中束缚了科学家的创新精神和能力的发挥，这是创新文化软环境缺乏的集中表现。同时，高校和科研单位行政化倾向严重，这也严重制约了创新发展。科学研究的硬环境重要，软环境也重要。当经济发展到一定阶段，科学研究的硬环境已经基本具备时，能够激发科学研究创新思想的人文环境也就提上议事日程上来，从而使得知识丰富和学识广博的科学家能够在科学研究中自由思想、理性批判和充分交流。从目前来看，随着我国经济快速发展，国家在创新文化的硬环境方面投入了大量资金，改善我国科研创新条件，创新文化的硬环境条件已经基本具备，但由于轻视科学思想的自由交流，缺乏宽松、活跃和激奋的软环境，低估了宽松和激励的治学氛围对于创新想法迸发的特殊作用，从而严重阻碍了我国创新发展的速度和进程。因此，加强推动创新文化的软环境建设，形成尊重知识和人才、自由宽松的创新氛围，是贯彻落实创新驱动发展战略的迫切任务。

第二节　我国创新能力不足的文化软环境分析

在党的十六大上，江泽民总书记对“创新”内涵给予科学阐释，即

"创新是一个民族进步的灵魂，是一个国家兴旺发达的不竭动力，也是一个政党永葆生机的源泉"。[①] 创新是经济竞争和综合国力竞争的核心。当今世界的国际竞争，与其说是人才的竞争，不如说是人的创造力的竞争。所谓的创新能力就是创新主体运用科学理论和各种知识，如自然科学知识、人文社会科学知识和既有科学技术在社会实践活动中不断创新提供出具有经济社会价值的新的思想、观点、理论及其方法的能力。经过多年来的改革开放，我国经济增速和总量取得巨大进步，但那种依靠廉价劳动力、大规模生产和原材料的价格优势已经逐渐被削弱，创新能力不足、产品不强、高科技核心技术缺乏严重制约着中国经济社会的转型升级。这里面既有诸如基础落后、市场经济起步晚等客观原因，也有创新文化不足、主体创新意识不强等主观因素。文化软环境对于创新具有至关重要的作用，甚至对于创新能力具有某种程度上的决定作用，对于改变我国文化软环境，提升我国创新能力，推动创新驱动发展战略具有优先的基础性作用。对此，习近平总书记深刻指出："国际经济竞争甚至是综合国力竞争，说到底就是创新能力的竞争。"[②]

一　企业文化对企业创新能力的影响分析

围绕企业文化的内涵，讨论者众多。有人认为企业文化是一个综合型的精神范畴，是企业在长期的生产经营、管理建设及其改革发展过程之中所形成的系列思想方式及其行为规范，如管理思想、企业精神及其群体意识的总和；有人认为企业文化作为企业的思想上层建筑，是企业自身的生存和发展的精神支柱，是被企业所共同认知的行之有效的精神理念，是企业领导管理层及企业员工所倡导和遵循的文化传统及其不断革新发展的系统性的行为规范，如企业的价值观、经营理念及其企业伦理品格；还有人认为企业文化就是企业的核心价值观念所构成的企业价值体系，包括企业的价值观、经营信念、企业仪式、企业品牌符号为特征的精神文化现象，

---

① 《江泽民文选》第3卷，人民出版社2006年版，第537页。

② 《习近平总书记系列重要讲话读本》，人民出版社2014年版，第65页。

直接决定和影响企业的自我创新能力。对企业文化的作用虽众说纷纭，但是，企业文化对企业的创新能力及其生存发展至关重要，这是不争的事实。一手打造富豪排行榜的胡润曾指出，在中国，企业的寿命十分短暂，一个企业能够经营十年已经是非常不容易了，能够维持到第四代可谓凤毛麟角，不到0.1%。中国企业富不过"三代"现象主要有以下两个方面的原因：第一个是物质经济方面的原因，这就是家族企业的发展，家族子孙越来越多，家族企业股份被稀释，从而失去竞争力；第二个主要原因就是企业文化核心价值缺乏，形成一代创业、二代守业、三代关业的恶性循环的企业发展模式。其中企业创新文化缺失是重要原因。①

从企业文化功能来看，只有加大对企业文化的建设力度，才能有效地提高企业的创新能力。从企业文化的约束功能来看，企业文化氛围、群体的行为准则以及道德规范等精神文化内容，会造成强大的集体文化动力或者说压力，使企业成员在心理上产生共鸣，在行为上达成一致。从导向功能来看，企业文化能够对企业及其员工的价值取向和行为规范产生强大的引导作用。从凝聚功能来看，企业文化一旦成为一种价值观就会被全体企业员工认可遵守，成为一种黏合力，把企业成员凝聚在共同目标下，产生一种强大的向心力和凝聚力。从激励功能来看，企业文化坚持以人为本，以积极向上的进取理念和奋发有为的行为准则来产生强大的使命感和不懈的驱动力，促使员工为企业努力、高效地工作。从品牌功能来看，企业品牌本身就是一个复合体，是由产品质量及其产品服务作为"硬件"和企业文化作为"软件"所构成的。实践证明，品牌价值是企业文化的积累，独具特色的优秀企业文化能产生巨大的品牌效应。

企业创新中文化发展的滞后必定会影响到企业创新能力和国际竞争力的提升。中国企业文化发展的滞后进而创新能力不足是影响企业国际竞争力的主要原因，这主要表现在以下几点：一是中国企业的创新文化氛围缺乏。企业文化分为物质层、行为层、制度层和核心层的精神文化，需要与

---

① 参见胡润《中国企业"富不过三代"做10年就很难》，《经济观察报》2012年9月25日。

企业远景目标、经营理念、行为规范、价值取向相结合。一些企业文化缺乏明确的目标定位，企业文化政治化、口号化、表面化和形式化严重，不能形成规范有效的企业精神，尤其是在处理销售与服务环节，往往重视销售而轻视服务，注重眼前利益而缺乏长远目标。特别是一旦品牌形成，往往缺乏对品牌的维护，主要表现为创新和服务不足。同时，过度追求利益而轻视形塑品牌价值是企业竞争力不强的普遍现象，这主要表现在企业对产品质量和服务的不重视。二是企业内部激励机制建设不完善。据国外研究表明：激励员工的前四个因素依次为个体成长、工作自主、业务成就和金钱财富。我国企业特别是国有企业对于个体成长的重视不够，企业员工成长的空间有限，工作自主度不够。特别是企业和机关事业单位在政治地位、养老保险、稳定收入等方面的差别，对于优秀人才缺乏吸引力。三是商业模式创新理念的缺乏。创新是跨国集团和品牌企业的核心竞争能力，这些企业在提升创新能力方面往往立足于企业自身的发展情况，前瞻性地将社会发展趋势、市场潮流以及未来潜在的产品优势相结合。创新需要以顾客为中心，尤其重视客户的体验与反映，培育新的市场，持续地投资于创新活动。具有国际竞争力的企业往往注重将创新与企业核心战略变革、战略资源的获得及核心人才价值相结合，注重通过不断创新激励机制以激发员工的凝聚力、向心力和认同感，注重创新文化建设，从而促使企业能够不断地实现技术上或商业模式上的创新，获得核心竞争力。不可否认，目前我国商业模式缺乏创新，首先是创新理念的缺乏，导致我国企业远景规划空洞，主要以利益而不是以顾客为中心，忽视市场以及民众的口碑效应和情感体验，过于追求短期的经济效益，缺乏公平、科学、合理的激励机制，员工的凝聚力和认同感不强，等等。

二 国家创新能力不足的文化软环境因素

可以说，一个国家的文化具有的生命力和凝聚力所产生的影响力和吸引力，集中地体现在文化创新能力中。改革开放以来，随着经济迅猛发展，我国创新能力不断增强，发展态势长期向好。2016 年 6 月 29 日，《国家创新指数报告 2015》新闻发布会召开。该报告显示，中国国家创新指数排名第18位，比上年提升一位，如期实现国家“十二五”科技规划提出的发展目标。参评的40个国家可划分为三个集团，中国当前已处于第二集团的领先位置，与创新型国家的差距进一步缩小。近年来中国创新资源投入持续增加，中国创新能力已经得到稳步上升。中国国家创新指数得分达到68.6分，比上年提高了0.2分，超过澳大利亚0.7分，继续拉大与后面的加拿大、新西兰、卢森堡等国家之间的领先优势。与排名第17位的爱尔兰相比，中国仅存在0.01分的微弱差距；与第一集团国家相比，中国与排名第15位国家的差距在进一步缩小，从上年的2.4分缩小到0.8分。创新资源排名第27位，比上年提升2个位次；知识创造排名第12位，比上年提升7个位次；企业创新排名第12位，比上年提升1个位次；创新绩效排名第11位，与上年持平；创新环境排名第19位，较上年下降6位。在金砖国家中，中国创新能力继续处于领先地位。这些数据显示，随着近年来中国创新资源的投入持续增加，中国创新能力已经得到稳步上升，与世界上40个主要国家相比较，中国国家创新指数得分与创新型国家的得分差距在进一步缩小。但是，与西方发达国家相比，我国创新能力还有一定距离。欧美国家作为传统创新型大国，继续以雄厚的科技创新和优异的科技创新绩效居于创新指数的领先地位，日本和韩国等亚洲创新型国家依靠自身的创新能力及其创新科技知识，在创新指数的排行榜中紧随其后。因此，不断改善创新环境，提升国家创新能力，依然是我们建设创新型国家的重要任务。① 目前，影响我国创新能力的因素很多，从文化软环境因素来看，以下方面需要值得高度重视。

第一，人文环境因素。人文环境即科学精神和人文精神，这是创新能力的重要文化影响因素。科学精神是人们在长期的科学实践活动中形成的共同信念、价值标准和行为规范的总称，是科学活动的基本精神状态和基本思维方式，体现在科学知识的思想和理念之中。科学精神主要包括执着的探索精神、创新改革精神、求真务实精神、怀疑批判精神等，其本质特

---

① 参见中国科学技术发展战略研究院《国家创新指数报告2015》，科学技术文献出版社2016年版。

征是倡导追求真理，鼓励创新，崇尚理性，坚持平等自由探索的原则。[①] 而人文精神则是一种普遍的人类自我关怀，主要表现为对生命的关切，对人的尊严、价值、命运的维护，对理想人格的肯定和塑造，对人类价值和精神表现的关注。[②] 科学精神和人文精神相互影响、相互依赖，对于国家创新能力提升具有重要作用。我国科学精神和人文精神的氛围不强，不仅改革创新、勇于怀疑、敢于批判的科学精神不足，而且对于人的价值、真理的追求以及独立人格等方面的人文精神也缺乏，守成心态比较严重，创新能力不强。

第二，科学传统。科学传统是创新氛围的重要前提与基础，中西科学传统的差异，也是导致近代中国创新滞后的重要原因之一。自近代以来，西方社会通过地理大发现、文艺复兴和宗教改革，确立了资本主义生产方式，新兴的资产阶级高举理性和科学的大旗，在“知识就是力量”的引导下，注重科学与创新，引发一连串的科技革命，极大地推动了西方社会的发展与文明。在东方特别是中国，儒家思想影响深远，儒家讲求“人人皆可成圣贤”，在要求人们修身养性齐家治国平天下时，更多强调的是人的自我修养，而对于科学精神、探索精神强调不够，即使拥有四大发明，也未能引发新的科技革命，使近代中国的科技创新大大落后于西方社会。创新离不开一定的文化氛围，创新也离不开文化的支撑，良好的科学传统，就会为创新提供创新文化的优良传统。

第三，学风。学风对于创新具有不可估量的作用。学者陈波认为所谓的学风就是特指一个学校的治学精神、治学态度和治学原则，是学生行为规范、思想道德水平和精神风貌的集中体现。[③] 我国是世界上最大的人力资源大国，每年入学和毕业的大学生规模居世界第一位。按理说，我国应当具备世界上最强的创新能力。但遗憾的是，我国学生鲜有创造力和创新力。究其原因是多方面的，既和应试教育有关，也和学风有关。我们的教

---

① 参见裴春燕《试论高校体育训练中科学精神与人文精神》，《科技信息》2011 年第26 期。

② 同上。

③ 参见陈波《浅谈高校辅导员在学风建设中所能发挥的作用》，《中国证券期货》2012 年第 6 期。

育，从幼儿园到博士的培养，比较注重专业知识的学习，要求学生听话、守纪律，遵从师道，否则就会受到惩罚。这让学生从小就形成保守、墨守成规、不敢创新的意识，再加上学校和家庭忽视学生的兴趣爱好、特长的培养，以考试论英雄，结果使得我们的学生缺乏个性，其创新性、开拓进取精神严重不足。“为什么我们的学校总是培养不出杰出人才?”这是钱学森生前的疑问，也是钱老的临终遗言，非常沉重，却不容我们回避。

第四，治学氛围。治学氛围是创新与否的必要条件，受到一定时代经济社会发展的影响。无论是高校还是科研机构，不是生活在真空，必然会受到社会环境的影响。治学氛围不严谨是目前我国科研界必须重视的一个现状，主要表现在两点。一是为名利而不是追求真理。知识界本应是真理传播者，而为了名利，追求短期效益，学术造假、学历造假事件层出不穷，严重影响了学术权威。二是强调背景忽视真才实学。我国学术界论资排辈、按领导职务高低论人才现象还比较严重。曾经出现的某高校校长两年就成功申报了13个国家和省市级项目，就是突出表现。一些教授，一旦评上博导后，心思就不在专业上，学而优则仕现象仍然普遍。还有诸如课题申请、结项，圈子内的人以关系论成果的质量等不正之风存在。总之，投机者得利，潜心做研究的吃亏，整个学术界显得浮躁、功利、虚夸，这样的治学氛围是难以培养创新精神和创新能力的。只有尽快改变学术界的这种情况，我国的创新能力才能得以提升。

第五，评价体系。评价体系对于创新具有重要的导向作用，评价体系的科学严谨能够极大地促进创新成果的产生和应用。目前，我国评级体系尽管取得巨大成效，但也存在不可忽视的问题。主要表现在以下三点：一是在中等教育方面，高考是指挥棒，以高考录取率特别是一本和重点大学的录取为评价一个初级中学好坏的标准。这种应试教育会极大地扼杀学生的创造力。二是在高等教育阶段评价体系也不完善。高等教育阶段应该是培养学生独立思考、创造创新的最佳时期，然而，我国高等教育比较注重培养学生接受知识的能力，而忽视学生动手、思考和操作的能力，标准化的课程、统一的知识体系，也不利于大学生的创造创新。三是高校和教师的评级体系亟待完善。对于高校，由于学科建设、职称评定需要人才、著作、论文、科研量等的要求，使得教师们重视科研而不重视教学，对于如何培养出对社会有用的人才思考不多，措施不力。再加上高校行政化和趋利现象比较严重，这就进一步制约了创造创新的发展。解决这些问题，当然是一个系统工程，但是改革和完善高校及教师的评级体系是当务之急。

三　个体创新能力不足的文化软环境因素

个体是社会成员的基本组成部分，个体创新能力强弱直接影响到社会整体创新水平。整体上来看，我国个体创新能力不强，特别是青年人，尤其是最具有创新可能性的博士群体，创新意识不浓，创新能力不强，原始性创新成果不多是不容忽视的现实。这里面既有整个社会创新文化氛围的原因，也有教育、制度等多种因素。关注个体特别是关注青年群体的博士，给他们锻炼的机会与成长的空间，是提升我国创新能力的重要途径。

个体青年的锻炼机会不足，成才平台的空间有限，是导致创新意识不浓，创新能力不强，原始性创新成果不多的重要原因。青年人是创新的最佳年龄，也是最容易出成果的阶段，但是青年人成长往往又缺乏空间和平台。虽然青年时期是创造性比较强的时期，但是，由于面临生存压力的选择，青年人往往不能够全身心投入到专业中去。同时，由于学霸、权威的大量存在，期刊、报纸、课题、评奖等往往是由他们在把持或主导话语权，按资排辈而不是按照能力评价，认为青年人太嫩，怕青年人犯错等理由，使得青年人缺乏锻炼，成长空间和平台受限，制约青年人创新。

如果说，少年强则国家强，少年兴则国家兴，那么从创新的角度看，就应该特别关注青年群体中的博士。可以说，博士群体的创新能力应该是中国人才创新能力的集中体现和希望所在，而目前博士群体的创新不足也是中国人才创新能力不足的重要体现。博士创新能力受到招生制度、师资水平、经费投入、科研条件、学术氛围、社会环境等诸多因素的影响和制约。北京大学校长许智宏对此指出，只有当我们的大学首先营造出适合科技创新、人才良好的科技人文创新环境土壤，在中国无论是哪一个研究机构或实验室出现诺贝尔奖也就不足奇怪了。[①] 为此，我们围绕以上制约博士群体创新能力的诸多原因进行了问卷调查，其中，以下三个原因是这个群体共识性比较高的意见。

首先，博士阶段创新不足在于教育衔接错位。博士阶段一般3—4年，在这个时间内，博士生要完成学位课程论文、英语、毕业论文等工作，甚至有些非专业博士还处于打基础阶段，基本没有能力或时间去进行创新。同时，混日子、混文凭的现象也不少见。这个现象的存在就要求审视和确立博士培养的目标任务的科学性问题。

其次，缺乏全身心投入研究创新。博士生入学后，主要精力用于应对毕业问题，因为毕业有一定的论文数量要求，特别是在国外或者国内的CSSCI期刊甚至一级期刊上发表论文的要求。为此，在发表论文这一目的的驱使下会投入不少的精力和财力，而这些论文基本上可以不算科研创新成果。除了琢磨毕业问题，还有毕业工作等非专业事情占据了博士生们太多时间，花费了太多的精力，真正用于学习和创新的时间和精力就捉襟见肘了。这些现象的背后，是博士教育培养和人才评价体制的改革完善问题。

再次，世界观、人生观和价值观的扭曲。在青年博士群体中，金钱至上、学得好不如关系好，特别是传统的官本位思想而不是能力本位的观念直接影响其价值选择，导致一些人把博士阶段作为通往实现找到好工作过好生活的跳板，而不是为了追求知识和真理，更谈不上立志用创造创新来实现自我价值和社会价值。这些现象说明，不正确的价值观和思潮严重地影响着一些博士生的世界观、人生观和价值观。因此，学校应当加强思想政治教育工作，实现校园环境、科技环境和人文环境的有机结合，实现教书育人的真正统一。全社会特别是新闻媒体，要切实担负起主流思想舆论引导的职责，弘扬主旋律，传播正能量。

---

① 转引自阎康年《创新环境对科技创新的重要作用》，《科学对社会的影响》2004年第4期。

第三节　创新的文化机制路径选择

创新是一项长期的事业，既要加强创新的硬环境建设，更要特别重视创新的软环境建设，创新特别需要一定的人文环境和科学基础，需要浓郁的创新环境、氛围和土壤，才能培育出创新型企业、创新型人才，推动创新型国家建设。创新的软环境建设不仅需要国家政策支持，还包括教育、传统文化、人格转型和管理评价体系等一系列的改革，特别要重视体制机制建设对于创新文化培育和创新环境营造的重要作用。

一　崇尚科学与理性的文化环境机制

科学与理性是创新的基本文化氛围，加强科学理性、科学精神、科学品质的熏陶与培养，提升国民的科学素质与人文素质，是适应国际激励竞争需要、推动社会转型、实施驱动创新发展的必然要求。把科学理性与科学精神融入创新文化环境，成为规范国民的行为方式、思维方式和价值理念，对于创新文化环境的形成具有重要意义。加强国民科学与理性的文化教育，要分类实施，突出重点，注重方式的多样化，在全社会形成一种改革创新、求真务实、勇于怀疑、敢于创新的良好氛围。

对于普通民众特别是山区和偏远地区的农村，要建立科学文化的普及机制。创新的产生，需要持续不断的文化基础，要和普通大众、老百姓的日常生活相结合。随着九年义务教育的普及，应当说，我国在科学文化知识普及方面取得了巨大成就，但是，不可否认的是，一些地方特别是贫困地区、山区、农村地区，伪科学、反科学的迷信甚至邪教盛行，究其原因，主要是生产方式落后、文化文明落后、社会治理中诸多的不完善，加之社会发展不平衡带来分配不公引起部分民众的不满心理，还有紧张的社会生活导致人们不能适应的心理空虚，等等。因此，在大力发展生产力、统筹城乡区域发展的同时，维护社会公正公平，加大对山区、贫困地区农村的科学普及，是目前面临的一项重要任务。

大学生群体尤其是研究生群体要建立求真务实、敢于创新的文化机制。大学生群体特别是研究生群体应该成为我国创新发展的重要生力军，要给他们创造宽松自由的学术研究氛围，为其创造创新提供良好的学术生态；要加大资金投入，为其创造创新提供必要的物资条件；要给他们下任务、压担子，为其创造创新提供必要的平台；要有德艺双馨的名师名家的指导，要有科学完善的考评机制，要鼓励他们的原始创新，培养他们的合作团队精神，等等。

建立高等院校和科研机构的科学理性文化机制。高等院校和科研机构承担主要的创新活动，是创新的最主要力量。目前高校和科研机构存在的行政化、官本位、按资排辈等现象，缺乏宽松、自由的学术交流氛围，缺乏怀疑精神和批判精神，是创新能力不足的最主要因素，必须予以破除；否则，创新文化氛围就难以形成，创新能力不足的问题也难以解决。

二 科学教育的创新机制

教育在营造创新氛围、普及科学知识、推动创新方面具有不可替代的作用。我国的教育事业对于培养大批现代化建设人才、推动社会发展做出了突出的贡献。但是，不容否认的是，我国教育体制也存在一些亟待改进的问题，建立科学教育的创新机制是我国教育制度改革的重要内容。

一是学校课程设置改革，要为提高学生的科学素质服务。我们的学校教育从小学到大学的课程设置，都比较重视基础知识的灌输，忽视学生的个体差异、兴趣、爱好和专长，授课方式单调，且部分内容远离生活和实际，不能引发学生的兴趣。为此要制定科学合理的课程体系，不同年龄阶段侧重点不同，小学更要注重培养孩子的兴趣爱好、良好的生活习惯、动手能力、想象能力，包括危机处理、自我保护、对错是非的判断能力，要特别注重孩子的身体健康，把知识的学习融入他们比较爱好的活动中去，强调授课方式和形式的多样性。中学时期是一个人世界观、人生观、价值观形成的重要时期，也是比较叛逆和接受新事物的年龄阶段，这个时期课程设置要注重青少年的身心变化，注重对他们的“三观”教育，加大心理辅导类课程，注意根据个体兴趣爱好分类实施教育。大学时期和研究生时期课程设计要注重培养大学生的探索和创新意识，注重与社会实践的结合，尤其要更加重视大学生的兴趣爱好以及专长，培养学生的独立人格和科学精神及其研究能力。

二是教师培训机制创新，要提高教师的科学素养。教师自身的行为、素质会对学生造成较大影响，要始终坚持“教育者必须先受教育”的理念和原则，对教师进行品德的教育和能力的培训。要注重提升教师的科学素养，培养教师的理性思维；要不断更新教师的知识储备、教学理念、教学方式。尤其要注重对教师的师德教育，德艺双馨是教师的基本准则。

三是未成年人科学素质培养机制要创新。创新的文化氛围形成是一个长期的过程，需要从娃娃抓起。首先，要培养未成年人的兴趣爱好、善于思考、动手解决问题的能力，未成年人想象力丰富，受到的约束相对较少，要保持和鼓励他们的这种创造性和想象力，并加以正确引导。其次，要平衡幼儿园和小学包括中学的教育资源。教育资源的不均，不仅是社会的最大不公，也是对未成年人创新意识培养的不公。最后，未成年人学习评价机制要改革。要降低智育在整个评价体系中的比重，加大对德体美劳等方面的分量，要综合评定德智体美劳，培育未成年人健全的人格，等等。

三　独立人格的培养机制

人格是人之为人的内在品质，是人性的内在规定性。处于亚细亚生产方式下的古代中国就形成了依附性人格，这是与现代市场经济要求的独立性人格相对立的。而科技创新人才必须拥有现代市场经济要求的平等独立人格，才能平等自主参与、自主选择、自主决定、公平竞争从事科技创新活动。但是市场经济一方面把人从自然经济的依附人格中独立出来，另一方面又形成了商品拜物教、货币拜物教和资本的依附人格，成为一种异化性的存在物。“工人生产得越多，他能够消费的越少；他创造的价值越多，他自己越没有价值、越低贱；工人的产品越完美，工人自己越畸形；工人创造的对象越文明，工人自己越野蛮；劳动越有力量，工人越无力；

劳动越机巧，工人越愚笨，越成为自然界的奴隶。”[①] 资本逻辑的本性及其统治，意味着对人的个性的否定，对个性的扭曲。为此马克思主义创始人提出要从精神境界提升和物质生产力发展两个方面来重塑人的独立人格。

独立人格培养，对于推动改革发展和创新具有重要的意义。如果说传统中国以血缘、地缘为纽带的人际互动网络，尤其是与科学精神背道而驰的国民的依附性格、奴性意识是几千年农耕经济所造就的，那么，今天中国的人际互动网络一定是建立在市场经济基础上的，是具有开放性和独立性的。如果说依附人格和奴性意识的背后是一个民族长期文化积淀的结果，那么要真正培养国民的民主精神和独立人格，这也是一个漫长的过程。但这是一个必须高度重视的工作。特别是知识分子独立人格的缺失，会严重影响到我国创新能力的增长和创新型国家的建设。从一定意义上说，中国创新中存在的问题，表面看是体制机制问题，实质是文化创新和国民独立人格问题。

改造传统培育国民的独立人格。培育国民的独立人格，推动民主与科学是自五四运动以来中国知识界的一个重要任务。要改造农耕经济下的依附人格土壤和文化传统。中国长期以来的农耕经济下的依附人格，和儒家传统文化中的忠孝、中庸等思想有关，和人治社会有关，“君让臣死，臣不得不死”“枪打出头鸟”“不求有功但求无过”等思想还长期存在于国民思想当中，影响了人们的思维和言行。尤其是在市场经济发展不充分、政治体制改革不深入、权力制约不到位的情况下，那剪不断理还乱的“门客、门宦、门附”的封建人身依附关系，那互相支持、互相提携的利益交换关系，就会使知识、理性、人格在政治和经济的“潜规则”面前黯然失色。因此，进一步解放思想，培育和市场经济相适应的开拓进取、竞争、创新、独立精神既是一个相当长的过程，也是当务之急。同时，全面深化改革，全面推进依法治国，既是一个相当长的过程，也是当务之急。在这个过程中要重视民主意识与科学意识的培养，这是国民独立思考

---

① 《马克思恩格斯文集》第1卷，人民出版社2009年版，第158页。

能力培养的前提。而独立思考能力是独立人格的前提，因此要鼓励国民特别是知识分子追求真理和正义，崇尚科学和理性，在全社会形成尊重知识、尊重人才的社会氛围。

四　科学合理的创新评价体系机制

创新评价是对创新活动所产生的效果和影响的认识过程，科学合理的创新评价体系对于激励和引导理论创新、制度创新、科技创新、文化创新和社会各方面的创新都具有重要作用，本课题主要从创新文化的角度探讨评价评级体系问题。

首先，制定科学合理的评价标准。近年来，无论是在职称和项目评审、人才奖励和聘任上，还是在科研经费及其科研成果分配上都存在科研评价标准失当失衡的现象。如何制定评价标准是保证公正科学的前提与基础。科学合理的评价标准既要体现全国统一标准的普遍性，又要体现类别层次的特殊性。比如职称评定，可以按照高水平大学、一般高校、职业类院校、高级中学、初级中学、“党校行政学院系统”、“社会科学院”以及各类社会科研机构进行分类，然后按照这些类别，分别制定国家统一标准。比如高水平大学的职称评定条件肯定要比普通高校高，但是，普通高校教师要想进入高水平大学，则需要按照高水平大学职称的评审条件给予重新评定。这样一方面可以解决职称在东西部地区、不同高校科研结构互相不认同的情况，鼓励高校教师和科研人员的相互交流，促进教育资源平衡，另一方面也可以防止暗箱操作，有利于评级体系的公开、公平、公正。尤其是通过科学合理评价标准的制定实施，鼓励大量基于市场需求的科研院所出现，并可以申请国家的科技计划经费，等等。

其次，引入“第三方”评级机制。“第三方”由于与当事人和单位没有直接利益关系，会相对客观公正。特别是在职称评定、奖励、经费分配等方面，“第三方”根据申请人条件，客观公正独立审定，最终签署意见，并对所签意见负责。当然，这就要求对“第三方”的认定要谨慎选择，一般是相关领域的相关专家或法人结构，“第三方”收到审定任务，可以根据评定内容确定相关评委，评委之间最好是相关专业的陌生人，评委对于所评结果实行负责制。

最后，建立诚信机制。诚信机制是创新中的重要文化机制，诚信是做人做学问做研究的基本准则，也是学术的基本道德底线。应该建立和完善基于伦理、道德和学术责任的行为规范和评价体系，要有合理的责任意识和回避、检查机制。评价体系要注重诚信机制建设，所有参评项目、作品、职称评定等，参评人要签署诚信意见，进入个人诚信记录，一旦发现有违规造假现象，实施最严厉的处罚。当然，诚信不仅是对当事人，也包括单位和评定的“第三方机构”，要让弄虚作假者、托关系走后门者、实施潜规则者承受不住失信的代价。同时还要建立完善与科研人员进行平等对话的协商机制，要尊重科学活动的本质规律和知识分子的智力创造。

总之，公平、公开、公正这“三公”原则必须在创新评价体系机制中得到充分的重视和体现，这是激励和保障创新的前提。与此同时，国内外学术权威和专家学者的研讨、咨询、评价和参与规模和程度都应该逐步开放和扩大，这样才能使得国家级的评选评比效率和指标日趋合理和透明，进而促使各级都来营造风清气正、客观公正、开拓进取的创新环境。

五 创新环境的不断创新机制

人人想创新、事事靠创新、处处有创新的创新文化环境在创新过程中的重要作用，已经成为学界和科技界的共识，从我国基本国情来说，由于传统创新文化氛围较弱，创新意识不强，因此，建立创新环境的不断创新机制，是创新持续发生的重要保障。按照马克思的观点，环境创造人，人也在改变环境。因此，创新环境是人化的环境，科技创新人才要自觉地不断创造和创新治学氛围、自由学术交流和独立创新人格培养的人文创新，形成有利于创新的文化机制。同时，政府和研究机构及其负责人，要避免对创新活动直接的行政干预，而是应该更有职责地去创造有利于研究和创新所需要的条件与环境，提供必要的服务。

营造风清气正、求真务实、勇于创新的社会环境是创新环境能够不断创新的前提与基础。创新环境的不断创新，离不开社会大环境，特别是要把中国传统文化同市场经济的现代精神相结合，营造社会公开公正、追求真理、勇于创新、尊重知识和人才的大环境，改变权利本位、官本位、金钱本位的不良社会风气，倡导科学精神和人文精神，倡导能力本位，杜绝和改变各种领域的“潜规则”“拉关系”等现象。

营造符合科研活动规律的环境是创新环境不断创新的重要保障。其中，高校和科研机构“去行政化”是营造创新环境的迫切要求。应该说，高校和科研机构行政化现象早已引起有识之士的高度重视，学界和科研界已呼吁多年，早在 2010 年九三学社就有调研报告指出：科研机构行政化倾向造成的不利影响突出表现在四个方面：一是科研方向的行政主导在一定程度上约束了科研人员的自由研究；二是科研评价与管理行政化突出，制约科研人才创新能力发挥；三是科研队伍出现行政化趋向，名利之风取代科学精神；四是科技成果收益分配行政化，科技人员的利益难以保障。① 但是从实践来看，改革现状的效果并不明显。因此，在全面深化改革的今天，从制度上解决并规范这一问题，已经成为不断创新环境的迫切需要。因为科技创新依靠的是高水平科研人才，而科研人才的成长与成功，既需要科研工作者自身具备良好的素质和能力，更需要良好的外部环境条件。要建设创新型国家，就必须改变科研管理行政化的倾向，鼓励和支持科研人员潜心凝智、心无旁骛地搞科研，营造符合科研活动规律的环境。只有符合科研活动规律的环境，才是科技创新真正需要的重要保障。

建立宽松自由的学术交流和敢于质疑，不畏权威的批判机制是创新环境不断创新的必然要求。江泽民指出，“创新是一个民族进步的灵魂，是国家兴旺发达的不竭动力”②。那么宽松自由的学术交流就一定是创新环境不断创新的必备条件，也是培育科学精神的需要。敢于质疑，是科学精神的基本品德，没有质疑，就没有创新的产生，尤其不能思想僵化。同时，社会也要包容不同观点、不同思想和看法。为此，就必须进行关于人才的创新意识、创新能力，特别是创新思维的培养；就必须建立宽松自由的学术交流和敢于质疑、不畏权威的批判机制，也只有这样才能培养培育

---

① 参见刘娟《政府主导型的高校科研成果评价研究》，中南大学硕士学位论文，2011 年。

② 《江泽民文选》第 3 卷，人民出版社 2006 年版，第 537 页。

出一大批高素质的创新型人才，形成符合创新驱动发展的民族创新能力和国家创新发展的驱动力。

我们欣喜地看到，在2016年1月8日召开的国家科学技术奖励大会上，李克强总理再次强调，我们必须进一步加快科技成果产权、科技成果收益分配和科技成果转化体制机制的改革，来进一步激发广大科技人员可持续的创新动力；要进一步加快科研项目管理、科研评价及其创新人才评价体制机制改革，使得科技创新人才把更多精力投入科技创新研究之中；要赋予科研院所和高等院校更多科研自主权，赋予科技创新领军人才更多的科研研究决策权。[①] 这是对构建有利于创新的文化机制的明确要求。我们有理由相信，一个在世界文明发展五千年中有近三千年排在世界第一位的古国，一个拥有世界最大规模科技队伍的大国，只要我们不断深化改革，加快形成有利于创新的文化机制，加快创新文化的培育和创新环境的营造，就一定能够创造出更多更好的科技创新成果，一定能够成为世界科技创新强国。

---

① 参见李克强《用创新的翅膀使中国经济飞向新高度——在国家科学技术奖励大会上的讲话》，《中国科技产业》2016年第2期。

第十章

构建有利于创新驱动的领导机制

如果说体制机制的重要性在于能够引领、催生出现实的格局，那么现实生活的创新空间、创新条件等必需的东西，事实上与领导体制机制关系是很大的。或者说，领导体制机制是创新驱动发展的关键和枢纽，是完成和实施创新驱动发展战略不可或缺的重要领导力量和组织保障。在我国，创新领导体制实际上由两个层面构成：一是中国共产党作为执政党，要提出创新的科学理念，部署创新驱动战略以及激励、支持创新的一系列理论、方针、措施，等等；二是政府要把党的创新理念、创新驱动战略、激励、支持创新的理论、方针、措施加以落实，出台具体的实施办法或政策以及具体的组织实施，等等。目前，党关于激励、支持创新的一系列理论、方针、措施已经确定，关键在落实。而党的创新理论、方针政策落实的关键则在于政府。因此要把党的十八大提出的创新驱动发展战略加以有效实施，需要着重从政府的角度来深入探讨构建有利于创新驱动的领导机制问题。可以说，政府在实施创新驱动发展战略过程中的领导地位和作用集中表现为引领、统筹和协同各领域实现创新驱动的发展。其作用发挥的大与小、有效与无效，很大程度上取决于政府从国家创新驱动发展战略的高度对自身体制机制的改革和创新。关于这一点党的十八届五中全会有明确的强调："推动政府职能从研发管理向创新服务转变。"① 这表明，按照

---

① 习近平：《关于〈中共中央关于制定国民经济和社会发展第十三个五年规划的建议〉的说明》，《理论学习》2015 年第 12 期。

创新驱动发展战略目标和要求，实现政府领导机制创新是实现深入实施创新驱动发展战略的“拱心石”。而政府领导体制机制创新的关键是转变政府职能职责，构建适应创新驱动发展战略的目标和要求的创新型政府。这也是本章所要重点讨论的内容。

第一节 创新发展战略的实施呼唤构建和完善创新驱动的领导机制

在经济新常态条件下，对于各级政府来说，不仅要认识新常态、适应新常态，更要引领新常态，要主动积极地通过创新来培育新的发展动力。因此，进一步改革创新政府领导体制是适应和深入实施创新驱动发展战略的迫切需要。创新驱动发展战略的实质就是驱动经济发展的动力是创新。其动力机制在国家层面是国家的创新体系，而政府领导创新则是国家创新体系的主导和核心所在。政府在领导整个创新驱动发展战略中的中心和主导地位，决定了政府领导体制机制必须首先创新。所谓政府领导机制创新是指政府的行政领导、服务管理及其公共治理机制的创新，这是正确而有效的实施创新驱动发展战略重要的保障。按照创新驱动发展战略的要求，政府不但要不断地深入实施一系列针对国家创新体系建构、区域创新体系建构、科技体制改革等措施，同时还要积极推进政府领导机制，如政府的组织机制、行政机制、管理机制、服务机制及其治理机制的创新，构建创新型领导机制，以加快实现国家社会经济发展方式的根本转变，推动建设创新型国家。从这个意义上说，政府领导体制机制的创新是经济发展创新的关键。显然，政府领导机制创新是一个复杂的系统工程。由于创新驱动发展战略的根本目的，就是要提高技术创新使其成为经济增长和发展的主要驱动力，这就要求政府在领导创新驱动发展战略之中创新领导创新驱动发展战略的体制机制。因此，创新领导思维、创新领导方式、增强创新领导能力则是实现经济发展方式转变的前提和保障。仅从适应、把握和引领经济发展新常态、加快经济发展方式的转变这一角度来看，创新领导思维、创新领导方式和创新领导能力就是构建有利于创新驱动领导机制值得重视的三个关键点。

一　经济发展方式的转变要求创新领导思维

经济发展方式的转变与创新领导思维是相互作用辩证统一的。一方面，政府领导创新驱动发展战略的创新思维的变革和创新的紧迫性，来自当代中国社会经济发展新常态的客观要求，是当代中国经济发展方式转型升级的现实需要。经济发展方式转变的实质是要靠“创新”来培育新动力，经济发展方式的新常态和新变革要求政府的领导思维必须与时俱进，必须不断解放思想，不断创新领导经济发展的创新思维。这就要求首先必须创新政府领导体制和机制。另一方面，要真正实现政府领导经济发展方式的转变，转变政府在领导创新驱动发展战略中的职能职责，就必须有赖于政府领导创新驱动发展战略的领导思维，有赖于政府领导创新驱动发展战略的领导思维的创新。因为领导理念及其思维是领导机制创新的世界观方法论指导。正如习近平总书记强调的，理念是行动的先导。理念对了，政策举措就好定了。对于创新和转变经济发展方式来说，创新和转变领导理念及其思维是实现政府领导经济发展方式转型的思想前提，也是加快创新领导机制的思想基础所在。有什么样的领导发展理念及其发展思维，就有什么样的领导方式及其领导实现能力。所以，只有树立创新型领导理念及其思维，使得领导干部尽快从落后传统的领导发展理念及其发展思维方式的禁锢束缚中解放出来，才能为实现经济发展方式转变提供领导理念转变的思想基础，成为实现经济发展方式转变的先导；只有确立创新型领导理念及其思维，才能为真正破除阻碍和影响经济发展方式转变的体制机制障碍，实现领导经济发展方式的转变，并最终形成适应经济发展方式转变的创新型领导能力。为此在全新领导发展理念指引下，我们应该树立如下经济发展方式转型升级的领导思维。

第一，树立引领绿色生态环保思维，破除政绩 GDP 拜物教物化领导思维。党在十八届五中全会上要求树立绿色发展理念，其目的是实现人与自然的和谐发展，其剑指政府领导思维的 GDP 思维痼疾。众所周知，GDP 是衡量一个国家经济发展的一种关键性指标，从一定意义上表现了一个国家经济发展综合能力的经济指数。客观地说，GDP 领导思维是我们社会主义初级阶段的必然产物。社会主义初级阶段决定了需要大力发展生产力，把经济工作作为政府的中心工作，于是衡量经济发展综合指数的 GDP 就成为政府领导经济发展的指挥棒和政绩考评的核心指标，进而在政府领导经济思维范式中形成了 GDP 拜物教，GDP 成为衡量社会经济发展的唯一指标。这种只注重量而不注重质的粗放型经济发展，一个直接后果就是形成高耗能高污染的经济发展方式，造成资源极大浪费，生态环境严重污染，人与自然关系日趋紧张。中国雾霾一年比一年严重的严峻现实证明，以牺牲自然生态环境为代价的 GDP 拜物教发展思维模式已经难以为继，必须树立绿色生态文明发展思维理念。坚持绿色发展，就要在中国发起一次生态革命，解决人与自然和谐问题。就必须实现经济发展方式从 GDP 粗放型向环境友好型和资源节约型转变；实现从政绩 GDP 评价思维到绿色 GDP 评价思维方式的转变。就要求各级政府真正把生态绿色思维作为领导经济发展的核心思维范式，始终坚持在发展中保护，在保护中发展，深入实施大气、水及其土壤等生态环境整治和修复工作，推进形成绿色生态发展方式，实现美丽中国建设。

第二，树立引领开放互联发展思维，破除地方保护主义封闭领导思维。开放是一种领导理念，更是一种领导潮流。改革开放是中国经济发展的必由之路，其核心是对内改革和对外开放。多年来的改革开放的实践经验证明，不断全面深化改革是实现中国经济发展的不竭动力，而不断全面深化对外开放是实现中国经济发展的必要外在条件。随着改革开放的发展，我国已经是世界贸易第一大国，第一大外汇储备国，第二大外资吸引国和第三大外资投资国。但是，在世界经济增长乏力、复苏进程缓慢和对外需求疲软的形势下，国际地方贸易保护主义又有所抬头，使得我们对外开放经济发展环境已经发生深刻变化，对外开放经济发展模式已经发生重要变化。同时虽然我们早已解决了经济短缺问题，但是又面临着严重的产能过剩、增长速度换挡、结构调整等问题。因此坚持开放发展理念，就是要通过完善对外开放战略布局，形成对外开放新体制，深度融入世界经济，积极参与全球经济治理，统筹国内、国际两大资源和市场，寻求新的经济发展驱动力和增长点，解决我国发展的内外联动，国内外一体的大问题。当前我国经济深度融入世界经济的重要对外开放战略举措就是积极推进“一带一路”倡议，实现丝绸之路经济带和21世纪海上丝绸之路的相互作用。同时我国也在积极扩大自贸区建设和亚洲基础设施投资银行的建设，进一步优化引资和投资结构，实现引资和投资的双向互动，以便积极应对以美国为主导的TPP等新的挑战。要把党中央这一系列开放大战略新举措加以贯彻落实，首先需要各级政府树立大格局的对外开放思维，确立开放发展经济的新理念。

第三，树立追求共享发展思维，解决经济发展方式底线思维不足问题。共享是领导理念，更是一种领导目标。改革开放以来，由于在领导发展社会经济过程之中重点解决物质资源经济短缺问题，我们长期坚持效率第一兼顾公平原则，的确极大地促进了经济的发展。但同时也导致了“GDP唯一”的片面思维，导致社会发展成果共享问题越来越突出，集中表现为如下三个方面。一是人均收入与国民收入不能同步增长，人均收入GDP增长速度远远低于国民收入GDP增长速度。二是社会居民收入贫富差距越来越大，表现在不同行业、不同地区、不同领域、不同地区及其不同群体等各个方面，衡量社会贫富差距的基尼系数长期高居不下，社会主义公平正义问题越来越突出。三是社会贫困问题日益严重。按照现行脱贫标准，2014年中国农村贫困人口高达7017万，成为实现全面建成小康社会的巨大障碍。为此，党的十八届五中全会提出共享发展理念。坚持共享发展，就是着力增进人民福祉，增强获得感，解决社会公平正义问题。就是坚持发展依靠人民，发展成果为了人民。这就要求各级政府在两个方面下大力气。一是重点关注贫困人口，实施精准扶贫和脱贫，解决区域整体性连片贫困问题。习近平认为坚决打赢攻坚脱贫工程是实现全面建成小康社会成功的内在要求，也是“十三五”规划最繁重最艰巨的任务。深入实施精准扶贫和精准脱贫就是实现社会主义共享发展的集中体现，实现贫困人口与社会主义发展的成果共享。二是在共建共参中实现共享发展。民生是政府领导经济发展转型的价值追求。无论是实现贫困人口的精准脱贫，还是解决住房、教育及其就业等民生问题，都需要广泛动员社会力量在共建共参中实现共享发展，努力让一切社会要素，如劳动、知识、技术、管理及其资本等合作参与，让全体社会成员参与，在共建中实现共享发展，持续增进人民福祉。

总之，党的十八届五中全会立足发展新要求提出的“创新、协调、绿色、开放、共享”五大发展新理念，是“十三五”乃至更长时期我国发展思路、发展方向、发展着力点的集中体现，也是改革开放以来来我国发展经验的集中体现，反映出我们党对我国发展规律的新认识。这五大发展新理念是政府领导经济发展转型必须树立的新思维。只有自觉用新的发展理念引领发展行动，才能科学有效地创新和转变经济发展方式。

二 经济发展方式的转变要求创新领导方式

创新领导方式是经济发展方式转型升级在行政领导上的集中体现。领导方式是领导者实施领导的运行机制，是领导者为了达到一定目标，按照客观规律而采用的方法和手段的总和。创新是加快转变经济发展方式的核心动力，而只有尽快转变经济发展方式，又才能进一步提升我国的科技实力和创新能力。要实现这一目的，只有更好更快地创新领导方式。创新思想变革要凸显自身的创新思维变革意义，在这里创新领导方式就成为创新领导思维变革效能的存在机制。如果没有领导方式的创新来实现发挥和释放创新思维的思想变革力，创新领导思维就退缩到“思想的幽谷”之中而沦为创新的空谈。所以，创新型领导方式是创新型理念实践的运作机制，而创新型领导方式则是实现政府领导经济发展方式转型的关键核心，也是创新领导机制的本质核心。不同时期，政府领导经济发展方式转型所面临的情况和形势是不同的，对政府领导经济发展转型就会提出不同的要求。总体来看，是越来越高的发展要求。比如，在党的十八大之后，按照国家治理体系和治理能力现代化的目标要求，按照紧紧围绕进一步提高科学、民主及其依法领导方式的体系制度体制建设的要求，就有进一步创新发展政府领导经济发展转型方式的要求。对此，我们认为适应国家治理体系及其方式创新的客观要求，应该在以下三个方面实现政府领导方式创新。

第一，强化科学领导方式，增强政府领导经济发展方式转型的科学性。在市场经济条件下，政府领导经济发展方式还有诸多不适应现代市场经济发展规律的非科学的领导方式，突出的表现是党政职能不分，以党代政现象依然在一定程度上存在，政府对市场经济行政干预比较频繁，政府与市场经济之间的关系不符合市场经济发展科学规律的要求，等等。现代政府领导方式必定是善于科学领导的领导方式。依据科学客观规律及其科学领导思维是政府科学领导经济发展方式转型的基本内容，也是政府实现国家经济治理能力现代化的基本前提。坚持科学领导方式必须要求领导方式贯穿科学领导理念及其思维，这种科学领导理念及其思维集中体现在以下三个方面。首先，以科学理论来指导政府的领导方式。马克思主义是被100多年来世界历史发展进程，特别是我国革命、建设和改革实践反复证明了的科学真理，具有鲜明的科学性和真理性，是我们认识世界、改造世界的强大思想武器。马克思主义指导思想是我们党的精神旗帜，是政府坚持科学领导方式必须要坚持的科学理论指导。其次，有科学的制度规范政府的领导方式。科学的领导制度是保障政府领导方式的规范性和时效性的关键。根据政府领导经济社会发展转型的规律，完善政府领导经济发展方式转型的制度体制，把政府领导行为纳入制度化和规范化道路，防止政府领导方式的任意性和随意性，是十分重要的改革任务。最后，依靠科学方式来实施政府科学领导方式。这就要求政府领导方式必须在科学领导理论及其科学领导制度条件下结合当今世界领导潮流和中国实际，把继承与创新有机结合起来，既要继承已经被实践证明具有中国特色的科学领导方式如宏观经济调节方式，又要结合信息社会时代要求，积极推进如电子政务建设。

第二，强化民主领导方式，增强政府领导经济发展方式转型的民主性。市场经济是民主化经济。在政府民主集中领导经济发展方式转型过程中，由于传统中国政府领导经济模式的消极影响，家长式政府领导经济的现象还时有表现，政府行政管理决策不讲民主，专断专权，民主流于走形式而实际暗箱操作等现象时有发生。然而，讲民主，既是社会主义政府的本质要求，也是现代政府文明的重要标志和现代政治文明的重要内容。现代化政府领导经济发展方式，必须体现民主精神、民主理念及其民主思维。根据马克思的民主理论，其最根本就是坚持人民民主理念，施行协商民主领导方式。为此，首先要树立政府领导经济发展方式的人民民主理念，始终坚持为人民服务的主旨。这是解决政府领导为了谁、依靠谁的根本问题。真正做到领导为民，实现为民做主到由民做主的根本转变，坚持立党为公、执政为民，权为民所用、利为民所谋和情为民所系。其次，加强政府领导发展方式的民主制度建设，完善民主领导体制机制框架。一方面，必须要充分发挥中国共产党的党内民主力量，以党内民主来带动和引导政府行政民主；另一方面，要进一步加强人民代表大会根本制度建设。人民代表大会制度是坚持党的领导、人民当家做主、依法治国有机统一的根本制度安排。以人民代表大会制度作为中国发展民主政治的根本政治制度，是中国新型民主观创新的立足点。随着我国经济体制改革的深入和现代化建设的发展，在坚持人民代表大会制度不动摇的前提下，也要正确认识它存在的不足，采取措施去改进它、完善它，让它的优越性和巨大作用充分发挥出来。最后，加强协商民主方法。民主的要义即是通过对话、磋商、讨论、审议等各种协商的形式，实现公民平等参与政治生活以及决策的科学化与民主化。党的十八大明确提出推进社会主义协商民主，充分肯定了协商民主是社会主义民主的重要形式，并且要求推进协商民主广泛多层制度化的发展。所以，协商民主已成为中国特色民主政治的重要内容。这就要求，政府在领导经济发展方式转型过程之中，要充分发挥民主党派参与促进经济发展转型的重要作用，要发挥市场经济多元化民间主体的基础民主力量，充分调动社会基层民主的积极性，以进一步实现政府在领导经济发展方式转型中的决策民主化。

第三，强化法治领导方式，增强政府领导经济发展方式转型的法治性。市场经济是法治经济。由于我国封建专制主义的集权统治历经两千多年，而且还发展得越来越精致和完善，这就使得长期以来政府领导经济不仅民主意识缺乏，而且法治意识也极其缺乏，政府领导经济发展方式的人治现象比较突出。虽然早在2010年10月10日，国务院就印发了《关于加强法治政府建设的意见》，提出了法治政府的目标要求：职能科学、权责法定、执法严明、公开公正、廉洁高效、守法诚信。还规定了提高行政机关工作人员特别是领导干部依法行政的意识和能力、加强和改进制度建设、坚持依法科学民主决策、严格规范公正文明执法、全面推进政务公开、强化行政监督和问责、依法化解社会矛盾纠纷7个方面的任务。[①] 但是，必须承认各级政府在依法行政方面与现代法治政府还有相当大的差距，突出表现在以权代法和以言代法的现象比较突出，重关系，轻规矩，讲人情和轻法治，公务员法治意识及其法治规矩还不强。由于政府在领导经济发展方式转型方面存在这样或那样的法治方式缺陷，使得民众“信访不信法”，法律信用大大降低。党的十八届四中全会提出，依法治国是党执政的基本方略，必须实现党的领导、人民当家做主和依法治国的有机统一，其核心是坚持依法行政。首先，依法行政是依法治国的必然要求。我们知道，依法治国的本质就是实现国家政治生活在宪法及其法律规范下行使国家权力，实现国家善治，行政权力作为国家政府权力的核心构成要素，依法治国必须首先要求依法行政。其次，在依法治国过程之中，政府行政权力是最活跃的主体权力，是依法治国权力承担主体，或者说，法治的实施主要靠政府执行。因此，“法无授权不可为、法定职责必须为、法无禁止皆可为”，就是对行政机关依法行政的基本要求。从这个意义上说，依法行政就是依法治国的集中体现。最后，依法治国的根本目的是实现人民当家做主权利得到法律权力保障的善治，而这需要发挥依法行政手段来保障依法治国保障人民权利目的才能实现。因此，依法行政成为依法治国的关键和核心所在。对此我们必须提高立法水平，建立健全法治体系；树立新的执法理念，规范领导行政行为；加强执法队伍建设，强化执法意识；加强监督制度建设，健全监督体系机制。

总之，为了增强政府领导经济发展方式转型必须要求创新政府领导经济发展的方式，努力按照科学领导、民主及其法治领导的基本要求，并坚持三种基本领导方式的有机统一，在社会主义市场经济中不断创新领导经济发展方式。

---

① 参见《国务院关于加强法治政府建设的意见发布》，《工商行政管理》2010年第21期。

三 经济发展方式的转变要求增强创新领导能力

增强领导能力是创新领导机制的根本目的。经济社会发展方式的转变与政府自身领导能力的创新是休戚相关的。无论政府领导思维的变革还是政府领导方式的革新，都最终需要政府领导创新能力的跃升。政府要实现领导经济发展方式的转变，领导创新驱动发展战略的实施，如果没有政府领导能力的创新和提升作为内在支撑，政府领导创新驱动发展战略不仅会成为空谈和空想，还会误事误国。从这个意义上可以说政府领导力决定国家治理能力。在当前政府领导经济发展方式转型过程之中，固然有政府领导理念及其领导思维方面的落后，也有政府领导方式的不科学，非民主及其违法乱纪任意行为方面的原因，但政府领导经济发展方式转型的能力不足应该是关键。可以说当今世界各国政府之间竞争，说到底是政府领导经济发展能力的竞争。所以，党的十八届三中全会提出一方面要实现国家治理体系及其方式的现代化，另一方面最终目的必须实现国家治理能力现代化，强调把提高政府领导创新驱动发展战略能力作为国家治理能力的核心能力，由此可以说政府领导经济发展方式转型治理能力是现代国家治理能力的核心竞争能力，这是转变领导方式的内在要求和加快经济发展方式转型的迫切需要。因此，按照十八届三中全会提高国家治理能力的目标要求，结合当今世界领导力创新趋势和当前我国经济发展方式转型的实际情况，增强创新领导能力要在以下三个方面努力。

第一，培养科学领导思维及其方式，增强政府领导经济发展方式转型的决策预见能力。提高政府领导经济发展方式转型的能力首要的是提高政府经济决策发展预见能力。政府决策预见能力是政府对经济发展未来趋势和走势的预测、研判和分析能力。政府领导经济发展方式转型的决策预见能力是建立在政府思维创新及其领导方式创新基础之上的。当前政府对领导经济发展方式转型的经济决策预见能力既要继续坚持“摸着石头过河”的经验实证型的领导思维及其领导方式，但是又不能简单局限于主观经验判断，而是要运用科学思维来认清当前经济发展方式转型的规律及其发展趋势。政府决策预见能力一定是建立在对客观规律认识和把握基础上的。

市场在资源配置中起决定性作用就是政府决策预见能力所必须遵循的科学经济发展规律。提升政府决策预见能力要求政府领导干部拥有建立在客观经济发展规律基础之上的创新领导思维，只有具备创新型变革领导思维之后，领导干部才能拥有超前决策预见能力。其中最关键的是，政府领导干部必须树立战略决策预见能力。政府对经济发展方式的决策能力绝对不能满足一时一地的“头痛医头脚痛医脚”经验对策，而是要具备制定战略规划的经济发展调控能力，使得政府经济决策具有整体性、长期性和根本性，这就需要发挥政府对经济发展转型能力的战略决策预判和预见能力，即战略思维能力。因为战略思维能力就是一种全局性、长期性和根本性的思维能力。正所谓“不谋万世者，不足以谋一时；不谋全局者，不足以谋一域”。党的十八大之后，以习近平同志为核心的党中央特别注重领导经济发展转型的战略决策预见能力，提出了一系列具有科学性的重大战略决策预见新观点，如经济进入新常态，全面深化改革的战略布局、全面依法治国战略方略，创新驱动发展战略，供给侧结构性改革，提质增效，调结构，去杠杆和化产能，等等，这些都是党和政府增强领导经济发展方式转型的战略决策预见能力的集中体现。

第二，树立协调发展领导思维及其方式，增强政府领导经济发展方式转型的统筹协调平衡能力。政府要正确发挥科学决策预见能力，如果没有政府自身统筹协调发展平衡能力作为内在支撑，是办不到的，也是不可想象的。政府统筹协调平衡能力是政府统揽全局和协调平衡各方的能力。政府要发挥统筹协调平衡能力，就必须要树立统筹协调发展领导思维，才能够把人民群众最广泛地、最大限度地涵盖进来、包容起来。习近平总书记指出：“在中国社会主义制度下，有事好商量，众人的事情由众人商量，找到全社会意愿和要求的最大公约数，是人民民主的真谛。”[①]“协调是持续健康发展的内在要求。”[②] 在新常态条件下，增强政府统筹协调平衡能

① 习近平：《在庆祝中国人民政治协商会议成立65周年大会上的讲话》，《世纪行》2014年第9期。

② 习近平：《关于〈中共中央关于制定国民经济和社会发展第十三个五年规划的建议〉的说明》，《理论学习》2015年第12期。

力是增强政府领导能力的内在要求。因为，要实现“五位一体”的社会主义事业总体布局，就必须要正确处理发展之中的重大关系。比如：要正确处理好区域协调发展、城乡协调发展、经济社会协调发展；要促进新型工业化、信息化、城镇化和农业现代化“四化”同步协调发展；在增强国家经济硬实力的同时，要特别注重增强国家文化软实力，不断增强社会发展的整体性和协调性，等等。所以，树立统筹兼顾协调发展的领导思维，增强统筹协调发展平衡的能力，是各级政府正确处理发展中重大关系的前提和必然要求。

第三，全面强化提升法治思维及其方式，增强政府领导经济发展方式转型的法治化公信执行力。无论是政府宏观战略决策预见能力，还是政府统筹协调发展平衡能力，最终都是需要落脚到政府的法治行政执行力上。法治化行政执行力，是政府领导能力可以依存的实体力和人民群众可以直接感知到的感性能力。再好的战略决策都必须依靠政府的行政执行力来加以完成实现；任何一种利益统筹平衡力都需要政府行政执行力来加以保证和体现。因此提升政府领导经济转型发展的能力就必须聚焦到提高政府的行政执行力上。当前政府执行力的不足，不在于政府组织能力不强，而在于政府行政主体的法治化公信力缺失，在于民众对行政主体法治化能力的怀疑。因此，政府行政法治化公信力的缺失是政府执行力“困境”和“梗阻”的症结所在。公信力是政府的影响力和感召力，体现了政府工作的权威性、民主程度、服务程度和法制建设程度。造成政府行政法治化公信力缺失的重要原因是政府公权被一些政府行政人员在其代理过程中所异化，比如官本位思想严重，缺乏为民服务的精神；有法不依，行政执法缺乏监督规范；滥用权力、以权谋私、贪污腐败等现象屡禁不止。如此等等问题的存在破坏了政府公权与市场主体、政府与公民主体之间的契约权力信任关系，从而增加了政府在统筹平衡市场经济及其人民群众各方利益主体之间的协调成本和交易成本，影响了政府在人民群众心中的形象，造成了政府“公信力困境”。行政主体公信力是政府行政执行力的向心力的内在源泉，是政府行政执行力的内在驱动力。因此，进一步规范公权力运行，是解决政府公信力困境的根本路径。规范公权力运行的关键是规范政府行政主体依法行政，完善行政法律制度，推进法治政府建设。制度的意义就在于以刚性规定及其后果设定来提高违法的机会成本，并通过严格的操作程序进行责任预期和认定，以有效遏制违法行为。因此政府行政执行力需要的公信力不能仅仅依靠道德政府的伦理诚信，而必须依靠法律公器制度契约信任来保障，完善行政法律制度就成为提供和增强政府执行力的“加速器”，从而提高政府自身的法治化能力。

总之，由于政府在领导经济发展方式转型中存在如领导战略决策的预见能力不强，协商民主参与协调能力不强，及其法治化公信力执行力缺失等诸多问题，导致政府领导经济发展方式转型能力不能符合国家治理体系及其治理能力现代化的客观要求，这就要求政府必须尽快实现领导机制的创新。

第二节　创新驱动领导机制的构成分析

党的十八届五中全会提出了五大发展新理念，其中创新发展理念是其核心发展理念，同时也赋予领导机制创新以新的内涵要求。如前分析，中国经济发展新常态及其经济发展方式转型升级的现实要求促使政府必须构建适应领导国家创新驱动发展战略的体制机制，为此还必须深刻分析和研究提升创新政府领导体制机制的本质构成要素。对于政府领导机制内涵的研究，最先源于对党的领导机制界定。一般来说，“党的领导机制，是为了正确而有效地实施党的领导及其领导体制，而对党的领导活动方式、领导要素的使用、领导体制运行中的一些重要方面，重要环节、重要过程、重要制度尤其对党的领导决策制度、党的领导干部选用制度和领导干部监督制度等作出的科学化、程序化、形式化、方法化和细则化的规范和保证”①。由此，党的领导机制主要集中体现在对党的领导决策制度、领导干部选用制度与领导干部监督制度等方面作出的规范。从政府的角度看建立健全领导机制，我们认为当前政府领导创新的本质构成要素切实需要从

① 王科：《完善执政党的领导机制探析》，《四川行政学院学报》2003 年第 3 期。

信息化、民主化及其学习型等机制方面着手。改革开放以来，政府领导体制为适应经济社会发展在逐渐转变，尤其是在重要决策方面，在干部选用方面、在领导干部活动监督方面，已经形成和确立起科学有序的领导机制，但是在创新驱动发展战略的要求下，应当进一步地补充、丰富和完善。在创新驱动发展战略实施过程中，创新发展是科学发展的核心发展理念，其政府领导机制的内涵必定也围绕着如何有效实现政府对创新的领导、行政、管理及其治理等方面，通过信息化领导、网络协商民主及其学习型政府等创新基质来重构政府领导机制创新的本质内涵。

一　信息化领导力是构建政府领导创新机制的本质要求

在信息化条件下，信息化领导力是政府领导机制创新的本质核心，而信息化政府领导则是成功构建政府领导创新机制的核心本质所在，其目的就是形成适应创新驱动发展的信息化政府领导力。因为，推进政府信息化领导力是现代信息社会对创新政府领导体制机制的必然要求。在信息技术基础上的信息化社会，不仅改变了人们的社会存在方式，而且对政府领导能力的构建提出了新的挑战。政府要想在信息化时代成为领导者和引领者，其能力的构建就必须不断适应、不断培育和不断提升信息化发展的客观要求。只有提升政府的信息化领导水平和能力，才能在瞬息变化的信息社会立于不败之地。所谓政府信息化能力，美国学者阿沃利奥（Avolio）、卡海和道奇（Kahai & Dodge）等人认为，所谓的信息化领导力就是“在先进信息技术（AIT）干预下，促使个体、群体和（或）组织在态度、感情、思维、行为和绩效方面发生变化的社会影响过程”[①]。美国学者伯克（Burk）认为，所谓信息化领导力是领导者整合、管理、利用和吸收现代信息网络技术的能力。[②] 我们认为，政府信息化领导力的基本特征就是政府领导者或组织运用和吸收现代网络信息技术进行公共行政管理和改革服务的能力。在创新驱动战略的背景下，政府信息化领导能力特指政府用于

① 霍国庆、孟建平、刘斯峰：《信息化领导力研究综述》，《管理评论》2008 年第 4 期。

② 同上。

现代网络信息技术进行管理和服务创新驱动发展战略的领导能力。

第一，信息化政府领导力是信息化领导力的本质核心。信息化政府领导力是政府及其领导干部运用和借助现代网络信息技术从事政府领导管理、服务及其治理的能力。信息化领导力是信息化时代提高政府领导能力的必然要求。毫无疑问，我们生活在一个信息技术不断变革创新的时代，我们的政府领导机制创新也处在信息技术不断变革创新之中。信息化领导力起源信息技术革命，生成于领导力信息化。所谓信息化就是对现代信息技术对社会应用的过程的一种状态描述和阐释，即人们利用信息技术来发展经济和治理社会的历史过程。政府作为我国信息化建设的领导者、组织者和决策者，其自身的信息化领导能力的高度直接决定着整个国家信息化能力建设和发展的水平：如果没有政府自身领导能力的信息化，就不会政府有自身领导方式的现代化，也就不能完成政府领导信息化建设的使命和职责。正如习近平总书记指出的："没有网络安全就没有国家安全，没有信息化就没有现代化。"① 他强调："各级领导干部特别是高级干部，如果不懂互联网、不善于运用互联网，就无法有效开展工作。"② 针对当前政府及其领导干部信息化领导能力的"短板"，学者们认为应该着重从四个方面提升政府自身的信息化领导能力：一是着力提升政府自身对信息化的认知能力，重点提升政府信息化思维能力和信息化战略规划能力；二是着力提升政府自身对信息化的应用能力，重点提升信息化决策能力、信息化服务能力和信息化治理能力；三是着力提升政府自身信息化的引导能力，重点提升信息化示范能力和信息化辐射能力；四是着力提升政府自身信息化安全的防范能力，重点提升信息化应急能力和信息化处置能力。③

第二，信息化电子政府是信息化政府领导力构建的必然载体。如果说，信息化政府领导力是信息化政府领导机制创新的本质核心，那么，信

---

① 习近平：《习近平谈治国理政》，外文出版社 2014 年版，第 198 页。

② 转引自刘叶婷《破解领导干部信息化能力建设"困境"》，《信息化建设》2016 年第 11 期。

③ 参见刁庶、嵇艳鞠、刘叶婷《论领导干部信息化能力体系的要素构成》，《信息化建设》2016 年第 10 期。

息化电子政府则是构建信息化政府领导力的实践机制。信息化电子政府的构建是互联网信息技术革命所实现的政府组织创新，即在信息化电子网络社会之中成立一个虚拟的数字政府。通过信息网络技术实现政府组织的网络信息化，起源于美国20世纪90年代提出的“信息高速公路计划”。自第三次科技革命以来，电子信息网络技术不断创新，同时也深刻改变着当今社会的存在形式，是当代社会创新变革的物质力量。随着电子信息技术时代的到来，作为上层建筑的政府组织也必须被信息化和电子化，即通过利用电子技术、信息技术、通信技术、网络技术、办公自动化技术等，实现对传统政府领导组织的创新。自20世纪80年代以来，以美国为首的西方发达国家掀起了政府领导组织创新的浪潮，开启了政府行政管理组织的电子信息化步伐，减少行政层级，实施大部门管理，加强政府的组织、管理及其公共服务职能的改革和创新，总之在政府行政管理组织过程中不断采用和适应现代信息技术，逐渐构建一个以电子信息化网络为载体的虚拟网络政府组织成为一大趋势。信息化电子虚拟政府组织与实现实体物理政府组织有相类似又有所不同。信息化电子政府依然同样是一种政治组织结构，而不是政府组织结构消亡，这是信息化电子政府组织与现实物理政府组织的共同之处。但是，信息化电子政府组织的建构既要适应传统政府组织的一般性，同时又具有信息技术特征。简而言之，信息化电子政府是一种以信息虚拟实在为单子的政府组织结构。

第三，信息化电子政务是信息化政府领导力的必然要求。我国是一个有着几千年封建社会历史传统的社会，由于小农经济所产生形成的集权主义的封建“官本位”思想可以说是根深蒂固，这种落后的“官本位”思想在当代中国政府领导机制上还不同程度地有所体现。例如形式主义、官僚主义、衙门作风、高高在上、不接地气等。在传统的科层制下，政府的信息传播渠道不畅，封闭性很强，透明度低，公民了解政府信息或者参与管理社会的成本非常大，政府对公民的利益诉求也缺乏全面和深入的了解，使得政府的公共决策与管理方式容易偏离公共利益的价值目标。随着现代电子信息技术的广泛应用，特别是对政府内部公文、档案、图表、数据进行电子化改造，使得政府行政管理也发生了革命性的变化。[①] 它不仅带来行政管理技术手段的革命，还促使政府结构由传统的金字塔式结构转变为网络状结构，改变了传统的科层制管理层级过多，权力过分集中，机构臃肿，对民众反应滞后的状况，实现了政府信息资源的共享，使政府运作程序简单化、网络化，节省了大量的人力、物力和财力资源，从而提高了政府的工作效率。同时，电子政府的构建也消弭了"官本位"政务理念对政府领导创新机制的制约作用，实现信息化电子政府。可以凸显公民的主体地位，使公民与政府之间建立起直接联系，每一个公民都能够贴近政府，从政府获得高效的信息，增强公众对政府及政府领导行为的监督。公民作为监督政府的主体之一，其作用可以得到最大限度的发挥，客观上必然推动政府领导理念的转变，从而可以有效防止形式主义、官僚主义、衙门作风的产生。

总之，在信息化网络社会条件下，政府领导的创新是政府领导机制创新的核心本质所在，其关键就在于实现信息化政府领导力、信息化电子政府及其信息化电子政务。

二 网络协商民主决策是构建政府领导创新机制的题中之义

创新驱动领导机制的构成要素除了需要外因驱动之外，其内因驱动是根本。信息化时代政府所具有的网络协商民主决策机制是内因驱动的重要构成要素。随着中国经济社会的快速发展，对中国特色社会主义民主政治提出了新的发展要求。为此，党的十八大提出了"不断健全社会主义民主形式"的要求；党的十八届三中全会提出了"不断创新协商民主的具体表现形式和实现形式"的要求。网络协商民主决策就成为政府领导机制创新的重要内容。所谓网络协商民主是一种以网络为媒介的协商民主，或在协商民主之中参入网络技术的协商民主。[②] 网络协商民主是伴随着网

① 参见王德《加快政务信息化步伐 大力推进政府行政管理方式改革》，《中国行政管理》2002 年第 10 期。

② ［美］马克·斯劳卡：《大冲击：赛博空间和高科技对现实的威胁》，转引自王爱玲《中国网络媒介的主流意识形态建设研究》，人民出版社 2014 年版，第 106 页。

络信息技术不断发展的必然产物。协商民主作为20世纪现代民主理论，意指公民通过自由平等对话、讨论及其审议等形式，参与政府决策和政治生活。① 20世纪90年代以来，网络信息技术迅猛发展，网络化逐渐成为人们的生活状态。网络信息技术在深刻改变政府领导能力构成要素的同时，也在深刻影响着政治领导方式。互联网的平等性、自由性、开放性和互动性与协商民主的对话性、沟通性及其谈判性等特征具有内在的耦合性，互联网逐渐成为协商民主的运行平台和载体，网络协商民主悄然而生，实现了互联网技术与协商民主有机结合，为创新政府领导体制机制提供了新的平台和载体。网络协商民主有利于拓展协商民主空间，有利于降低协商民主成本，有利于提高协商民主效率。

第一，协商民主是实现政府决策民主化的有效形式。西方协商民主最早可以追溯到20世纪80年代，是西方学者对选举代议制民主反思的结果。在选举民主看来，民主的本质就是选，因而，民主也只能是通过公民个人权利投票选举来实现的，也可称为"票数民主"。我们知道，"民主"是由希腊语Demos（人民）和Krakatoa（统治或权威）演变而来的，最初含义是"人民的统治"。希腊历史学家希罗多德（Herodotus）首次将"民主"概括为这样一种政治实践：城邦事务由公民大会通过直接讨论和投票表决的方式作出决定，这种方式不同于独裁统治，也不同于寡头统治，它是许多可能的政府形式之一，在这种政府形式中，权力不是属于某一个人或某一小部分人，而是属于每一个人，或者说是属于大多数人。自古希腊选举民主诞生以来，选举民主几经变迁而呈现出多种表现形式之后，形成了近代资产阶级的议会选举民主即代议制民主。随着西方社会政治社会化发展的进程，西方代议制选举民主的弊端也日益凸显，最突出的表现是公民多数人对公民少数人的"民主暴政"。如果说苏格拉底的死就是选举民主成为"流氓民主"的一个佐证，那么在资本社会之中，选举民主更是成为资本家的资本权利博弈"权利游戏"，这是一种真正的"金钱民

---

① 俞可平：《协商民主：西方民主理论和实践的最新发展》，《学习时报》2006年11月6日。

主”。早在1980年，美国学者毕塞特就指出过，协商民主本质不是投票选举，而是政治协商。因而，实现民主制度理想形式也不应该是“一人一票”的选举代议制民主，而是建立在政治公共理性基础上的以公共利益为目的的公民平等合作参与的民主形式。哈贝马斯认为协商民主是现代民主过程的核心，是程序正义的关键。

第二，社会主义协商民主是实现政府领导机制创新的独特优势。中国的协商民主不同于西方的协商民主，它是中国特色社会主义民主的一个组成部分。社会主义协商民主与社会主义国家性质是紧密相连的。学者俞可平强调：首先，中国的协商民主是由中国共产党领导的，这是我国政策框架的一个前提；其次，对于中国特色的社会主义民主政治而言，选举民主和协商民主作为民主政治的两个基本环节是一种互补的关系，而不是排斥关系。人民代表大会制度是在国家层面上实现选举民主的重要场所，而各级政协是实现协商民主的主要场所。[①] 因此，所谓社会主义协商民主，就是“在中国共产党领导下，人民内部各方面围绕改革发展稳定重大问题和涉及群众切身利益的实际问题，在决策之前和决策实施之中开展广泛协商，努力形成共识的重要民主形式”[②]。社会主义协商民主与资本主义协商民主有根本的区别，集中体现在社会主义协商民主是社会主义人民民主专政的实现形式，是社会主义民主优越性的本质体现。社会主义协商民主绝对不是从西方引进移植的新的民主，它是植根于中国深厚的大地，传承了中华民族优秀传统，中国共产党人带领人民奋斗探索而来的中国社会主义民主的独特表现形式。早在西方选举民主黄金时期即西方协商民主流行提出的50多年前，我们党就在抗日根据地中施行“三三制”民主制度原则，这可以说是中国共产党对协商民主的最早尝试。毛泽东把陕甘宁边区的“三三制”原则解释为民主合作和民主商量，认为只有实现社会主义人民（协商）民主才能真正跳出中国历朝历代所循的历史周期律。也正是在中国共产党民主协商制度领导下，我们党建立起了最广泛的民族统一

① 参见俞可平《协商民主是中国特色民主政治的重要内容》，《理论参考》2014年第4期。
② 《关于加强社会主义协商民主建设的意见》，人民出版社2015年版。

战线，取得了抗日战争和人民解放战争的胜利，成立了新中国。在新中国成立之后，我们党明确把政治协商制度作为社会主义重要政治制度，将协商民主理念制度化而加以固化。在改革开放之后，社会主义协商民主在中国特色社会主义道路上进一步发展和壮大，是我们社会主义民主政治独特优势的体现，也是实现政府领导机制创新的独特优势。

第三，社会主义网络协商民主是推进政府领导协商民主机制创新的时代要求。所谓网络协商民主是指在网络社会条件下公民通过信息网络技术参与实现协商民主的一种网络模式。20 世纪 90 年代以来，信息网络技术革命改变着人类社会生活模式，成为人类社会生活的一个常态，人们由此进入网络时代。互联网以其开放性、平等性、自由性、互动性和包容性等诸多属性的优越性，在很大程度上重塑着人类政治交往的行为范式，拓展了协商民主发展的社会公共空间，为公民平等政治协商提供了随机机会，改变着协商民主政治参与的民主模式，优化了协商民主的程序控制结构，也增强了公民民主协商的信息反馈能力。随着网络社会的崛起，政治民主也被网络信息化，从而产生了网络民主。网络民主作为信息化民主模式，由于无界性、迅速性及其低成本性使得网络民主能够超越代议制选举民主，成就于协商民主，同时也促使协商民主发展进而催生网络协商民主的产生。因此，为进一步发展协商民主，我们必须从更加广泛和多层次角度来完善发展社会主义协商民主，其中把社会主义协商民主与网络民主相互结合构建社会主义网络协商民主，日益实现网络民主与协商民主的有机统一，是发展和完善社会主义协商民主的需要，也是政府领导机制创新的着力点，成为社会主义协商民主的重要表现形式。因此，我们发展社会主义协商民主，推进政府领导机制创新，绝对不能忽视，更不能排斥网络协商民主。正确的做法应该是积极顺应和适应网络社会时代浪潮，实现网络民主与社会主义协商民主的有机结合，通过信息网络技术来进一步实现政务信息化和电子政府的建构，才是明智之举。

总之，政治民主是实现政府领导机制创新的内在价值动力。政治民主不能仅仅局限于选举民主，它在本质上是一种协商民主。在网络社会条件下，网络协商民主应该成为实现政府领导机制创新的新的民主价值理念。

三　学习型政府是构建政府领导创新机制的活力之源

创新驱动领导体制构成要素除了需要主客观内外因素之外，还必须追根溯源，找准驱动领导机制创新的本源，这就是构建学习型政府。所谓学习型政府是以知识为本位政府组织管理模式。[①] 学习型政府是知识社会条件下政府创新领导体制机制的必然要求。在网络信息技术革命下，人类知识进入大爆炸时代，形成知识社会和学习型社会。在知识社会或学习型社会背景下，政府领导机制必须要适应知识社会创新的客观要求建构学习型政府，才能驾驭和引领创新驱动发展战略。因此，创新政府领导体制机制的构成要素除了要培育信息化领导能力和网络协商民主制度之外，还必须要构建适应知识社会条件下的学习型政府。实践发展无止境，知识创造也是无止境的。知识创新或理论创新是整个国家创新驱动发展的先导核心。尤其是在网络社会条件下，一切知识都会通过网络信息技术互联网这个"媒介"平台生产、更新和转播，网络知识成为网络社会存在的构成单子，成为社会组织自身存在的内在构成要素，学习型社会成为网络知识社会的"本体样态"，不断学习就成为在网络知识学习型社会条件下生存和发展的"第一原则"。在学习型社会本体的境遇之中，任何个人和组织都必须把"学习"作为维持自己及其组织存在和发展的根本法则，不学习就会被知识社会所淘汰。政府作为领导国家创新驱动发展战略的组织者，更应该要把"学习"作为自身组织的内在构成要素，让"学习"成为政府组织的建构"灵魂"，才能不断适应和领导创新驱动发展战略。

第一，学习型社会是构建学习型政府的先导。所谓的"学习型社会"是以学习者为中心，以终身学习、终身教育体系和学习型组织为基础，以保障和实现满足社会全体成员各种需求和获得社会可持续发展的社会。[②] "学习型社会"是适应知识社会的必然要求，最早是由美国学者郝钦斯于

---

①　参见熊先兰《知识社会背景下的学习型政府建设：内涵、架构与路向》，《湖南社会科学》2015 年第 1 期。

②　参见朱孔来、李俊杰《国内外对学习型社会研究现状评述及未来展望》，《湖南师范大学社会科学学报》2011 年第 6 期。

1968年出版《学习型社会》中提出来的。何钦斯认为，为了适应知识社会的来临，社会要从“学校化社会”转变为“学习型社会”，学校教育资源必须是来源于社会各方部门和组织，社会每个成员每个人都必须要参与学习和教育，养成终身学习和终身教育观念，充分发挥学校组织以外的社会组织的学习教育能力，以便达到整个社会组织和个人自觉学习的目的。1972年联合国教科文组织发布了《学会生存——教育世界的今天和明天》的报告书，该报告从终身学习和教育对“学习型社会”的到来进行了全面的描述，强调“如果学习包括一个人的整个一生，而且也包括全部的社会，那我们除了‘教育体系’进行必要的检修以外，还要继续前进，达到一个学习型社会的境界”[①]。该报的出版预示着“学习型社会”作为未来社会形态的正式推出。之后，学者们从不同立场来界定“学习型社会”。例如布希尔认为“学习型社会”的基本理念就是要把学习作为一种现代人日常生活的基本功，终身学习教育是现代人的一项基本人权。彼得森认为“学习型社会”倡导一种大众全民学习理念，每个公民都有享受教育的机会，教育资源应该是广泛多样的。兰森从个人、学校、社区、政党和政府等多个角度对如何全面建构“学习型社会”体制机制，进行了探讨。在我们党的十六大上则把构建“学习型社会”提升为国家战略，党的十七大进一步明确提出要建立全民学习和终身学习的“学习型社会”。

第二，打造学习型政党是知识社会背景下构建学习型政府的关键。学习型政党是党的建设的重要内容和重要目的。重视学习和善于学习是中国共产党的本质要求，是我们党的优良传统，也是党的一个重要政治优势。[②] 中国共产党不仅养成了善于不断学习的优良传统，而且在不断学习过程之中成长，努力成为一种学习型政党。毛泽东强调“要不断地学下去，活到老，学到老”，才能实现社会主义现代化。改革开放之后，邓小

---

① 朱孔来、李俊杰：《国内外对学习型社会研究现状评述及未来展望》，《湖南师范大学社会科学学报》2011年第6期。

② 参见史家亮《习近平对马克思主义学习型政党建设的探索与贡献》，《理论探讨》2015年第3期。

平打破“两个凡是”的教条主义错误，提出解放思想实事求是是马克思主义的精髓，恢复了党的思想路线和以科学态度学习马克思主义的光荣传统，使得中国社会主义建设焕发了新的生机，走向中国特色社会主义康庄大道。今天，在全面建成小康社会进入决胜阶段的背景下，习近平总书记向全党再次发出号召“好学才能上进。中国共产党人依靠学习走到今天，也必然要依靠学习走向未来。我们的干部要上进，我们的党要上进，我们的国家要上进，我们的民族要上进，就必须大兴学习之风，坚持学习、学习、再学习，坚持实践、实践、再实践”[①]。因此，我们认为要认识好、解决好改革开放和社会主义现代化中的新挑战、新矛盾、新问题，首要的问题就是必须增强党和政府的本领，而增强本领的根本路径仍然是不断加强学习。

第三，构建学习型政府是政府适应知识社会创新领导机制创新的目的。传统社会形成的政府是一种机构臃肿效率低下的权威行政等级政府。学习型政府作为对传统政府的一种超越和创新，是知识为本位的学习型组织。在前知识社会的农业社会和工业社会之中，推动社会进步的主要动力是劳动力和物质资源，而在知识社会之中，知识才是推动社会经济发展的决定性动力。[②] 在知识社会条件下，知识经济、知识信息及其知识传播异常迅速和快捷，这种在传统社会条件下形成的等级政府显然是力不从心和不合时宜了，只有适应知识社会发展的客观实际要求，加快从传统政府向学习型政府组织的转变。具体而言，学习型政府具有如下基本特征：学习型政府以知识型为本体组织。在知识社会时代，知识是推动社会前进的动力和关键所在，政府如何学习知识，使用知识、储备知识和更新知识，成为政府在学习型社会中构建政府领导机制创新的灵魂所在。换言之，在知识社会之中，政府要实现领导机制创新就一定要认识知识资本，知识成为政府推动社会发展的第一生产力。政府自身的创新知识成为衡量政府自身

---

① 习近平：《习近平谈治国理政》，外文出版社 2014 年版，第 407 页。

② 参见熊先兰《知识社会背景下的学习型政府建设：内涵、架构与路向》，《湖南社会科学》2015 年第 1 期。

创新的尺度和标高。简而言之，学习型政府是以知识为本的领导管理模式，是一种超越传统官僚行政管理的新型的政府组织形态。学习型政府特别强调组织性学习，推崇政府行政管理人员的学习知识能力，主动引导政府行政管理人员的知识更新，积极适应知识社会不断变化发展的客观要求，不断增强行政管理人员的团结合作精神，倡导行政管理人员的系统学习从而形成学习型政府组织。

总之，在日新月异的网络信息社会条件下，人类知识犹如雨后春笋般地不断变革创新，政府领导机制要适应这种不断变革创新的知识社会，只有建构学习型政府才能有效实现政府领导创新发展的职能机制作用。

第三节　完善服务型政府领导创新机制，推动创新驱动发展战略实施

在前面两个问题中，我们从提高信息化领导力、推进网络协商民主决策和建设学习型组织的角度对创新驱动领导机制的构成进行了分析，强调政府要适应领导创新驱动发展战略的实际要求，就要以此为重点来创新领导机制。但是还必须进一步从完善服务型政府领导创新机制的角度，对创新驱动领导机制的构成要素进行全面的思考。完善创新性服务型政府是党和政府为人民服务这一宗旨的必然要求和现实体现。中共中央国务院出台的《关于深化体制机制改革　加快实施创新驱动发展战略的若干意见》[①]中要求，各级党委和政府要高度重视，加强领导，把深化体制机制改革、加快实施创新驱动发展战略作为落实党的十八大精神的重大任务，各级政府要明确责任，加强对制度、理念、组织、技术等方面发挥超前引领作用。党的十八届五中全会阐述深入实施创新驱动发展战略的时候，明确提出要“推动政府职能从研发管理向创新服务转变”[②]，从而对政府领导机

---

① 参见《中共中央国务院关于深化体制机制改革　加快实施创新驱动发展战略的若干意见》，《中国科技产业》2015 年第 4 期。

② 习近平：《关于〈中共中央关于制定国民经济和社会发展第十三个五年规划的建议〉的说明》，《理论学习》2015 年第 12 期。

制创新提出了更高的要求。我们相信，牵住科技领导机制改革创新的“牛鼻子”，必将进一步激活创新发展在科技领导组织体制机制创新中的驱动作用，必将进一步实现政府创新领导服务机制。我们认为政府必须具有与创新驱动发展战略相适应的服务型政府领导机制，形成网格化的组织机制、数据化的服务机制、多元化的治理机制是当下最紧迫的任务。

一 构建大数据网格型政府组织机制，推进服务型政府组织机制创新

政府组织机制创新是服务型政府管理创新和治理创新机制的主体和载体。要构建适应领导创新驱动发展战略的服务型政府，实现政府职能职责从研发管理向创新服务转变，就必须实现政府组织创新。而构建大数据网格型组织是政府组织适应大数据网格技术变革的必然要求。随着互联网、云计算和物联网等网络信息技术驱动的发展，产生了海量“大数据”，人类社会从此进入“大数据”时代。咨询公司 IDC 所谓的“大数据”是“为了更经济地从高频率获取的、大容量的、不同结构和类型的数据中获取价值，而设计的新一代架构和技术”①。“网格”是构成大数据网络信息技术的组织“细胞”。美国学者伊安·福斯特认为，“网格就是构筑在互联网上的一组新兴技术。它将高速互联网、高性能计算机、大型数据库、传感器、远程设备等融为一体，为科技人员和普通用户提供更多的资源、功能和交互性。互联网主要为人们提供电子邮件、网页浏览等通信功能，而网格的功能则更多和更强，能让人们透明地使用计算、存储等其他资源”②。大数据网格型政府组织不同于传统的行政网络，而是一种建立在基于大数据网络技术基础之上的大数据创新网络。大数据网格组织与行政官僚组织最大的本质区别就是要打破行政官僚的科层制等级组织的约束，激发社会组织参与协同管理的积极性，强调政府在公共服务治理职能上的网格性、扁平性和矩阵性，从而让政府回归公共服务治理的职能本性。

---

① 黄铧焕：《大数据大政务新网络：大数据时代电子政务网络的发展方向》，《电子政务》2013 年第 5 期。

② 黄晓斌、邓爱贞：《网格技术的发展与数字图书馆建设》，《情报资料工作》2003 年第 5 期。

第一，构建大数据网格化组织机制，是构建大数据网格型政府组织机制的关键所在。韦伯是现代政府组织理论的鼻祖。韦伯认为，现代政府组织结构是一种由官僚行政等级所构成的科层制组织结构。其特点在于政府组织结构是一种自上而下的垂直统治的金字塔组织。政府是公共利益的唯一代表者，是公共政策唯一的决策者，也是公共服务的唯一提供者，而整个政府就是一个自上而下垂直分工协作的权威高效的等级体系。卡斯特认为，随着大数据网络技术不断的兴起和发展，已经把人类带入大数据网络社会时代。在大数据网络社会条件下，大数据网格是大数据网络社会构成的单子，也是大数据网络社会组织构成的细胞。为了适应大数据网络社会发展的客观要求，必须重构大数据网络社会条件下服务型政府的组织结构，构建以大数据网格为单子的大数据网络政府，取代传统社会条件的科层制等级政府。林登认为，大数据网格化组织结构起源于网络社会的网络管理组织结构，大数据网格化组织是一种无缝隙的对象性组织。与传统官僚科层制组织结构最大的不同，大数据网格化组织不再是局限于官僚组织的部门和职能，而是一种大数据网格化的组织过程和目标；不再是一种金字塔式的单一的纵向结构不同，而是一种立体性的横向结构。这样，大数据网格化组织结构就能够打破官僚科层制组织结构在层级、职能和部门之间的行政束缚，通过大数据网络技术平台实现政府组织的非科层化，形成大数据网格化组织力。在大数据网格化组织力中，政府的大数据网格化组织学习能力在政府大数据网格化服务领导能力体系中居于核心地位，是构建大数据网络政府的关键。大数据网格化学习型政府组织也不再是传统的科层制的行政灌输强迫学习，而是数据化自主共享式学习，从而提高政府领导的组织力，实现政府领导组织创新。

第二，构建大数据扁平性组织机制，是实现大数据网格型政府组织机制的必然要求。扁平性政府组织机制是实现政府大数据网格化组织结构的桥梁和中介。所谓的扁平性组织机制就是一种以大数据网格的扁平性为特征的非科层制的组织运行机制。扁平性组织机制的要点就是减少官僚科层制的行政层级机制，形成有利于大数据网格化组织的平行组织机制。与科层制等级组织机制相比，扁平性组织机制的优点在于能够有效实现大数据网格组织内部之间的信息畅通传达，使得大数据网格组织操作层能准确理解组织上层决策思想，组织决策层也能准确及时地了解组织操作层的基层民意。构建适应大数据网格政府的扁平性组织机制，我们认为需要从三个方面着手。一是精简大数据网格型政府的组织机构，这是确立扁平性组织运行机制的前提。要对大数据网格型政府组织之中的现有人员进行有序梳理，按照人事结合、人尽其才、才尽其用、人岗匹配的原则设置职位和部门，对大数据网格型政府的职能进行分解，合理控制大数据网格型政府组织的规模。二是进行大数据网格型政府组织的“中层革命”，这是构建扁平性组织运行机制的关键。今天世界上绝大多数国家的扁平性组织结构的中间层级一般设三级级别，极个别国家只有一两个层级。因为这样的扁平性组织机制能够高效地实现“上下互动”，避免信息失真，最大限度实现政府组织结构中上下层级之间的信息和资源共享。三是构建大数据网格型政府的网格操作系统，这是构建扁平性组织运行机制的“最后一公里”。扁平性组织运行机制是以网格组织为基础的，其目的就是要打破科层制组织结构之间信息和资源的孤岛问题，实现大数据网格型政府组织效能的最大化。大数据网格操作系统作为连接大数据网格政府的组织系统，为扁平性组织机制的运行提供了新的运行机制和平台。

第三，构建大数据矩阵型组织机制，是履行大数据网格型政府组织机制的存在方式。大数据矩阵型组织机制是政府职能在大数据网格化组织结构中的具体体现。所谓的矩阵结构为了专门从事一件事，按照数学矩阵模型所构建起来的领导组织结构。矩阵结构一般由不同工作部门、不同工作技能、不同工作背景的人为了完成某个特定工作目标所组成的工作小组。矩阵组织结构是固定的，但是矩阵成员却是随时变动的，领导小组和负责人也是临时组织和委派的。在矩阵组织结构之中，各个职能部门为了某一个共同任务和目标而组织起来，矩阵成员同时也可以兼任多个项目成员和负责人。在形式上，矩阵结构通常可以表现为一种“专委会”结构或者“领导小组”组织结构，如“全面深化改革领导”小组就是矩阵组织结构的具体体现。与传统行政科层制等级结构不同，大数据矩阵型结构特点就是要在大数据网格型政府组织之中设计一个能够打破网格纵向职能束缚并且能够联系网格纵向职能的横向职能，力图做到条块结合，能够协调有关部门活动，从而保证任务完成。我国政府组织机构通常是按照“蜂窝煤”原理科层制的等级层级结构来设计的①，这有悖于大数据网络社会对政府职能结构所要求的职能科学、结构优化、高效廉洁和人民满意的实际要求。当然，大数据矩阵结构不是从根本上取消政府等级组织职能，而是减少政府等级组织职能，并通过并联的方式来实现扁平化等级组织职能。大数据矩阵结构的优点在于可以利用扁平性的政府组织结构职能部门的各种资源，解决科层等级制职能部门政出多门而造成的职能困境，实现政府职能的协同力。

总之，在大数据网络社会条件下，优化政府组织结构是适应大数据网络社会的必然要求。在政府组织结构形态上，其关键要点就是实现官僚科层制组织结构向网格化、扁平性和矩阵型组织结构的根本转变，从而创新政府的组织力，实现政府领导的组织创新。

二　打造大数据电子政务，实现服务型政府服务机制创新

政府服务机制创新是服务型政府领导机制创新的核心和关键。大数据网络社会不但要求创新领导政府组织机制，而且要求创新政府服务机制。构建大数据电子政务是服务型政府适应大数据发展客观要求创新政府服务体制机制的必然选择。与传统数据相比，大数据具有规模大、类型广、时效高等特点。有学者认为，对于已经颠覆或将要颠覆传统行业的应用（如电子商务、互联网金融、物联网），其核心竞争力之一就是大规模的数据分析能力。因此大数据作为信息网络技术最新发展趋势，必将为政府公共服务创新提供更为广阔的平台和空间。在大数据网络机制背景下，电子政府必然走向“大数据政务”时代。所谓大数据电子政务就是在充分利用和借助各种大数据技术的基础之上，对政府组织结构和行政流程的优化和重组，建立一个高效、精简、廉洁和公平的政府公共服务模式。构建

---

① 参见许存格《政府审计组织的创新——矩阵结构组织形式》，《会计之友》（下旬刊）2010年第6期。

大数据电子政务有利于服务型政府决策科学化，从而保证政府公共服务决策的客观性和公正性；有利于服务型政府公共服务供给精细化，从而保证政府公共服务效能的人性化和个性化；有利于服务型政府公共服务现代化，从而保证政府公共服务方式的标准化和协同化，最终使政府在大数据时代能够全方位向社会提供规范、优质和透明的公共服务管理。针对当前大数据电子政务存在的实际问题，我们认为构建大数据电子政务，必须着力解决大数据时代电子政务的“大数据政府”“大数据鸿沟”和“大数据孤岛”三个方面的关键问题。

第一，积极构建大数据政府，解决大数据电子政务的主体问题。所谓大数据政府，就是以大数据信息网络技术为基础的“公共行政管理服务网络平台”①。大数据政府是政府应对大数据发展的必然产物。随着网络信息技术的深入发展，特别是随着互联网、云计算及其物联网等大数据驱动技术的发展，互联网产生了大量数据，且越来越复杂多样，大数据技术在网络信息技术发展之中的地位越来越重要。大数据不仅仅是一种技术、资源和基础设施，更是一种思维方式、行为能力和组织结构。大数据正在成为现代政府进行宏观调控、公共服务和社会管理的信息基础。作为大数据时代公共服务的载体和平台，大数据政府可以通过对大数据政务数据的采集、分析和利用，不断优化服务型政府的运作流程和服务绩效。而且，大数据政务可以成为大数据政府理解公民行为和测评公共服务绩效优劣良好的有力工具，成为政府领导决策者理解公众需求和偏好的手段，及时调整和提高政府公共服务能力。同时大数据政府的构建能够更好地提高公民参与政府公共服务的积极性，与政府实现公共信息共享，形成公众与政府协同参与公共服务决策机制。总之，大数据政府构建有利于提升政府的公共服务能力，有利于服务型政府的建设。

第二，以云计算大数据技术为基础和核心，消弭大数据政务的“数据鸿沟”现象。在大数据时代，跨越“数据鸿沟”是构建大数据政务面

① 于施洋、王建冬、童楠楠：《国内外政务大数据应用发展述评：方向与问题》，《电子政务》2016 年第 1 期。

临的一个现实问题。在大数据条件下，“数据鸿沟”首先表现为由于大数据技术发展差异的“技术鸿沟”，在主体上必然体现为数据知识差异的“知识鸿沟”，在本质上是大数据经济时代的“经济鸿沟”。在我国构建大数据政务过程之中，也面临着这样的“数据鸿沟”。而云计算的出现为解决大数据政务的“数据鸿沟”提供了新的技术力量。现代计算机在经历了大型计算机、小型计算机、集群计算机和网络计算机等发展历程之后，现在已经进入云计算机时代。所谓的云计算是借助量子力学的“电子云”原理，实现并行计算、分布计算和网格计算的综合，改变传统电子政务的“终端计算模式”，是一个适应大数据计算的超级计算模式。云计算具有超大规模存储能力，大数据共享及其大信息设备低廉三大优势。在“政府云计算”模式下，大数据政府可以有效实现全面数据共享，有效消除大数据时代带来的“数据鸿沟”。

第三，积极推进大数据政务信息的一体化，着力解决大数据时代条件下的“数据孤岛”问题。所谓“数据孤岛”就是指大数据政府在实现大数据公共服务职能的同时，由于政府自身的科层制组织结构的限制，使得政府及其政府诸多组织部门不能够及时实现大数据化政务信息的有效整合，从而造成了大数据政务信息的共享障碍，进而造成大数据公共行政服务管理者对大数据的公共行政服务管理所产生“数据障碍”。当前，中国大数据政务的“数据孤岛”通常表现为政府门户网站的数据不够准确及时、政府之间的数据共享较低及其行政业务与电子数据业务不能够及时实现同步发展等方面。造成这种现象的原因主要有两个方面：一是政府及其公务员“以人为本”的服务型政府理念还没有真正树立，从而制约了大数据政府的数据政务信息服务功能；二是政府组织还没有真正成为“大数据政府”，使得政府及其公务员在大数据政务服务中严重滞后而产生“数据孤岛”现象。“数据孤岛”严重降低了大数据政务的行政效率，增加了大数据政府的服务成本，浪费了大数据政务的公共资源和破坏了大数据政务的公共服务能力。为此要尽快消除“数据孤岛”现象。一方面，通过云计算大数据技术在技术层面消除“数据孤岛”现象；另一方面，大力推进大数据政务信息的标准化和规范化的一体化进程，从制度层面解决大数据政务数据共享的障碍。

总之，构建大数据电子政务是实现政府公共服务机制创新的必然要求，也是推进公共行政服务全面深化改革的内在要求。

三　树立大数据公共治理理念，推进服务型政府公共治理机制创新

政府公共治理机制创新是服务型政府领导机制创新的目的所在。大数据不但要求创新服务型政府组织和服务机制，更是要求创新政府公共治理机制。大数据不仅仅是一种技术，更是一种治理理念。大数据治理是未来国家创新公共治理的重要标志和特征。所谓大数据公共治理是指政府运用大数据技术与政府公共治理职能有机融合，从而实现政府公共治理的智能化、精准化和数据化。“互联网 +”和“大数据 X”不但革新了服务型政府的服务组织，更新了服务型政府的服务内容，而且创新了服务型政府的公共治理职能，形成“大数据 X”治理新范式。因而，服务型政府领导机制创新不应当仅仅局限于政府公共服务创新，而是更应该实现政府公共治理的创新，创新政府“大数据 X”公共治理体系。党的十八届三中全会指出，要“紧紧围绕更好保障和改善民生、促进社会公平正义深化社会体制改革，改革收入分配制度，促进共同富裕，推进社会领域制度创新，推进基本公共服务均等化，加快形成科学有效的公共治理体制，确保社会既充满活力又和谐有序”①。

第一，从“单一型”向“多元型”的转变，实现政府大数据公共治理的主体创新。所谓治理就是在民主社会条件下，通过政府组织、非政府组织和公民个人主体等多元社会主体共同协同管理公共事务的总和。在传统社会所形成的传统官僚科层制，政府是唯一的公共主体，也是公共管理的唯一决定者，政治权力高度集中，只有政府统治而没有公共治理。随着大数据的崛起，政府不再成为单一的公共治理主体，多元网络社群的产生，使得多元的网络主体从单一政府主体中开始分化和独立出来，形成众多的大数据非政府组织。面对发展的新情况，构建服务型的公共治理体系

---

① 《中共中央关于全面深化改革若干重大问题的决定》，《求是》2013 年第 22 期。

的关键就是施行政社分开，形成小政府和大社会，打破官僚型的集权结构，做好政府权力的放权和分权，形成多元公共治理主体。所以，党的十八届三中全会指出：要“正确处理政府和社会关系，加快实施政社分开，推进社会组织明确权责，依法自治，发挥作用”①。打破官僚型的集权结构，核心就是放权，就是要正确处理“政府与社会之间”的权力关系。只有简政放权才能将政府权力真正放到公共治理上来。同时还要科学分权。分权就是政府的社会权力向非政府组织的有序权力转移，形成多元国家治理主体。

第二，从“全能型”向“有限型”的蜕变，实现政府大数据公共治理的职能创新。所谓的“全能型”政府就是拥有无限社会职能的家长制政府。“全能型”政府是前大数据社会小农经济的必然产物，也是与官僚科层制度行政主体相适应的公共治理模式。随着大数据网络社会的兴起，社会分工日益高度精细化，社会资源高度自由流动，数据商品交换成为大数据网络社会交往的主导范式，传统共同体社会被解构和分化，经济、政治、文化、道德及其宗教逐渐从“小共同体”社会中独立出来，各种社会职能也更加高度专业化。与“全能型”政府相比，大数据政府不再是单一的数据主体，而是与诸多大数据主体如大数据市民组织、大数据公民组织、大数据法人组织一起形成“大社会和小政府”的政社分离的大数据社会结构。因此，大数据网络社会进一步使政社分化，产生多元公共治理主体，实现政府管理向公共治理的历史转变。由此政府职能也就不可能是“全能型”的而只能是被制约的“有限型”政府。同时，由于数据的多元共享性，大数据治理就能够打破“全能型”政府重管理轻服务，重政府轻社会的治理思维范式，建构适应大数据公共治理的“有限型”政府。

第三，从“管制型”向“自治型”的提升，实现政府大数据公共治理的目的创新。无论是构建“多元型”公共治理主体还是打造“有限型”公共治理职能，其目的都是实现政府公共治理从“管制型”政府向“自

① 《中共中央关于全面深化改革若干重大问题的决定》，《求是》2013 年第 22 期。

治型”政府的根本转变。所谓“管制型”政府就是政府作为单一的管理主体对管理客体的控制性治理模式。政府管制与公共自治的本质区别在于：政府管制是政府运用公共权力对管理客体的“他者性”公共管理；而公共“自治”则是社会非政府组织的“自主性”公共管理，从而达到社会“自治型”公共治理的目的。作为公共治理的两种范式，政府管理和公共治理是一体两翼和相辅相成的，而不是矛盾对立的关系。因此，政府公共治理不是要取消政府公共管理职能，而是提升政府公共管理职能，在政府与非政府协同治理之中实现公共自治。在我国，社会公共自治组织表现形式是广泛的多种多样的，如民族自治、群众自治、城乡自治、社区自治及其行业自治等诸多社会公共自治组织。在大数据条件下，大数据网络社群是大数据公共自治组织的集中体现。政府要实现大数据网络社会条件下的政府公共治理创新，就必须打造大数据网络社群，一方面，加强对大数据网络社群组织管控，注意防范网络安全；另一方面，必须加强对大数据网络社群组织的沟通、协商和对话，在政府与大数据网络社群协同治理之中实现政府公共管理和公共治理双赢的局面，从而达到公共“自治型”理想。

总之，在创新驱动发展战略指引下，实现服务型政府领导机制的创新，集中表现为组织、服务及其治理机制的各个方面的创新。而大数据网络社会的到来是实现政府领导机制创新的社会存在土壤和直接动力，推动适应创新驱动发展战略的政府领导机制创新，则是实现我国由创新大国向创新强国历史性转变的关键。

结　语

习近平总书记指出："实施创新驱动发展战略，是立足全局、面向未来的重大战略。"从2012年党的十八大提出创新驱动发展战略以来，中国实施创新驱动发展战略已经走过了四年多的历程。在这短短四年多的时间里，我们看到了，中国共产党作为领导我们事业的核心力量，立足国情，放眼世界，以只争朝夕的精神，以真抓实干的作风，在提出"创新驱动发展战略"的基础上，形成了科学的"创新"理念，得出了"创新是引领发展第一动力"的论断，制定印发了《国家创新驱动发展战略纲要》，召开了全国科技创新大会……正是党中央的这一系列重大部署，通过创新培育发展新动力，通过实施创新驱动发展战略，使我国由制造大国走向制造强国，进而走向世界科技强国，这既是今天中国上下的共识，更是今天中国可喜的创新实践。事实证明，今天中国创新发展实践进程之快，体制机制改革力度之大，改革创新成效之显著，是过去时代难以比拟的。当然，从建设创新型国家、建设世界科技强国的目标看，我们要做的事还很多，要走的路还很长。如何加快发展步伐？2016年5月30日，习近平总书记在全国科技创新大会、两院院士大会、中国科协第九次全国代表大会上发表的重要讲话，进一步指出了方向、明确了路径："科技创新、制度创新要协同发挥作用，两个轮子一起转"。只有坚持制度创新、科技创新两个轮子一起转，建设创新型国家、建设世界科技创新强国的战略目标才能尽快实现。

因此，聚焦于制度体制框架与运行机制视角来分析创新驱动的动力机制，是坚持"制度创新、科技创新两个轮子一起转"的迫切需要。

这对于深入贯彻十八届三中、四中和五中全会精神，实现全面建成小康社会发展目标具有重要的积极意义。立足国家创新驱动发展战略的制度结构和运行机制的范式分析框架及逻辑，围绕“创新驱动动力机制→结构→体制→机制”这一主题，对动力机制进行系统的分析阐述，为促进创新驱动动力机制的构建和完善，提供更广阔的思路和具有操作性的建议，这种研究是必要的，也是迫切的。基于这样的认识，2013 年我们设计了《增强我国创新驱动发展的动力机制研究》这一课题，有幸被列入国家社科基金项目予以资助（批准号：13XJL003）。课题被批准以后，围绕“增强我国创新驱动发展的动力机制”这一主题，我们对课题设计的框架、内容采取多种方式进行研究：召开座谈会，征求专家学者的意见；实地调研、发放问卷征求相关部门和企业同志的意见；利用报纸、刊物、互联网等信息平台，广泛收集有关创新驱动发展及其政策导向的资料。在此基础上，我们充分运用马克思主义的哲学、经济学、管理学、文化学等理论，深入研究创新驱动的内涵、本质及其演进规律，研究创新驱动发展的动力机制的内涵、本质及其演进规律，形成了有价值的写作提纲。课题组通过“学术沙龙”等形式，对课题写作提纲的基本观点、理论根据、理论表述及其实证材料进行反复的打磨，力求其言之成理，理之有实证支撑。在此基础上，课题组成员充分发挥其专业优势和创造力进行研究撰写。

三年的寒来暑往，三年的努力付出，从初稿到定稿，这是一个充满了个人学术基础与研究能力向课题成果转化的过程，是一个个体创造性劳动和集体智慧艰难整合的过程。课题形成了多项阶段性成果和 30 余万字的研究成果。课题的最终成果经过专家鉴定并报全国哲学社会科学规划办公室获得“良好”等级结项（证书号 20161922）。

课题围绕“增强我国创新驱动发展的动力机制”这一主题，主要形成了如下 15 个观点和对策建议。

1. 关于建构和完善促进国家创新驱动发展体制的观点。国家创新驱动发展体制是创新驱动发展战略的制度逻辑起点。构建和完善国家创新驱动发展体制，应该把握其三个关键要素：强化创新理念精神要素，构建创新平台载体要素和解决创新链接的中介要素。

2. 关于国家是实现创新驱动发展的“基本建制”的观点。在科学技术创新高度社会化的今天，从创新驱动发展的动力制度框架（体制）角度看，国家作为推动社会经济发展第一主体，同时也是实现创新驱动发展的“第一主体”，是国家实施创新驱动发展战略的逻辑起点。

3. 关于政策工具是国家引导创新发展的“第一抓手”的观点。作为实施创新驱动发展战略的“第一主体”，对创新驱动发展的引领功能主要是通过国家关于创新驱动发展的法律法规及其政府关于促进创新驱动发展的制度政策来实现的。法律规范及其制度政策成为国家发挥对创新驱动发展的经济组织引导功能的“第一抓手”。

4. 关于区域是国家引领创新发展实践起点的观点。区域功能主体是国家功能主体发挥作用的实践第一主体，是实现国家引领创新发展的实践起点和基础性构建。在实践切入点上，主要表现为由于生产力梯度结构所导致的区域经济发展非平衡性、区域资源产业基础差异性和区域市场空间传递差异性。构建和完善区域创新发展体制，是全面深化改革的重要任务。

5. 关于区域核心竞争力是区域创新能力集中体现的观点。区域核心竞争力是区域创新能力的集中体现，更是区域经济发展与繁荣的根本动力。为要加快形成这种核心竞争力和根本动力，区域创新驱动战略的实施要以建立和完善区域创新驱动发展的体制为主要任务，聚焦于创新主体、创新动力源和创新环境三要素不断深化改革。

6. 关于实行创新驱动发展是中国企业共同选择的观点。企业是国家实践引导创新驱动发展战略的微观第一主体。创新驱动是当代中国企业实现转型升级共同面对的必然抉择。国有企业应当在创新驱动发展中发挥模范带头示范作用；加强民营经济人才队伍建设，提高民营经济创新研发能力是当务之急。

7. 关于推进创新体制系统化改革使企业真正成为创新主体的观点。企业要真正成为创新主体，就需要进一步推进创新体制的系统化改革：政府部门要进一步实现从创新管理向创新服务转变；企业要形成创新研发为主与创新治理并重的创新治理机制；要加快科技创新体制的改革；要积极营造有利于大众创业、市场主体创新的制度环境。

8. 关于进一步发挥社会资本的协同效应推动创新体制化的观点。社会资本能够产生协同效应，形成协同创新体制，这主要体现为产业联盟型社会资本所发挥的产业集群效应而形成的产业创新体制；区域功能型社会资本所发挥的区域协同效应而形成的区域协同创新体制；制度范式型社会资本所发挥的制度协同效应而形成的制度协同创新体制。

9. 关于创新需要是发展转型升级源泉的观点。企业创新发展是企业生存的根本法则。实现企业转型升级的根本动力源泉只能来源于企业自身的创新机制；实现中国经济转型升级，只有把创新作为驱动经济发展的“第一动力”；必须通过全面深化改革来加强转型升级的动力机制构建。

10. 关于产业创新是创新驱动发展中的“中介实践活动”的观点。产业创新是连接宏观国家创新驱动发展和微观企业创新驱动发展的中介实践活动，是被实现出来的实践创新活动。由于“基础设施”创新是产业创新的基本条件，必须进一步加强产业创新的“基础设施”建设来促进装备产业的崛起。中国装备制造业的崛起是中国产业创新的重要标准，是驱动经济创新发展稳定中国经济的中流砥柱。

11. 关于在区域创新中形成与培养主导产业的观点。区域创新能加强产业集聚效应，加速科技成果转化，提高区域资源配置率，区域创新体系的建立能促进主导产业的形成与培养，推动经济转型。在区域创新中要发挥主导产业对经济发展和产业结构的重要引领带动作用，

12. 关于科技创新机制是一种“三螺旋结构”的观点。科技机制作为科技体制的运动机制，是由政、产、学所构成的“三螺旋结构”关系体。其良性运行的结果，就是人才辈出、硕果累累、企业提升核心竞争力。

13. 关于创新人才战略是创新驱动发展的实质的观点。创新驱动发展是引领社会经济发展的“第一推动力”，创新人才则是引领创新驱动发展的“第一资源”，创新驱动发展战略在实质上是一种创新人才战略。必须推动适应创新驱动发展战略的科技创新人才体制机制的改革完善。

14. 关于文化创新是创新驱动发展的文化土壤的观点。构建崇尚科学

与理性的文化环境机制和独立人格的培养机制，是增强我国创新驱动发展动力机制重大而紧迫的任务。构建创新文化机制，必须培植崇尚科学的理性文化机制，必须培植科学教育文化培养机制，必须培植独立创新人格的主体机制，必须培植科学合理的创新评价机制，必须培植创新环境的不断创新机制。

15. 关于创新驱动发展呼唤政府领导机制创新的观点。领导体制机制是创新驱动发展的关键和枢纽，是完成和实施创新驱动发展战略不可或缺的重要领导力量和组织保障。作为经济本质的创新驱动发展，在政治上必然体现为政府领导机制的不断创新发展，才能把国家对创新驱动发展的领导经济组织功能加以有效地实现。

课题成果的学术价值和应用价值主要体现在两个方面。

从学术价值看，构建了国家创新驱动发展的制度结构功能（体制）和配套的、可供操作的各种“实施细则”（机制）的分析范式，从而厘清了构建创新驱动发展的五大制度（体制）的逻辑和五大“实施细则”（机制）的逻辑。正是这种分析范式和对构建创新驱动发展动力体制机制逻辑的厘清，以及实证分析和提出的若干对策建议，使该书的研究成果对创新驱动发展战略具有重要的学理性支撑意义及其政策措施建言献策的意义。

从应用价值看：课题研究中的理论分析和对策建议，有利于广大干部群众更加深入理解实施创新驱动发展战略的重要性必要性；有利于广大干部群众在创新驱动发展实践中，把习近平总书记提出的“坚持制度创新、科技创新两个轮子一起转”的要求更好地落实，进一步深化体制机制改革，为推进创新型国家建设，进而实现世界科技强国的奋斗目标，形成更强大的共识，更强大的动力合力。

主要参考文献

[1]《马克思恩格斯文集》第 1 卷，人民出版社 2009 年版。

[2]《马克思恩格斯全集》第 47 卷，人民出版社 1979 年版。

[3]《列宁全集》第 38 卷，人民出版社 1986 年版。

[4]《江泽民文选》第 3 卷，人民出版社 2006 年版。

[5] 胡锦涛:《高举中国特色社会主义伟大旗帜　为夺取全面建设小康社会新胜利而奋斗——在中国共产党第十七次全国代表大会上的报告》,《求是》2007 年第 21 期。

[6] 胡锦涛:《坚定不移沿着中国特色社会主义道路前进　为全面建成小康社会而奋斗——在中国共产党第十八次全国代表大会上的报告》,《求是》2012 年第 22 期。

[7] 胡锦涛:《坚持走中国特色自主创新道路　为建设创新型国家而努力奋斗——在全国科学技术大会上的讲话》,《求是》2006 年第 2 期。

[8] 胡锦涛:《中共中央关于加强和改进新形势下党的建设若干重大问题的决定》,《求是》2009 年第 19 期。

[9] 习近平:《习近平谈治国理政》，外文出版社 2014 年版。

[10] 习近平：《习近平总书记系列重要讲话读本》，人民出版社 2014 年版。

[11] 习近平：《为建设世界科技强国而奋斗——在全国科技创新大会、两院院士大会、中国科协第九次全国代表大会上的讲话》，《人民日报》2016 年 6 月 1 日。

[12] 习近平:《中共中央关于制定国民经济和社会发展第十三个五年规

划的建议》,《理论学习》2015 年第 12 期。

[13] 习近平:《关于〈中共中央关于制定国民经济和社会发展第十三个五年规划的建议〉的说明》,《理论学习》2015 年第 12 期。

[14] 习近平:《在中国科学院第十七次院士大会、中国工程院第十二次院士大会上的讲话》,《当代劳模》2014 年第 6 期。

[15]《中共中央关于全面深化改革若干重大问题的决定》,《求是》2013 年第 22 期。

[16] 习近平:《坚定不移全面深化改革开放　脚踏实地推动经济社会发展》,《实践》(党的教育版)2013 年第 8 期。

[17] 习近平:《在省部级主要领导干部学习贯彻党的十八届五中全会精神专题研讨班上的讲话》,《中国应急管理》2016 年第 1 期。

[18]《中共中央国务院关于深化体制机制改革　加快实施创新驱动发展战略的若干意见》,《中国科技产业》2015 年第 4 期。

[19]《中共中央国务院关于进一步加强人才工作的决定》,《共产党员》(河北)2004 年第 2 期。

[20]《国家中长期人才发展规划纲要(2010—2020 年)》,《山东人力资源社会保障》2010 年第 7 期。

[21] 温家宝:《让科技引领中国可持续发展》,《中国科学院院刊》2010 年第 1 期。

[22] 李克强:《在国家科学技术奖励大会上的讲话》,《中国高新技术企业》2014 年第 3 期。

[23] 李克强:《用创新的翅膀使中国经济飞向新高度——在国家科学技术奖励大会上的讲话》,《中国科技产业》2016 年第 2 期。

[24] 李克强:《形成大众创业　万众创新的生动局面　在国家科学技术奖励大会上的讲话》,《中国职工教育》2015 年第 3 期。

[25]《国务院关于加快培育和发展战略性新兴产业的决定》,《中国科技产业》2010 年第 10 期。

[26]《国务院关于大力推进大众创业万众创新若干政策措施的意见》,《办公自动化》2015 年第 14 期。

[27] 《国务院关于依托黄金水道推动长江经济带发展的指导意见》，《综合运输》2014 年第 11 期。

[28] 中华人民共和国统计局：《中国统计年鉴 2015》，中国统计出版社 2015 年版。

[29] 上海统计局：《2015 年上海市国民经济和社会发展统计公报》，《统计科学与实践》2016 年第 3 期。

[30] [美] 约瑟夫·熊彼特：《经济周期循环论》，叶华译，中国长安出版社 2009 年版。

[31] [美] 约瑟夫·熊彼特：《经济发展理论》，何畏等译，商务印书馆 1990 年版。

[32] [英] 克利斯·弗里曼、[英] 罗克·苏特：《工业创新经济学》，华宏勋译，北京大学出版社 2004 年版。

[33] [英] 罗伯特·帕特南：《使民主运转起来》，王列、赖海榕译，江西人民出版社 2001 年版。

[34] [德] 尼克拉斯·卢曼：《信任：一个社会复杂性的简化机制》，瞿铁鹏译，上海人民出版社 2005 年版。

[35] [法] 皮埃尔·布尔迪厄：《文化资本与社会炼金术》，包亚明译，上海人民出版社 1997 年版。

[36] [美] 道格拉斯·诺斯：《经济史中的结构与变迁》，陈郁等译，上海人民出版社 1991 年版。

[37] [美] G. 多西等编：《技术进步与经济理论》，钟学以译，经济科学出版社 1992 年版。

[38] [美] 帕萨·达斯吉普特、伊斯梅尔·撒拉格尔丁：《社会资本：一个多角度的观点》，张慧东等译，中国人民大学出版社 2005 年版。

[39] [比] 热若尔·罗兰：《转型与经济学》，张帆等译，北京大学出版社 2002 年版。

[40] 王志刚：《推动政府职能从研发管理向创新服务转变》，《求是》2015 年第 22 期。

[41] 林毅夫：《本体与无常：经济学的方法论对话》，北京大学出版社

2012 年版。

[42]《跨越陷阱关键是打造中国经济升级版——访国家发展改革委宏观经济研究院副院长王一鸣》,《人民日报》2013 年 7 月 23 日。

[43] 干勇:《组建国家级核心共性技术研究中心》,《中国高新技术产业导报》2013 年 3 月 11 日。

[44] 吴国盛:《科学精神的起源》,《科学与社会》2011 年第 1 期。

[45] 方建中、邹红:《实现科技资源共享:科技创新体系建设的基本任务》,《科技与经济》2005 年第 2 期。

[46] 陈红喜:《基于三螺旋理论的政产学研合作模式与机制研究》,《科技进步与对策》2009 年第 24 期。

[47] 袁东明、马骏、王怀宇:《着力解决我国创新链中的重大瓶颈问题》,《中国发展观察》2014 年第 12 期。

[48] 李政:《"国企争议"与国有企业创新驱动转型发展》,《学习与探索》2014 年第 11 期。

[49] 熊先兰:《知识社会背景下的学习型政府建设:内涵、架构与路向》,《湖南社会科学》2015 年第 1 期。

后　记

本书是国家社会科学基金项目“增强我国创新驱动发展的动力机制研究”的结项成果（课题批准号：13XJL003），经过三年多的研究，该研究于2016年12月获得全国哲学社会科学规划办公室以“良好”等级结项。这是课题组多个专家成员的集体智慧和艰苦劳动的成果。

课题研究者的贡献是：

课题主持人：国务院颁发的政府特殊津贴专家、重庆市马克思主义中国化学术带头人、中共重庆市委党校原副校长、重庆邮电大学人文社会科学重点研究基地研究员罗晓梅教授负责课题的设计、申报和组织讨论工作；负责《增强中国创新驱动发展的动力机制研究》一书写作提纲的设计和负责组织调研工作；撰写了书中的导论和结语；负责对全书的修改和定稿。

国务院颁发的政府特殊津贴专家、重庆市名师、重庆邮电大学陈纯柱教授参加了课题的设计、申报和讨论工作；参加了写作提纲的设计、资料的收集和调研工作；负责对全书的修改和定稿工作。

国务院颁发的政府特殊津贴专家、中共重庆市委党校何关银教授参加了课题的设计、申报和讨论工作；参加了写作提纲的设计、资料的收集和调研工作；负责《增强中国创新驱动发展的动力机制研究》一书中的第二章的撰写工作。

浙江大学管理学院陈放博士，参加了课题的设计和讨论；参加了写作提纲的设计、大量的资料收集和调研工作；负责《增强中国创新驱动发展的动力机制研究》一书中的第一章的撰写工作。

中共重庆市委党校教授、张志勇博士参加了课题的设计和讨论；参加了写作提纲的设计、大量的资料收集和调研工作；负责《增强中国创新驱动发展的动力机制研究》一书中的第五章和第九章的撰写工作。

中共重庆市委党校黄顺君博士参加了课题的设计和讨论；参加了写作提纲的设计、大量的资料收集和调研工作；负责《增强中国创新驱动发展的动力机制研究》一书中的第四章和第十章的撰写工作。

中共重庆市委党校费友海博士参加了课题的设计和讨论；参加了写作提纲的设计、大量的资料收集和调研工作；负责《增强中国创新驱动发展的动力机制研究》一书中的第六章和第八章的撰写工作。

中共重庆市委党校教授、陈霄博士参加了课题的设计和讨论；参加了写作提纲的设计、大量的资料收集和调研工作；负责《增强中国创新驱动发展的动力机制研究》一书中的第七章的撰写工作。

中共重庆市委党校刘明博士参加了课题的设计和讨论；参加了写作提纲的设计、大量的资料收集和调研工作；负责《增强中国创新驱动发展的动力机制研究》一书中的第三章的撰写工作。

在课题研究和写作过程中，谢俊、徐青、吴朝文、刘士文、陈国富、吕晗、刘娟、吴利平等同志参加了课题的调查研究和资料收集等工作，付出了辛勤的劳动。在此表示感谢！

在课题的研究过程中，得到中共重庆市委党校、重庆邮电大学、重庆市社科联、重庆市科委等单位的领导和同志们的帮助和支持，得到中国社会科学出版社的关心和支持。在此表示感谢！

三月，最是一年春好处，扬帆奋进正当时。2017 年春天的全国“两会”，提出了“创新驱动缔造中国‘新活力’”的要求。金秋十月，党的十九大即将胜利召开。这是在全面建成小康社会决胜阶段、中国特色社会主义发展关键时期召开的一次十分重要的大会，她必将促进我国创新驱动发展战略的进一步深入实施，促进我国进一步实现创新发展，为中华民族伟大复兴夯实基础。我们深知，抓创新就是抓发展，谋创新就是谋未来。今天，我们的课题研究能够付梓，谨希望这个学术成果能够在理论上抛砖引玉、立一家之言；实践上给人以启发，为推进创新驱动发展战略实践向全面而纵深的发展，为早日实现我国科技强国之梦尽绵薄之力。

《增强中国创新驱动发展的动力机制研究》课题组

2017 年 9 月